继往开来成大道

新时代中国特色社会主义的起源、形成和发展

吴杰明/主编

赵周贤 范晓春 刘光明 王强 徐志栋 胡杨 吕宏 王佳鑫/撰稿

上海人民出版社

前　言

　　从 1949 年新中国成立至今,中华人民共和国走过了 70 多年峥嵘岁月,党领导全国各族人民书写了气壮山河的壮丽史诗。70 多年来,具有悠久文明历史的中华民族全面迈向现代化,中华文明在世界现代化进程中焕发出蓬勃生机,具有 200 多年历史的科学社会主义思想和马克思主义理论,具有 100 多年历史的社会主义实践,在世界上人口最多的东方大国成功开辟出具有本国特色的社会主义道路,使科学社会主义在 21 世纪的中国焕发出强大生机活力。中国这个世界上最大的发展中国家在中国共产党领导下,用了短短 70 年时间,不仅摆脱了贫穷落后,而且跃升为世界第二大经济体,创造了人类历史上前所未有的发展奇迹,使近代以来久经磨难的中华民族迎来了从站起来、富起来到强起来的伟大飞跃,迎来了实现中华民族伟大复兴的光明前景,这是举世公认、功垂史册的伟大成就。中国特色社会主义不仅从根本上改变了中国人民和中华民族的前途命运,而且极大地拓展了发展中国家走向现代化的途径,给世界上那些既希望加快发展又希望保持自己独立性的国家和民族提供了全新选择,为解决人类问题贡献了中国智慧和中国方案。今天的中国,在世界上高高举起了中国特色社会主义伟大旗帜,这是中国共产党和中国人民团结的旗帜、奋进的旗帜、胜利的旗帜。在中国特色社会主义伟大旗帜引领下,中国特色社会主义道路、理论、制度、文化不断发展,当代中国大踏步赶上时代、引领时代发

1

展,中华民族正以崭新姿态屹立于世界的东方。

习近平总书记指出:"中国特色社会主义不是从天上掉下来的,是党和人民历尽千辛万苦、付出巨大代价取得的根本成就。"中国特色社会主义开创于改革开放新时期,建立在我们党90多年长期奋斗基础上,而其思想、理论和实践的源头,则可追溯到更远。抚今追昔,中国特色社会主义是在改革开放40多年的伟大实践中得来的,是在新中国成立70年的持续探索中得来的,是在我们党领导人民进行伟大社会革命90多年的实践中得来的,是在近代以来中华民族由衰到盛170多年的历史进程中得来的,是在世界社会主义500年波澜壮阔的发展历程中得来的,是在对中华文明5 000多年的传承发展中得来的。要了解中国特色社会主义形成和发展的脉络,了解新时代中国特色社会主义的历史方位和鲜明特色,更加充分地认清其历史必然性和科学真理性,毫无疑问应该拉长时间尺度,将其放在漫漫历史长河尤其是世界社会主义演进的历程中去考察和把握。

社会主义500年,经过了从空想到科学、从理论到实践、从一国实践到多国发展的历程。19世纪中叶,马克思、恩格斯创造性地提出唯物史观和剩余价值学说,给社会主义思想奠定了科学理论基础,创立了科学社会主义,社会主义由此从空想走向科学。列宁把马克思主义基本原理同俄国具体实际相结合,领导十月革命取得成功,建立了世界上第一个社会主义国家,科学社会主义由此从理论走向实践。第二次世界大战结束后,一批社会主义国家相继诞生,特别是我们党领导人民建立了社会主义新中国,使科学社会主义从一国实践走向多国发展。

以毛泽东同志为主要代表的中国共产党人,团结带领全党全国各族人民,经过长期浴血奋斗,完成了新民主主义革命,建立了中华人民共和国,确立了社会主义基本制度,完成了中华民族有史以来最为广泛而深刻的社会变革,为当代中国一切发展进步奠定了根本政治前提和制度基础。在探索社会主义道路的过程中,虽然经历了严重曲折,但党在社会主义革命和建设中取得的独创性理论成果和巨大成就,为在新的历史时期开创中国特色社会主义提供了宝贵经验、理论准备、物质基础。

在改革开放历史新时期,以邓小平同志为主要代表的中国共产党人,作出把党和国家工作中心转移到经济建设上来、实行改革开放的历史性决策,深刻揭示社会主义本质,确立社会主义初级阶段基本路线,明确提出走自己的路、建设中国特色社会主义,科学回答了建设中国特色社会主义的一系列基本问题,成功开创了中国特色社会主义。以江泽民同志为主要代表的中国共产党人,在国内外形势十分复杂、世界社会主义出现严重曲折的严峻考验面前,坚定捍卫中国特色社会主义,确立了社会主义市场经济体制的改革目标和基本框架,确立了社会主义初级阶段的基本经济制度和分配制度,成功把中国特色社会主义推向 21 世纪。以胡锦涛同志为主要代表的中国共产党人,在全面建设小康社会进程中推进实践创新、理论创新、制度创新,强调坚持以人为本、全面协调可持续发展,成功地在新的历史起点上坚持和发展了中国特色社会主义。

党的十八大以来,以习近平同志为主要代表的中国共产党人,准确把握中国特色社会主义的历史新方位、时代新变化、实践新要求,科学回答当今时代和当代中国发展提出的重大理论和现实问题,推进中国特色社会主义事业总体布局和战略布局,确立新时代坚持和发展中国特色社会主义的基本方略,统揽伟大斗争、伟大工程、伟大事业、伟大梦想,推动中国特色社会主义进入了新时代。

新时代中国特色社会主义是历史和时代的产物。它是以习近平同志为核心的党中央,承前启后,继往开来,以巨大的政治勇气和理论勇气,带领全党全国各族人民,深刻总结和汲取世界社会主义运动正反两个方面的经验,着眼新的历史条件和时代背景,紧密结合变化了的中国实际和发展目标,在新中国成立后我们党进行社会主义革命和建设实践的基础上,在改革开放新时期我们党开创、坚持和发展中国特色社会主义的进程中,所进行的不懈探索和伟大创造。它是中国特色社会主义的重要组成部分和最新成果,是历史与现实、继承与创新的有机统一。它具有深厚的历史渊源、宏阔的形成发展过程,标志着社会主义这一人类历史上最壮丽的事业取得新成就、达到新高度、进入新境界。

新时代中国特色社会主义,是科学社会主义理论逻辑和中国社会发展历史逻辑的辩证统一。中国特色社会主义属于科学社会主义范畴,但又具有鲜明的中国特色。它是马克思主义中国化的产物,是科学社会主义基本原理同中国国情相结合的结果。自从马克思、恩格斯创立科学社会主义理论以来,在这一理论所阐明的基本原则指导下,各国共产党人从本国实际出发进行了不同探索,走出了各具特色的道路。中国共产党对中国特色社会主义的探索,就是这些探索的一部分。科学社会主义不断丰富完善的基本理论,以及世界社会主义运动跌宕起伏的历史进程,构成了中国特色社会主义的理论渊源和实践参照;而中国特殊的国情,又赋予了中国特色社会主义以鲜明的民族风格和中国气息。正如习近平总书记所指出的:"中国特色社会主义,既坚持了科学社会主义基本原则,又根据时代条件赋予其鲜明的中国特色。"我们只有透彻搞清楚世界社会主义思想的源头及其演进,搞清楚中国特色社会主义的历史发展,才能真正明白,我们党在推进革命、建设、改革的进程中,是怎样经过反复比较和总结,历史地选择了马克思主义、选择了社会主义道路;是怎样把马克思主义基本原理同中国实际和时代特征结合起来,独立自主走自己的路;是怎样经历千辛万苦,付出各种代价,开创和发展了中国特色社会主义,形成了新时代中国特色社会主义。

新时代中国特色社会主义既是伟大实践,又是科学理论。在中国特色社会主义开创和发展的进程中,形成了与马克思主义、毛泽东思想既一脉相承又与时俱进的重大理论成果——中国特色社会主义理论体系。它是由邓小平理论、"三个代表"重要思想、科学发展观、习近平新时代中国特色社会主义思想所共同构成的科学理论体系。这一理论体系紧密结合我国改革发展实际,紧密结合新的时代条件,既生动而具体地坚持了马克思列宁主义、毛泽东思想,又生动而具体地发展了马克思列宁主义、毛泽东思想,不断赋予马克思主义以新的时代内涵,写出了科学社会主义的"新版本"。特别是党的十八大以来,习近平总书记以马克思主义政治家、思想家、战略家的非凡理论勇气、卓越政治智慧、强烈使命担当,以"我将无我,不负人民"的赤子情怀,提出了一系列具有开创性意义的新理念新思想新战略,从理论和实践结合上系统回答了新时代坚持和发展什么样的中国特色社会主义、怎样坚持和发展中国特色社会主义这个重大时代课题,创立了习近平新时代中国特色社会主义思想。这一思想是对马克思列宁主义、毛泽东思想、邓小平理论、"三个代表"重要思想、科学发展观的继承和发展,是马克思主义中国化最新成果,是当代中国的马克思主义、21世纪的马克思主义,是党和人民实践经验和集体智慧的结晶,是中国特色社会主义理论体系的重要组成部分,是全党全国人民为实现中华民族伟大复兴而奋斗的行动指南,必须长期坚持并不断发展。

2013年1月5日,习近平总书记在新进中央委员会的委员、候补委员学习贯彻党的十八大精神研讨班上,从思想源头和实践历程上,深刻阐明了世界社会主义运动500年发展的曲折历程,阐明了中国特色社会主义产生和发展的宏阔历史,强调要通过学习了解世界和中国社会主义发展史,更加坚定理想信念,坚持以邓小平理论、"三个代表"重要思想、科学发展观为指导,做到倍加珍惜、始终坚持、不断发展中国特色社会主义。2019年6月,党中央印发《习近平新时代中国特色社会主义思想学习纲要》,进一步系统归纳和深入阐释了习近平总书记的这一重要思想，强调指出：坚持好、发展好中国特色社会主义，是无比崇高的事业，需要一代又一代中国共产党人带领人民接续奋斗。我们这一代共产党人的任务，就是要把新时代坚持和发展中国特色社会主义这场伟大社会革命进行好，在新的历史条件下把党和国家各项事业继续推向前进。2020年1月8日，习近平总书记在"不忘初心、牢记使命"主题教育总结大会上的讲话中，再次要求"学习党史、新中国史、改革开放史、社会主义发展史"，使广大党员、干部信仰之基更加牢固、精神之钙更加充足。①

　　按照这些重要思想和要求，为了帮助广大读者以历史大视野全面了解新时代中国特色社会主义的来龙去脉，深刻认识新时代中国特色社会主义起源、形成与发展的基本线索，认识习近平新时代中国特色社会主义思想的深邃历史底蕴、丰富时代内涵、深厚理论基础和实践基础，准确把握其政治意义、理论意义、实践意义和世界意义，清晰展现新时代中国特色社会主义形成发展的理论逻辑、历史逻辑和实践逻辑，我们编写了《继往开来成大道》一书。

　　本书的主旨和思路是：以习近平新时代中国特色社会主义思想为指导，以世界社会主义发展史、中国社会主义建设史尤其是新时代中国特色社会主义形成发展史上的重大事件和标志性成果为基本线索，通过回顾从1848年《共产党宣言》发表到1949年新中国成立，世界社会主义运动在科学社会主义理论指导下兴起和发展的历程；从新中国成立到进入改革开放新时期，我们党在以毛泽东同志为核心的党的第一代中央领导集体带领下探索建设社会主义的历程；党的十一届三中全会以来我们党在以邓小平同志为核心的党的第二代中央领导集体带领下开创建设有中国特色社会主

---

① 《以主题教育为新的起点，持续推动全党不忘初心　牢记使命》，《人民日报》2020年1月9日，第1版。

义道路的历程;党的十三届四中全会以来我们党在以江泽民同志为核心的党的第三代中央领导集体带领下推进中国特色社会主义的历程;党的十六大以来我们党在以胡锦涛同志为总书记的党中央带领下开创中国特色社会主义新局面的历程;特别是重点回顾党的十八大以来,以习近平同志为核心的党中央承前启后、继往开来,统筹推进"五位一体"总体布局,协调推进"四个全面"战略布局,使科学社会主义在21世纪的中国焕发出强大生机活力的历程,全方位地展现我们党高举中国特色社会主义伟大旗帜,不断开拓中国特色社会主义前进道路,使这条康庄大道、光明大道、人间正道越走越宽广的历史大趋势。全书着力把理论与实践、继承与发展、目标与过程有机地结合起来,对中国特色社会主义的道路、理论体系、制度和文化进行全面阐发,对新时代中国特色社会主义的科学内涵、巨大功能和时代要求进行深层次解读,以此帮助人们更加深刻理解和把握新时代"坚持和发展中国特色社会主义"这一科学命题,更加坚定在中国特色社会主义旗帜指引下实现中华民族伟大复兴的政治信念,更加自觉地为实现中国特色社会主义伟大目标而不懈奋斗。

本书共分六个部分:第一章《从"乌托邦"到"新社会"》,主要阐释科学社会主义的创立与实践;第二章《开好马克思主义在中国的"分店"》,主要阐释我们党探索适合中国国情的社会主义建设之路的曲折奋斗历程;第三章《建设具有中国自己特色的社会主义》,主要阐释我们党开辟中国特色社会主义道路,并在国际国内形势深刻变化的条件下引领改革开放和社会主义现代化事业发展的理论与实践;第四章《答好新时代的历史考卷》,主要阐释党的十八大以来,以习近平同志为核心的党中央带领全党全国各族人民推进新时代中国特色社会主义的伟大实践;第五章《必须长期坚持的指导思想》,主要阐释习近平新时代中国特色社会主义思想的实践基础、科学体系、指导意义、历史地位和世界影响;第六章《长风破浪会有时》,主要阐释如何立足新时代开拓中国特色社会主义更加美好的前景。

历史是最好的教科书。党史、新中国史、改革开放史、社会主义发展史已经雄辩地证明并将继续证明：中国特色社会主义，是党和人民90多年奋斗、创造、积累的根本成就，是改革开放40多年实践的根本总结，凝结着实现中华民族复兴这个近代以来中华民族最伟大的梦想，也体现着近代以来人类对社会主义的美好憧憬和不懈探索，是实现社会主义现代化、创造人民美好生活，最终实现中华民族伟大复兴的必由之路。坚持和发展中国特色社会主义，是历史的选择、人民的选择，完全符合中国国情和人类社会发展规律，必将带给中国人民更加美好灿烂的明天。新时代中国特色社会主义是我们党领导人民进行伟大社会革命的成果，也是我们党领导人民进行伟大社会革命的继续，必须一以贯之进行下去。

大道之行，上下求索。当前，我们已经实现了从"赶上时代"到"引领时代"的伟大跨越，但摆在全党全国各族人民面前的使命更光荣、任务更艰巨、挑战更严峻、事业更伟大。前方有中华民族复兴的美好前景，也有沟沟坎坎，甚至会遇到难以想象的惊涛骇浪。我们要把学习贯彻习近平新时代中国特色社会主义思想作为理论武装的重中之重，同学习党史、新中国史、改革开放史、社会主义发展史结合起来，同新时代我们进行伟大斗争、建设伟大工程、推进伟大事业、实现伟大梦想的丰富实践联系起来，在学懂弄通做实上下苦功夫，在解放思想中统一思想，在深化认识中提高认识，切实增强贯彻落实的思想自觉和行动自觉。要增强"四个意识"、坚定"四个自信"、做到"两个维护"，坚持以习近平新时代中国特色社会主义思想为指导，不忘初心、牢记使命，以永不懈怠的精神状态和一往无前的奋斗姿态，开伟大社会革命之新局，强伟大自我革命之体魄，不断丰富中国特色社会主义的实践特色、理论特色、民族特色、时代特色，交出我们这一代人坚持和发展中国特色社会主义的合格答卷，使中国特色社会主义道路越走越宽广！

目　录

第四章 答好新时代的历史考卷

    ——新时代中国特色社会主义的伟大实践 ／ 157

第一章 从"乌托邦"到"新社会"
——科学社会主义的创立与实践

马克思主义认为,社会主义是一个内涵十分丰富的概念。它既是一种思想体系,即无产阶级解放自己和全人类的科学理论;又是一种社会实践,即无产阶级为推翻资本主义制度和建立新生活而进行的革命运动;同时还是一种社会形态,即代替资本主义制度的社会主义制度和共产主义制度。如果从最早的空想社会主义算起,社会主义的出现已经有了500多年的漫长历史。16世纪初叶,面对资本主义原始积累过程中的物欲横流和道德沦丧,英国人托马斯·莫尔发表《乌托邦》一书,空想社会主义应运而生。19世纪中期,马克思、恩格斯共同创立科学社会主义,使社会主义实现从空想到科学的伟大飞跃,全世界无产阶级和劳动人民的解放事业开始有了科学理论指导。170多年来,科学社会主义如初升的朝阳照亮了世界,如奔腾的江河澎湃向前。1871年,巴黎公社的英雄们进行了第一次推翻旧制度的尝试。1917年,列宁领导的十月革命在俄国取得胜利,社会主义从理论变为现实,打破了资本主义一统天下的世界格局。第二次世界大战结束后,一大批社会主义国家相继诞生,红色的旗帜插遍了世界广大地区。特别是中华人民共和国成立,极大地壮大了世界社会主义力量,展示出科学社会主义的光明前景。

第一节　美好憧憬:空想社会主义的天才设想

只有在整个人类发展的历史长河中,才能透视出历史运动的本质和时代发展的方向。无论在中国还是在外国,追求世界大同、人间美好都是人们的共同心愿。在中国古代,人们写出了《礼记·礼运篇》《桃花源记》;在西方,人们设计出了"乌托邦"和"太阳城"。人类社会发展到近代以后,由于资本主义初期的剥削和压迫大大超过了以往,促使人们对大同美好的追求更加强烈。在这样的背景下,产生了空想社会主义,并经过大约300年的发展,到19世纪出现了圣西门、傅立叶、欧文三大空想社会主义思想家。他们尖锐地揭露和批判资本主义,对未来社会提出了一些积极主张和有价值的猜想,成为科学社会主义的直接思想来源。

一、资本主义兴起后带来的尖锐社会矛盾

17世纪中期发生在英国的资产阶级革命,开启了资产阶级统治的时代。

英国资产阶级和新贵族(带有资产阶级思想的贵族)反抗封建王权统

治的革命爆发于1640年。这场革命经历了近半个世纪,中间发生了多次曲折和反复,到1688年"光荣革命",资产阶级才最终确立了自己的统治地位。在世界所有国家中,英国资产阶级率先获得了统治权,由此拉开了资产阶级统治时代的序幕。不到100年后,1776年7月4日,英国在北美的13块殖民地联合发表《独立宣言》,宣告摆脱英国统治,建立独立国家,随后又与旧势力进行了"独立战争"。美国独立战争就是美国的资产阶级革命。

1789年,法国爆发了急风暴雨般的资产阶级革命。在所有的资产阶级革命中,法国的这次革命最为彻底。革命后出现的拿破仑政权,对欧洲广大地区发动了大规模的侵略战争,用刺刀强迫被占领国家实行资本主义制度。从消灭封建政权、确立资产阶级统治的角度看,拿破仑战争具有重大贡献。到19世纪70年代,德、日、意等国都先后完成了资产阶级革命。概观历史,自17世纪中期开始,人类进入了资产阶级革命时代,到19世纪后期,西方主要国家都步入了资本主义社会。

资产阶级的统治确立之后,他们所宣扬的自由、民主、平等、博爱的世界并未到来,广大劳动者的政治地位和经济地位也没有发生根本变化,主要表现在:

其一,早期的资本主义社会,完全建立在生产资料私人占有制的基础上。尽管法律条文上载明了平等、自由之类的口号,但由于经济地位的差距悬殊,这些口号如同欺人的"画饼",在实际生活中几乎不起作用,广大劳动者不过由封建社会的农奴变成了现代资本统治下的奴隶。

其二,早期资本主义国家法律中常说的"人民""公民",实际上是指资产阶级自己,根本不包括广大劳动者。在一些具体的法律规定中,劳动群众根本没有政治权利。英国资产阶级革命到1688年就结束了,但国家政权长期掌握在资产阶级和新贵族手中,广大劳动群众根本不能参与政治活动。资产阶级革命完成近150年后的1831年,英国有人口2 400万,由于受各种限制,仅有 40 万人享有选举权。爱丁堡有 20 万居民,仅有 100 人是选民。布特郡人口超过 1.4 万,仅有 12 人有选举权。1832 年实行第一次议会改革,规定地主或房主年收入达到 10 英镑者,租地经营者年收入达到 50 英镑者有选举权,选民增加到 81 万人,占全国成年居民的 8%。①1867 年实行第二次议会改革,作出新规定后,全国有选举权的人口扩大到 200 余万,但也仅占成年人口的 1/4 左右。1884 年第三次议会改革后,有选举权的人口亦只有 570 余万。②至于广大妇女,直到 1928 年才真正获得投票权。在资本主义社会的早期,劳动群众完全没有集会、结社、出版的自由。对工人的集会抗议行动,资产阶级常常实行武力镇压,一次死伤几十人甚至上百人的血案经常发生。总之,资产阶级的统治确立后,广大劳动者仍处于政治上受压迫的地位。早期的资本主义社会仍然是一个野蛮社会。

工业革命进一步加剧了工人阶级的灾难。英国在资产阶级革命爆发后一百余年,即 18 世纪下半叶,又率先启动了工业革命进程。英国的工业革命最早出现在纺织行业,而后扩展到采煤、冶金、机器制造等部门。工业革命的本质是用机器生产代替手工劳动,因而极大地提高了劳动生产率。这使英国变得十分富强,超越了所有国家而一枝独秀。到 1850 年,英国工业产值占世界工业产值的 39%,商业贸易占世界总贸易额的 35%。英国在世界上第一个完成了由农业国向工业国的过渡。1851 年,英国农牧业产值只占全部产值的 20%,城市人口超过了农林人口。依靠超强的实力,只有 24 万平方千米的英国,抢占的殖民地最多时高达 2 780 万平方千米,相当于本国国土的 100 多倍,殖民地人口是本国人口的 9 倍③。所占领土遍布各大洲,在其上行走一天 24 小时都能见到太阳,被形象地称作"日不

---

① 阎照祥:《英国史》(修订本),人民出版社 2014 年版,第 261、263 页。
② 同上书,第 288—289 页。
③ 同上书,第 246、326 页。

落帝国"。人类历史上从来没有出现过这样的国家！看到英国在工业革命中获得了巨大利益，各国纷纷群起效仿，奋起追赶，工业化在世界范围内快速扩展。美、法到19世纪中期，德、日到19世纪末期，都先后完成了工业革命。俄国的工业革命在19世纪后半叶也取得了一定的成就。

早期的工业革命是在资本主义私人占有制基础上完成的。随着工业革命的向前推进，一小部分人变成了工厂主，绝大多数人变成了工厂工人，整个社会被分裂为两大直接对立的阶级：资产阶级和无产阶级。由于无产阶级政治上处于无权地位，资产阶级通过各种手段拼命加重对工人的剥削，产业工人逐步被逼进了赤贫境地。19世纪上半期，英国许多工厂的工作时间长达16至18小时，劳动条件十分恶劣，工人工资很低，罚款、克扣工资的事司空见惯。贫民窟肮脏污秽，疾病流行。利物浦工人区人口的平均寿命只有15岁，曼彻斯特工人区5岁以下幼儿的夭折率高达七成①。工业革命极大地提升了人类创造财富的能力，但却进一步加剧了工业社会中劳动者的灾难，把他们赶入了空前的贫困之中。社会的不公正、不合理达到了顶峰。

资产阶级革命和工业革命是近代以来波及全世界的两大历史现象，但它们都加剧了劳动人民的灾难。资产阶级革命把资产阶级送上了掌权地位，工人成了被压迫对象；工业革命建立了遍地的工厂，社会财富好像从地下喷涌出来，但财富都落入了资本家手中，无产阶级陷入了赤贫。社会的邪恶和黑暗，必然促使追求进步的人们去探索改造资本主义社会的道路和方案。

二、空想社会主义对未来社会的理论构想

马克思主义诞生前，围绕如何消灭资本主义社会的种种罪恶，产生了

---

① 阎照祥：《英国史》（修订本），人民出版社2014年版，第279页。

众多的思想学说。它们之中,影响最大的是空想社会主义理论。空想社会主义源远流长,其发展经历了三个阶段。

第一阶段是 16—17 世纪,当时资本主义还处在资本原始积累时期。其代表人物是英国的托马斯·莫尔和意大利的康帕内拉。前者于 1516 年出版《乌托邦》,这本书被称为空想社会主义的开山之作。它深刻揭露了资本主义原始积累过程中的悲惨景象,同时描绘了一个没有剥削、人人平等的理想社会。后者在监狱中写就了《太阳城》,同样产生了较大影响。这个时期空想社会主义在实际斗争方面的代表人物,是 1524 年德国农民起义领袖闵采尔和 17 世纪中叶英国掘地派运动领袖温斯坦莱。

第二阶段是 18 世纪,这时资本主义已进入工场手工业时期。其代表人物是法国的摩莱里和马布利。摩莱里的代表作是《自然法典》,马布利的代表作是《论公民的权利和义务》及《论法制或法律的原理》。他们的著作深受法国启蒙思想的影响,开始具有直接的理论形态,并显示出明显的平均主义和禁欲主义色彩。这个时期空想社会主义在实际斗争方面的代表人物是巴贝夫,他在 1796 年 3 月组织了"平等派密谋委员会",准备发动武装起义,但由于叛徒告密而失败。

第三阶段是 19 世纪,这时资本主义已开始向大工业阶段过渡。其代表人物在法国是圣西门、傅立叶,在英国是欧文。他们把空想社会主义提升到前所未有的高度。圣西门的代表作是《论实业制度》《新基督教》,傅立叶的代表作是《全世界和谐》《新世界》,欧文的代表作是《新社会观》《人类思想和实践中的革命》等。欧文还在美洲进行了"新和谐公社"的试验。

空想社会主义者怀着悲天悯人的情感,强烈批判了资本主义社会严重的两极分化,揭露了资本主义社会的种种罪恶。尤为可贵的是,指出了造成两极分化的根本原因是生产资料的私人占有,论证了未来社会代替资本主义的必然性和合理性,并描绘了未来社会的图景。有的空想社会主义者还进行了社会改造的实际试验。他们对未来社会有很多美好的设想,提出了一些积极主张和有价值的猜想,概括起来主要是:

废除生产资料私有制,消灭剥削和压迫,消灭阶级和阶级差别,建立公有制。他们认为只有这样才能实现社会的公平和正义,他们所设想的未来社会,是一个没有阶级对立、没有剥削和压迫的社会。正像马布利所说,"在这里,人人都是富人,人人都是穷人,人人平等,人人自由,人人是兄弟,这个共和国的第一条法律就是禁止财产私有"①。社会和谐是他们所追求的理想社会状态。傅立叶把自己所追求的理想社会制度称为"和谐制度"。欧文也突出未来社会的和谐特征,把自己在美国印第安纳州创办的社会组织称为"新和谐公社"。

改变资本主义分配制度,实行共同劳动、合理分配。他们很早就提出了按劳分配的思想。圣西门首次提出脑力工作也是劳动、脑力工作者也是劳动者的观点。圣西门和傅立叶都主张要按劳动和人们的才能及贡献大小进行分配。傅立叶还提出"按比例分配"。欧文更是明确地提出未来社会实行各尽所能、按需分配的原则。

消灭商品交换,有计划组织生产。莫尔指出,乌托邦的整个生产和消费都是根据需要,在全国范围内有组织进行的,其内部不存在商品货币关系,商品货币关系只存在于对外贸易。巴贝夫发展了莫尔的计划生产思想,提出社会应精准计算出社会的需要,并根据这些计算有计划地安排生产,整个社会的经济活动是按需要、有计划进行的。圣西门设计的实业制度,也坚持有计划地组织整个社会生产的原则。

消灭工农差别、城乡差别、脑力劳动和体力劳动差别。摩莱里提出要消灭脑力劳动与体力劳动的差别和实行亦工亦农的思想。欧文设计

---

① 《马布利选集》,商务印书馆 2009 年版,第 175 页。

的共产主义公社,不但消灭了阶级、特权、剥削和压迫,而且是"一个农、工、商、学结合起来的大家庭",没有城乡差别、工农差别、脑力劳动和体力劳动的差别。此外,他还主张把教育同生产劳动结合起来,培养全面发展的人。

把国家变成纯粹的生产管理机构,直至最后消亡。圣西门提出未来社会的政治将是关于生产的科学,对人的管理将代之以对物的管理。这是关于国家消亡思想的萌芽。傅立叶所设计的法郎吉、欧文所组织的共产主义公社,没有军队、警察,也没有法庭和监狱,国家政权实际上已经不复存在。

空想社会主义关于未来社会的这些天才构想,为科学社会主义诞生提供了重要的思想资料,是科学社会主义的直接思想来源。但是,空想社会主义看不到和看不起工人阶级的力量,仅仅把工人阶级看作一个受苦受难的等级,而将改变社会现状的希望全部寄托在有钱有势者身上,希望资产阶级能够善心发现和慷慨解囊。这就决定了他们的设想不可能产生任何现实结果,也不可能真正对社会发展发生作用。他们所进行的共产主义公社试验,最后都纷纷以失败而告终。

一切被历史实践证明为正确的科学理论既不是"天上掉下来的",也不是几个天才智慧禀赋的灵光闪现。空想社会主义绘制了一幅充满美好希冀的社会未来图景,但却找不到将蓝图变为现实的正确道路和社会力量,既没有揭示社会发展的规律,也没有找到实现理想的有效途径。这一方面源于资本主义仍处于早期的发展阶段,还不可能为科学理论产生提供坚实的实践土壤;另一方面也源于空想社会主义者坚持唯心史观的历史局限性。他们对于资本主义和社会主义的认识,不是建立在人类社会发展的客观规律基础之上,而是以其是否合乎人类理性为评判标准。他们虽然有社会变革的方案,但并不期望和打算通过无产者的革命来实现社会变革。这就决定了他们关于未来理想社会的构想多是一种出于善良愿望和悲悯情

8

怀的空想,并且方案愈是制定得详尽周密,就愈是陷入纯粹的幻想和难以解脱的迷茫。

第二节　石破天惊:马克思、恩格斯创立科学社会主义

"我们必须彻底揭露旧世界,并积极建立新世界。"①19世纪40年代,马克思、恩格斯积极投身理论研究和革命实践活动,深入考察资本主义经济、政治、社会状况,批判地继承德国古典哲学、英国古典政治经济学,以及法国、英国空想社会主义的合理成分,创立了唯物史观和剩余价值学说,并把社会主义思想置于这两大理论基石之上,从而使社会主义实现了从空想到科学的伟大飞跃。科学社会主义深刻揭示了资本主义产生、发展、灭亡和共产主义取代资本主义的历史必然性,对未来社会主义社会的发展过程、发展方向、一般特征作了科学预测和设想。全世界无产者和其他劳动人民自此开始有了认识世界和改造世界的强大思想武器——马克思主义。

一、马克思、恩格斯所处的时代特征

历史发展到19世纪中叶,现代社会的基本特征已经向人们清晰地展示了出来。不论是从世界各国的联系、社会化大生产的发展观察,还是从阶级斗争发展的状况观察,都表现出了大大不同于以往的特点和规律。

首先是世界日渐联成一体。在人类发展史上相当长的一个时期内,世界各民族、各地区之间是彼此分隔的,一部分人根本不知道另一部分人在干什么;一部分地区发生的历史事件也很少对其他地区的历史进程产生影

---

① 《马克思恩格斯全集》第47卷,人民出版社2004年版,第63页。

响。到 15、16 世纪，随着新大陆的发现，西方国家的海外殖民扩张，尤其是工业革命的启动，开始形成了统一的世界市场。过去长期存在的各国、各地区、各民族间的闭关自守状态逐渐被打破，整个世界在经济、政治、文化等各方面逐渐成为密切联系、互相依存又互相矛盾的一个整体。马克思、恩格斯在《德意志意识形态》中指出："各个互相影响的活动范围在这个发展进程中越是扩大，各民族的原始封闭状态由于日益完善的生产方式、交往以及因交往而自然形成的不同民族之间的分工消灭得越是彻底，历史也就越是成为世界历史。"①为了让人们深刻理解这个时代特点，马克思提醒人们："世界史不是过去一直存在的；作为世界史的历史是结果。"②

世界日渐联为一体，产生了两个重要影响：其一，有利于发现人类社会发展的一般规律。人们的眼界扩大以后发现，落后国家今天所处的阶段，往往是先进国家过去经历过的阶段。到 19 世纪中叶，原始部族、奴隶制国家、封建制国家、资本主义国家，在地球的不同地区同时存在。这就为人们全面总结人类社会的发展进程提供了重要启示。其二，有利于发现现代无产阶级的强大力量。世界联为一体后，无产阶级的解放运动也成了世界性的运动。最先是各国资产阶级互相联合，共同镇压劳动人民的反抗斗争。在这样的形势下，无产阶级认识到，要取得斗争的胜利，各国无产阶级之间必须互相支持，互相援助。无产阶级的国际联合产生了巨大力量，为发现现代无产阶级的历史使命和光明前途提供了客观依据。

其次是社会化大生产迅猛发展。英国的工业革命到 19 世纪中期已经完成，法国、美国的工业革命在 19 世纪上半叶也取得了一定成就。现代工业实行社会化大生产，这种社会化不仅在一国内部实行，而且在世界范围内进行产业分工和商品交换。与社会化大生产相适应，商品经济迅速发

---

① 《马克思恩格斯选集》第 1 卷，人民出版社 1995 年版，第 88 页。
② 《马克思恩格斯选集》第 2 卷，人民出版社 1995 年版，第 28 页。

展,生产技术不断革新,生产规模不断扩大,使得世界市场最终确立。在这样的历史阶段,生产和经济生活对政治、社会、文化的影响充分显示出来了。也正是在这样的历史背景下,历史唯物主义才得以产生,历史的本来面目才第一次被正确地揭示出来。同时,由于社会化大生产是在资本主义私人占有制的基础上进行的,它的潜力还远远没有充分发挥出来,正常的生产经常受到经济危机的破坏,使人们看到了资本主义制度与社会化大生产之间的内在矛盾。消灭资本主义制度,确立更能适应生产力发展的生产关系和上层建筑,成了时代面临的一项重大任务。

再次是工人阶级的反抗斗争风起云涌。19 世纪上半期,无产阶级反抗资产阶级统治的斗争发展到了一个新阶段,即政治斗争阶段。在英国,工人阶级开展了旷日持久的宪章运动。1825 年英国发生了第一次全国性经济危机。资本家为减轻自己的损失,大量解雇工人,压低在职工人工资。工人阶级在苦难中认识到,自己屡遭不幸的原因是由于没有政治权利。从此,工人组织纷纷出现。"建筑工人工会""纺织工人工会""缝纫工人工会"等行业工会陆续成立,并吸引了大批工人。1834 年,"全国各业统一工会"成立,会员超过 80 万。1837 年 5 月,工人队伍中的激进派起草出"人民宪章",明确提出了 6 项要求,即成年男子都享有普选权;按人口比例合理划分选区;取消议员候选人的财产限制;给议员发薪,以便工人进入议会;实行无记名投票;议会每年改选一次。广大工人对实现"人民宪章"表现出了极大热情。1839 年、1842 年、1848 年先后掀起三次规模宏大的请愿运动,要求政府采纳"人民宪章",每次参加者都有数百万人。宪章运动是英国无产阶级第一次独立的政治斗争,持续时间长,参加人数多,斗争目标明确,充分显示了无产阶级组织起来以后的强大力量。在工人运动的巨大压力下,英国资产阶级政府被迫作出让步,扩大参选者人数,降低了对被选举者的各项要求。

在法国,爆发了悲壮的里昂工人起义。里昂是当时的纺织中心,工人生活极其艰难。他们向当地省政府请愿,要求增加工资,收到的答复是:"国家不应干涉雇主与雇工之间的订约自由。"工人走投无路,被迫起义。政府派出 3 万多名士兵,才将起义镇压下去。1834 年,工人再次起义。在持续 4 天的激战中,600 多名工人被打死,还有 600 多人受伤。里昂起义震惊了全欧洲,它表明无产阶级和资产阶级的矛盾已不可调和,工人已走上了独立斗争的道路。在德国,1844 年 6 月发生了西里西亚纺织工人起义。它标志着德国工人阶级独立走上了政治斗争的舞台。然而,英、法、德等国的工人运动最后都失败了,工人阶级急切地盼望科学理论出现,为他们拨开眼前迷雾、指引革命道路。

正是在这样一种历史条件下,马克思、恩格斯在深入研究社会现实的基础上,吸收空想社会主义合理成分,创立了科学社会主义,第一次正确指明了社会的发展方向。正如他们自己所指出的:我们的"理论原理,决不是以这个或那个世界改革家所发明或发现的思想、原则为根据的","这些原理不过是现存的阶级斗争、我们眼前的历史运动的真实关系的一般表述"。①

二、《共产党宣言》问世与马克思主义诞生

1818 年 5 月 5 日,马克思诞生在德国特里尔城的一个律师家庭。早在中学时代,他就树立了为人类幸福而工作的志向。大学时代,马克思广泛钻研哲学、历史学、法学等知识,积极探寻人类社会发展的奥秘。在《莱茵报》工作期间,他看到了下层人民的贫苦生活,认识到了物质利益在社会生活中的重要作用。他在《关于林木盗窃法的辩论》和《摩塞尔记者的辩

---

① 《马克思恩格斯选集》第 1 卷,人民出版社 1995 年版,第 285 页。

护》两文中指出,下层大众生活贫困是由官僚制度的性质决定的,而整个国家制度又是由不以人的意志为转移的客观关系决定的。他认为,共产主义问题十分重要,"应该把它作为目前的重要问题"进行研究。

1843年,由于受政府迫害,马克思离开《莱茵报》编辑部,迁居法国巴黎。在这里,他积极参与工人运动,在革命实践和理论探索的结合中完成了从唯心主义到唯物主义、从革命民主主义到共产主义的转变。在《论犹太人问题》一文中,他指出,资产阶级革命与人类彻底解放之间存在着根本区别,只有社会主义革命才能把人类从一切社会压迫和政治压迫下解放出来。在《〈黑格尔法哲学批判〉导言》一文中,他第一次对无产阶级的伟大历史使命作了精辟论述,明确指出:先进理论是群众斗争的精神武器,群众是改造世界的物质力量。群众和先进理论相结合,就能变革现存社会制度。1844年,马克思开始研究英国等国的经济学著作,并写下了《1844年经济学哲学手稿》。他试图从经济学角度对共产主义进行理论论证,将共产主义运动置于经济的历史运动的基础之上。

恩格斯于1820年11月28日出生在普鲁士莱茵省巴门市。1842年11月,他到曼彻斯特其父亲的工厂当职员,途中去《莱茵报》编辑部会见了马克思,这是两位伟人的第一次谋面。此后,他们发现在重大理论问题上两人观点完全一致,由此开始了一生的亲密合作。1844年9—11月,马克思、恩格斯合写了《神圣家族》一书。恩格斯回到巴门后,于1845年完成了《英国工人阶级状况》;同年春,马克思完成了《关于费尔巴哈的提纲》。1845—1846年,二人又合作完成了《德意志意识形态》。1847年,马克思完成了《哲学的贫困》一书。在这些著作中,他们系统阐述了唯物主义历史观,揭示了政治经济学的基本原理,论证了科学社会主义的基本思想。

1847年春,流亡在伦敦的德国工人组织"正义者同盟"邀请马克思、恩格斯参加改组同盟工作,并声明确信马克思和恩格斯观点是正确的,表示同盟将摆脱陈旧观点和宗派主义的密谋策略,接受共产主义理论。同年6月,在马克思、恩格斯的帮助下,"正义者同盟"改名为"共产主义者同盟",用"全世界无产者,联合起来"这个新口号代替"人人皆兄弟"的旧口号。同年11月,同盟第二次代表大会委托马克思、恩格斯起草党纲,把他们所制定的社会主义基本原理阐述出来。1848年2月,马克思、恩格斯为同盟起草的党纲《共产党宣言》正式出版。

《共产党宣言》的问世是人类思想史上的一个伟大事件。它是共产主义运动的第一个纲领性文件,是第一次全面阐述科学社会主义原理的伟大著作。在《共产党宣言》中,马克思、恩格斯科学阐明了资本主义的内在矛盾和无产阶级的历史使命,揭示了社会主义代替资本主义的历史必然性,精辟论述了马克思主义政党的性质、特点、基本纲领、策略原则,划清了科学社会主义和其他形形色色社会主义流派的界限。《共产党宣言》提出的一些重要思想,比如唯物史观、阶级斗争、无产阶级历史使命、共产主义新社会、人的全面发展、世界市场等,在人类思想史上具有革命性、开创性、突破性意义。它的问世标志着科学社会主义诞生,也标志着马克思主义诞生。这一理论犹如壮丽的日出,照亮了人类探索历史规律和寻求自身解放的道路。《共产党宣言》的重大理论贡献主要有以下几个方面。

第一,深刻阐述了马克思主义的科学世界观。在人类思想史上,唯心主义用神、人性、观念等来解释一切的世界观,曾经长期统治着人们的头脑。《共产党宣言》以透彻而鲜明的语言描述了新的世界观,即唯物史观,从而为人们提供了认识自然、认识人类社会的科学思想武器。马克思、恩格斯认为,不是人们的意识决定人们的存在,相反,是人们的社会存在决定人们的意识。以此为指导,《共产党宣言》深刻揭示了奴隶社会以来的历史都是阶级斗争的历史;揭示了生产力决定生产关系,经济基础决定上层建筑,生产力和生产关系、经济基础和上层建筑的矛盾运动推动社会形态依次更替的人类社会发展一般规律;揭示了资本主义生产社会化和生产资料私人占有之间的内在矛盾;揭示了资本主义必然灭亡和共产主义必然胜利的历史规律。正如恩格斯所说:"这个原理看来很简单,但是仔细考察一下也会立即发现,这个原理的最初结论就给一切唯心主义,甚至给最隐蔽的唯心主义当头一棒。关于一切历史的东西的全部传统的和习惯的观点都被这个原理否定了。"他还说,"这个事实不仅对于理论,而且对于实践都是最革命的结论"①。

第二,深刻阐述了马克思主义政党的先进品格。《共产党宣言》对马克思主义政党的先进性作了深入阐述,指出共产党不是同其他工人政党相对立的特殊政党,他们没有任何同整个无产阶级的利益不同的利益。在实践方面,共产党是各国工人政党中最坚决的、始终起推动作用的部分;在理论方面,共产党胜过其余无产阶级群众的地方,在于他们了解无产阶级运动的条件、进程和一般结果,在当前运动中同时代表运动的未来。马克思主义政党必须由最彻底最坚定的先进分子组成,共产党人应该是最不知疲倦、无所畏惧和可靠的先进战士。这些思想为马克思主义政党保持先进性和纯洁性提供了根本遵循。

第三,深刻阐述了马克思主义政党的政治立场。《共产党宣言》毫不掩饰马克思主义政党的阶级性,旗帜鲜明站在无产阶级和广大人民一边,热情讴歌人民群众在推动历史前进中的伟大作用,把无产阶级看作先进生产力的代表者、资本主义制度的掘墓人、新社会制度的创造者,强调过去的一切运动都是少数人的或者为少数人谋利益的运动,而无产阶级的运动是绝大多数人的、为绝大多数人谋利益的独立的运动。这一鲜明的政治立场,

---

① 《马克思恩格斯选集》第 2 卷,人民出版社 1995 年版,第 39、38 页。

充分肯定了人民的历史主体地位,体现了马克思主义政党的根本性质和宗旨。

第四,深刻阐述了马克思主义政党的崇高理想。《共产党宣言》确立了马克思主义政党的最高目标是实现共产主义,并把实现人的自由而全面的发展作为共产主义的本质特征。这一崇高理想站上了人类道义制高点,成为一代又一代共产党人忠贞不渝、坚强不屈的坚定信仰和不惧任何风险、战胜一切困难的精神支柱,成为马克思主义政党团结广大人民砸碎旧世界、创造新世界的精神旗帜。

第五,深刻阐述了马克思主义的革命纲领。《共产党宣言》指出,工人革命的第一步就是使无产阶级上升为统治阶级,争取民主,并利用自己的政治统治,尽可能快地增加生产力的总量。《共产党宣言》还就如何发展生产力提出了一系列举措,尽管其中有些具体内容今天已经不适用了,但蕴含其中的精神仍然具有积极意义。这些思想对马克思主义政党领导人民进行革命斗争、武装夺取政权,对马克思主义政党夺取政权后加强政权建设特别是执政党建设,对发展社会主义民主、发展社会生产力、推动社会全面进步等都具有重大而深远的指导作用。

第六,深刻阐述了马克思主义政党的国际主义精神。《共产党宣言》对资本主义生产跨越国界、不断开拓世界市场进行了深刻分析,科学预见了物质生产和精神文化生产的世界普遍性趋势,进而指出共产主义不是一种狭隘的地域性的运动,无产阶级要获得彻底解放必须解放全人类,号召全世界无产者联合起来。这为马克思主义政党胸怀全球、造福人类,共同创造美好世界提供了科学理论依据。

《共产党宣言》是一部科学洞见人类社会发展规律的经典著作,是一部充满斗争精神、批判精神、革命精神的经典著作,是一部秉持人民立场、为人民大众谋利益、为全人类谋解放的经典著作。它一经问世就震动了整个世界,在实践上引领和推动了世界社会主义的发展,深刻改变了人类社会的历史进程。恩格斯早在 1888 年英文版序言中就指出:"它无疑是全部社会主义文献中传播最广和最具有国际性的著作,是从西伯利亚到加利福尼亚的千百万工人公认的共同纲领。"①列宁曾如此评价《共产党宣言》:"这本书篇幅不多,价值却相当于多部巨著。"②

1848 年,席卷欧洲的资产阶级民主革命爆发,马克思积极投入并指导这场革命斗争。革命失败后,马克思深刻总结革命教训,力求通过系统研究政治经济学,揭示资本主义的本质和规律。1867 年问世的《资本论》是马克思主义最厚重、最丰富的著作,被誉为"工人阶级的圣经"。直到晚年,马克思依然密切关注世界发展新趋势和工人运动新情况,努力从更宏大的视野思考人类社会发展问题。

马克思主义是马克思和恩格斯共同创立的。马克思在世时,他们的理论被称为"新理论""科学社会主义"。马克思逝世后,才被正式定名为马克思主义。关于这个问题,恩格斯是这样解释的:"我不能否认,我和马克思共同工作 40 年,在这以前和这个期间,我在一定程度上独立地参加了这一理论的创立,特别是对这一理论的阐发。但是,绝大部分基本指导思想(特别是在经济和历史领域内),尤其是对这些指导思想的最后的明确的表述,都是属于马克思的。我所提供的,马克思没有我也能够做到,至多有几个专门的领域除外。至于马克思所做到的,我却做不到。马克思比我们大家都站得高些,看得远些,观察得多些快些。马克思是天才,我们至多是能手。没有马克思,我们的理论远不会是现在这个样子。所以,这个理论用他的名字命名是理所当然的。"③

---

① 《马克思恩格斯选集》第 1 卷,人民出版社 1995 年版,第 256 页。
② 《列宁全集》第 2 卷,人民出版社 1984 年版,第 8 页。
③ 《马克思恩格斯选集》第 4 卷,人民出版社 1995 年版,第 242 页。

马克思主义诞生,是人类思想史上石破天惊的大事。中国宋代学者谈到孔子的历史地位时曾说:"仲尼不生,千古暗如夜。"英国学者在议论牛顿的历史功绩时也说过:"茫茫沧海夜,万物匿其行。天公降牛顿,处处皆光明。"①其实,用这些话来评价马克思主义在人类思想史上的地位,也是十分恰当和精到的。可以说,在人类思想史上,没有一种思想理论像马克思主义那样对人类产生了如此广泛而深刻的影响。

马克思主义由马克思主义哲学、马克思主义政治经济学和科学社会主义三部分构成。马克思主义哲学第一次把唯物论和辩证法结合起来,阐明了整个世界发展的最一般规律,揭示了人类社会生活、政治生活和精神生活的基础归根到底是物质生产的状况,指明了生产力和生产关系的矛盾运动是社会发展的真正动力,分析了阶级斗争在历史上的作用和它产生、发展和消亡的条件。马克思主义政治经济学第一次发现了资本剥削劳动的秘密,即剩余价值规律,进而揭示了资本主义发生、发展直到最后被共产主义代替的历史趋势。

1883 年 3 月 14 日马克思逝世后,恩格斯在其墓前发表的讲话中深刻指出:唯物史观和剩余价值学说是马克思一生中的两个伟大发现。他说:"正像达尔文发现有机界的发展规律一样,马克思发现了人类历史的发展规律,……还发现了现代资本主义生产方式和它所产生的资产阶级社会的特殊的运动规律。由于剩余价值的发现,这里就豁然开朗了,而先前无论资产阶级经济学家或者社会主义批评家所做的一切研究都只是在黑暗中摸索。"②正是这两个前无古人的伟大发现,使社会主义从空想变成了科学。2018 年 5 月 4 日,习近平在纪念马克思诞辰 200 周年大会的讲话中指出:"马克思创建了唯物史观和剩余价值学说,揭示了人类社会发展的一般

① 阎照祥:《英国史》(修订本),人民出版社 2014 年版,第 198 页。
② 《马克思恩格斯选集》第 3 卷,人民出版社 1995 年版,第 776 页。

规律,揭示了资本主义运行的特殊规律,为人类指明了从必然王国向自由王国飞跃的途径,为人民指明了实现自由和解放的道路。"①

三、科学社会主义理论的基本原则

科学社会主义又叫科学共产主义,是关于阶级斗争、无产阶级革命和无产阶级专政、建设社会主义并进而实现共产主义的科学理论。这一理论的基本原则,主要包括以下内容:

——**资本主义灭亡和社会主义胜利是人类社会发展的必然趋势。** 在资本主义社会,生产的社会化同生产资料私人占有之间产生了对抗性的矛盾,这个矛盾是生产力和生产关系的矛盾在资本主义生产方式中的集中表现。资本主义生产方式越是占统治地位,越是不断发展,就越使"社会的生产和资本主义占有之间的矛盾表现为个别工厂中生产的组织性和整个社会中生产的无政府状态之间的对立"②。这个矛盾的最终解决,只能通过用社会主义公有制取代资本主义私有制,实现生产资料的社会占有。

马克思、恩格斯关于"两个必然"的理论是科学的理论,它深刻揭示了资本主义必然灭亡的历史趋势和社会主义必然胜利的光明前景。但"两个必然"的实现是一个非常复杂的历史过程,它在什么时候实现、采取什么手段实现,都是同具体历史条件相联系的。恩格斯晚年坦诚地承认,他们对19世纪中期资本主义的发展潜力认识不足,"历史表明,我们以及所有和我们有同样想法的人,都是不对的。历史清楚地表明,当时欧洲大陆经济发展的状况还远没有成熟到可以铲除资本主义生产的程度;历史用经济革命证明了这一点,从1848年起经济革命席卷了整个欧洲大陆,在法国、奥

① 习近平:《在纪念马克思诞辰200周年大会上的讲话》,《人民日报》2018年5月5日,第2版。
② 《马克思恩格斯选集》第3卷,人民出版社1995年版,第747页。

地利、匈牙利、波兰以及最近在俄国刚刚真正确立了大工业,而德国简直就成了一个头等工业国,——这一切都是以资本主义为基础的,可见这个基础在 1848 年还具有很大的扩展能力"①。因此,真正的马克思主义者应把"两个必然"同"两个决不会"的原理联系起来,作统一的理解。所谓"两个决不会",就是 1859 年马克思在《政治经济学批判》序言中所说的"无论哪一个社会形态,在它所能容纳的全部生产力发挥出来以前,是决不会灭亡的;而新的更高的生产关系,在它的物质存在条件在旧社会的胎胞里成熟以前,是决不会出现的"②。坚持"两个必然"和"两个决不会"的一致性,就是实现革命性和科学性的有机统一,也就完整准确地掌握了马克思主义的基本原理和思想精华。

——**无产阶级是资本主义的掘墓人和新社会的创造者。**由于现代无产阶级是大工业的产物,是同社会化大生产相联系的劳动者,具备其他阶级所不具有的优秀品质和阶级特性,是先进生产力的代表者,因而是最有远大前途的阶级,是掌握未来的阶级。无产阶级不仅包括体力劳动者,而且包括脑力劳动者。无产阶级的解放,需要知识分子,需要无产阶级自己的教师、医生、工程师、化学家、农艺师、律师及其他专门人才。资产阶级社会也产生了这样的从事脑力劳动的无产阶级。

——**无产阶级革命必须由无产阶级政党领导。**马克思、恩格斯指出,无产阶级在反对资产阶级联合力量的斗争中,只有组织成为与资产阶级建立的一切旧政党不同的、相对立的政党,才能作为一个阶级来行动,最终完成自己的历史使命。无产阶级政党的作用就在于能够保证社会主义革命获得胜利和实现这一革命的最终目标。

——**无产阶级建立起自己的政治统治后,需要经历一个从资本主义向**

---

① 《马克思恩格斯选集》第 4 卷,人民出版社 1995 年版,第 512 页。
② 《马克思恩格斯选集》第 2 卷,人民出版社 1995 年版,第 33 页。

新社会过渡的时期。这一时期,无产阶级专政既是国体也是政体。作为国体,无产阶级专政具有阶级性,是对无产阶级实行民主的政治形式,也是无产阶级镇压敌对阶级反抗的暴力机关。作为政体,无产阶级专政是一种新型的民主共和国,既区别于资产阶级共和国,也继承其合理形式。在过渡时期,无产阶级的历史任务就是除旧布新,"达到消灭一切阶级差别,达到消灭这些差别所由产生的一切生产关系,达到消灭和这些生产关系相适应的一切社会关系,达到改变由这些社会关系产生出来的一切观念"①。这个过渡时期结束后,再进入一个新社会——共产主义社会。当然,未来的共产主义社会也同以往其他社会形态一样,有一个由低级到高级、由不成熟到成熟、由不完善到完善的过程。

——**未来的共产主义社会的本质规定是自由人的联合体**。这个未来的新社会具有什么本质特征,以区别于其他社会形态呢? 在《共产党宣言》中,马克思、恩格斯明确指出:"代替那存在着阶级和阶级对立的资产阶级旧社会的,将是这样一个联合体,在那里,每个人的自由发展是一切人的自由发展的条件。"②1894年1月9日,恩格斯应《新世纪》周刊用简短的字句来表述未来的社会主义纪元的基本思想的请求,特地摘下这句话作为答复。恩格斯强调,除了从《共产党宣言》中摘下这句话,再也找不到合适的表述。由此可知,未来的共产主义社会的本质规定是自由人的联合体,是以每个人的全面而自由的发展为基本原则的社会形式③。

除了对未来的共产主义社会作了本质特征的描述外,马克思、恩格斯也阐述了未来社会的一些基本特征。**其一,生产力高度发展**。未来的社会主义和共产主义"是以生产力的巨大增长和高度发展为前提的","如果没

---

① 《马克思恩格斯选集》第1卷,人民出版社1995年版,第462页。
② 同上书,第294页。
③ 《马克思恩格斯全集》第39卷,人民出版社1974年版,第189页。

有这种发展,那就只会有贫穷、极端贫困的普遍化;而在极端贫困的情况下,必然重新开始争取必需品的斗争,全部陈腐污浊的东西又要死灰复燃"。①**其二,生产资料社会占有**。马克思、恩格斯强调,生产社会化要求实现生产资料的社会占有,未来社会与资本主义社会具有决定意义的区别就在于,在生产资料公有制的基础上组织生产,并由此建立起符合劳动人民利益的分配制度,即实行个人消费品按劳分配和按需分配。**其三,随着一切阶级对立和阶级差别趋于消灭,国家也将自行消亡**。这个社会将达到完美的地步,不需要警察、货币甚至政府,是一个自由人的联合体,"是古代氏族的自由、平等和博爱的复活,但却是在更高级形式上的复活"②。**其四,培养全面发展的人**。马克思、恩格斯强调,新的社会需要新的人才,教育要从技术、体育和智育等多方面来培养这种全面的人才。这样的人才,不仅在技术方面比贵族和资产阶级的水平高,而且在精神境界和思想观念等方面都具有无比的优越性。总之,这是一个公正的、物质产品极大丰富的、没有阶级分化的社会。

马克思、恩格斯关于未来社会的各种设想,从根本上说是建立在运用唯物辩证法具体分析资本主义现实的基础上提出来的,是对未来社会基本趋势和大致轮廓的宏观勾画。按马克思的话说,他们并不是设定未来社会的具体特征,而只是在批判旧世界中发现新世界。马克思、恩格斯特别强调,对于他们的观点,后人必须随着世界自身的发展变化,依据新的事实作出新的解释。恩格斯在《共产党宣言》1888 年的英文版序言中指出,理论若不结合新的事实和过程加以阐明,那就没有任何理论价值和实际价值。强调对原理的实际运用,"随时随地都要以当时的历史条件为转移"③。因

---

① 《马克思恩格斯选集》第 1 卷,人民出版社 1995 年版,第 86 页。
② 《马克思恩格斯选集》第 4 卷,人民出版社 1995 年版,第 179 页。
③ 《马克思恩格斯选集》第 1 卷,人民出版社 1995 年版,第 258 页。

此,马克思、恩格斯总是随着时间的推移、形势的变化和实践的发展而修正、补充、丰富和发展自己的理论。

科学社会主义的诞生,极大地促进了工人运动的开展。而工人运动的不断高涨,也有力地推动了科学社会主义的传播。尤其是第一国际、第二国际建立后,展开了空前广泛的思想宣传和革命活动,使科学社会主义在各国工人中开始扎下了根。

1871 年的巴黎公社,是法国工人阶级在科学社会主义理论指导下夺取政权的第一次英勇尝试。19 世纪 60 年代末,法国社会各种矛盾空前激化。为转移矛盾,当政的拿破仑三世不惜与德国开战。但事与愿违,法国在战场上惨败,皇帝和一大批高级将领被俘,反动统治出现了严重混乱。巴黎无产阶级决定利用这个有利时机举行起义,夺取政权。1871 年 3 月18 日,起义获得成功,建立起了革命政权。公社摧毁旧的国家机器,通过选举建立国家机关;将逃跑资本家的工厂交给工人协作社管理,厂主没有逃跑的工厂派人监督其生产;废除国家工作人员的高薪制,规定他们的工资与熟练工人相当;实行教会与国家分离,禁止教会强迫人民信教;实行义务教育,保证工农子弟有受教育的权利。这些举措都是在科学社会主义理论的指导下实行的。但由于缺乏经验,同时也由于反动势力当时过于强大,德国占领军帮助法国反动势力,公社最后失败了。

巴黎起义和建立公社,是一个英勇的壮举,为工人阶级开展革命斗争、建立革命政权积累了宝贵经验。公社失败后,马克思曾指出:"英勇的三月十八日运动是把人类从阶级社会中永远解放出来的伟大的社会革命的曙光。"[1]"公社的原则是永存的,是消灭不了的;在工人阶级得到解放以前,这些原则将一再表现出来。"[2]到 20 世纪初,工人阶级终于在俄国执掌了

---

① 《马克思恩格斯全集》第 18 卷,人民出版社 1964 年版,第 61 页。
② 《马克思恩格斯全集》第 17 卷,人民出版社 1963 年版,第 677 页。

政权,马克思主义的这些科学预见和论断得到了充分验证。

第三节　红旗初升:列宁领导十月革命胜利和
苏联社会主义建设实践

"哲学家们只是用不同的方式解释世界,而问题在于改变世界。"①在19 世纪下半叶,俄国还算不上一个发达国家。在这样的国家能不能建立社会主义制度,马克思晚年曾作过深入的思考,作出过科学的预见。20 世纪初,列宁把马克思主义基本原理同俄国具体实际相结合,创造性地提出社会主义可能在一国或数国首先取得胜利的理论,领导十月革命取得成功,建立了世界上第一个社会主义国家,打破了资本主义一统天下的世界格局,使社会主义实现了从理论到实践的伟大飞跃。在苏联的影响和支持下,第二次世界大战结束后,世界上相继建立了一大批社会主义国家。这是社会主义凯歌高奏、从胜利走向胜利的历史阶段。

一、面对"卡夫丁峡谷"的思考

公元前 321 年,萨姆尼特人与古罗马之间爆发了一场战争。萨姆尼特人在古罗马的卡夫丁城(今意大利蒙泰萨尔基奥)附近的卡夫丁峡谷包围并击败了罗马军队。按当时的惯例,罗马军队必须在由长矛交叉构成的"轭形门"下通过。这被认为是对战败军队的最大羞辱。"通过卡夫丁峡谷"一语由此而来,其意是遭受奇耻大辱。

1881 年,俄国女革命家查苏利奇给马克思写信,请他谈谈对俄国历史

---

① 《马克思恩格斯选集》第 1 卷,人民出版社 1995 年版,第 61 页。

发展前景,特别是对俄国农村公社命运的看法。马克思在准备给查苏利奇回信的过程中形成了这样的思想:"现在谁也不会再臆测消灭公社的'历史必然性'了,因为大家将都会承认,公社是俄国社会新生的因素和一种优于其他还处在资本主义制度奴役下的国家的因素。"①"和控制着世界市场的西方生产同时存在,就使俄国可以不通过资本主义制度的卡夫丁峡谷,而把资本主义制度所创造的一切积极的成果用到公社中来。"②"在欧洲,只有俄国的'农村公社'在全国范围内广泛地保存下来了。因此,它目前处在这样的历史环境中:它和资本主义生产的同时存在为它提供了集体劳动的一切条件。它有可能不通过资本主义制度的卡夫丁峡谷,而占有资本主义制度所创造的一切积极的成果。"③"它能够成为现代社会所趋向的那种经济制度的直接出发点,不必自杀就能开始获得新的生命。"④从文中可知,马克思把资本主义人吃人的资本原始积累和弱肉强食的市场竞争看成是人类社会发展的奇耻大辱,甚至看成是人类社会的"自杀";而俄国的历史、现状以及当时的外界因素,决定它可以不经过这样的痛苦阶段就能直接建立起新的社会制度。

当然,马克思在这里强调的是:经济落后的前资本主义国家,在获得现代工业的前提下,有可能超越资本主义的"卡夫丁峡谷",走向社会主义。列宁坚持和进一步发展了马克思的思想。他认为,在一个生产力水平十分落后的国家,即使通过革命建立了无产阶级专政,也不能真正建成社会主义。只有大力发展生产力,"才能够——打个比喻说——从一匹马上跨到另一匹马上,就是说,从农民的、庄稼汉的、穷苦的马上,从指靠破产的农民国家实行节约的马上,跨到无产阶级所寻求的而且不能不寻求的马上,跨

---

① 《马克思恩格斯选集》第3卷,人民出版社1995年版,第762页。
② 同上书,第765页。
③ 同上书,第769页。
④ 同上书,第770页。

到大机器工业、电器化、沃尔霍夫水电站工程等等的马上"①。历史证明，列宁这个思想是十分正确的。

对于如何实现超越，列宁指出，俄国必须进行无产阶级及其政党领导的新型资产阶级民主革命。他认为，发动资产阶级民主革命是俄国无产阶级的首要任务，民主革命是俄国革命的第一步，社会主义革命是俄国革命的第二步，二者是截然不同的，必须严格地区分开。但民主革命终结后，又必须立即开始社会主义革命。他指出："在现代俄国，构成革命内容的不是两种斗争力量，而是两种不同性质的社会战争：一种是在目前的专制农奴制度内部发生的，另一种是在未来的、正在我们面前诞生的资产阶级民主制度内部发生的。一种是全体人民争取自由（争取资产阶级社会的自由）、争取民主，即争取人民专制的斗争，另一种则是无产阶级为争取社会主义社会制度而同资产阶级进行的阶级斗争。"②列宁对民主革命十分重视，他指出："一般说来，俄国共产主义者，马克思主义信徒，比其他任何人都更加应该把自己称为社会民主党人，并在自己的活动中始终不应忘记民主主义的巨大重要性。"③"谁想不经过政治上的民主制度而沿着其他道路走向社会主义，谁就必然会得出一种无论在经济上或是在政治上都是荒谬的和反动的结论。"④

不难看出，在使俄国人民免遭资本主义制度种种罪恶即超越"卡夫丁峡谷"这一点上，列宁和马克思的观点是完全一致的，他们都反对俄国步入典型的资本主义社会。在如何使俄国步入社会主义这一点上，列宁作出了许多创造，大大发展了马克思原来的设想。

列宁之所以形成如此的理论构想和伟大创造，并最终形成为列宁主

---

① 《列宁全集》第43卷，人民出版社1987年版，第392页。
② 《列宁全集》第11卷，人民出版社1987年版，第284—285页。
③ 《列宁全集》第1卷，人民出版社1984年版，第254—255页。
④ 《列宁全集》第11卷，人民出版社1987年版，第12页。

义,是有其深刻的国际和国内原因的。

在国际上,主要是资本主义进入帝国主义阶段。19世纪最后30年,随着科学技术的巨大进步,工业生产的迅速发展,特别是重工业的突飞猛进,企业规模越来越大。企业规模越大,占有的资本就越多,于是股份公司这种早已存在的集资经营方式开始得到广泛发展。随着股份公司的发展,资本与生产迅速集中。在美国,产值在100万美元以上的大企业,1904年约有1 900个,占企业总数的0.9%,其雇用的工人占全部工人总数的25.6%,产值占总产值的38%。在德国,雇用50名工人以上的大企业,1907年占企业总数的0.9%,而它们拥有的工人占工人总数的39.4%,消耗全部用电量的77.2%。[①]英国、法国、俄国、日本的企业也纷纷向垄断的方向发展。但资本主义由自由竞争进入垄断阶段以后,即产生了一系列无法克服的矛盾。

其一,无产阶级和资产阶级之间的矛盾进一步加剧。垄断使生产资料进一步掌握在少数资本家手中。原来的一些中小企业主也被逼入破产境地。由于生产的自动化水平不断提高,产量虽然突飞猛进,但雇佣工人的数量却增长很慢,大量工人失业,社会上到处都是难以为生的工人。即使是在岗工人,工资也很低,生活十分艰辛。总之,资本主义国家内部的阶级斗争异常尖锐,无产阶级反抗的浪潮不断涌起。

其二,殖民地与帝国主义宗主国之间的矛盾进一步激化。世界主要资本主义国家走向强大的过程,也是侵略落后国家、把落后国家变为自己的殖民地半殖民地的过程。19世纪最强大的资本主义国家英国侵占的领土相当于本国的100多倍,1900年时达2 780万平方千米[②]。1914年,法国

---

① 吴于廑、齐世荣主编:《世界史》(近代史编)下卷,高等教育出版社2001年版,第244页。

② 阎照祥:《英国史》(修订本),人民出版社2014年版,第326页。

的殖民地总面积达 1 060 万平方千米,相当于国土的 20 倍①。其他资本主义国家也都侵占了数量不等的殖民地。殖民地国家和地区失去了主权,要向宗主国提供大量税款、财物,为宗主国提供兵役,并按宗主国的要求安排产业。殖民地人民政治上受压迫,经济上遭掠夺。为了摆脱悲惨厄运,不断掀起规模宏大的反抗浪潮。

其三,帝国主义国家之间的矛盾达到了不可调和的地步。帝国主义国家从来都奉行实力政策,以实力为依据决定其在国际上的地位和掠夺殖民地的多少。但进入工业化时代以后,工业一直以跳跃的方式向前发展,前一轮发展中占先的国家,在新产业兴起后不一定继续领先,因此,国家实力会经常变化。到 19 世纪末,后起的资本主义国家美国和德国实力超过了老牌资本主义国家英国和法国。日本也成了暴发户,地位快速蹿升。后来居上的国家不满意原有的国际秩序和世界格局,要求重新瓜分世界和排定座次。这不可避免地导致帝国主义国家之间的对立加剧,剑拔弩张,甚至大打出手。两次世界大战给人类造成了空前的大灾难,究其根本原因,都是帝国主义政治、经济发展不平衡造成的。

面对这一新的发展状况,国际无产阶级队伍却开始出现分化分裂,这主要表现为在两个重大问题上产生了严重分歧。**其一,是如何对待议会斗争。**19 世纪后半期,由于工人阶级为争取政治权利进行了长期斗争,主要资本主义国家的政府不得不作出让步,降低对参选的各种限制,允许工人参加议会选举,承认工人组织存在合法。资产阶级的议会改革为工人代表通过选举进入政府提供了可能。在这样的背景下,英、德、法等国都有工人代表通过选举进入议会和政府。工人阶级到底还用不用通过革命手段夺取政权,一时成了各国工人阶级政党争论的问题。在德国党内部,这样的

---

① 张芝联:《法国通史》,北京大学出版社 1989 年版,第 456 页。

争论造成了党的严重分裂。**其二,是如何对待资产阶级政府发动的对外侵略战争**。在这个问题上,各国工人政党发生了严重分歧。多数人对侵略战争投了赞成票,只有少数人坚持"让本国政府在战争中失败"的政策。国际形势发生的变化,特别是工人阶级队伍内部出现的分歧和分裂,亟须创新发展马克思主义,以便为革命运动指明正确的方向和策略。

从国内因素看,当时的俄国已具备了社会革命所必需的基本前提。进入近现代后,俄国社会的发展既具有一般帝国主义国家的基本特征和矛盾,又具有自身的特点,即垄断资本同封建农奴制残余相结合,金融寡头同沙皇专制政权保持着千丝万缕的联系,本国经济对外国资本具有极大的依赖性。这就使当时的俄国存在着极为复杂和尖锐的矛盾:**一是无产阶级和资产阶级之间的矛盾**。1861 年,俄国实行了自上而下的改革,废除了农奴制,让农奴用赎买的方法获得了人身自由;19 世纪后半期,俄国又进行了工业革命,这为资本主义快速发展创造了条件。俄国是后起的资本主义国家,与西欧相比,无产阶级在政治上更加没地位,经济上受剥削更残酷,无产阶级和资产阶级之间的矛盾更尖锐。**二是无产阶级和沙皇专制政府之间的矛盾**。俄国是一个保留了大量封建残余的资本主义国家,以沙皇为代表的封建专制势力比较强大,无产阶级与专制政府严重对立。**三是资产阶级与沙皇专制政府之间的矛盾**。沙皇专制政府的内外政策根本不能满足资产阶级的要求,资产阶级一直在与沙皇专制制度作斗争。**四是国内严重的民族矛盾**。俄国在不太长的时间内扩张成了一个幅员辽阔的大帝国,其国内民族众多,民族对立十分尖锐。列宁曾经指出:沙皇统治下的俄国,就是其国内各族人民的大监狱。所有这些,使俄国成为帝国主义一切矛盾的集合点,是世界资本主义统治体系最为薄弱的环节。

1905 年,俄国爆发了第一次资产阶级革命。列宁随即写出了《社会民主党在民主革命中两种策略》一文,坚决主张:无产阶级必须争取资产阶级民主革命的领导权,结成工农联盟,孤立资产阶级,用暴力推翻专制制度,建立工农民主专政,立即把民主革命变成社会主义革命。列宁在关注无产阶级革命的同时,还十分关注民族解放运动这个无产阶级革命的同盟军问题。列宁在这个时期所写的《关于民族问题的批评意见》《论民族自决权》等论文中,鲜明提出和详细论证了关于民族解放运动的纲领。

1914年第一次世界大战爆发后,俄国社会的各种矛盾异常尖锐地表现出来。战争引起了空前严重的政治、经济和民族危机,加速了革命的到来。1916年,列宁写出了《帝国主义论》,总结了《资本论》第一卷出版以后资本主义在半个世纪的发展情况,科学地揭示了帝国主义的本质、各种矛盾及其必然灭亡的规律。在1915—1916年所写的《论欧洲联邦口号》《无产阶级革命的军事纲领》两篇文章中,他还根据对资本主义经济政治发展不平衡规律的科学分析,得出社会主义将首先在一国或数国取得胜利的崭新论断。

列宁提出的"一国胜利说",是从马克思主义立场出发,科学地考察了世纪之交国际政治经济状况,又不拘泥于马克思、恩格斯早年的"同时发生说"的具体结论而得出的正确结论。这是对科学社会主义理论的重大发展,成为列宁主义创立的重要标志。

二、十月革命的伟大胜利

1917年2月,俄国爆发第二次资产阶级民主革命。革命后成立的临时政府掌握在资产阶级手中,苏维埃掌握在无产阶级手中,出现了两个政权并存的局面,这表明俄国革命已超出了一般的资产阶级民主革命,但还没有达到工农民主专政。在这个过渡的不稳定的阶段,党内思想混乱,没有一个明确方针,有人甚至提出有条件地支持临时政府。

1917 年 4 月,列宁从瑞士回国后即在党中央作了《无产阶级在我国革命中的任务》报告,即著名的"四月提纲",明确提出从资产阶级民主革命向社会主义革命发展的路线,并为 8 月召开的党的第六次代表大会所接受,作为党的行动纲领。为进一步回答在革命过程中无产阶级应当怎样对待资产阶级国家机器和建立一个什么样的国家制度这个迫切问题,8、9 月间,列宁写成《国家与革命》这部光辉著作。他总结历次革命的历史经验,强调了无产阶级要用暴力打碎资产阶级的国家机器和建立自己崭新的国家政权,探讨了从资本主义向共产主义的过渡时期和共产主义的发展阶段等重大理论问题。他旗帜鲜明地指出,俄国已经具备了资产阶级民主革命转变为无产阶级社会主义革命的客观条件;俄国无产阶级领导社会主义革命的条件已经成熟,而且有必要建立工农联盟;俄国无产阶级应该通过武装起义,以革命暴力应对反革命暴力,走无产阶级专政的革命道路。

1917 年 11 月,当人民不满的涓涓细流汇聚成为一条足可毁灭一切的社会洪流之时,特别是在资产阶级临时政府"大难临头"①之际,列宁亲自发动和领导了伟大的十月革命,推翻了资产阶级临时政府,建立了苏维埃政权。新政权建立后,又果断地与德国停战,撤出了帝国主义战争;领导人民与国内反动势力进行了殊死搏斗,捍卫了革命胜利成果;打败了 14 个帝国主义国家的联合进攻,粉碎了帝国主义妄图将苏维埃政权扼杀在摇篮里的图谋。经过英勇无比的斗争,新生的苏维埃政权战胜了一个又一个艰难险阻,获得了稳固的地位。

十月革命,不仅在共产主义运动史上开辟了一个新纪元,而且在整个人类历史上开辟了一个新纪元,从此世界进入了从资本主义向社会主义过渡的时代。正如毛泽东所说,十月革命"改变了整个世界历史的方向,划分

---

① 《列宁全集》第 32 卷,人民出版社 1985 年版,第 181 页。

了整个世界历史的时代"。①

十月革命的胜利,一举打破了资本主义一统天下的世界格局。它冲破了世界帝国主义的阵线,在全球六分之一的土地上创建了第一个无产阶级专政国家,不仅开辟了一条落后国家不通过资本主义的"卡夫丁峡谷"而直接走向社会主义现代化的道路,也为国际无产阶级建立了一个公开的革命根据地。

十月革命的胜利,成功实现了社会主义从理想到现实、从理论到实践的伟大飞跃。它是科学社会主义在实践中取得的辉煌成功,用事实宣告了科学社会主义是伟大真理,是改造世界的强大思想武器,从而极大地推动了科学社会主义在世界上的传播,向世界各国人民展示了一条实现自身解放的现实道路。从此以后,社会主义作为一种崭新的社会形态和社会制度登上历史舞台,引领着人类社会的发展方向。

十月革命的胜利,有力推动了殖民地半殖民地国家的民族解放运动。它在西方无产阶级革命和东方民族民主革命之间架起了一座桥梁,资本主义国家的无产阶级解放斗争得到了殖民地半殖民地人民的支持,殖民地半殖民地人民的民族民主革命得到了资本主义国家无产阶级的帮助。从此以后,殖民地半殖民地的民族民主革命成了无产阶级社会主义世界革命的一部分。这极大地推动了受帝国主义、殖民主义欺凌压迫的国家人民的觉醒,促进了民族解放力量的崛起,加速了世界范围内帝国主义殖民体系的整体瓦解,深刻改变了国际力量对比和世界格局。

三、苏联社会主义建设的历史成就和教训

马克思、恩格斯关于社会主义的设想,是以生产力的高度发展为依据

---

① 《毛泽东选集》第2卷,人民出版社1991年版,第667页。

的。也就是说,他们所设想的社会主义社会,是建立在社会化大生产和商品经济充分发展的基础之上的。但是,社会主义革命却首先在经济相对落后的国家取得胜利。如何在落后国家开展社会主义建设,以列宁为代表的俄国共产党人开始从本国具体实际出发,坚持和发展马克思主义,从理论上和实践上进行了艰苦的探索和创新。

十月革命前,列宁在《国家与革命》中曾根据马克思、恩格斯关于未来社会的设想,对即将建立的新社会作了描绘。他认为新的社会应当是:(1)把生产资料变为公有财产,由国家以社会的名义直接占有这些生产资料;(2)由国家计算和监督全民的生产和分配,全体公民必须在国家统一制定的工作标准下同等地工作,同等地领取报酬;(3)把国家建设成为一个管理处,成为一个劳动平等、报酬平等的工厂,实行自上而下高度集中的管理体制。

十月革命胜利后,在国内战争和外国武装干涉时期,列宁曾试图践行上述设想,一度推行了"战时共产主义"政策。主要是实行余粮收集制,推进工业国有化,禁止自由贸易,居民供应实行配给制,以及进行劳动义务制等。然而实践证明,这种做法虽为赢得战争作出了贡献,同时也使俄国社会主义建设遭受了严重挫折。在战时,广大人民对这些政策还能接受,在战后就难以忍受了。1921 年 3 月发生在喀琅施塔得的水兵叛乱,就是一个明显信号。

列宁及时发现了上述问题,开始强调一定要以实践而不是以书本作为认识社会主义的标准,并提出了影响至深的两句至理名言:"现在一切都在于实践,现在已经到了这样一个历史关头:理论在变为实践,理论由实践赋予活力,由实践来修正,由实践来检验。"①"对俄国来说,根据书本争论社会主义纲领的时代也已经过去了,我深信已经一去不复返了。今天只能根

---

① 《列宁全集》第 33 卷,人民出版社 1985 年版,第 208 页。

据经验来谈论社会主义。"①据此,他毅然决定实行新经济政策。

起初,列宁将新经济政策视为社会主义建设中的妥协和退让,作为向以前设想的以国家为核心的社会主义社会过渡的"迂回"曲折的准备阶段。随着新经济政策的实行和效果的显现,他认识到实行这一政策绝不是用粮食税取代余粮收集制等个别政策的调整,而是一条建设社会主义的新道路。因此,他提出在经济文化落后国家的社会主义建设过程中必须保留商品和货币,保留商业,必须用最大的努力来发展生产力,提出了"共产主义就是苏维埃政权加全国电气化"的著名公式。他还认为,在不发达的国家建设社会主义,必须善于利用资本主义,要通过合作化,用社会主义原则改造农业,把农民引上社会主义道路。此外,列宁还提出建设社会主义要加强国家政权建设,改革国家机关,精简机构,反对官僚主义;必须加强党的建设,防止因为胜利而骄傲自大和出现脱离实际的主观主义;必须开展文化革命和文化建设,以扫除文盲,普及文化知识,造就科技人才和其他方面的专门人才,加强共产主义道德风尚的教育,等等。显然,列宁的理论和实践,实际上已开始突破了社会主义理论的初期模式,第一次深刻地揭示了没有经过典型的资本主义社会发展的、介于东西方之间的经济文化较为落后的俄国如何建设社会主义的问题。

列宁逝世后,在苏联共产党和斯大林领导下,苏联人民充分发挥社会主义经济、政治、文化制度的强大优势,展开了史无前例的社会主义建设,开启了世界历史上从未有过的新的现代化模式。

实现了国家工业化。十月革命前,在主要资本主义国家中,俄国居于后列。十月革命后,为摆脱落后面貌,苏联共产党领导人民开展了大规模的工业化运动。苏联工业化成就巨大,为捍卫第一个社会主义国家的安

① 《列宁全集》第34卷,人民出版社1985年版,第466页。

全、粉碎帝国主义入侵提供了强大的物质基础。"1937 年西方主要资本主义国家的工业产量与 1913 年相比增长了 44.3％，而苏联的工业产量则比 1913 年增加了 7.5 倍。相比之下，苏联的工业发展速度要比西方主要资本主义国家的工业发展速度快 14.3 倍。1937 年苏联工业总产值在世界工业总产值中所占的比例由战前 1913 年的 2.6％上升到 10％，全苏的工业生产水平由 1913 年居世界第五位和欧洲第四位变为世界第二位和欧洲第一位。"①苏联工业化的主要做法是：优先发展重工业。苏联长期被西方封锁，无法得到机器和设备；长期在战争威胁下，必须有支持反侵略战争的物质基础，因此，一贯奉行优先发展重工业的政策。追求高速度。斯大林认为，"延缓速度就是落后。而落后者是要挨打的"②。当时，苏联比西方落后，只有坚持高速度，才能赶上和超过西方，在残酷的斗争中由被动变为主动。工业化的资金主要依靠内部积累。为此，尽量压低生活水平，为下一步建设预留较多资金，并有意提高工业品价格，压低农产品价格。苏联农民为国家实现工业化作出了巨大牺牲。

实现了农业集体化。十月革命前，俄国是一个农业国。如何引导农民走上社会主义现代化道路，这是一个历史性的难题。1927 年 12 月，斯大林在联共（布）十大上作关于农业的讲话时指出：农业的"出路就在于把分散的小农户转变为以公共耕种制为基础的联合起来的大农庄，就在于转变到以高度的新技术为基础的集体耕种制。出路就在于逐步地然而一往直前地不用强迫手段而用示范和说服的方法把小的以至最小的农户联合为以公共的互助的集体的耕种制为基础、利用农业机器和拖拉机、采用集约耕作的科学方法的大农庄。别的出路是没有的"③。这次大会以"苏联农

---

① 张建华：《俄国史》，人民出版社 2004 年版，第 191—192 页。
② 《斯大林选集》下卷，人民出版社 1979 年版，第 273 页。
③ 《斯大林全集》第 10 卷，人民出版社 1954 年版，第 261 页。

业集体化的代表大会"载入了史册。1927—1928 年,苏联工业化加快,需要大量粮食;而这时农村还是遍地的小农,他们不愿以较低的价格出售粮食,致使这两年收上来的粮食还不到 1926 年的水平。1929 年初斯大林宣布,从 1929 年起,实行"全盘集体化"。这期间,许多农户是被迫加入集体农庄的,富农分子都被集中遣送到遥远的外地,还强制劳动改造,把农民的农具、牲畜等也都归集体农庄所有。到 1937 年,加入集体农庄的农户达 93%,土地达 99%。[①]

创立了一种社会主义模式。也就是形成了实行单一生产资料公有制和指令性计划经济、权力高度集中的经济政治体制。由于斯大林在这个模式形成过程中居于主导地位,也被称为斯大林模式。这个模式有三个显著特征:一是高度集中。高度集中的本质是高度集权。在政治、经济、文化各个领域,权力过分集中,结果导致个人独断专行,官僚主义盛行,并逐渐形成了一个高薪特权官僚集团。二是军事色彩浓重。这个模式的发展目标,从一开始就带有明显的备战性质,后来则发展成为与美国进行军备竞赛,争霸世界。这个模式的政治、经济、文化体制都带有浓厚的军事色彩,有人称它为战时体制或备战体制。三是封闭性。这个模式不主动与外部世界发生关系,而是在"一国建成社会主义"方针下,封闭起来搞建设。

应当讲,这一模式在当时曾发挥了重要作用,它使苏联国家综合实力大幅提升,国际地位空前显赫,为苏联军民夺取反法西斯战争胜利提供了强大的制度保证。同时,这一模式也对各国社会主义运动产生了重大影响。1944—1945 年,随着纳粹德国在东线的溃退和苏军的挺进,东欧和中南欧各国掀起了民族民主革命高潮。以无产阶级政党为核心的各国爱国阵线或民族民主阵线,纷纷通过武装抵抗运动推翻了法西斯附庸政权,建立起人民民主政权,它们分别是波兰人民共和国、罗马尼亚人民共和国、保

---

① 张建华:《俄国史》,人民出版社 2004 年版,第 196 页。

36

加利亚人民共和国、阿尔巴尼亚人民共和国、匈牙利人民共和国、捷克斯洛伐克共和国、南斯拉夫联邦人民共和国、德意志民主共和国。第二次世界大战结束后,亚非拉一大批推翻帝国主义殖民统治的国家宣布走社会主义道路。除南斯拉夫外,其他各国都按照苏联的模式,在中央集中领导下制定了统一的经济发展计划,开展高速优先发展重工业的社会主义工业化和农业集体化,进行大规模的经济建设,取得了举世瞩目的成就。社会主义由一国发展到多国,由多国发展到全世界,表现出了排山倒海之势、雷霆万钧之力。

但是,苏联模式自身的历史局限性,随着时间推移开始日益暴露,成为经济社会发展的严重体制障碍。同时,这一模式在社会主义国家推行的过程中也出现了神圣化、凝固化的严重问题,并由此埋下了深深的隐患。20 世纪 50 年代发生的波匈事件就是苏联模式弊端的一次集中暴露。遗憾的是,苏联和东欧国家并未从中汲取到经验教训,在长达 30 多年时间内基本上沿袭了这一模式,一再延误了经济和政治体制改革,走上僵化、封闭的畸形发展道路。

进入 20 世纪 80 年代后,面对经济社会发展困境,苏联和东欧国家相继开始进行体制上的尝试性改革。但是,这些改革始终没有形成正确的指导思想,也没有摆脱计划经济思维和计划经济体制的局限性。改革进进退退,反复无常,最终在西方及各种分裂势力的强大攻势等因素作用下,偏离正确方向,走上改向的歧途。其结果是 1989 年东欧国家先后发生剧变,1991 年苏联解体、苏共解散,世界社会主义遭受到了前所未有的重大挫折。

"这个伟大的日子离开我们愈远,俄国无产阶级革命的意义就愈明显,我们对自己工作的整个实际经验也就思考得愈深刻。"①苏联共产党进行

---

① 《列宁选集》第 4 卷,人民出版社 1995 年版,第 563 页。

了一场极其伟大的社会主义建设实践,它的成功和失败都是全人类的宝贵财富。特别是对于整个社会主义运动来讲,更是提供了值得时刻铭记和警醒的历史镜鉴。

其一,**在经济和文化落后的国家,无产阶级夺取政权后,不能超越社会发展阶段,急于求成,好大喜功,而应该集中力量发展生产力,为建立社会主义创造必要的物质基础和文化前提**。十月革命胜利不久,列宁就认识到了经济文化落后对建设社会主义的巨大制约作用,告诫全党把大力发展生产力作为基本任务,深刻指出:社会主义能不能最终战胜资本主义,关键是看社会主义能不能创造出高于资本主义的劳动生产率。列宁逝世后,苏联共产党在这个问题上没能保持清醒头脑。20世纪30年代,匆忙宣布建成了社会主义。60年代,又宣布要在20年内建成共产主义。勃列日涅夫时期,则宣布自己已经建成了"发达的社会主义"。这些做法都是不可取的,不利于激励人民一心一意搞建设,持续不断地增强社会主义的实力。

其二,**社会主义没有固定模式,改革是社会主义发展的必由之路**。苏联在特殊的历史条件下,在建设社会主义的过程中形成了斯大林模式,这一模式也确实发挥了巨大作用。但苏联认为这是建设社会主义的唯一模式,不但自己长期墨守成规、故步自封,使国家失去了活力和生机,而且还极力将这种模式推行到其他社会主义国家。谁不照此实施,就被认为是大逆不道,是对社会主义事业的背叛。结果,从20世纪50年代到80年代中期,苏联共产党对社会主义和资本主义的认识并没有比斯大林后期的认识水平高出多少。当西方发达国家开始进行新科技革命的时候,苏联却依旧把增加重工业产品的产量作为赶超西方国家的战略目标,并继续沿用粗放型的增长方式,使人民生活水平长期得不到应有的提高。加之党内缺乏民主,国家民主制度及法律机制不健全,不仅扼杀了广大党员干部和人民群众的积极性、创造性,也使苏联党内很难产生既能适应时代变化又勇于改革创新的领导干部。这些问题的存在,为改革无法推进和最终走向失败埋下了祸根。对此,邓小平曾深刻总结道:"社会主义究竟是个什么样子,苏联搞了很多年,也并没有完全搞清楚。可能列宁的思路比较好,搞了个新经济政策,但是后来苏联的模式僵化了。"①

其三,社会主义和资本主义的关系是辩证的否定关系,在不发达国家建设社会主义,要特别注意学习和借鉴资本主义国家有益的东西。在学习别国先进经验的问题上,列宁一直持积极态度。他把学习借鉴资本主义国家的成果提到了极高的程度:"社会主义能否实现,就取决于我们把苏维埃政权和苏维埃管理组织同资本主义最新的进步的东西结合得好坏。"②列宁去世特别是二战以后,苏共以社会制度和意识形态划线,在经济社会各个领域,社会主义国家和资本主义国家形成了尖锐对立和几乎隔绝的局面。20世纪中后期,经济全球化尤其是科技革命潮流开始蓬勃兴起,任何国家要谋求经济社会的快速发展,都要顺应时代潮流,进行相应的改革和调整,扩大与世界的联系。然而,苏东国家依旧忽视加强与世界的联系和交往,使经济发展长期处在相对封闭落后的状态,未能在全世界人民面前持久展示出社会主义制度的美好图景。这不仅影响了社会主义的声誉,破坏了共产党的形象,也使本国乃至世界人民对社会主义的信念产生了一定程度的动摇。

第四节 东方欲晓:科学社会主义在中国的传播和发展

马克思主义不仅深刻改变了世界,也深刻改变了中国。在中华民族积

---

① 《邓小平文选》第3卷,人民出版社1993年版,第139页。
② 《列宁选集》第3卷,人民出版社1995年版,第492页。

贫积弱、任人宰割的苦难岁月,各种主义和思潮都进行过尝试,资本主义道路没有走通,改良主义、自由主义、社会达尔文主义、无政府主义、实用主义、民粹主义、工团主义等"你方唱罢我登场",但也都没能解决中国的前途和命运问题。是马克思列宁主义、毛泽东思想引导中国人民走出了漫漫长夜,取得了新民主主义革命的胜利,建立了人民民主专政的新中国,实现了中华民族从"东亚病夫"到"站起来"的伟大飞跃,使中国这个古老的东方大国创造了人类历史上前所未有的发展奇迹。这一伟大成就,是继俄国十月革命之后,科学社会主义取得的又一个辉煌胜利。

一、半殖民地半封建社会——中国最基本的国情

"认清中国的国情,乃是认清一切革命问题的基本的根据。"[①]因为"人们自己创造自己的历史,但是他们并不是随心所欲地创造,并不是在他们自己选定的条件下创造,而是在直接碰到的、既定的、从过去承继下来的条件下创造"[②]。处于不同国情的国家和民族要想取得革命和建设的成功,就必须以马克思主义为指导,深入研究本国国情和实践特点,与时俱进地推进马克思主义的民族化,形成适合本国实践土壤的民族化的马克思主义理论。

中国位于亚洲东部,是世界上最大的国家之一,15世纪以前曾长期处于世界发展的前列,为人类文明进步作出了巨大贡献。17世纪后,西方爆发资产阶级革命和工业革命,生产力飞速发展,国力蒸蒸日上;中国却因循守旧、故步自封,被远远甩在了后面。落后就要挨打。到19世纪中叶,急于向外扩张的英国,以鸦片和炮舰打开了清王朝这个封建专制帝国闭关自

---

① 《毛泽东选集》第2卷,人民出版社1991年版,第633页。
② 《马克思恩格斯选集》第1卷,人民出版社1995年版,第585页。

守的大门。中国社会的发展进程,被突如其来的外来因素打断了。这种情形,给中国社会带来了两个方面的重大变化。

一个变化是中国变成了一个半封建的社会。近代中国是个典型的农业国家,全国绝大多数人口生活在农村,城市人口只占总人口的 10% 左右。即使是城市,工业也极不发达,往往是官僚机构和军队的驻扎地。在广大的农村,土地兼并现象十分严重。占农村人口 70% 的贫雇农只占有 10% 的土地,而占农村人口 10% 的地主富农却占有 70% 的土地。由于外国资本主义的刺激和中国封建经济结构的解体,19 世纪下半叶后,一些商人、地主和官僚开始投资于新式工业。到 1919 年,中国民族资本企业总资本已达 6 亿银元,比 1911 年时的资本总额增加了一倍。但从全局来看,中国资本主义经济只是获得了初步发展,封建剥削制度不但依旧保持着,而且同买办资本和高利贷资本的剥削结合在一起,在社会经济生活中占据明显优势。当时的中国地租奇重,投资土地利大风险小,社会资本多流向土地,而不愿投向工业,严重影响了工业化进程。广大农民生活艰辛,挣扎在死亡线上,冻死、饿死、病死的人数量巨大。农民生活范围极其狭小,据学者们在 20 世纪 30 年代的调查,绝大多数中国人,终生没有到过距家六七十华里以外的地方,一生很少离开本县。绝大多数人不识字,没有受到启蒙教育,缺乏现代公民意识。官僚、乡绅横行乡里,鱼肉百姓。族权、神权根深蒂固。总之,专制、愚昧、封闭、迷信、落后这些封建时代的典型特征,还没有受到根本冲击,反封建的任务依然十分艰巨。因此,资本主义的发展,并没有使封建的中国变成资本主义的中国,而是变成一个半封建的社会。

另一个变化是中国变成了一个半殖民地的社会。外国侵略者的目的不是使中国得到变革和发展,而是要寻求更广大的市场,掠夺更多的资源,攫取更丰厚的利润。为此,外国列强对中国采用了军事、政治、经济和文化等各种剥削和压迫手段。1842 年清政府与侵略者签订丧权辱国的《南京条约》后,帝国主义不满意中国的开放程度,于 1856—1860 年再次发动侵华战争。中国再次遭受失败,与英、法、美、俄签订《天津条约》,与英、法、俄签订《北京条约》,与俄国签订《瑷珲条约》。这些条约规定,中国割让更多的领土给侵略者,外国公使常驻北京,由外国人管理中国海关。1894 年,日本发动甲午战争,清军被打得一败涂地,被迫于次年签订《马关条约》,并引起帝国主义瓜分中国的狂潮。

1900 年,英、俄、德、法、美、日、意、奥联合发动侵华战争,占领北京。1901 年清政府被迫与八国签订的《辛丑条约》规定:中国赔偿白银 4.5 亿两,在北京设使馆区,镇压人民反侵略行动,惩办带头反侵略的官员,成立外务部,列六部之首。对帝国主义提出的苛刻条件,清政府最高统治者慈禧太后提出“量中华之物力,结与国之欢心”的外交政策。尽管就其主观意图而言,并非尽最大可能、最大限度地出卖国家与民族的利益,但如此政策的实行无疑意味着清廷已然成为帝国主义统治中国人民的走狗与工具。《辛丑条约》内容之苛毒,对中国社会影响之深远,危害之巨大,可谓空前绝后。条约的签订,标志着中国彻底落入了半殖民地半封建社会的深渊。

上述重大变化,使中国由一个独立的封建国家变为半殖民地半封建国家,山河破碎,国土沦丧,人民生活在水深火热之中,中华民族沦落到深重苦难和极度屈辱的境地。外国资本—帝国主义和本国封建主义的联合压迫,严重地阻碍着中国的社会发展和政治进步,成为民族灾难和人民痛苦的根源。推翻帝国主义和封建主义的统治,实现民族独立和人民解放,实现国家富强和人民富裕,是中国人民面临的两大历史任务。完成这两大历史任务、实现中华民族的伟大复兴,成为近代以来中国人民不懈追求的伟大梦想。

外国资本—帝国主义和中国封建主义相结合,变中国为半殖民地半封建社会的过程,也是中国人民奋起反抗帝国主义及其走狗的过程。从鸦片战争开始,中国人民的反抗斗争从来没有间断过。然而,历次反对外国侵略的战争也好,太平天国的农民战争也好,变法图强的戊戌维新运动也好,号召"扶清灭洋"的义和团运动也好,虽然都沉重打击了帝国主义和封建主义,促进了人民的觉醒,加速了封建统治的瓦解,但都一次次地失败了。

1905 年,伟大的民主革命先行者孙中山发起成立同盟会,提出以建立资产阶级民主共和国为目标的政治纲领,并努力用革命手段来实现这个纲领。1911 年 10 月,辛亥革命爆发。1912 年元旦,中华民国宣告成立。辛亥革命推翻了清王朝,结束了统治中国几千年的封建专制制度,打开了社会进步的闸门,促进了人们的思想解放,并为此后革命斗争的发展,特别是为中国共产党领导的新民主主义革命开辟了道路。从这个意义上说,辛亥革命取得的成功是巨大的。但是,辛亥革命并没有一个完整而彻底的反帝反封建的政治纲领,没有形成一个能够领导这场革命的坚强有力的政党,这导致辛亥革命最终以同旧的反动势力的妥协而告终,革命的果实落到以袁世凯为首的北洋军阀手里,中国陷入军阀混战之中。各军阀的投降卖国比清政府有过之而无不及。在祸国殃民的军阀统治下,帝国主义的侵略仍在继续加深,封建势力依然在中国每一个角落盘根错节,中国人民依然生活在贫穷、落后、分裂、动荡、混乱的苦难深渊之中。

二、马克思主义的早期传播与中国共产党的成立

在谈到俄国革命的艰辛时,列宁曾说:"俄国在半个世纪里,经受了闻所未闻的痛苦和牺牲,表现了空前未有的革命英雄气概,以难以置信的毅力和舍身忘我的精神去探索、学习和实验,经受了失望,进行了验证,参照了欧洲的经验,真是饱经苦难才找到了马克思主义这个唯一正

确的革命理论。"①用这段话来概括中国人民探索革命道路、形成正确理论的历史,同样是十分恰当的。

十月革命一声炮响,给中国送来了马克思列宁主义,给苦苦探寻救亡图存出路的中国人民指明了前进方向,提供了全新选择。中国先进分子从马克思列宁主义的科学真理中看到了解决中国问题的出路。2017 年 10 月 17 日,在中国共产党第十九次全国代表大会开幕之日,习近平在大会报告中,充分肯定了 100 年前十月革命对中国共产党、中国人民和中国革命的这一巨大历史功绩。

早在清朝末年,中国出版物上就有人介绍马克思和他的思想。1899年 4 月基督教广学会的《万国公报》上登载了《大同学》一文,其中提到马克思。1902 年,梁启超、马君武在文章中都介绍过马克思及其主张。1905 年《民报》创刊后,资产阶级革命家朱执信在上面登载了多篇文章,详细介绍马克思、恩格斯的生平,并对《共产党宣言》《资本论》等著作进行评价。1912 年孙中山在上海演说时认为,"资本公有"是马克思主义的精髓。

马克思主义在中国快速传播是在新文化运动开始后,尤其是十月革命爆发后。新文化运动强烈冲击了中国的旧文化,为新思想传播解除了羁绊,提供了宽松的气候;而十月革命则为中国人民展现了一幅全新的画卷,送来了新世纪的曙光。1917 年 11 月 10 日,即十月革命爆发后的第三天,上海《民国日报》即以《突如其来之俄国大政变》为题,报道了这一事件。1918 年元旦,《民国日报》的社论中说:"吾人对于此近邻之大改革,不胜其希望也。"同年夏,孙中山致电苏维埃政府:"中国革命党对于贵国革命党所进行的艰苦斗争,表示十分钦佩,并愿中俄两党团结共同奋斗。"②1918 年2 月,《申报》报道了苏俄政府废除不平等条约的消息,饱受侵略之苦的中

---

① 《列宁选集》第 4 卷,人民出版社 1995 年版,第 136—137 页。
② 《孙中山全集》第 4 卷,中华书局 1985 年版,第 500 页。

国人民为之欢欣鼓舞。

十月革命也让中国的先进分子开始用马克思主义作为观察国家命运的工具,重新思考中国问题。从1918年起,《新青年》把介绍马克思主义作为自己的主要任务之一。李大钊是中国颂扬俄国十月革命的第一人。他在1918年著文高屋建瓴地指出:十月革命是"立于社会主义上之革命",是"世界人类全体的新曙光"。他预言:"试看将来的环球,必是赤旗的世界!"

1919年上半年,第一次世界大战中取胜的协约国一方在巴黎举行"和平会议"。会议不顾属于战胜国一方的中国的权益,规定战败的德国将在中国山东获得的一切特权转交给日本。本来,第一次世界大战就把资本主义制度的固有矛盾以极其尖锐的形式暴露出来,资本主义的吸引力大幅下降。巴黎和会上西方列强的伪善、蛮横和联合压迫中国人民的丑恶表现,更激起了先进的中国人对西方文明和走资本主义道路的失望和怀疑。消息传到国内,激起各阶层人民的强烈愤怒,爆发了全国规模的群众性革命运动——五四运动。

五四运动是中国革命史上具有重大意义的事件,它标志着中国新民主主义革命的开端。在五四运动中,青年学生亲眼看到工人阶级表现出来的伟大力量。一些具有初步共产主义思想的知识分子开始"往民间去",到工人中去开办学校、组织工会。这些人后来成为中国共产党的早期骨干。五四运动极大地促进了马克思主义的传播。那时,大批留学生携西学而归,西方的各种主义、学说通过报纸、杂志、新学堂、社团被大量介绍到中国来,如改良主义、自由主义、社会达尔文主义、无政府主义、实用主义、民粹主义、工团主义、互助主义、新村主义等。由此,当时还掀起了"问题"与"主义",社会主义是否适合中国,社会主义与无政府主义为代表的三次有名的论战,极为强烈地震撼和影响着人们的思想。然而,马克思主义以其先进性、科学性和革命性始终吸引着中国的先进分子。许多人经过深思熟虑和反复比较,逐渐抛弃资产阶级改良主义、无政府主义、自由主义等思想主张,最终选择了科学社会主义,确立起对马克思主义的信念。因此,中国人民接受马克思主义,绝非偶然,绝非轻松,也绝非任意,而是自觉地在革命实践中作出的理性选择;并且从一开始就不是把它当作单纯的学理来探讨,而是作为观察中国、指引中国革命的思想武器。这是中国马克思主义思想运动兴起伊始就具有和显现出来的一个特点和优点。

随着马克思主义的传播及其同工人运动的初步结合,随着一批接受马克思主义的先进知识分子的出现,建立新型工人阶级政党的任务被提上了日程。

中国共产党的建立,得到了列宁领导的第三国际(即共产国际,成立于1919年3月)的帮助。1920年4月,经共产国际批准,俄共(布)远东局派维经斯基等人来华。他们先后在北京、上海会见李大钊和陈独秀,讨论建立共产党的问题,并帮助进行建党的准备工作。

中国共产党的最早组织是在上海建立的。1920年8月,上海共产党组织正式成立,陈独秀任书记。它起到了在全国范围内建党的发起组和联络中心的作用。10月,北京共产党组织成立,李大钊为书记。1920年秋至1921年春,武汉、长沙、济南、广州等地先后建立起共产党的地方组织。在欧洲和日本,中国留学生和侨民中的先进分子也建立了共产党的组织。1921年7月,各地共产主义小组的十多名代表齐聚上海,召开党的第一次全国代表大会,宣告成立中国共产党。大会确定党的名称为"中国共产党"。党的纲领是"革命军队必须与无产阶级一起推翻资本家阶级的政权","承认无产阶级专政,直到阶级斗争结束","消灭资本家私有制",以及联合第三国际[1]。从此,在古老的中国大地上出现了完全新式的、以马克思主义为行动指南的、统一的和唯一的中国工人阶级政党。

---

[1] 《建党以来重要文献选编》第1册,中央文献出版社2011年版,第1页。

中国共产党的成立在中国历史上具有划时代的伟大意义。自从有了中国共产党，马克思主义伟大旗帜在中国就有了坚定的"旗手"。五四运动以后，马克思主义迅速传播，并取得了一个又一个的胜利，其根本原因是中国共产党一直高举着这面伟大旗帜，以它为指导进行革命、建设和改革。自从有了中国共产党，中国人民就有了领导核心，民族复兴就有了光明和希望，各项事业就不断地从胜利走向胜利。"领导我们事业的核心力量是中国共产党。指导我们思想的理论基础是马克思列宁主义"①，这是对中国人民的事业不断走向辉煌的基本经验的高度概括。

三、新民主主义革命理论的形成和中国革命的胜利

在中国这样一个半殖民地半封建社会、经济文化极其落后的东方大国，无产阶级政党如何进行资产阶级民主主义性质的革命，马克思主义经典著作中没有现成答案，也没有可以套用的其他国家现成经验。把马克思主义同中国具体实际结合起来，正确地回答和解决这个重大问题，就成为中国共产党人面临的历史性课题，也成为中国革命取得胜利的关键。

以毛泽东为主要代表的中国共产党人，为找到中国革命的正确道路，进行了艰辛探索，创立新民主主义革命理论，解决了在一个以农民为主体的、落后的半殖民地半封建的东方大国进行革命的一系列理论问题。新民主主义革命理论是马克思主义与中国革命实践相结合的产物，它的形成前后经历了大约 20 年，分为 4 个阶段。

第一阶段：从党成立到大革命失败。这是新民主主义革命理论的酝酿阶段。

我们党对中国革命的认识，有一个从幼稚到成熟的过程。建党前后的

---

① 《毛泽东文集》第 6 卷，人民出版社 1996 年版，第 350 页。

中国共产党人,坚持社会主义方向,坚持把社会主义作为自己的奋斗目标,这无疑是正确的。但他们对中国社会和中国革命的认识都不够深入和全面,所以提出的政治纲领和奋斗目标也不完全符合中国的国情。这主要表现在,一是把无产阶级和资产阶级之间的矛盾看成是中国社会的主要矛盾,认为资产阶级是最主要的敌人。二是认为中国所要进行的革命,应该是社会主义革命;革命后建立的国家,应该是社会主义国家。三是提出不与其他政党建立联系,无产阶级自己单打独斗,并且对其他政党采取排斥政策。这说明党还没有认识到中国资产阶级的两重性,也不懂得统一战线的重要性。

此后,党在探索中国革命的过程中,得到了列宁领导的共产国际的帮助,同时也在实践中获得了新的认识。到党的二大时,即对中国革命的看法有了明显变化。主要表现在:其一,认为中国革命的对象,不是资产阶级,而是帝国主义和封建军阀;其二,中国革命的直接目标,不是社会主义,而是民主主义;其三,对现有的资产阶级政党,不应排斥,而应与之联合,共同进行反帝反封建的革命。这些认识的获得,表明党已开始懂得把马克思主义的普遍原理与中国具体实际相结合,同时也说明了中国的新民主主义革命理论已开始萌芽。正因如此,1922年7月召开的党的二大提出了反帝反封建的革命纲领和建立革命统一战线的策略原则。

但是,党的二大也有不足之处。主要表现在:第一,弄不清各阶级在革命中的地位和相互关系;第二,关于革命前途的认识也是不成熟的。当时认为,革命前途只能有两种:一是建立资产阶级共和国,形成资产阶级专政;二是在民主革命胜利后立即进行社会主义革命,建立一个社会主义国家。第一种设想,照搬了英法等国资产阶级革命的模式;后一种设想,是想再重复一次俄国革命的过程。

1923年6月召开的党的三大,在共产国际代表的指导下,把统一战线的思想付诸了实践。这次大会决定,全体共产党员以个人身份加入国民党,建立国共合作的统一战线。这一举措对当时的中国革命产生了重大影响,不久,大规模的革命高潮就出现了。但正当中国大地上出现一股向着帝国主义和军阀势力猛烈冲击的革命洪流之时,一股反革命逆流也逐渐显现出来。国民党内部的左右派进一步分化,国共关系逐步复杂化。中国革命面临许多新的问题需要给予回答。

1925 年 1 月党的四大在上海举行。这次大会的历史功绩是,总结国共合作一年来的经验教训,提出了无产阶级在民主革命中的领导权问题和工农联盟问题,并对民主革命的内容作了比较完整的规定,指出在反对帝国主义的同时,还要反对封建的军阀政治和经济关系。这样,从二大到四大,党对中国革命的性质、对象、任务、动力、领导、前途等一系列问题都已有了比较正确的认识,为形成新民主主义革命理论奠定了基础。

应当看到,由于历史的局限,党的四大对如何正确处理同资产阶级争夺领导权过程中的种种复杂问题,并没有作出具体回答。当时所说的无产阶级领导权,是天然地落到无产阶级的头上的,是一种"天然领导权"。当时认为,大资产阶级是革命对象,不可能到革命队伍中来争夺领导权。参加革命的各派力量之中,民族资产阶级没有力量,它们的力量"等于零"。革命的领导权自然而然就落到了无产阶级的头上。事实证明,这种想法是不正确的。整个民主革命阶段,不但以蒋介石为首的大资产阶级一直在与我们党争夺对中国问题的领导权,就连革命队伍中的民族资产阶级也一直在与我们党时而合作、时而斗争。只是到了新中国成立前夕,这种情况才被彻底改变过来。再比如,当时对建立政权、土地革命、武装斗争这些关系到中国革命生死存亡问题的认识,也远远没有到位。还应该注意的是,当时并没有"新民主主义革命"这个概念,而是在笼统地使用"国民革命"这个词。

第二阶段：土地革命战争的前期和中期。这个时期是新民主主义革命理论曲折发展的时期。

轰轰烈烈的大革命失败后，以毛泽东为代表的一部分共产党人，坚持正确的路线和主张，但他们并没有在最高领导位置上。而当时占据主要领导地位的一些人，在共产国际的遥控指挥下，把俄国经验神圣化，盲目照抄照搬，坚持在城市搞武装暴动，或号召红军攻打大城市。结果，我们党在白区的力量和根据地的红军都遭受了致命损失，几乎使中国革命陷入了绝境。

但我们党经受住了这次严重的挫折。以毛泽东为代表的一部分共产党人，在同党内的"左"、右倾错误主张的斗争中，在同共产国际错误指挥的斗争中，坚持把马克思主义基本原理与中国革命具体实际相结合，推动工作重心由城市转移到农村，创造性地逐步开辟了一条具有中国特色的革命道路。具体讲就是坚持在农村开辟根据地，在农村积蓄革命力量，用农村包围城市，最后夺取城市和全国政权。这是党在第二次国内革命战争中获得的最大收获，也是对马克思主义的重大发展。此后，我们党一直坚持走这条道路，并形成了与之相配套的政治路线、军事路线、土地革命路线，终于取得了革命的彻底胜利。

第三阶段：土地革命战争的后期和抗日战争时期。这个时期是新民主主义革命理论的形成阶段。

1935年1月，中央政治局在长征途中召开了遵义会议，确立了毛泽东在红军和党中央的实际领导地位，这是党的历史上一个生死攸关的转折点。从此，中国革命逐步走上顺利发展的道路。我们党深刻总结了大革命失败以后特别是土地革命战争后期和抗日战争初期的经验教训，强调指出，马克思主义只有同中国实际紧密结合起来，才能真正解决中国革命的问题,毛泽东还提出了"马克思主义中国化"的重大命题。在他的倡导和推动下,我们党科学地分析旧中国半殖民地半封建的社会性质和各阶级状况,正确地解决了中国新民主主义革命的任务、对象、领导力量、依靠力量、政策和策略等一系列重大问题,提出了关于坚持理论联系实际、实事求是的思想路线的思想,关于无产阶级领导的农民土地革命战争和以农村包围城市、武装夺取政权的思想,关于人民军队和人民战争的思想,关于与其他政治力量建立革命统一战线的思想,关于党的建设和党的群众路线、工作方法的思想,关于革命军队建设和军事战略的思想,关于政策和策略的思想,关于思想政治工作和文化工作的思想等,实现了马克思主义与中国实际相结合的第一次历史性飞跃,创立了毛泽东思想。1945 年党的七大正式把毛泽东思想确立为党的指导思想。

毛泽东创立的新民主主义革命理论,是在马克思列宁主义指导下,从中国实际出发形成的完整的革命学说,是中国革命特别是建党以来历史经验的全面总结,是毛泽东思想在抗战时期最重大的理论成果,也是中国特色社会主义最早的理论起源和滥觞。其理论的主要点包括:

第一,关于中国革命的性质。中国革命到底应该是怎样的一场革命?围绕这个问题,长期以来主要有三种观点:一是认为中国革命是反封建的资产阶级革命;二是认为中国革命是反帝反封建的资产阶级性质的民族民主革命;三是认为中国革命是反对资产阶级统治的社会主义革命。怎样看待中国革命的性质,决定于怎样看待中国社会的性质。第一种观点,把中国看成一个完全意义上的封建国家,所进行的革命是资产阶级反抗封建统治的资产阶级革命。第二种观点,把中国看成深受帝国主义和封建主义双重压迫的半殖民地半封建国家,因此,所进行的革命是反帝反封建的民族民主革命。第三种观点,把中国看成一个完全意义上的资本主义国家,因此,所进行的革命是无产阶级反抗资产阶级统治的社会主义革命。到底哪一种看法正确？只有经过调查研究和革命实践,真正弄清了中国社会的现状之后,才能把问题说清楚。最终我们党得出了科学的结论:近代中国既不是典型的封建国家,也不是资本主义国家,而是半殖民地半封建国家。因此,近代的中国革命,既不是资产阶级推翻封建地主阶级统治的资产阶级革命,也不是无产阶级推翻资产阶级统治的社会主义革命,而是反对帝国主义、反对封建主义的具有资产阶级革命性质的民族民主革命。换句话说,它是无产阶级领导的资产阶级民主革命,即新民主主义革命。新民主主义革命,既不同于传统意义上的资产阶级革命,也不同于无产阶级社会主义革命。它与旧的资产阶级革命的主要不同之处在于,这个革命的领导者是无产阶级,而旧的资产阶级革命的领导者是资产阶级。它与无产阶级社会主义革命的区别在于,社会主义革命主要由无产阶级来进行,革命后建立的是社会主义国家;而新民主主义革命的参加者成分众多,工人、农民、小资产阶级、民族资产阶级都可以参加,革命后建立的是新民主主义国家,而不是社会主义国家。

第二,关于革命的对象和动力。新民主主义革命的主要对象,是帝国主义和封建主义。到解放战争时期,毛泽东又把官僚资产阶级与帝国主义、封建主义并列,共同作为新民主主义革命的三个对象,被称为"三大敌人"或"三座大山"。推翻它们的统治,就是新民主主义革命的根本任务。当然,对官僚买办资产阶级这个革命对象,我们党立足中国革命实际,是有着辩证的分析估量和灵活的政策策略的。具体来讲就是:充分认识到官僚买办资产阶级并非铁板一块,而是分裂成了众多的派系集团,分别投靠不同的帝国主义国家。当在集中反对某一个帝国主义时,除了这个帝国主义的走狗之外,其他的官僚买办集团有可能在一定时期和一定程度上参加到反帝的统一战线中来。例如,在抗日战争中,我们党同亲英美的蒋介石集团就建立了抗日民族统一战线,共同反对日本帝国主义和它的走狗汪精卫集团,就是这一策略的实际应用。

中国新民主主义革命的动力是无产阶级、广大农民、城市小资产阶级和民族资产阶级,即通常所说的人民大众。在这里,我们党对农民这个革命成分给予了特别的重视。斯大林在谈论落后国家的民族解放运动时曾说:"所谓民族问题,实质上就是农民问题。"[①]毛泽东也说:"中国的革命实质上是农民革命。"[②]农民问题在中国革命中如此重要,主要有以下几个原因:一是农民占全国人口的绝大多数。仅从数量上来讲,其他任何行业的人口与农民相比,都显得十分渺小。人多则势大,这是一个朴素的道理。二是数量巨大的农民能不能参加革命,对中国革命来讲有根本性的影响。如果没有广大农民参加,不解决中国农村存在的大量问题,中国革命无论从规模上来讲,还是从深刻程度上来讲,都会大打折扣。三是农民占全国人口的绝大多数,但它不是一个最先进的阶级,不可能成为社会大变革的领导,而是要受别人的领导。在中国革命的过程中,对领导权的争夺,主要是在无产阶级和大资产阶级之间进行的。无产阶级和大资产阶级,谁能让占人口绝大多数的农民听自己调遣,谁就抓住了对中国问题的领导权。四是从现代化的视角看,中国革命实质上是为中国现代化清除障碍。考察已实现了现代化的各国的历史,就可以看到:要实现现代化,就必须首先打破农村的封建土地关系,代之以与现代化相适应的土地关系。比如,英国资产阶级用圈地的办法、法国雅各宾派用无偿分配的方法、德国俄国用农奴赎买的办法、美国用解放奴隶的办法,分别实现了农村的土地制度变革。中国革命要想真正为现代化扫清障碍,创造条件,也需要在农村来一个大变革,彻底改变农村的旧结构、旧关系、旧面貌。否则,现代化只能是空谈。

第三,关于中国革命的领导和前途。一场革命由谁领导,决定着革命

---

① 《斯大林全集》第 7 卷,人民出版社 1958 年版,第 61 页。
② 《毛泽东选集》第 2 卷,人民出版社 1991 年版,第 692 页。

过程中的其他一系列问题,领导权问题至关重要。资产阶级领导还是无产阶级领导,这是区分旧民主主义革命和新民主主义革命的根本标志。中国革命的领导权掌握在无产阶级手中,中国对帝国主义的态度问题、中国的土地问题、中国的政权组成问题等,是一种解决方式,国家的前途命运是一个样子;反之,如果中国革命的领导权掌握在资产阶级手中,那么,这些问题就会按着另外的方式去解决,国家的前途命运就会是另一个样子。在一定意义上,领导权问题是中国新民主主义革命的核心问题,是革命成败的关键中的关键。新民主主义革命理论之所以十分强调无产阶级领导权,根本原因就在于此。

中国革命的前途是什么?要弄清这个问题,就一定要弄清新民主主义革命和社会主义革命的关系。中国处于半殖民地半封建社会,社会性质决定了革命必须分两步走:第一步,进行新民主主义革命,推翻帝国主义、封建主义和官僚资本主义的统治,建立新民主主义的国家。第二步,进行社会主义革命,建立社会主义制度。正如毛泽东所指出的,"民主主义革命是社会主义革命的必要准备,社会主义革命是民主主义革命的必然趋势"①。两者既有区别,又有联系。其区别在于,新民主主义革命的任务是推翻三座大山,打败三大敌人,而不是一般地反对资本主义剥削制度和资产阶级;革命胜利后,仍会在一定范围内保留资本主义生产关系和资产阶级。社会主义革命的目标才是消灭资本主义剥削制度和资产阶级,全面确立社会主义公有制。其联系在于,只有完成前一个革命过程,才能去完成后一个革命过程,并且领导者始终是一个,那就是无产阶级及其政党。新民主主义革命的直接目标是建立新民主主义的国家,终极目标是建立社会主义的国家。新民主主义的人民共和国,就是实现这种转变的中间站。毛泽东认为,中国革命这样进行是走历史必然之路,其决定因素主要有三个:第一是

---

① 《毛泽东选集》第2卷,人民出版社1991年版,第651页。

革命自始至终都是无产阶级领导;第二是新民主主义之中已经包含了社会主义的因素;第三是中国革命属于世界无产阶级革命的一部分。

第四,关于新民主主义社会的政治、经济和文化纲领。毛泽东认为,在新民主主义革命阶段,大地主大资产阶级专政、资产阶级民主共和方案都是行不通的。同样,现阶段社会主义的条件也不具备,必须在政治上推翻帝国主义和封建主义的压迫,在中国建立一个无产阶级领导下的一切反帝反封建的人们联合专政的民主共和国。在经济上,没收操纵国计民生的大银行、大工业、大商业,建立国营经济;没收地主土地归农民所有,并引导农民发展合作经济;允许民族资本主义经济的发展和富农经济的存在。在文化上,要挣脱帝国主义、封建主义文化思想的奴役,实行人民大众的反帝反封建的文化,即"民族的科学的大众的文化"。

第四阶段:解放战争时期。这个时期是新民主主义革命理论进一步发展和完善的阶段。

抗日战争即将取得胜利的时候,中国又一次面临往何处去的重大历史关头,中国各派政治力量围绕这一关系民族前途命运的问题,展开了一场重大思想理论斗争和政治斗争。以毛泽东为首的中国共产党代表全国大多数人的利益,主张成立联合政府,建立一个民主、独立、富强、自由的新中国;以民族资产阶级为主体的中间党派则主张介于国共之间走第三条道路,建立一个欧美式的资产阶级民主共和国。以蒋介石为首的中国国民党代表大地主大资产阶级的利益,顽固坚持一党专政的独裁统治,并很快挑起全国性内战,大搞独裁统治和特务政治,对共产党人、人民群众和民主党派大肆进行迫害、逮捕和暗杀。

中国共产党坚定地同全中国人民站在一起,依靠广大人民反对国民党挑起的内战,进行争取人民解放的战争。与此同时,在国民党统治区,以学生为先锋,广大工人、农民、小资产阶级、民族资产阶级及各阶层反蒋人士参加的和平民主运动不断高涨,形成了反对国民党反动统治的第二条战线。中国共产党的一系列方针政策和主张获得了越来越多的人民群众的拥护和支持。1947年7月,中国人民解放军由战略防御转入战略进攻,接着连续进行了辽沈、淮海、平津三大战役,基本上消灭了国民党军主力。1949年4月,中国人民解放军横渡长江,解放了南京,宣告了国民党统治在中国大陆的彻底覆灭。

这个时期,新民主主义革命理论的发展,集中反映在新民主主义的国家学说方面。概括起来,主要有以下几点:一是关于新民主主义共和国的性质。指出,新民主主义共和国既不同于资产阶级共和国,又区别于社会主义共和国,是第三种国家形态,具有过渡性。二是关于新民主主义共和国的主要矛盾。指出,革命在全国胜利并解决了土地问题以后,中国还存在着两种基本的矛盾:国内是工人阶级和资产阶级之间的矛盾,国外是中国和帝国主义国家的矛盾。三是关于新民主主义共和国的历史任务。指出,新民主主义共和国的主要任务,就是为向社会主义过渡做好准备。

在新民主主义革命理论的指导下,中国人民在中国共产党的领导下经过28年的浴血奋战,付出巨大牺牲和代价,终于推翻了帝国主义、封建主义、官僚资本主义三座大山,取得了新民主主义革命的伟大胜利。

1949年9月,中国人民政治协商会议第一届全体会议在北京召开。大会实现了共产党与各民主党派的团结合作,一致通过了《中国人民政治协商会议共同纲领》(简称《共同纲领》),对新中国的国体、政体以及各方面政策作了明确规定。毛泽东在会议上致辞指出:"现在的中国人民政治协商会议是在完全新的基础之上召开的,它具有代表全国人民的性质,它获得全国人民的信任和拥护。因此,中国人民政治协商会议宣布自己执行全国人民代表大会的职权。"他庄严宣告:"占人类总数四分之一的中国人从此站立起来了。"①

　　1949 年 10 月 1 日,中华人民共和国中央人民政府正式宣告成立。新中国的成立是中国有史以来最伟大的事件,也是 20 世纪世界最伟大的事件之一,它深刻改变了中国历史发展的方向,也深刻影响了世界历史发展的进程。这一划时代的伟大事件,是中华民族 100 多年来为实现民族独立和人民解放前赴后继、艰苦奋斗取得的伟大成果,开启了中华民族伟大复兴的历史新纪元。

---

① 《毛泽东文集》第 5 卷,人民出版社 1996 年版,第 343 页。

第二章　开好马克思主义在中国的"分店"
——探索适合中国国情的社会主义建设之路

新中国成立后,在迅速医治战争创伤、恢复国民经济的基础上,我国创造性地进行社会主义改造,建立起社会主义基本制度,成功实现了历史上最深刻最伟大的社会变革,为当代中国一切发展进步奠定了根本政治前提和制度基础。随即又以苏联经验为镜鉴,努力寻找一条适合中国国情的社会主义建设道路,发展社会主义的经济、政治和文化。这一探索历程,波澜壮阔,跌宕起伏,极不平凡,既积累了成功经验,也有失误的教训,甚至发生了"文化大革命"那样全局性的严重错误。所有这一切,都为新的历史时期开创中国特色社会主义提供了宝贵经验、理论准备和物质基础。

第一节　史无前例的创举：社会主义制度在中国的确立

1949 年中华人民共和国的建立，为中国确立社会主义制度、迈向社会主义社会打开了通道。但这一光明前景的最终实现，仍取决于中国共产党及其领导的全国人民大众的不懈努力，尤其取决于党的领导集体实施正确的战略指导。新中国成立后的头七年，以毛泽东为代表的中国共产党人针对我国工业基础薄弱、科学技术落后的状况，参照苏联经验，探索开拓出一条以逐步实现国家的社会主义工业化为主体，以逐步实现对农业、手工业和资本主义工商业的社会主义改造为两翼的和平过渡道路，创造性地实现了从新民主主义到社会主义的转变，全面确立了社会主义基本制度，使占世界人口四分之一的东方大国进入了社会主义社会。这是中国社会变革和历史进步的巨大飞跃，极大地支持和推进了世界社会主义事业。

一、过渡时期总路线的提出

新中国成立伊始，我们党面临着重重困难和严峻考验。军事上，国民党还有上百万军队在负隅顽抗。经济上，国民党留下的是一个一穷二白、千疮百孔的烂摊子：工业整体处于手工业状况，产品少得可怜；农业以一家一户的小农经济为主，耕作水平低，基本靠天吃饭；民生则是物价暴涨、商品匮乏、饥馑遍地。国民党政府崩溃前滥发金圆券，大肆搜刮民财，导致金融崩溃，整个国民经济处于瘫痪状态。国际上，美国拒绝承认并竭力阻挠其他国家承认新中国，阻挠恢复中华人民共和国在联合国的合法席位，对新中国实行政治孤立、经济封锁和军事包围的政策。此外，党也面临着因革命胜利而可能滋长的骄傲自满、享乐腐化等腐朽思想的侵蚀。新中国就是在这样的基础上艰难起步的。

中共中央和中央人民政府根据七届二中全会制定的各项基本方针,采取一系列超常措施,为巩固新生政权进行了卓有成效的斗争。通过继续推进解放战争和实施大规模的剿匪作战,通过艰苦卓绝的经济恢复工作,通过民主建政、土地改革、抗美援朝、镇压反革命运动等,迅速医治了战争创伤,稳定了政权,奠定了新中国发展的初步基础。新生的人民共和国经受住了严峻考验,克服了重重困难,不仅迅速站稳了脚跟,而且全面展现出朝气蓬勃的新气象。

人民政权建立和巩固后,中国进一步发展向何处去的问题,鲜明而又紧迫地摆到了中国共产党和中国人民面前。新民主主义革命时期,我们党确定的最低纲领是完成新民主主义革命,最高纲领是建立社会主义社会,最终走向共产主义。这就决定了我们党领导的新民主主义革命取得胜利后,不可能停留在新民主主义这一过渡性阶段,必须进一步实现从新民主主义向社会主义的转变。至于如何过渡,原来设想是在新民主主义革命成功后,用10—15年的时间来完成。

1948年9月召开的中共中央政治局会议,第一次正式提出和讨论了这个问题。毛泽东在会议总结中说:“关于完成新民主主义到社会主义的过渡的准备,苏联是会帮助我们的,首先帮助我们发展经济。我国在经济上完成民族独立,还要一二十年时间。我们要努力发展经济,由发展新民主主义经济过渡到社会主义。这些观点是可以宣传的。”他还说:“至于对经济成分的分析还要考虑,先由少奇同志考虑,并草拟文件,以便在召开二中全会时用。”①此后召开的党的七届二中全会,是在解放战争已经取得决定性胜利,人民民主政权即将建立的情况下召开的。全会的中心任务,是

---

① 《毛泽东文集》第5卷,人民出版社1996年版,第146页。

确定从新民主主义向社会主义转变的大政方针。会议决定,在夺取全国政权之后,先进行一段新民主主义建设,使包括私人资本主义经济在内的整个国民经济有一个极大的发展;在实现了由农业国到工业国的转变之后,再进行社会主义革命,实现从新民主主义向社会主义的过渡。这里把实现工业化作为向社会主义转变的前提条件,反映了当时对社会主义的认识和把握,是严格依据了生产力发展水平这个客观标准。

　　根据这一精神,新中国建立之时,中国人民政治协商会议制定的起临时宪法作用的《共同纲领》,并没有把中国的社会主义前途写进去。对此,党的几个主要负责人都作出了郑重的说明。刘少奇说:"在协商过程中,有些代表提议把中国社会主义的前途写进共同纲领中去,但是我们认为这还是不妥当的。因为要在中国采取相当严重的社会主义的步骤,还是相当长久的将来的事情,如在共同纲领上写上这一个目标,很容易混淆我们在今天所要采取的实际步骤。……在中国采取社会主义的步骤,必须根据中国社会经济发展的实际需要和全国最大多数人民的要求。"[1]周恩来也讲:"大家认为这个前途是肯定的,毫无疑问的,但应该经过解释、宣传特别是实践来证明给全国人民看。只有全国人民在自己的实践中认识到这是唯一的最好的前途,才会真正承认它,并愿意全心全意为它而奋斗。所以现在暂时不写出来,不是否定它,而是更加郑重地看待它。"[2]会议期间,曾有党外人士询问毛泽东:到底什么时候搞社会主义?毛泽东的回答是:大概二三十年吧。刘少奇、周恩来也都说过,估计至少要10年,多则15年或20年。基本的想法是:经过二三十年的新民主主义建设,工业发展了,国营经济壮大了,就可以由国家发布一道命令,宣布对私营工商业实行国有化,对资本主义经济采取和平的有代价的一举消灭的办法,同时,依靠工业提供

————————
[1]　《刘少奇选集》上卷,人民出版社1981年版,第435页。
[2]　《周恩来选集》上卷,人民出版社1980年版,第368页。

的农业机械,帮助个体农民组织农庄,实现农业的集体化。这就是党向社会主义过渡的最初设想。

新中国成立后,随着政权的稳固,特别是经过3年的国民经济的恢复,在中国社会经济的现实生活中,发生了一些超出原来预料的变化。

第一个变化是,公私经济的比重发生了转折性的变化。新中国的国营经济起始于解放战争进程中解放城市时对国民党政府及其官员的官僚资本的没收,以及对大部分银行和对外贸易的掌控。至1950年初,合计接管官僚资本的工矿企业2 800余家,金融企业2 400余家,构成了新中国成立初期国营经济的主要部分。据1952年8月的统计,工业总产值中的公私比重由1949年的43.8%与56.2%之比,变为1952年的67.3%与32.7%之比;私营商业在全国商品总值中的经营比重,由1950年的55.6%降为1952年的37.1%,但在零售方面,私营经营在1952年仍占全国零售总额的67%。这是一个有着全局意义的新变化,它表明社会主义经济成分已经取得了优势地位,也意味着我国实际上正在向社会主义社会过渡。

第二个变化是,土地改革后,农村中的互助合作事业普遍地发展起来。主要是互助组,也有一些以土地入股为主要特点的农业生产合作社,还有少数集体农庄。继土地改革之后的一场更加深刻的农村生产关系和生产力的变革,在各地悄然兴起。

第三个变化是,新中国成立后,在稳定市场、发展经济、改善人民生活的过程中,积累了许多利用、限制和管理私营工商业的经验,创造了加工订货、经销代销、统购包销、公私合营、全行业公私合营等一系列从低级到高级的国家资本主义形式。这些举措,加深了私营工商业同社会主义国营工商业的联系,引起它们在生产关系上发生不同程度的变化。

此外,从当时国际环境看,资本主义国家很不景气,社会主义国家充满向上发展的活力,中国加快向社会主义的转变有利于加强与各社会主义国家的互助合作,也有利于新中国的巩固和发展。

根据这些新的情况,毛泽东开始重新考虑如何向社会主义过渡的问题。1952 年 9 月,他在中央书记处讨论第一个五年计划的会议上提出:现在就要开始用 10—15 年的时间基本上完成社会主义,而不是 10—15 年以后才开始向社会主义过渡。这是酝酿提出过渡时期总路线的开始。同年 10 月,中共中央还就这一设想征求斯大林的意见,得到了苏联方面的赞同。

1953 年上半年,中央进一步思考如何过渡的问题,焦点是资本主义工商业向社会主义的过渡。5 月,中央统战部在对私营工业中公私关系问题写给中央的报告中建议:经过国家资本主义特别是公私合营这一主要环节,实现资本主义所有制的变革。6 月,中央政治局讨论和通过了统战部的报告,把七届二中全会规定的对资本主义工商业利用和限制的方针扩充为利用、限制和改造,并明确指出国家资本主义是把资本主义工商业改造为社会主义经济的必经之路和最好形式。在这次会议上,毛泽东第一次比较完整地提出了党在过渡时期的总路线。

同年 12 月,毛泽东亲自审改党在过渡时期总路线的学习和宣传提纲,形成了比较正式规范的表述,这就是:"从中华人民共和国成立,到社会主义改造基本完成,这是一个过渡时期。党在这个过渡时期的总路线和总任务,是要在一个相当长的时期内,逐步实现国家的社会主义工业化,并逐步实现国家对农业、对手工业和对资本主义工商业的社会主义改造。这条总路线是照耀我们各项工作的灯塔,各项工作离开它,就要犯右倾或'左'倾的错误。"①

学习和宣传提纲中还有这样一句话:"党在过渡时期的总路线的实质,就是使生产资料的社会主义所有制成为我国国家和社会的唯一的经济基

---

① 《建国以来重要文献选编》第 4 册,中央文献出版社 1993 年版,第 700—701 页。

础。"毛泽东在这句话的后面加写了一段文字:"我们所以必须这样做,是因为只有完成了由生产资料的私人所有制到社会主义所有制的过渡,才利于社会生产力的迅速向前发展,才利于在技术上起一个革命,把在我国绝大部分社会经济中使用简单的落后的工具农具去工作的情况,改变为使用各类机器直至最先进的机器去工作的情况,借以达到大规模地出产各种工业和农业产品,满足人民日益增长着的需要,提高人民的生活水平,确有把握地增强国防力量,反对帝国主义的侵略,以及最后地巩固人民政权,防止反革命复辟这些目的。"①

应该说,学习和宣传提纲中的这个理论观点是当时国际共产主义运动中普遍流行的看法,也反映了当时党对什么是社会主义和怎样建设社会主义这个根本问题的认识还缺乏实践经验。但无论如何,毛泽东等老一辈革命家为了迅速发展生产力,为了提高人民的生活水平,为了巩固人民政权的目的和出发点,则是必须充分肯定的。

党在过渡时期的总路线提出后,给了人们一种新的认识:中国新民主主义建设时期,就是逐步向社会主义过渡的时期,也就是社会主义经济成分不断发展,在国民经济中的比重不断增加,同时采取稳妥的步骤对其他经济成分进行改造。这虽然是一场革命,但可以采取逐步的和平转变的办法,而不是在某一天早晨突然宣布实行社会主义。显然,这就把新民主主义社会理论向前推进了一步。原来所说的新民主主义建设阶段,同时成了从新民主主义转变到社会主义的过渡时期,实现了发展生产力和变革生产关系二者的统一。这是一条建设和改造同时并举的路线:逐步实现国家的社会主义工业化,发展生产力,是主体;对农业、对手工业和对资本主义工商业的社会主义改造,变革生产关系,是两翼,是为实现工业化服务的。完成这个过程当时预计需要3个五年计划,加上3年恢复时期,共18年,这

---

① 《建国以来毛泽东文稿》第4册,中央文献出版社1990年版,第405—406页。

同原来所设想的先进行 15 年或 20 年新民主主义建设,然后一步实行和完成社会主义改造,具体步骤和方法有了重大变化,而预计要用的时间仍大体相同。由此,毛泽东认为,过渡时期总路线的理论内涵与七届二中全会的战略构想在性质上并不冲突。

　　站在时代的高度来总结,过渡时期总路线带有难以避免的历史痕迹。主要是受苏联过渡时期理论与实践的影响,急于消灭对社会生产力的发展还有较大积极作用的私人资本主义经济,建立单一社会主义所有制。更为严重的是,苏联的具体做法从此还成了我们党长期遵循的目标,对于探索社会主义建设发展的道路带来了广泛而深刻的束缚和影响。

二、推进"一化"和基本完成"三改造"

　　社会主义是建立在现代化大生产基础之上的,看中国是不是具有建立社会主义制度的基本条件,首先取决于社会主义工业化是否取得重大进展,是否在国民经济中处于优势地位。毛泽东在阐述总路线的实质是解决所有制问题的同时,始终强调国家工业化在向社会主义转变过程中的主体地位和主导作用。

　　至于如何实现中国的工业化,党和毛泽东考虑得较早较多。过渡时期总路线提出后,经过一年多的理论探讨和实践检验,全党逐步达成了共识,即中国必须走优先发展重工业的社会主义工业化道路。在工业化的标准上,基本沿用了苏联的标准;在工业化的速度上,估计用 3 个五年计划时间;在工业化的内容上,则以苏联援建的 156 项工程为核心。苏联援建的项目,是经过多次研究商谈,陆续确定下来的,最后确定为 154 项。由于"一五"计划公布 156 项在先,所以仍然称为"156 项工程"。但实际施工的为 150 项,其中在"一五"计划期间开工的有 146 项。历史证明,以"156 项工程"为中心的工业建设,是中国近代以来引进规模最大、效果最好、作用最大的工业化浪潮。从国防工业、机械工业、电子工业、化学工业、能源工业等方面实行先进技术的引进,不仅大部分填补了我国工业的空白,还使我国的工业生产能力和技术水平前进了一大步,为中国建立起了比较完整的基础工业体系和国防工业体系,为中国的工业化奠定了重要基础。

优先发展重工业,需要投入大量资金。这些资金怎么筹措?中国政权的性质和基本国情决定了只能来自苏联的援助,特别是对本国农业的高积累。通过农业进行高积累,无疑会加重农民的负担,延滞农村、农业的发展。对此,党内外不少人持有异议。一部分党外人士则要求"施仁政"。对这些不同声音,毛泽东反驳说:"所谓仁政有两种:一种是为人民的当前利益,另一种是为人民的长远利益,例如抗美援朝,建设重工业。前一种是小仁政,后一种是大仁政。两者必须兼顾,不兼顾是错误的。那末重点放在什么地方呢?重点应当放在大仁政上。现在,我们施仁政的重点应当放在建设重工业上。要建设,就要资金。所以,人民的生活虽然要改善,但一时又不能改善很多。就是说,人民生活不可不改善,不可多改善;不可不照顾,不可多照顾。照顾小仁政,妨碍大仁政,这是施仁政的偏向。"[1]

工业化建设得到了全国人民的积极响应。经过全国人民团结一心的苦干实干,到1957年底,第一个五年建设计划的各项指标大都大幅度地超额完成,工业、交通运输业和基本建设各条战线喜报频传。一大批旧中国没有的现代工业骨干企业建立起来,一大批能源基地和工业原料基地建立起来,一大批工矿企业在没有工业基础的内地兴建起来,大幅度地提高了我国工业生产能力,使旧中国不合理的工业布局初步得到改善。"一五"期间工业建设和生产所取得的成就,远远超过了旧中国100年的发展积累。同世界其他国家工业起飞时期的增长速度相比,也是名列前茅的。

---

[1] 《毛泽东著作专题摘编》,中央文献出版社2003年版,第988—989页。

在推进社会主义工业化的同时,我们党还集中力量领导人民实行了对农业、手工业和民族资本主义工商业的社会主义改造,创造性地走出了一条适合中国国情的社会主义改造道路。

马克思曾经设想社会主义革命有可能对资产阶级实行和平赎买的办法,列宁在十月革命之后也曾提出过类似的思想和方案。如果实行这样的办法,可以使社会主义变革带来的社会动荡更小、更有利于保护生产力。但由于多方面的原因,这些设想和方案都没有能够得到具体实施。只有中国共产党才成功地从理论和实践的结合上,实现了马克思、列宁当年的构想。之所以能够实施这一构想,是与中国具体的社会历史背景和现实环境紧密相关的。我们党在民主革命时期同民族资产阶级建立起了巩固的联盟,在新民主主义革命取得胜利、向社会主义过渡的过程中继续保持和不断发展这种联盟,这种历史背景加上现实的需要和可能,使党在社会主义历史上第一次有效地实行了对资产阶级的和平赎买。

在向社会主义过渡中,我们党创造了一系列适合中国特点的过渡形式。对个体农业创造了以初级农业生产合作社为中心环节的各种互助合作形式,使农民的个体私有制逐步转变为社会主义集体所有制;对个体工商业采取了经过供销合作小组过渡到供销生产合作社,再过渡到手工业生产合作社的方式;对资本主义工商业,创造了加工订货、统购包销、经销代销、公私合营、全行业公私合营等国家资本主义形式,使资本主义私有制逐步过渡到社会主义公有制。采用多种组织形式逐步向社会主义过渡,这是我国社会主义改造的独创性经验。中国的社会主义改造,在目标模式方面,虽然还是以苏联为榜样,但在具体道路方面,却有着中国自己的鲜明特点,从而用新的实践和经验丰富发展了科学社会主义。

当然,由于历史条件的限制和认识上的偏差,在社会主义改造过程中也出现了一些失误,主要对农业合作化以及对手工业和个体工商业的改造要求过急,工作过粗,改变过快,形式也过于简单划一。

1955 年 7 月,中央召开了全国省市委书记会议,毛泽东作了《关于农业合作化问题的报告》,正式提出迎接农村社会主义高潮,反对右倾保守。会后,他找到中央农村工作部长邓子恢,提出要修改计划,把原计划到 1956 年春发展到 100 万个农业生产合作社,再增加 30 万个,达到 130 万个。邓子恢回到部里后,经过一番调查研究,认为还是应当坚持 100 万个的原计划。毛泽东对此不予认同,进而认为右倾保守不仅是邓子恢个人的问题,而且是全党的问题,于是决定召开党的七届六中全会加以解决。

由于七届六中全会错误地批判了所谓"右倾机会主义",急躁冒进的错误迅速滋长起来。从 1955 年冬季开始,在农村就掀起了农业合作化的高潮,并不适当地采用了政治运动方式和强制性行政手段。到 1956 年底,加入农业生产合作社的农户占全国农户总数的 96.3%,其中参加高级社的农户占 87.8%,全国农村基本上实现了农业合作化。

在农业合作化高潮和工人群众的推动下,党中央因势利导,大力推动全行业公私合营的发展。1955 年 10 月,毛泽东邀集中华全国工商业联合会执行委员会委员,座谈私营工商业社会主义改造问题,希望他们认清社会发展规律,掌握自己的命运,进一步接受社会主义改造,不要"十五个吊桶打水,七上八下。现在要大家逐渐减少吊桶,改用抽水机,不用吊桶"①。11 月,中央政治局讨论通过了《关于资本主义工商业改造问题的决议(草案)》。1956 年 2 月,中央政治局对这个决议作了个别修改,追认为正式决议。这个《决议》指出:"我们对于资产阶级,第一是用赎买和国家资本主义的方法,有偿地而不是无偿地,逐步地而不是突然地改变资产阶级的所有制;第二是在改造他们的同时,给予他们以必要的工作安排;第三是不剥夺资产阶级的选举权,并且对于他们中间积极拥护社会主义改造而在这个改

---

① 《毛泽东文集》第 6 卷,人民出版社 1999 年版,第 491 页。

造事业中有所贡献的代表人物给以恰当的政治安排。"①这就使得我们有可能在阻力较少的道路上逐步地实现资本主义企业的社会主义变革。《决议》还对原定3个五年计划基本完成资本主义工商业改造的部署，作出了重要调整。规定在第一个五年计划期间内，全行业公私合营的争取达到90％左右；并且准备在第二个五年计划期间内，争取逐步地使公私合营的企业基本上过渡到国有化。这就是说，完成资本主义工商业改造的时间比原定计划提前了5年。

由此，资本主义工商业改造开始进入高潮。1956年1月，从北京开始，出现了全国性的全行业公私合营的高潮。到1956年底，全国私营工业户数的99％转为公私合营，私营商业户数的82.2％转为国营或合作社营、公私合营的合作商店、小组。我国对资本主义工商业的社会主义改造基本完成。

在农业合作化高潮的推动下，1955年12月，召开了第五次全国手工业生产合作社会议，着重批判"右倾保守"思想，提出在两年内基本完成手工业合作化的要求。会后，迅速掀起手工业社会主义改造高潮。实际上是改变了过去按行业分期、分批、分片改造的办法，采取了手工业全业一起合作化的办法。这自然就出现了一些问题，主要是盲目集中，一律合作，一些传统手工艺品质量下降，有的甚至面临失传的危险，给人民群众的生活带来了许多不便。1956年3月，毛泽东在听取中央手工业管理局负责人汇报时，着重谈了应加快手工业社会主义改造速度的问题，同时也批评了加速改造过程中出现的问题。到1956年底，全国组织起来的手工业生产合作社(组)已发展到10.4万余个，社(组)员达到603.9万余人，占全部从业人员的91.7％②。手工业基本上完成了从个体经济到集体经济的转变。

① 《建国以来重要文献选编》第8册，中央文献出版社1994年版，第154页。
② 《中国共产党历史》第2卷(上)，中共党史出版社2011年版，第346页。

这样,随着社会主义工业化的推进和"三大改造"的基本完成,我国建立了全民所有制和集体所有制两种公有制形式的社会主义基本经济制度,建立了按劳分配的社会主义分配制度,并在"一五"计划期间建立了计划经济体制。

1954年9月,第一届全国人民代表大会第一次会议在北京召开。大会一致通过了《中华人民共和国宪法》,选举产生了国家机构的领导成员。国家领导机构的建立,为社会主义革命和社会主义建设的顺利进行提供了重要的组织保障。第一届全国人民代表大会的召开,特别是第一部《中华人民共和国宪法》的制定和颁布,标志着人民代表大会制度作为新中国根本政治制度的正式确立,实现了中国政治制度的一次伟大变革。由此,到1956年,随着社会主义改造的完成,社会主义基本经济制度和其他基本制度在中国大地逐步建立起来了,一种新的社会制度诞生了。

三、实现向社会主义过渡的重大意义

历史证明,在中国这样一个情况极其复杂的大国,在保持经济基本上稳定发展并得到人民群众普遍拥护的情况下,能够比较顺利地实现如此复杂、困难和深刻的社会变革,这在世界社会主义革命史上是绝无仅有的奇迹。不仅如此,它还实现了中国历史上最深刻最伟大的社会变革,规定了中国社会前进的方向:走社会主义道路,实现国家的富强和人民的共同富裕。这是中华民族历史发展进程中的一个新的起点,为当代中国一切发展进步奠定了根本政治前提和制度基础,具有十分重大的历史意义。

第一,这一转变最重要的成果,就是在中国结束了已经存在了几千年之久的剥削制度,建立了以公有制为主体的社会主义经济制度。改造了汪洋大海般的个体小生产,使他们开始摆脱贫困和两极分化的威胁,走上了共同富裕的道路。伴随着社会主义经济基础的建立,我国人民民主专政的国家制度也逐步健全起来。马克思主义在国家政治生活中指导地位的确立,促使社会主义的意识形态和社会道德规范在人民中间逐渐树立起来。有了新的社会主义经济基础,又有依据社会主义的原则进行政治、文化、思想、社会生活等各方面建设的成果,这就初步建立起社会主义基本制度,为中国的进步和发展创造了最重要和最基本的条件。

第二,这一转变解放了生产力,促进了工农业和整个国民经济的发展。国家的工业化建设取得了振奋人心的成就。近百年来,在外国人眼里,中国是"老大帝国""东亚病夫",经济落后、积贫积弱。毛泽东曾讲:钢一年只有几十万吨,还拿在日本人手里。国民党蒋介石专政22年,一年只搞到几万吨。①新中国成立时,我们只能制造桌椅板凳、茶碗茶壶,能种粮食,还能磨成面粉,还能造纸。但是,一辆汽车、一架飞机、一辆坦克、一辆拖拉机也不能造。②经过发展国民经济的"一五"计划搞工业建设,到1953年底,我国最大的钢铁生产基地鞍山钢铁公司的大型轧钢厂、无缝钢管厂、炼铁厂7号高炉等一批机械化、自动化程度较高的大型现代化企业,相继竣工和开始投入生产。1953年7月,中国第一汽车制造厂在长春兴建,1956年7月就造出了第一辆解放牌汽车。1954年7月,南昌飞机厂制造的第一架飞机试飞成功。1955年6月,中国第一套六千瓦火力发电机组在上海生产并组成。1956年8月,中国第一个大型合金钢生产基地北满钢厂炼出了第一炉钢。1957年,钢产量达到535万吨,比1952年增长296%,为新中国成立前最高年产量的5.8倍;原煤产量达到1.31亿吨,比1952年增长98.5%,为新中国成立前最高年产量的2.1倍;发电量达193亿度,比1952年增长164%,为新中国成立前最高年发电量的3.2倍。所有这些,为我国

---

① 《毛泽东文集》第7卷,人民出版社1999年版,第88页。
② 《毛泽东文集》第6卷,人民出版社1999年版,第329页。

建立独立的比较完整的工业体系和实现国民经济的技术改造奠定了初步基础。

农业合作化也推动了农业生产的发展。1957 年,粮食和棉花产量分别比 1952 年增长 19％和 26％,达到 3 900.9 亿斤和 3 280 万担,并没有出现像苏联农业集体化时期那样明显的减产现象。把农民组织起来,对兴修水利,抵御自然灾害,解决个体农户无力办好的事情也起了积极作用。5 年内扩大耕地 5 867 万亩,新增灌溉面积 1.1 亿亩,造林面积达 21 102 万亩。大中型农用拖拉机从 1952 年的 1 307 台增加到 1957 年的 14 674 台。

经过社会主义改造,工农业较大幅度地增长,初步改变了我国工农业总产值中以农业为主的局面。1957 年工农业总产值达到 1 241 亿元,按可比价格计算,比 1952 年增长 67.8％。其中,农业总产值 537 亿元,增长 24.8％,所占比重由 1952 年的 56.9％下降为 43.3％;工业总产值 704 亿元,增长 128.6％,所占比重由 1952 年的 43.1％上升到 56.7％。工业生产水平和技术水平也有明显提高。1957 年我国钢材自给率达到 86％,机械设备自给率达到 60％以上;1957 年同 1952 年相比,工人劳动生产率提高 52％, 12 个工业部门的产品成本降低 29％①。

第三,这一转变促进了全国城乡人民的物质和文化生活水平的提高。由于生产力的发展,整个"一五"计划期间,全国高等院校毕业生达 27 万,超过 1912—1947 年 36 年间 21 万名毕业生总和的 28.5％。1957 年全国科研机构共有 580 多个,研究人员 2.8 万人,比 1952 年增长 2 倍多。到 1957 年,全国县县有医院、乡乡有诊所,共有病床位 29.5 万张,比 1952 年增长 84％。全国有中西医生共计 54.7 万人,医疗水平有所提高。1957 年全国居民的平均消费水平达到 108 元,按可比价格计算,比 1952 年增长 24.5％。到 1957 年底,我国职工总数为 3 101 万人,比 1952 年增长 93.4％。1957 年全民所有

---

① 《中国共产党历史》第 2 卷(上),中共党史出版社 2011 年版,第 417—418 页。

制职工的年平均工资达到 637 元,比 1952 年实际增长 30.3％。5 年中全国农民的收入增长 30％。1957 年城乡居民的储蓄存款比 1952 年增长 3.1 倍①。

第四,这一转变为科学社会主义理论的宝库增添了新的内容。新民主主义革命胜利后,以新民主主义社会为依托,以人民民主专政和社会主义国营经济为保证,在党、国家的领导和人民群众的支持下,通过大力发展新民主主义的经济、政治和文化,在不断发展和壮大社会主义因素,逐步引导非社会主义因素向社会主义转变的基础上,自然地、逐渐地、平稳地在一个脱胎于半殖民地半封建社会的落后国家建立和发展起社会主义制度,这是对马克思列宁主义革命转变理论的重大发展。在如何从新民主主义向社会主义转变的问题上,创造性地解决了建立社会主义生产关系的步骤和方法。主要是把变革生产关系和发展生产力有机地结合起来,互相促进;创造了社会主义改造从低级到高级的逐步过渡形式;用赎买的方法变资本主义经济为社会主义经济,实现了马克思和列宁曾经提出但未能实现的设想。

关于从新民主主义向社会主义转变实现的评价,邓小平在 1980 年 5 月会见几内亚总统杜尔时曾讲过这样一段话:"在搞社会主义方面,毛泽东主席的最大功劳是将马克思列宁主义的普遍真理同中国革命的具体实际结合起来。我们最成功的是社会主义改造。那时,在改造农业方面我们提倡建立互助组和小型合作社,规模比较小,分配也合理,所以粮食生产得到增长,农民积极性高。对资本主义工商业,我们采取赎买政策,一方面把它们改造成公有制,另一方面也没有损害国民经济的发展。我们长期允许手工业的个体经济存在,根据自愿的原则,其中大部分组织成合作社,实行集体所有制。由于我们是根据中国自己的特点采用这些方式的,所以几乎没

---

① 《中国共产党历史》第 2 卷(上),中共党史出版社 2011 年版,第 419—420 页。

有发生曲折,生产没有下降还不断上升,没有失业,社会产品是丰富的。"①

事实确实如此,即使同 20 世纪 50 年代大多数新独立的、人均年增长率为 2.5% 左右的发展中国家相比,中国的发展变革的模式也是成功的。据国家统计局的资料,"一五"计划时期,工业全员劳动生产率提高 1 倍多,在工业总产值增加额中,由于提高劳动生产率增加的产值占 59.7%,比国民经济恢复时期高出 11 个百分点,是 1978 年以前最高的时期,因而是改革开放前我国经济效益最好的时期。②

当然,由于历史条件的限制,在向社会主义转变的理论指导和实际操作层面,也存在着一些难以避免的局限和不足。

一是对变革生产关系所需要的生产力高度和物质基础的认识一度有所弱化。从新民主主义到社会主义转变的方针、路线的发展演变,大大加快了向社会主义转变和改造的实际进度,结果是生产关系的改造进程超越了生产力的发展。到 1956 年,从生产资料所有制的变革来看,从新民主主义到社会主义转变的过渡时期已经完结。但从实现国家的社会主义工业化的主体任务来看,则还需要 2 个五年计划时期的努力,才能真正打下一个基础,而这一基础正是在中国建立巩固的社会主义制度所必需的。1955年夏季以后出现的"要求过急""改变过快",则反映了生产关系的变革对生产力标准的严重偏离。从理论根源上讲,这些都属于没有协调好发展生产力和变革生产关系的关系。需要说明的是,这些问题到了十一届三中全会以后,邓小平提出了建设有中国特色社会主义理论,才看得较为清楚。依据这一理论体系中的生产力标准,或称新民主主义阶段,或称过渡时期,其存在的必要性,归根结底,就是要为中国进入社会主义做准备,其中最主要的是要使生产力达到一个相应的水平,这是在中国建立巩固的社会主义制

---

① 《邓小平文选》第 2 卷,人民出版社 1994 年版,第 313—314 页。
② 《中国共产党历史》第 2 卷(上),中共党史出版社 2011 年版,第 420—421 页。

度的基础。历史表明,要完成这个发展生产力和在此基础上变更现有生产关系的任务,必须经过一个相当长的历史时期。当年没能以更长时间来准备社会主义的经济基础,特别是社会主义改造后期急躁冒进所留下的教训,已经成为我们今天长期坚持社会主义初级阶段基本路线的宝贵鉴戒。

二是把社会主义片面地理解为只能搞单一的公有制和完全的计划经济。这既是我们今天站在时代高度来总结历史所得出的重要结论,也是十一届三中全会以来推行改革政策的直接原因。当然,我们不能脱离具体的历史条件去苛求前人,而是应当坚持"按照历史原貌写历史和站在时代高度写历史的统一"①。20世纪50年代,源于苏联的固定观念,严重地制约着中国社会主义改造的目标模式和实践结果。诸如:追求使生产资料的社会主义所有制成为唯一的经济基础,而不懂得社会主义并不要求经济基础的唯一性;追求高度集中和全面的计划经济,把为限制资本主义而采取的各种限制商品和市场的措施扩展到整个经济生活,而不懂得社会主义也需要有自己的商品和市场。在总结了前人的经验教训和进行了许多新探索的基础上,我们今天已经认识到:公有制不仅包括国有经济和集体经济,还包括混合经济中的国有成分和集体成分;公有制的单一性要变化,公有制的实现形式也要多样化。实践证明:以公有制为主体的多种经济成分并存的所有制结构比单一的公有制更能激发经济的活力,更符合社会主义初级阶段的要求。关于经济体制的目标模式,计划和市场都是经济手段,两者之中哪一方面多一点,并非社会主义与资本主义的本质区别。实践还证明:完全排斥市场的调节,不利于发展生产,也不利于满足人民生活多样性的需要。可以说,党的十一届三中全会以来的经济改革举措,既是对20世纪50年代社会主义改造遗留问题的根本解决,又是在更高的历史起点上对社会主义的再探索。

---

① 　龚育之:《党史札记》,浙江人民出版社2002年版,第84页。

第二节　山重水复寻新径:中国社会主义
建设道路的艰辛探索

社会主义改造完成以后,如何在中国这样一个经济文化比较落后的国家建设和发展社会主义,是党面临的又一个崭新课题。我们党对于这一课题的探索,经历了一个十分艰辛而曲折的过程。刚开始,党只能学习苏联经验,但在实践中很快就察觉到苏联模式的局限和弊端,明确提出要以苏为鉴,独立探索适合中国国情的社会主义建设道路。以毛泽东发表《论十大关系》《关于正确处理人民内部矛盾的问题》为主要标志,我们党对怎样建设社会主义有了自己的新认识。既然是探索,就难免既有成功,也有失误。在长达 20 年的探索中,我们虽然经历了许多曲折和失误,但社会主义建设事业仍在不断向前发展,并显示出强大的生命力。

一、提出并积极探索适合中国国情的社会主义建设道路

探索适合中国国情的社会主义建设道路,这一任务是在 1956 年上半年提出的。其主要标志,是 1956 年 4 月 25 日毛泽东在中共中央政治局扩大会议上所作的题为《论十大关系》的重要讲话。报告总结我国和苏联的经验,着力研究我国社会主义建设中的突出问题,论述了我国社会主义建设的 10 个重要关系。贯穿这篇讲话的一个重要指导思想是,对苏联经验必须加以分析,不能盲目照搬,建设社会主义必须根据本国的情况,走中国自己的社会主义建设道路。毛泽东强调:对于马克思主义理论,"我们要学的是属于普遍真理的东西,并且学习一定要与中国实际相结合。如果每句

话,包括马克思的话,都要照搬,那就不得了"①,"特别值得注意的是,最近苏联方面暴露了他们在建设社会主义过程中的一些缺点和错误,他们走过的弯路,你还想走? 过去我们就是鉴于他们的经验教训,少走了一些弯路,现在当然更要引以为戒"②。这就明确了建设社会主义必须根据中国国情走自己的道路这一根本指导思想。

《论十大关系》讲话发表的重要国际背景,是 1956 年 2 月苏共召开了第二十次全国代表大会,揭露了苏联过去社会主义建设中存在的各种问题。苏共二十大虽然全盘否定斯大林,造成了严重的思想混乱,给国际共产主义运动带来巨大冲击,但对于各国马克思主义政党来说,这也是破除对斯大林和苏联经验的迷信,发现苏联模式的弊端和缺陷,努力寻求适合本国情况的革命和建设道路的好机会。中国的社会主义建设是从学习苏联起步的。苏联是世界上第一个社会主义国家,在长期的社会主义实践中积累了丰富经验,新中国的社会主义建设从学习苏联起步是符合逻辑的,是历史的必然,也是当时党和国家领导人的共识。我们通过学习苏联社会主义建设的经验,为进一步探索社会主义建设道路奠定了初步的物质文化基础,建立了一整套制度、体制和管理方法。但是由于苏联的一些东西并不完全符合中国实际,而且苏联模式本身就存在着许多缺陷和不足,结果在实践中产生了许多问题。事实上,我们党早就意识到了这一点。当获悉苏共二十大召开的具体情况后,毛泽东的第一反应是:赫鲁晓夫的秘密报告既揭了盖子,又捅了娄子,问题在于我们从中得到什么教益。他认为最重要的是要独立思考,彻底甩掉苏联的拐棍,以苏为鉴,进行马克思主义的基本原理同中国具体实际的"第二次结合",找出在中国怎样建设社会主义

---

① 《毛泽东文集》第 7 卷,人民出版社 1999 年版,第 42 页。
② 同上书,第 23 页。

的道路。①

　　《论十大关系》讲话发表的国内条件，是从 1953 年制定第一个五年计划，开始搞大规模的经济建设算起，到 1956 年已有 4 个年头，党在领导社会主义建设方面已经积累了一些比较成熟的经验。这是探索适合中国情况的社会主义建设道路的实践基础。1956 年春，中央政治局先后找 34 个中央经济工作部门的负责同志来当面汇报、讨论问题，为党的八大召开做准备。调查研究中，毛泽东、刘少奇、周恩来等领导人发觉，在社会主义建设的一些重要方面存在不少矛盾和问题，于是开始深入思考和积极探索解决这些问题的途径和办法。《论十大关系》一开头就说："提出这十个问题，都是围绕着一个基本方针，就是要把国内外一切积极因素调动起来，为社会主义事业服务。"②这就明确了探索适合中国国情的社会主义建设道路的基本方针。后来毛泽东回顾这段历史时曾多次讲："前八年照抄外国的经验。但从一九五六年提出十大关系起，开始找到自己的一条适合中国的路线。"③《论十大关系》是我们党探索适合中国国情的社会主义建设道路的第一个重要成果，为党的八大的召开做了理论上的准备。中国共产党也由此开始了独立探索适合中国情况的社会主义建设道路的历史进程。

　　1956 年 9 月，党的八大在北京召开，这是我们党掌握全国政权后召开的第一次全国代表大会。大会一开始，毛泽东就开宗明义地宣布："这次大会的任务是：总结从七次大会以来的经验，团结全党，团结国内外一切可能团结的力量，为了建设一个伟大的社会主义的中国而奋斗。"④毛泽东充满激情的开幕词，表达了中国共产党人的雄心壮志，引起了全体与会者的强烈共鸣，博得了 34 次长时间的热烈掌声。其中的"即使我们的工作得到了

①　吴冷西：《十年论战》（上），中央文献出版社 1998 年版，第 6—24 页。
②　《毛泽东文集》第 7 卷，人民出版社 1999 年版，第 23 页。
③　《建国以来毛泽东文稿》第 9 册，中央文献出版社 1996 年版，第 213 页。
④　《毛泽东文集》第 7 卷，人民出版社 1999 年版，第 114 页。

极其伟大的成绩,也没有任何值得骄傲自大的理由。虚心使人过步,骄傲使人落后,我们应当永远记住这个真理"①尤为脍炙人口,很快就成了广为传颂的格言。刘少奇的政治报告、邓小平关于修改党章的报告、周恩来关于发展国民经济第二个五年计划的建议的报告,分别从不同方面对党领导革命和建设的经验作了深刻总结。朱德、陈云、董必武等113人的大会发言,也都提出了许多重要的思想观点。

　　1957年2月在最高国务会议第十一次(扩大)会议上,毛泽东又作了《如何处理人民内部的矛盾》的讲话。讲话稿经补充修改后,以《关于正确处理人民内部矛盾的问题》为题,在6月19日《人民日报》公开发表。毛泽东指出,我国社会主义制度刚刚建立,还没有完全建成,还不完全巩固,还需要继续努力,并指出在革命时期大规模的急风暴雨式的阶级斗争基本结束之后,在社会主义基本制度已经建立的情况下,我们的根本任务已经由解放生产力变为在新的生产关系下保护和发展生产力。"团结全国各族人民进行一场新的战争——向自然界开战,发展我们的经济,发展我们的文化,使全体人民比较顺利地走过目前的过渡时期,巩固我们的新制度,建设我们的新国家。"②毛泽东在报告中,创造性地论述了社会主义社会矛盾的学说,提出把正确处理人民内部矛盾作为国家政治生活的主题,严格区分和正确处理社会主义社会的敌我矛盾和人民内部矛盾两类不同性质矛盾,并确立了处理人民内部矛盾的指导方针。这个报告是党的八大路线的继续和发展,是探索中国社会主义建设道路的又一重要的标志性创新成果。

　　从《论十大关系》讲话到党的八大,再到《关于正确处理人民内部矛盾的问题》,是探索适合中国国情的社会主义建设道路的第一个高潮。概括

---

① 《毛泽东文集》第7卷,人民出版社1999年版,第117页。
② 同上书,第216页。

起来,这一阶段我们党的探索成果主要有:

第一,作出了党和国家的主要任务是保护和发展社会生产力的正确论断。八大召开期间,毛泽东在接见外宾时,曾对斯大林犯错误的原因作了深刻分析。他认为主要原因是认识不符合实际,其他原因是次要的。为什么列宁没有犯错误呢?"当时苏联受到帝国主义的包围,白军的叛乱,他面临的问题更为困难,更为复杂,但是他并没有犯错误。到了斯大林时期环境更好了,斯大林却犯了错误。在斯大林时期,阶级没有了,社会已进入了没有阶级的社会,反革命更少了,但斯大林的思想仍然停留在旧社会的时代。我认为这样才能够解释他的错误,即是认识的错误,认识不符合客观实际。"联系到中国成功的经验,他指出:"我们的胜利只有七年。我们的政权专政的职能,即对反革命分子的专政,只剩百分之十了。由于没有这样多的反革命分子,所以专政的范围缩小了。""现在我们的任务是解放生产力。生产力首先需要人。要人们不恐慌,要党内不恐慌,要民主党派不恐慌,要全国人民不恐慌。其次,是保护生产力。"[1]而"斯大林在思想上却没有认识到这一点,还要继续进行阶级斗争,这就是错误的根源"[2]。他还针对所谓"斯大林性格粗暴"问题谈了自己的看法,说:什么是性格粗暴?就是任性,不喜欢调查研究,也不会调查研究,不对客观情况加以总结。[3]在这一思想指导下,关于八大政治报告的决议明确规定:"我们国内的主要矛盾,已经是人民对于建立先进的工业国的要求同落后的农业国现实之间的矛盾,已经是人民对于经济文化迅速发展的需要同当前经济文化不能满足人民需要的状况之间的矛盾。""党和全国人民的当前的主要任务,就是要集中力量来解决这个矛盾,把我国尽快地从落后的农业国变为先进的工业国。"又说:"由于社会主义革命已经基本上完成,国家的主要任务已经由解

---

[1][2] 《毛泽东传》(1949—1976)(上),中央文献出版社 2003 年版,第 539 页。
[3] 石仲泉等主编:《中共八大史》,人民出版社 1998 年版,第 280 页。

放生产力变为保护和发展生产力。"①这就在实际上提出了党和国家的工作重心向社会主义现代化建设转移的问题。

第二,提出了经济建设和经济体制改革的新思路。在经济建设方面,八大确定了"既反保守又反冒进,在综合平衡中稳步前进"的方针;提出在3个五年计划或者再多一点的时间内,在我国建成一个基本上完整的工业体系的战略设想。在经济体制改革方面,毛泽东提出:要改变过分集中的经济管理体制,适当扩大地方和企业的自主权;要兼顾国家、集体和个人的利益,不要只顾一头。陈云还提出:"要把我国资本主义工商业和个体农业、手工业,改造成为这样一种有利于人民的社会主义经济。"②表现在所有制结构和经济运行机制上,就是要以公营经济、计划生产、国家市场为主体,以个体经济、自由生产和自由市场作补充。在这种背景下,自由市场一度活跃,个体工商户的数量明显增长,其中北京、上海等地还出现了自发经营的较大手工业个体户和手工工场,人们称之为"地下工厂",以及一些"地下商店"。我们党如何对待社会主义改造以后出现的这种事物,引起了原工商业者和社会的关注。1956年12月,毛泽东就这些问题同工商联负责人和中央统战部负责人多次谈话、讨论,提出:"因为社会有需要,就发展起来。要使它成为地上,合法化,可以雇工。现在做衣服要3个月,合作工厂做的衣服裤腿一长一短,扣子没眼,质量差。最好开私营工厂,同地上的作对,还可以开夫妻店,请工也可以。这叫新经济政策。……还可以考虑,只要社会需要,地下工厂还可以增加。可以开私营大厂,订个协议,10年、20年不没收。华侨投资的,20年、100年不要没收。可以开投资公司,还本付息。可以搞国营,也可以搞私营。可以消灭了资本主义,又搞资本主义。当然要看条件,只要有原料,有销路,就可以搞。"③毛泽东的这些意见得到

---

① 《建国以来重要文献选编》第9册,中央文献出版社1994年版,第341—342、350—351页。
② 《周恩来刘少奇朱德邓小平陈云著作选读》,人民出版社1987年版,第433页。
③ 《毛泽东文集》第7卷,人民出版社1999年版,第170页。

了其他中央领导人的赞同。刘少奇随后在人大常委会会议上说,如果资本家要盖工厂,可以批准。"我们国家有百分之九十几的社会主义,搞百分之几的资本主义,我看也不怕。""有这么一点资本主义,一条是它可以作为社会主义经济的补充,另一条是它可以在某些方面同社会主义经济作比较。"①1957 年 4 月周恩来也在国务院会议上说:"在社会主义建设中,搞一点私营的,活一点有好处。"②这些搞活经济的思路,是对党的八大确认的以国家经营和集体经营为主体、以一定数量的个体经营作补充的政策的进一步发展,即一定限度的资本主义私人经营在国家领导下,也可以作为社会主义经济主体的补充。这一切,都是调整经济关系和改革经济体制的重要探索。

第三,提出了加强社会主义民主与法制建设的思想。八大召开期间,毛泽东批评了苏联在政治上采取高压政策的做法,指出:我们的社会主义必须想些办法来扩大民主。当然没有集中和统一是不行的。要保持一致,人民意志统一,对我们有利,使我们在短期内实现工业化,能对付帝国主义。但它也有缺点,主要是使人不敢讲话,要使人有讲话的机会。他还说:我们政治局的同志都在考虑这个问题。基于这种认识,八大在政治生活方面,要求进一步扩大国家的民主生活,开展反对官僚主义的斗争,加强对政府工作和领导干部的监督。董必武在发言中深刻指出:"革命的群众运动是不完全依靠法律的,这可能带来一种副产物,助长人们轻视一切法制的心理,这也就增加了党和国家克服这种心理的困难。""今后对于那些故意违反法律的人,不管他现在地位多高,过去功劳多大,必须一律追究法律责任。"③1956 年 11 月党的八届二中全会召开时,刘少奇还提出,在国家民主

---

① 《刘少奇年谱》下卷,中央文献出版社 1996 年版,第 383 页。
② 《周恩来年谱》(1949—1976)中卷,中央文献出版社 1997 年版,第 31 页。
③ 《董必武选集》,人民出版社 1985 年版,第 417、419 页。

政治建设方面可以借鉴资本主义国家的某些成功做法。他说:"华盛顿做过总统,他也是劳苦功高吧,比我们在座的同志怎么样? 他做了 8 年总统,又退为平民。这样的办法,我们是不是也可以参考一下,也可以退为平民。"①

第四,提出了加强执政党建设的思想。邓小平在党的八大上作修改党章的报告时,要求认真贯彻执行党的群众路线和民主集中制,反对把个人突出和对个人歌功颂德的方针,继续坚持集体领导和个人负责相结合的制度。在七届七中全会讨论选举问题时,毛泽东着重就党中央设几个副主席和总书记的问题讲了话。他说:对于我们这样的大党,这样的大国,为了国家的安全、党的安全,恐怕还是多几个人好。"'天有不测风云,人有旦夕祸福',这样就比较好办。除非一个原子弹下来,我们几个恰恰在一堆,那就要另外选举了。如果只是个别受损害,或者因病,或者因故,要提前见马克思,那末总还有人顶着,我们这个国家也不会受影响。不要像苏联那样,斯大林一死就不得下地了。我们就是要预备那一手。"②在谈到自己时,他建议设立名誉主席的职务。根据毛泽东的建议,八大通过的党章增加了一条规定:"中央委员会认为有必要的时候,可以设立中央委员会名誉主席一人。"1956 年 11 月召开的党的八届二中全会,在分析波兰事件和匈牙利事件发生的原因以及应当吸取的教训时,刘少奇提出了"防止党和国家领导人员成为特殊阶层"的命题。他建议:加强人民群众对领导机关和领导人员的监督并使之制度化;对国家领导人员的权力应有一定的限制;领导人员的生活水平不能同人民群众生活悬殊;领导干部要能官能民,等等。毛泽东对此高度关注,他在讲话中明确提出:"县委以上的干部有几十万,国家的命运就掌握在他们手里。如果不搞好,脱离群众,不是艰苦奋斗,那

---

① 《刘少奇论党的建设》,中央文献出版社 1991 年版,第 647 页。
② 《毛泽东文集》第 7 卷,人民出版社 1999 年版,第 110—111 页。

末,工人、农民、学生就有理由不赞成他们。我们一定要警惕,不要滋长官僚主义作风,不要形成一个脱离人民的贵族阶层。"①

第五,提出了正确处理人民内部矛盾已经成为国家政治生活的主题。毛泽东在《关于正确处理人民内部矛盾的问题》报告中指出:社会主义社会还存在各种矛盾,基本的矛盾仍然是生产力和生产关系、经济基础和上层建筑的矛盾;这些矛盾可以通过社会主义自身调节,不断地得到解决。这就为社会主义改革奠定了理论基础。他还提出,要严格区分和正确处理敌我之间和人民内部两类不同性质的矛盾,并强调正确处理人民内部矛盾已经成为国家政治生活的主题,应当运用"团结—批评—团结"的公式,正确处理人民内部矛盾,以便调动各方面的积极因素,为建设社会主义现代化国家服务。刘少奇进一步分析说,社会主义时期人民内部矛盾大量地表现在人民群众同领导者之间的矛盾问题上,还特别表现在分配问题上。因此,必须合理地处理各方面的分配关系。②

第六,提出了繁荣科学文化事业的正确方针。斯大林时期,苏联对思想文化问题和政治问题不加区分,普遍采取高压政策。在科学文化工作中,常常采取行政命令的方法,乱贴政治标签,只许一种学派发展,而不许另一种学派发展。受其影响,我国的文化和科学领域也存在某种教条主义倾向,在学术批评中也有粗暴作风。1956 年 4 月,在中央政治局扩大会议上,毛泽东提出了"百花齐放,百家争鸣"的方针,就是要纠正这种错误倾向。他认为党要在马克思主义的指导下,领导意识形态以及科学、文学、艺术这些领域,但必须注意到这种领导不同于一般的行政领导,采取行政命令的方法,而应当允许科学上和文学艺术上的多样性,允许各种观点、流派齐放和争鸣,在相互竞赛和讨论、争论中发展科学和艺术,这才会有社会主

---

① 《毛泽东著作专题摘编》(下),中央文献出版社 2003 年版,第 2155 页。
② 《刘少奇年谱》下卷,中央文献出版社 1996 年版,第 398—399 页。

义科学文化事业的繁荣。如果有人借机攻击社会主义制度和共产党的领导怎么办？毛泽东又提出区分矛盾的不同性质的方法，正确加以处理。有了这一条，就划出了一个界限。敌对势力从政治上反对社会主义制度和共产党的领导，是决不允许的；而不属于政治上敌对性质的问题，就应该按照"双百方针"，让科学、艺术，包括对马克思主义的理解和运用，都通过发表、讨论、创作、竞赛等方式，来经过实践检验，来判断是非。

繁荣科学文化事业，需要充分发挥知识分子的作用。1956 年 1 月，党中央召开知识分子问题会议。周恩来在会上代表中央指出：知识分子的绝大部分"已经是工人阶级的一部分"①，是社会主义建设的主要依靠力量之一。毛泽东也在会上指出：社会主义建设离不开知识分子，要团结好知识分子，要革愚蠢无知的命，要努力学习科学知识。毛泽东还说，由于历史条件的限制，八大选出的中央委员普遍存在现代科学文化知识不足的问题，我们要用十几年时间培养一大批建设人才，那时我们的中央委员会就会拥有一大批各个科学文化领域的专家。这些理论观点和政策原则突破了斯大林时期的做法，调动了知识分子的积极性，实际上提出了党对意识形态的领导，对文学艺术、科学技术的领导，以及整个政治体制、上层建筑如何建设的新思路，对于党的事业的发展具有重要指导意义。

第七，提出了关于学习外国经验、扩大与国外的经济文化交流的思想。《论十大关系》专门讲了中国和外国的关系问题。毛泽东提出"向外国学习"的口号，包括学习政治、经济、科学、技术、文学、艺术等方面一切先进的东西，反对把学习西方国家的先进科学技术和企业管理方法与抵制其腐败制度和思想作风对立起来。这表明我们党当时已经看出苏联那种关起门来搞建设的倾向，不利于充分调动国内外一切积极因素为社会主义建设所用，因而必须革除。

———————————

① 《周恩来选集》(下)，人民出版社 1984 年版，第 162 页。

第八，提出了处理台湾问题、香港问题的方针政策。中央领导人在谈到大陆和台湾的关系时说，如果台湾同意和平统一，台湾的一切可以照旧，包括可以继续保持原有的制度不变。还宣布"爱国一家""爱国不分先后"，倡议国共两党为了民族和祖国的利益第三次携手合作。

此外，这一阶段的探索所取得的积极成果，还有关于加强和改善农业生产合作社内部经营管理问题的指示；关于"世界的持久和平已经开始有了实现的可能"的国际局势趋于缓和的思想；关于实行共产党领导的多党合作制，共产党和民主党派实行"长期共存，互相监督"的方针；关于制定各种法律法规，建立健全国家法制的思想；关于通过全党整风造成一个又有集中又有民主，又有纪律又有自由，又有统一意志又有个人心情舒畅、生动活泼那样一种政治局面的思想；关于正确处理少数民族问题，实行促进民族繁荣和发展的社会改革的政策；等等。可以说，这些成果在社会主义建设的各个方面都有所体现。正是有了这些理论和政策指导，这个阶段各方面工作取得了很大的进步和突破。

为什么 60 多年前提出的这些理论观点，直到今天看起来不但不陌生，而且还会感到与改革开放以来的方针政策有着某种相通之处？这是因为党的八大前后的探索，实际上是在我国进行社会主义改革的重要开端，其着眼点是走中国自己的社会主义建设道路，这就必然与指导今天实践的中国特色社会主义理论体系之间有着共同的血脉联系。

二、探索中出现的曲折失误及其原因

如同任何开拓性事业都难免出现曲折和失误一样，这 20 年间，党在探索社会主义道路的过程中也遭遇了不少曲折和失误，尤其是在工作的指导方针上出现过严重错误。

这种曲折和失误,是从 1957 年反右派斗争扩大化开始的。开展党内整风运动,发动群众向党提出批评建议,本来是我们党的一个优良传统,是加强社会主义民主政治建设的重要尝试。但在整风过程中,有极少数右派分子乘机向党和社会主义制度发起了进攻。在当时的情况下,对这种进攻进行反击是必要的和正确的。从历史发展趋势和社会转折规律上看,这一斗争有其不可避免性。在建设社会主义的过程中,总会发生一些带根本性的争论,其实质就是要不要走社会主义道路,要不要共产党的领导。对企图动摇党的领导、社会主义基础的思潮、动向、力量,我们党必须保持警惕和进行斗争,不这样做,就不能澄清大是大非,就会造成思想上和政治上的混乱,社会主义事业就不能前进。

问题是当时对形势的估计过于严重,斗争的方法也过于严厉,基本上是对革命时期大规模阶级斗争方法的简单沿用,没有真正贯彻人民内部矛盾成为国家政治生活主题的新认识,结果使这场反右派斗争从数量和性质两个方面都被严重扩大化了。同时,这场斗争还使我们党改变了八大关于我国社会主要矛盾的判断,使探索适合中国情况的社会主义道路的良好开端受到挫折,而随后发动的"大跃进"和人民公社化运动,则进一步使探索偏离了正确方向。

1958 年 5 月,党的八大二次会议通过了"鼓足干劲、力争上游、多快好省地建设社会主义"的总路线。这条总路线的提出,反映了广大人民群众迫切要求尽快改变我国经济文化落后状况的普遍愿望,但却忽视了客观的经济发展规律,否定了国民经济计划的综合平衡,夸大了主观意志和主观努力的作用。加之在宣传中片面强调:速度是总路线的灵魂,快是多快好省的中心环节。于是,盲目求快、求速度的偏向,很快就压倒了一切。同年8 月,中央政治局在北戴河召开扩大会议,讨论 1959 年的国民经济计划,确定了一批工农业生产的高指标,并通过了《关于在农村建立人民公社问题的决议》,决定在农村普遍建立人民公社。会后,全国各地很快形成全民炼钢和人民公社化运动的高潮。运动中,以高指标、瞎指挥、浮夸风和"共产风"为主要标志的"左"倾错误泛滥开来,造成了国民经济比例严重失调,农村生产力遭到严重破坏。

这些错误发生后,党中央和毛泽东曾经有过觉察,并采取了一些弥补措施进行纠正。1958年11月毛泽东在郑州会议上,强调要区别集体所有制和全民所有制,划清社会主义和共产主义两个发展阶段,批评了废除货币、取消商品生产和交换等主张。1959年2月,中央政治局召开扩大会议,就纠正人民公社"共产风"问题采取了一些有力措施。但是,由于对错误的严重性还缺乏足够清醒的认识,纠"左"的努力还局限于坚持"大跃进"和人民公社的"左"的指导思想的大框架内。不仅如此,1959年又错误开展了所谓"反右倾"斗争,使党内从中央到基层的民主生活遭到严重损害,同时中断了纠正"左"的错误的进程。加之当时发生严重自然灾害和苏联政府背信弃义地撕毁合同,国家和人民遭受了重大损失。

在严重的挫折面前,党中央和毛泽东再次冷静下来,并号召全党认真调查研究,纠正错误,调整政策。毛泽东在1960年6月写的《十年总结》一文中说,对于社会主义时期的革命和建设,还有一个很大的未被认识的必然王国,要以10年时间去调查研究它。同年11月,党中央发出关于农村人民公社当前政策问题的紧急指示信,要求全党用最大的努力来坚决纠正各种"左"的偏差。1961年1月,八届九中全会正式决定对国民经济实行"调整、巩固、充实、提高"的八字方针。三年来造成严重后果的"大跃进"运动被迫停止,国民经济开始转入调整的新轨道。

在此过程中,我们党从新的广度和深度提出了许多重要的理论观点和政策原则,取得了对中国社会主义建设道路进一步探索和思考的重要成果。如强调一切从实际出发,深入调查研究,重新端正探索中国社会主义建设道路的思想路线。1963年11月,毛泽东还提出:"社会实践是检验真理的唯一标准。"①制定出各行各业的工作条例,如农业60条、工业70条、商业40条、高教60条、手工业35条、科学14条、文艺8条等,初步形成适合中国国情的社会主义建设的各项具体政策。提出对社会主义时期的阶级斗争要作具体分析,不能不分清问题性质敌我斗争。明确规定社会主义所有制结构要以公有制为主体,以个体所有制作补充,由此调整了农村人民公社的所有制体制和分配关系,先是取消了农民普遍反对的部分供给制和公共食堂,随后又将人民公社的基本核算单位下放到相当于原来初级社规模的生产队。提出实现社会主义现代化的关键是科学技术的现代化,发展科学技术不能走世界各国技术发展的老路,必须打破常规,尽量采用先进技术。提出用经济办法管理经济的改革思路,试办托拉斯。强调发扬党内民主、开展批评与自我批评,初步恢复了党的优良传统和作风,等等。

1962年1、2月间,著名的"七千人大会"在北京召开。会上,大家敞开思想,畅所欲言,对工作中的缺点和错误,敢于揭露和批评。这种情况,在新中国成立后党内生活中是不曾有过的。在全体会议上,毛泽东带头作自我批评,对几年来工作中的缺点和错误,承担了主要责任。周恩来也作了自我批评。此前,邓小平也曾多次在中央会议上表示:这几年来工作中的缺点和错误,首先应由做具体工作的中央书记处负主要责任。党的主要领导人在这么大的范围内作诚恳的自我批评,打破了人们沉闷的情绪,活跃了党内的民主生活,基本统一了全党思想,为国民经济调整工作顺利进行打通了道路。在这个阶段,党在政治领域还采取了一些措施纠正以往的错误。如1962年,对一些被错误批判为"右倾机会主义分子"的同志进行了甄别平反,同时给大多数"右派分子"摘掉了帽子。

但是,这些措施并没有从根本上改变"左"倾错误的指导思想,纠正不

---

① 《毛泽东著作选读》下册,人民出版社1986年版,第890页。

仅不彻底,有的方面甚至还有所发展。这是因为,调整是在"大跃进"造成的严重经济困难的情况下被迫进行的,党内对形势和政策的看法还有分歧,尤其是"七千人大会"后半年多时间里所进行的调整,在一些方面已经冲破了"大跃进"和人民公社的基本理论框架,引发了关于"姓资姓社"的争论。因此,在1962年下半年经济形势开始好转的同时,党在政治思想方面的"左"的错误又再度发展起来。1962年9月八届十中全会重提阶级斗争,1964年初提出"以阶级斗争为纲",1965年初又错误地提出重点要整所谓"党内走资本主义道路的当权派"。从八届十中全会开始,社会主义建设道路的探索呈现出正确与错误交织发展的趋向,全党全国的工作也随之出现了喜忧参半的复杂情况。

经济建设方面的发展趋向基本上是正确的。经济上调整的方针仍然继续贯彻执行。当时,全国上下同甘共苦,艰苦奋斗,克服严重的经济困难,在调整中继续推进社会主义现代化建设事业。1965年、1966年,我们挽回了"大跃进"造成的经济损失,国民经济各部门的比例关系趋向协调,基本达到了1957年的发展水平,有些方面甚至超过了1957年。在此基础上,工农业生产得到恢复和发展,国家财政收支达到平衡,全国物价稳定,市场逐步繁荣,人民生活也有所改善。1964年底,在调整任务即将基本完成之际,周恩来代表党中央,在三届人大一次会议上宣布:我国国民经济即将进入一个新的发展时期,1966年将开始执行第三个五年计划,全国人民要努力奋斗,把我国逐步建设成为一个具有现代工业、现代农业、现代国防和现代科学技术的社会主义强国。

但是,政治思想和文化方面的"左"倾错误却有所发展。在国际上,我们与苏共就国际共产主义运动总路线问题展开了大论战,在论战中提出和发展了一些不切实际的思想观点。在国内,发动了城乡基层社会主义教育运动,运动中出现的过火斗争,使党内许多党员干部受到不应有的打击;而意识形态领域里的大批判,则对一批文艺作品、学术观点和文艺界、学术界的一些代表人物进行了过火的政治批判,使文艺事业的健康发展受到冲击。直至后来将斗争矛头逐步指向了党内高层,导致出现"文化大革命"这样全局性、长时间的严重错误。

从 1966 年 5 月至 1976 年 10 月的"文化大革命",是一场由领导者错误发动,被反革命集团利用,给党、国家和各族人民带来严重灾难的内乱。在"文化大革命"中,党和人民同"左"倾错误特别是同林彪、江青反革命集团的斗争一直没有停止过,对社会主义建设的探索也在艰难的条件下继续进行。比如,1971 年林彪事件发生后,主持中央工作的周恩来把批判林彪同批判极左思潮结合起来,带领广大干部群众纠正实际工作中的极左错误,使党和国家的各项工作在 1972 年取得了很大成就。1975 年邓小平在主持中央日常工作后,明确提出全面整顿的思想,对党风、军队、工业、交通、文教、科技以及农业各个方面进行大刀阔斧的整顿,收到显著成效,事实上已经形成了与"文化大革命"及其以前"左"倾错误相对立的指导方针,成为后来拨乱反正和改革开放的先导,也成为建设中国特色社会主义理论的直接酝酿。邓小平后来曾讲:"说到改革,其实在 1974 年到 1975 年我们已经试验过一段。……那时的改革,用的名称是整顿,强调把经济搞上去,首先是恢复生产秩序。凡是这样做的地方都见效。"[①]正是由于各级党员、干部和工人、农民、解放军指战员、知识分子的抵制、抗争和斗争,"文化大革命"的破坏性作用受到一定限制,并最终在党的十一届三中全会后得到了彻底纠正。也正是由于他们在极端困难的条件下,克服频繁的政治运动的重重干扰而顽强努力,国家的经济建设等仍取得一定进展。当然,如果没有"文化大革命",我国的社会主义事业会取得更多更大的成就。"文化大革命"是错误理论指导下的错误实践,它留下了永远不应重犯这类错误

① 《邓小平文选》第 3 卷,人民出版社 1993 年版,第 255 页。

的深刻教训,从反面为党探索建设有中国特色社会主义的道路提供了历史镜鉴。

党在探索适合中国情况的社会主义建设道路的过程中出现曲折和失误,具有十分复杂的社会历史原因,必须全面分析,科学认识,以从中汲取教训,得到启发。

从客观原因看,主要有以下几个方面:

其一,探索中国社会主义建设道路是一项前无古人的崭新任务,具有空前的艰巨性和复杂性,没有现成的模式可供直接借用,也没有成功的经验可资借鉴,探索中出现失误和挫折在所难免。

其二,在探索过程中,经常会受到来自"左"和右两个方面尤其是"左"的错误的干扰,致使党关于社会主义建设的许多正确思想观点,未能得到贯彻落实。我们党和毛泽东在实践中,曾经总结提出了一系列关于社会主义建设的正确理论和思想,比如,关于社会主义主要矛盾和以经济建设为主要任务的思想,关于要把党和国家的工作重点转到技术革命和社会主义建设上来的思想,关于反对平均主义、不能剥夺农民、不能超越阶段的思想,关于扩大社会主义民主、坚持民主集中制、反对搞个人崇拜的思想,关于实行"双百方针"的思想,等等,但可惜的是,这些正确思想都没有得到落实或者落实不好。正如习近平所指出的,"我们党在社会主义建设实践中提出了许多正确主张,当时没有真正落实"。①

其三,由于我国经济文化比较落后,长期受封建专制传统的影响,社会主义民主和党内民主发展很不充分,形成了权力过分集中的体制机制。特别是民主集中制没有很好地得到执行,缺乏监督机制,导致集体领导遭到严重损害,甚至产生个人专断。在这种情况下,个别领导人特别是主要领导人作出的错误决策,往往很难得到防止和纠正,有的还被放大,造成长期

---

① 习近平:《关于坚持和发展中国特色社会主义的几个问题》,《求是》2019 年第 7 期。

的负面影响。

其四,新中国成立后面临十分复杂的国际环境。两大阵营对立,美对我采取封锁、遏制和"和平演变"战略,企图渗透、分化社会主义中国。苏共二十大后,中国同苏联东欧一些国家在国内外政策上出现分歧,进而由党际关系恶化发展到全面关系恶化。这种形势,导致我们党对来自外部的威胁和危险估计过于严重,突出强调"反修防修",极力防止"资本主义复辟"。与此同时,连续发生的严重自然灾害,也在一定程度上影响到党的政策选择走向。

从主观原因看,主要有以下几个方面:

其一,党对新生的社会主义社会和全国规模的社会主义建设事业,缺乏充分的思想理论准备和经验积累,往往凭借着良好的愿望,希望依靠社会主义制度的优越性和人民群众的热情干劲,迅速改变国家贫穷落后的面貌,一举实现社会主义高级阶段甚至共产主义阶段的奋斗目标,结果导致急于求成、头脑发热,违背了社会主义建设的客观规律。

其二,党过去长期处于战争和激烈阶级斗争的环境中,习惯于沿用革命时期熟悉的群众运动的方式搞建设。尤其是在社会主义改造完成以后,我们党在对社会主义建设道路,特别是对社会主义建设规律缺乏足够的科学研究和深刻认识的情况下,简单照搬照套一些以往的经验做法,脱离了社会主义建设的实际。

其三,对马克思主义经典作家的某些设想和论点作了僵化的教条式理解,将其作为中国社会主义建设的"理论根据"。马克思主义经典作家没有也不可能给我国社会主义事业中的各种问题提供现成答案。但一个时期以来,党把马克思主义关于社会主义的一些具体结论神圣化和教条化,产生了很多误解和误判。比如,认为社会主义改造基本完成后,小生产还会每日每时地产生资本主义和资产阶级,因而制定了一系列"左"的城乡经济政策;认为党内关于社会主义建设的意见分歧,是社会上阶级斗争的反映,因而频繁激烈地搞党内斗争;等等。

一个伟大的政党,不在于不犯错误,而在于犯了错误后敢于正视和纠正自己的错误,把探索中出现的曲折和失误转化为更好前进的动力。我们党历来有从自己的错误教训中学习的优良传统。毛泽东在民主革命时期,曾以党犯过的错误为鉴戒,创立了指导中国革命走向胜利的理论和政策。进入20世纪60年代,毛泽东又开始了对社会主义建设正反两方面经验的深刻总结,并多次带头作自我批评。他曾不止一次地说:"马克思这些老祖宗的书,必须读,他们的基本原理必须遵守,这是第一。但是,任何国家的共产党,任何国家的思想界,都要创造新的理论,写出新的著作,产生自己的理论家,来为当前的政治服务,单靠老祖宗是不行的。"①尽管他在晚年的探索中出现了重大失误,但这种对真理的永无止境的探索精神,极大地激励了全党。

毛泽东逝世以后,以邓小平为代表的中国共产党人继承和发展了这种传统,对毛泽东领导进行的探索历程进行了创造性的总结。这种总结的特点是:把总结历史经验与统一全党思想结合起来,与解决新的时代课题结合起来,既对探索过程中的失误和教训进行了严肃的纠正,引以为戒,又对探索中所积累的一切积极成果加以继承和坚持,并在新的形势和新的时代条件下加以创新和发展。我们党勇于承认改革开放前曾犯过严重错误,付出过沉重代价,教训极其深刻,因此,决心从历史的经验教训中得出规律性认识,不再重犯类似的错误,努力把现在和未来的路走好。我们党之所以作出《关于建国以来党的若干历史问题的决议》,其目的就在于此。党的十一届三中全会以来,我们党正是在总结毛泽东领导进行的探索的经验教训的基础上,不断解放思想,摒弃一切不符合中国国情的观念和做法,逐步探

---

① 《毛泽东文集》第8卷,人民出版社1999年版,第109页。

94

索和开辟出一条中国特色社会主义建设道路。对此,邓小平在1987年5月会见荷兰首相吕贝尔斯时曾经深刻地总结道:"我们现在的路线、方针、政策是在总结了成功时期的经验、失败时期的经验和遭受挫折时期的经验后制定的。历史上成功的经验是宝贵财富,错误的经验、失败的经验也是宝贵财富。这样来制定方针政策,就能统一全党思想,达到新的团结。这样的基础是最可靠的。"①

第三节　穿越时空的比较:正确认识改革开放前后两个历史时期

回顾历史,我们党领导人民进行社会主义建设,有改革开放前和改革开放后两个历史时期。这是两个相互联系又有重大区别的时期,但本质上都是我们党领导人民进行社会主义建设的实践探索。中国特色社会主义是在改革开放历史新时期开创的,但也是在新中国已经建立起社会主义基本制度并进行了20多年建设的基础上开创的。2013年1月5日,习近平在新进中央委员会的委员、候补委员学习贯彻党的十八大精神研讨班上发表重要讲话,专门就如何正确认识和把握两个历史时期的关系作了精辟阐释,澄清了在这个问题上的种种模糊认识,为我们如何科学看待改革开放前的社会主义实践探索提供了强大思想武器。

一、两个历史时期的辩证关系

第一,两个历史时期不可或缺,都是我们党探索中国社会主义建设道

① 《邓小平文选》第3卷,人民出版社1993年版,第234—235页。

路总体进程的有机组成部分。如果没有 1978 年我们党果断决定实行改革开放,并坚定不移推进改革开放,坚定不移把握改革开放的正确方向,社会主义中国就不可能有今天这样的大好局面,就可能面临严重危机,就可能遇到像苏联、东欧国家那样的亡党亡国危机。同时,如果没有 1949 年建立新中国并进行社会主义革命和建设,积累了重要的思想、物质、制度条件,积累了正反两方面经验,改革开放也很难顺利推进。

第二,**两个历史时期不可割裂,它们在许多方面前后相续、血脉相连**。马克思指出:"人们自己创造自己的历史,但是他们并不是随心所欲地创造,并不是在他们自己选定的条件下创造,而在直接碰到的、既定的、从过去承继下来的条件下创造。"①虽然这两个历史时期在进行社会主义建设的思想指导、方针政策、实际工作上有很大差别,但两者决不是彼此割裂的,更不是根本对立的。我们党在新中国成立后所进行的社会主义建设实践中所提出的许多符合实际的正确主张,虽然当时并没有真正落实,但在改革开放后得到了真正贯彻,而且将来也还是要坚持和发展的。

第三,**两个历史时期不能相互否定**。对改革开放前的历史时期要正确评价,不能用改革开放后的历史时期否定改革开放前的历史时期,也不能用改革开放前的历史时期否定改革开放后的历史时期。改革开放前的社会主义实践探索为改革开放后的社会主义实践探索积累了条件,改革开放后的社会主义实践探索是对前一个时期的坚持、改革、发展。

对改革开放前的社会主义实践探索,我们尤其要坚持实事求是的思想路线,分清主流和支流,坚持真理,修正错误,发扬经验,吸取教训,在这个基础上把党和人民事业继续推向前进。总的来看,从新中国成立到改革开放前,尽管经历了曲折甚至遭受过严重挫折,但我们党团结带领全国各族人民,在旧中国遗留下来的"一穷二白"的基础上,经过艰苦卓绝的奋斗,仍

---

① 《马克思恩格斯选集》第 1 卷,人民出版社 1995 年版,第 585 页。

取得了多方面的巨大成就。比如,在经济建设方面,独立的、比较完整的工业体系和国民经济体系基本建立。社会总产值从 1949 年的 557 亿元增加到 1978 年的 6 846 亿元,29 年间增长 11.29 倍,年均增长 9%。新中国成立前,我国工业非常落后,基本上没有自己的机器制造业。经过 20 多年的发展,我国建成了一批门类比较齐全的基础工业项目,为国民经济的进一步发展打下了坚实的基础。工业生产能力大幅度提高,工业产量成倍增加。钢产量从 1949 年的 16 万吨,发展到 1976 年的 2 046 万吨;原油从 1949 年的 12 万吨,发展到 1976 年的 8 716 万吨;汽车产量从 1955 年年产 100 辆,到 1976 年的 13.5 万辆。农业发展方面,总产值从 1952 年到 1978 年的 26 年间增长 2.3 倍,年均增长 3.25%。在全国人民节衣缩食支援国家工业化基础建设的情况下,尽管人民群众生活逐年改善的增幅不大,但初步满足了占世界 1/4 人口的基本生活需求,这在当时被世界公人为是一个奇迹。建筑、交通运输等基础设施建设也得到了较快发展。旧中国在 73 年间修筑铁路 2.18 万千米、公路 8.07 万千米,而新中国成立后的 27 年,建成铁路就达 4.63 万千米、公路达 82.34 万千米。教育医疗事业得到了长足发展。新中国成立后,在文化教育方面的一件大事,就是扫除文盲、大力推广普通话,并大力发展小学、中学和高等教育。从 1949 年到 1976 年,小学在校生从 2 439 万人发展到 1.5 亿人;中学在校生从 103.9 万人发展到 5 836.5 万人;高等学校在校生从 11.7 万人发展到 67.4 万人。继农村普遍建立县、区(社)两级医疗卫生机构后,又在绝大多数生产大队建立了农村基层医疗卫生机构,全国人口的死亡率从 1949 年的 20‰下降到 1976 年的 7.25‰。①科技发展取得重要突破。新中国刚成立时,全国专门从事科学研究的知识分子数量很少,科技水平非常落后。新中国成立后,我国在核技术、人造卫星和运载火箭等尖端科技领域相继取得"两弹一星"等一

---

①　《世界社会主义五百年》,学习出版社、党建读物出版社 2014 年版,第 153—154 页。

批重要成果,首次完成人工合成牛胰岛素。一些重要的科学分支和新兴应用技术也都在这一时期逐步发展起来。华罗庚、李四光、钱学森、邓稼先、陈景润等一大批科学家为国家科技发展作出重大贡献。与此同时,人们的精神面貌得到了极大改变。新中国成立以后,广大人民群众翻身当家做了主人,生产积极性被极大地激发出来,坚持独立自主、自力更生、艰苦奋斗,表现出无比的英雄气概和高昂的精神状态。涌现出雷锋、王进喜、焦裕禄、时传祥等一大批英雄模范人物,集中反映了社会主义道德和精神风貌。外交工作打开了全新局面。我们顶住国际上霸权主义和强权政治的压力,坚决支持各国人民的正义斗争。特别是 20 世纪 70 年代初,毛泽东适应国际形势的发展变化,审时度势,及时对外交工作进行了富有远见卓识的重大战略调整。由此,我国在联合国的一切合法权利得到恢复,开始了中美关系正常化的进程,与日本建立外交关系,陆续同一批资本主义发达国家和亚非拉国家建交,国际地位得到世界普遍承认,从而为后来的对外开放打下了基础。总之,这些实践探索及取得的重大成就,为改革开放后的大发展、大进步奠定了基本的前提条件。对此,我们必须全面认识和充分肯定。

当然,充分肯定改革开放前历史时期的历史成就,并不意味着要回避和忘却经历的挫折和走过的弯路。我们是历史唯物主义者,应当客观地正视历史,如实地评价历史,过去做得不好的就是不好,做错了就要改错认错。只有用实事求是的态度对改革开放前历史时期的功过是非加以评判,才能辨别主流和支流,分清真理和错误,找出经验和教训,从而进一步增强道路自信,形成继续前行的强大动力。

二、从政治高度看待两个历史时期问题

在新时代,为什么要突出强调改革开放前后两个历史时期的关系?这

是因为，正确认识和处理这一关系，不只是一个历史问题，更主要的是一个政治问题。这个重大政治问题如果处理不好，就会产生严重的政治后果。

对于一个政党、一个国家、一个民族来说，其自身的历史就是源流，就是命脉，是安身立命的基础，更是复兴发展的基石。古人早就讲过："灭人之国，必先去其史。"多年来，国内外各种敌对势力打着"还原历史""反思历史"的旗号，对中国共产党的历史、中国革命的历史、新中国的历史、改革开放的历史，乃至中华民族的历史，极力进行攻击、丑化和污蔑，歪曲历史事实，颠覆科学结论，制造思想混乱。他们"乱史"，目的是为了"改道"，就是要煽动推翻中国共产党的领导和中国社会主义制度，改变已由历史选择、人民选择的正确的中国特色社会主义道路。在这方面，苏联是一个前车之鉴。当年苏联之所以解体、苏共之所以垮台，一个重要原因就是意识形态领域的斗争十分激烈，在敌对势力的攻击和自身内部的演变下，'告别过去'等论调充斥于舆论，全面否定苏联和苏共的历史，否定列宁和斯大林，否定搞了几十年的社会主义，结果把人们思想彻底搞乱了，党组织几乎没有任何作用了，军队也不在党的领导之下了，人民群众对苏共和社会主义失去了信心，偌大一个国家、一个政党很快就土崩瓦解，毁于一旦。改革开放初期，针对一些人企图否定毛泽东和毛泽东思想的倾向，邓小平尖锐地指出："毛泽东思想这个旗帜丢不得。丢掉了这个旗帜，实际上就否定了我们党的光辉历史。""对毛泽东同志的评价，对毛泽东思想的阐述，不是仅仅涉及毛泽东同志个人的问题，这同我们党、我们国家的整个历史是分不开的。要看到这个全局。""这不只是个理论问题，尤其是个政治问题，是国际国内的很大的政治问题。"①邓小平的这些论述，体现了一个伟大的马克思主义政治家的远见卓识，为我们从政治高度看待两个历史时期关系指明了方向。

---

① 《邓小平文选》第 2 卷，人民出版社 1994 年版，第 298—299 页。

政治问题就要从政治上看。我们只有科学认识改革开放前后两个历史时期之间的关系,深刻理解两个历史时期都是社会主义建设的实践探索这一重大论断,才能更好地认识和把握中国特色社会主义的昨天、今天和明天,始终保持政治上的清醒和坚定。如果不从政治上正确认识两个历史时期的关系,就有可能为历史虚无主义等思潮所迷惑,掉进一些势力刻意设计的陷阱里。试想,如果否定了改革开放前的历史时期,把我们党在这一时期探索中出现的错误、失误无限放大,对党和人民在这一时期取得的成就和经验视而不见,那就势必会对毛泽东和毛泽东思想、对我们党在这一时期的全部工作作出错误的评价。同样,如果否定了改革开放后的历史时期,把改革开放中遇到的暂时困难、矛盾和问题无限放大,一概上升为制度问题、道路问题,那就势必会导致对改革开放、对中国特色社会主义产生根本性质疑,我们今天取得的一切成就也就失去了价值和意义。如果出现了这样一种局面,那我们党、我们国家的社会主义制度就从根本上站不住了,站不住就会天下大乱。一些人竭力宣扬历史虚无主义论调,混淆两个历史时期的关系,目的就是要导致出现这种局面,让我们放弃中国特色社会主义,走到老路或邪路上去。对这种险恶的政治用心,我们必须保持高度警惕,并与之进行坚决斗争。

第三章　建设具有中国自己特色的社会主义
——改革开放的历史大潮

历史的潮流,总是浩浩荡荡、勇往直前;时代的脚步,总是永不停歇、无可阻挡。以党的十一届三中全会为主要标志,我国社会主义事业的发展进入改革开放历史新时期。我们党坚持马克思列宁主义基本原理,认真总结我国社会主义胜利和挫折的历史经验,积极借鉴其他国家社会主义兴衰成败历史经验,全力推进改革开放和社会主义现代化建设,成功地开辟了中国特色社会主义道路,逐步形成和发展了中国特色社会主义理论体系,发展和完善了中国特色社会主义制度。中国共产党人和中国人民以一往无前的进取精神和波澜壮阔的创新实践,谱写了中华民族自强不息、顽强奋进的新的壮丽史诗,使中国大踏步赶上了时代,实现了中华民族从站起来到富起来的伟大飞跃。

第一节　走自己的路：开创中国特色社会主义康庄大道

"文化大革命"结束后，中国走到了一个历史转折关头。以邓小平为主要代表的中国共产党人，深刻总结新中国成立以来正反两方面的经验，借鉴世界社会主义历史经验，解放思想，实事求是，以巨大的政治勇气和理论勇气，彻底否定了"以阶级斗争为纲"的错误理论和实践，作出把党和国家工作中心转移到经济建设上来、实行改革开放的历史性决策，开辟了社会主义事业发展的新时期。通过实践探索，深刻揭示社会主义本质，确立社会主义初级阶段基本路线，明确提出走自己的路、建设中国特色社会主义，科学回答了建设中国特色社会主义的一系列基本问题，制定了到21世纪中叶分三步走、基本实现社会主义现代化的发展战略，创立了邓小平理论，成功开创了中国特色社会主义。

一、解放思想，冲破"两个凡是"的禁锢

1976年10月，祸国殃民的"四人帮"被粉碎，中国终于告别了"文化大革命"的噩梦。长期"左"的错误特别是"文化大革命"十年内乱，使我国积聚了严重的政治问题和社会问题，国民经济濒临崩溃的边缘。在政治方面，社会主义民主和法制受到了严重破坏。经济方面，国民收入损失了6 200亿元，超过1949—1979年30年全部基本建设投资6 000亿元的总和，国家建设百业待兴。民生方面，人民物质文化生活水平提高缓慢，甚至有所下降，有的温饱都成问题。广大干部群众强烈要求纠正"文化大革命"的错误，使党和国家在危难中重新奋起。

　　而此时的外部世界正在发生着巨大变化。1956—1976 年的 20 年间，世界上虽有一些局部性战争，但整体来说，基本上是和平环境，没有发生世界性大战。一些西方主要国家国内环境比较安定。这期间，现代科学技术有了很大进步，极大地提升了社会生产力。不少国家抓住了这个机遇，使本国经济得到快速发展。1955—1973 年间，欧美发达资本主义国家的经济增长率年平均在 5% 左右，日本则达到了 10%。这些国家和地区的产业结构也开始发生转变，电子工业、宇航工业、新型材料工业、计算机工业、原子能工业等新兴产业迅速崛起，工业劳动生产率大幅提高。到 70 年代末 80 年代初，无论是正在走出"滞胀"的发达资本主义国家，进行改革调整的东欧社会主义国家，还是快速发展的亚洲的韩国、新加坡，都在实施加快发展的战略。

　　中国人民在中国共产党的领导下，在新中国成立初期曾经取得使全世界为之震惊的辉煌成就，但后来与世界的发展拉开了差距。1950 年新中国成立初期，中国经济占世界 GDP 总量的 4.5%。20 多年后的 1973 年，只提升了 0.1%；而日本的占比则由 3.0% 猛增至 7.7%[①]。另据世界银行 1977 年对全世界 100 多个国家和地区的统计，中国的人均国民生产总值竟排在 117 个国家和地区之后，属于贫穷国家（人均国民生产总值在 200—499 美元之间）行列。这一切，不能不极大地影响中华人民共和国、中国共产党和社会主义在全世界的形象，中国领导人和有识之士产生了强烈的危机感，感受到了巨大的发展压力。1978 年 9 月，邓小平在东北三省视察期间尖锐指出："如果在一个很长的历史时期内，社会主义国家生产力发展的速度比资本主义国家慢，还谈什么优越性？我们要想一想，我们给人民究竟做了多少事情呢？""社会主义要表现出它的优越性，哪能像现在

[①]　[英]安格斯·麦迪逊：《世界经济千年史》，伍晓鹰等译，北京大学出版社 2003 年版，第 261 页。

这样,搞了20多年还这么穷,那要社会主义干什么?"①

中国向何处去?中国共产党又站在了历史的交叉口上。可供选择的余地很小,摆在面前的无非是两条路:一条是继续走过去的路,延续"左"的错误,这只能是一条死路。如此下去,我们将会更加落后于别人,最终可能被资本主义演变过去。"社会主义如果老是穷的,它就站不住"②。另一条是闯出一条新路。然而,当时人们对新的道路并不清晰,但历史已经提供了可资借鉴的东西。1956年八大前后,党曾确定了正确的社会主义建设道路,这是一条与"以阶级斗争为纲"完全不同的以经济建设为中心的道路。从一定意义上来说,我们党之所以在1957年后的20年出现巨大失误,根本的问题就在于背离了经济建设的中心,脱离了八大对社会主义建设道路探索的正确轨道。接续党的八大的正确探索,实现党和国家的中心任务从阶级斗争向经济建设的战略转变,无疑成为党和人民唯一正确的选择。但这又决不是对八大路线的简单回归,必须结合时代特征和我国社会主义建设的新实际,赋予其全新的内容。

要探索这条新路,涉及方方面面的重大问题。一是长达20年的"左"的错误,特别是十年"文化大革命"给人们的心中打下了深深的烙印,教条主义盛行,严重地禁锢着人们的思想。一方面造成精神麻木,思想保守;另一方面又使人精神敏感,对于出现的任何新变化,都可能以"资""修"来否定和非议。如何使人们的思想从教条主义的束缚中解放出来,这是开辟新道路的前提条件。而思想解放,又绝不能冲破正确的思想防线。这个问题如何处理,是一项非常艰巨的任务。二是开辟新的道路,必须否定长期"左"的错误特别是"文化大革命"路线,而这些错误又与毛泽东紧紧地联系在一起。不纠正毛泽东晚年"左"的错误和失误,就不可能开辟新的道路。

①《邓小平文选》第2卷,人民出版社1994年版,第128、130页。
② 同上书,第191页。

但毛泽东是我们党、军队和人民共和国的缔造者,如何既纠正毛泽东晚年的错误和失误,又正确评价毛泽东的历史功过和毛泽东思想的科学价值,成为摆在全党面前亟须解决和必须正确解决的重大问题。

当时提出的"两个凡是",事实上成为党和人民探索新路的思想障碍。只有从端正思想路线入手,大胆否定"两个凡是",才能打开僵局,掌握拨乱反正、开创新路的主动权。邓小平后来说,党的十一届三中全会以来的方针政策,"归根到底就是恢复和坚持毛泽东同志提出的实事求是的思想路线,根据这条思想路线来探索中国怎样建设社会主义"[1]。历史选择了邓小平来担负这一重大使命。

1977 年 4 月 10 日,尚未恢复工作的邓小平致信党中央,明确提出:"我们必须世世代代地用准确的完整的毛泽东思想来指导我们全党、全军和全国人民,把党和社会主义的事业,把国际共产主义运动的事业,胜利地推向前进。"[2]这一提法击中了"两个凡是"的要害,成为全党解放思想的先导。1977 年 7 月,在党的十届三中全会上,邓小平复出。这件事本身就是对"两个凡是"的重大突破。

1978 年 5 月 10 日,中央党校内部刊物《理论动态》发表了《实践是检验真理的唯一标准》的理论文章。次日,《光明日报》以特约评论员名义,公开发表了这篇文章,新华社向全国转发。一石激起千层浪,文章在广大干部群众中引起强烈共鸣,一场对后来中国社会主义事业发展产生深远影响的大讨论,由此在全党全国热烈展开,有力推动了广大干部群众的思想大解放。

邓小平对这场大讨论给予了及时而有力的支持。他指出,关于真理标准问题的争论,不仅是个思想路线问题,而且是个政治问题,是个关系到党

---

① 《邓小平文选》第 3 卷,人民出版社 1993 年版,第 254 页。
② 《邓小平文选》第 2 卷,人民出版社 1994 年版,第 39 页。

和国家的前途和命运的问题。他强调:"一个党,一个国家,一个民族,如果一切从本本出发,思想僵化,迷信盛行,那它就不能前进,它的生机就停止了,就要亡党亡国。这是毛泽东同志在整风运动中反复讲过的。只有解放思想,坚持实事求是,一切从实际出发,理论联系实际,我们的社会主义现代化建设才能顺利进行,我们党的马列主义、毛泽东思想的理论也才能顺利发展。"①

真理标准的讨论,使全党的思想从"两个凡是"中解放出来,这就为实现社会主义战略的转变,打下了思想理论基础。同时,随着"两个凡是"被否定,也使政治力量的天平倒向了坚持实践标准的主张一边。随着讨论的深入展开,各省、自治区、直辖市、中央各部委,由不参与到参与,态度日趋明朗。甘肃、黑龙江、辽宁 3 省率先表态支持真理标准的讨论,其他各省、自治区、直辖市纷纷跟进,以不同方式表示支持。这充分表明了党心民心之所向,为党的十一届三中全会的召开做了充分的思想准备。

二、改革开放历史新时期的开启

1978 年 12 月 18—22 日,党的十一届三中全会在北京召开,主要讨论把全党的工作重点转移到社会主义现代化建设上来。在会前召开的中央工作会议上,邓小平作的《解放思想,实事求是,团结一致向前看》的重要讲话,实际上成为全会的主题报告。它是在"文化大革命"结束以后中国向何处去的重大关头,开辟新时期新道路、开创中国特色社会主义新理论的宣言书。

党的十一届三中全会的伟大历史功绩,在于冲破了长期"左"的错误的严重束缚,批评"两个凡是"的错误方针,充分肯定必须完整、准确地掌握毛

---

① 《邓小平文选》第 2 卷,人民出版社 1994 年版,第 143 页。

泽东思想的科学体系,高度评价关于真理标准问题的讨论,确定了解放思想、开动脑筋、实事求是、团结一致向前看的指导方针,实现了党的思想路线的拨乱反正。这次会上形成了以邓小平为核心的党中央领导集体,取得了组织路线拨乱反正的最重要成果。全会最大的贡献就是停止使用"以阶级斗争为纲"的口号,作出了把全党工作的重心转移到社会主义现代化建设上来的战略决策。这是实现伟大历史性转折的根本标志。

党的十一届三中全会以解放和发展生产力为出发点,提出改革开放的战略任务。对此,邓小平早在中央工作会议上总结经验教训时就严肃地指出:"我们过去没有及时提出改革。但是如果现在再不实行改革,我们的现代化事业和社会主义事业就会被葬送。"①全会认为:"实现四个现代化,要求大幅度地提高生产力,也就必然要求多方面地改变同生产力发展不适应的生产关系和上层建筑,改变一切不适应的管理方式、活动方式和思想方式,因而是一场广泛、深刻的革命。"全会提出,要"根据新的历史条件和实践经验,采取一系列新的重大的经济措施,对经济管理体制和经营管理方法着手认真的改革,在自力更生的基础上积极发展同世界各国平等互利的经济合作,努力采用世界先进技术和先进设备,并大力加强实现现代化所必需的科学和教育工作"②。改革开放的战略决策,极大冲击了僵化的体制和一系列"左"的政策,为社会主义建设开辟了崭新道路。从此,我国改革开放拉开了大幕。

经济体制改革,首先从农村取得突破。为解决农业集体化的遗留问题,也是为了解决吃粮问题,我国农民曾在 1957 年、1959 年和 1962 年试行过包产到组、包产到户的生产组织形式。由于当时认为这是"走资本主义道路",致使这种自发的形式在一次次政治运动中受到压制,屡起屡落。

---

① 《邓小平文选》第 2 卷,人民出版社 1994 年版,第 150 页。
② 《三中全会以来重要文献选编》(上),人民出版社 1982 年版,第 4—6 页。

1978 年夏秋之际,在遭受百年不遇特大旱灾的情况下,中共安徽省委采取了把部分土地借给农民耕种,所产粮菜不征购,不计口粮的应急性措施。这一措施激发了农民的生产积极性,不仅战胜了旱灾,还引发出一些农民包产到户、包干到户的行动。当年 11 月,安徽省凤阳县小岗村 18 户农民率先发起了大包干。几乎与此同时,四川省不少地方的农民也试行包产到组。在安徽、四川的影响下,其他一些地方陆续开始实行农村生产责任制。这一体制创新突破了平均主义、"大锅饭"的人民公社制度,使广大农民长期被压抑的生产积极性极大释放出来。党和国家尊重农民的首创精神,及时总结来自基层的改革实践,在农村普遍实行包产到户、包干到户等多种形式的家庭联产承包责任制,有力地促进了农业和农村经济的发展。从 1979 年到 1984 年,全国农业生产连年获得丰收,农业总产值年均增长 8.9%,我国人均占有粮食从 1978 年的 318.5 千克增加到 1984 年的 395.5 千克,农民的生活条件开始明显改善。2016 年 4 月 25 日,习近平在安徽小岗村主持召开农村改革座谈会,明确指出,我国改革是从农村起步的,小岗村是农村改革的主要发源地。

农村改革有力促进了城市改革。城市改革首先从扩大企业自主权开始,企业逐步实行了经营责任制和所有制结构等方面的改革,努力克服企业经营好坏一个样、职工干好干坏一个样的"大锅饭"现象。在劳动就业问题上,改变计划经济体制下多年形成的对劳动力统包统配、动员城镇待业青年上山下乡的做法,调整所有制结构和产业结构,扶持集体经济,允许个体经营,创办劳动服务公司,拓宽就业渠道。这一举措不仅初步解决了多年积累的知识青年就业问题,也为进一步改善所有制结构、形成新的就业制度奠定了良好基础。

对外开放也迈出了重要步伐。1980 年 8 月,中央决定设立深圳、珠海、汕头、厦门 4 个经济特区,有力促进了这些地区的发展,并在全国范围内发挥了重要的带动和示范作用。深圳的变化尤为显著,短短几年,这个昔日的边陲小镇、荒滩渔村,迅速发展成为粗具规模的现代化城市。到1983年,深圳特区已和外商签订2 500多个经济合作协议,成交额达18亿美元,工农业总产值比1978年增长11倍。

与此同时,党的十一届三中全会后,思想、政治、组织等领域的拨乱反正也全面展开,全面平反冤假错案,解决历史遗留问题。先后为彭德怀等一大批受迫害的党、政、军领导干部平反昭雪。1980年2月,党的十一届五中全会决定为刘少奇平反,恢复刘少奇作为伟大的马克思主义者、无产阶级革命家、党和国家主要领导人之一的名誉。到1982年底,有300多万名干部得到平反。1979年1月,党中央宣布对多年来守法的地主、富农分子以及原定的反革命分子、坏分子一律摘掉帽子,地主、富农家庭出身的子女,其本人的成分和家庭出身一律定为公社社员,不得歧视。这一决定使至少2 000万人获得政治上的新生。同年11月,全国有70多万名小商小贩、小手工业者及其他劳动者被从原工商业者中区别出来,恢复了劳动者成分。到1980年6月,全国共有54万多名错划右派得到改正。此外,党中央还着力纠正民族、宗教等工作中"左"的错误,落实了有关政策。

改革开放使中华大地焕发出巨大活力,社会主义中国发生了前所未有的深刻变化。然而,正如历史上任何伟大变革一样,改革开放也不可能没有认识上的困惑、疑虑和分歧甚至错误的思想观点。早在1979年初,改革开放起步阶段,社会上和党内就出现了一些值得注意的思想动向。一些人对三中全会的路线方针政策表示怀疑,有人说农村联产承包责任制是"辛辛苦苦几十年,一夜退到解放前",有人担心特区会不会变成新租界和殖民地,有人认为引进国外和港澳的私人资本不符合马克思主义原则,改革开放是搞资本主义,等等。同时,极少数人利用党拨乱反正的时机,曲解"解放思想"的口号,打着"民主""自由"等幌子,散布所谓"社会主义不如资本主义"的言论,极端夸大党的错误,否定党的领导,否定毛泽东和毛泽东思想。还有人成立非法组织,出版非法刊物,公然鼓吹反对社会主义制度、反对共产党的领导。

针对这种状况,1979 年 3 月,邓小平作了题为《坚持四项基本原则》的重要讲话,鲜明提出:我们要坚持改革开放,坚持实现"四个现代化"的目标,同时必须在思想政治上坚持四项基本原则,即必须坚持社会主义道路,坚持无产阶级专政,坚持共产党的领导,坚持马列主义、毛泽东思想。他强调,一方面要继续肃清"四人帮"散布的极左思潮的流毒,另一方面也要同怀疑或反对四项基本原则的思潮作坚决斗争。这篇讲话表明,党所实行的改革开放,一开始就具有明确的社会主义方向。这既是对资产阶级自由化思潮的有力抵制,又是对党的十一届三中全会路线的进一步阐述。此后,经过党的十二大、十三大,四项基本原则与以经济建设为中心和改革开放一起,构成了党在社会主义初级阶段的基本路线,被概括为"一个中心、两个基本点"。这个基本路线,是新时期党的路线方针政策的核心。正如邓小平指出的,坚持党的十一届三中全会路线方针政策不动摇,关键是坚持党的基本路线不动摇!

为从根本上纠正"左"的和右的错误倾向,党中央认为,必须正确地认识新中国成立以来党走过的历史道路,科学地总结经验教训。1979 年 9 月,党的十一届四中全会通过叶剑英代表党中央在庆祝新中国成立 30 周年大会上的讲话,初步总结了党在新中国成立后 30 年的历史经验。在邓小平主持下,党中央于 11 月开始起草《关于建国以来党的若干历史问题的决议》(以下简称《决议》)。1981 年 6 月,党的十一届六中全会通过了这个《决议》。《决议》运用辩证唯物主义和历史唯物主义的立场观点方法,全面回顾党的光辉历程,正确总结了新中国成立以来 32 年党的基本经验,对新中国成立以来的历史作出了正确结论。《决议》指出,新中国成立以来 32

年的历史,是中国共产党在马克思列宁主义、毛泽东思想指导下,领导全国各族人民进行社会主义革命和社会主义建设并取得巨大成就的历史。我们取得的成就是主要的,忽视或否认我们的成就,忽视或否认取得这些成就的成功经验,是严重的错误。

《决议》科学评价了毛泽东和毛泽东思想的历史地位,指出毛泽东是伟大的马克思主义者,是伟大的无产阶级革命家、战略家和理论家。他虽然在"文化大革命"中犯了严重错误,但是就其一生来看,他对中国革命的功绩远远大于他的过失。毛泽东思想是马克思列宁主义在中国的运用和发展,是被实践证明了的关于中国革命的正确的理论原则和经验总结,是中国共产党集体智慧的结晶。因为毛泽东晚年犯了错误,就企图否认毛泽东思想的科学价值,否认毛泽东思想对我国革命和建设的指导作用,这种态度是完全错误的。我们必须坚持毛泽东思想,并以符合实际的新原理和新结论丰富和发展毛泽东思想。

《决议》对新中国成立以来的历史经验和教训,特别是对党的十一届三中全会后我国社会主义现代化建设的经验作了总结,明确我们党已经逐步确立了一条适合我国情况的社会主义现代化道路,并从10个方面对其要点作了初步概括:党和国家工作的着重点必须转移到以经济建设为中心的现代化建设上来,在大力发展社会生产力的基础上逐步改善人民的物质文化生活;经济建设必须从国情出发,量力而行,有步骤分阶段地实现现代化的目标;生产关系的变革必须适应生产力状况,有利于生产的发展;正确认识和处理社会主义社会的阶级斗争;逐步建设高度民主的社会主义政治制度;社会主义必须有高度的精神文明;改善和发展社会主义的民族关系,加强民族团结;在战争危险依然存在的国际条件下,必须加强现代化的国防建设;在对外关系上,必须继续坚持反对帝国主义、霸权主义、殖民主义和种族主义,维护世界和平;必须把我们党建设成为具有健全的民主集中制的党;等等。这一概括,为党的十二大提出"建设有中国特色的社会主义"的命题做了思想理论准备。

《决议》是党的历史上具有深远影响的纲领性文献,标志着党在指导思想上的拨乱反正胜利完成。它推进了十一届三中全会以来的伟大历史转折,为统一全党全国人民思想、推动改革开放和社会主义现代化建设事业的健康发展提供了重要的保证。

三、开创中国特色社会主义新道路

从党的十一届三中全会到党的十二大召开前的短短 4 年,中国社会发生了巨大变化,党和国家终于从困境中摆脱出来,重新呈现出勃勃生机。这就促使中国共产党人进一步思考:中国的改革开放和现代化建设事业怎样不断推进? 中国共产党怎样坚持和发展社会主义?

1982 年 9 月,党的第十二次全国代表大会在北京召开。邓小平在大会开幕词中明确提出:"我们的现代化建设,必须从中国的实际出发。无论是革命还是建设,都要注意学习和借鉴外国经验。但是,照抄照搬别国经验、别国模式,从来不能得到成功。这方面我们有过不少教训。把马克思主义的普遍真理同我国的具体实际结合起来,走自己的道路,建设有中国特色的社会主义,这就是我们总结长期历史经验得出的基本结论。"[1]邓小平的这个基本结论,鲜明回答了中国的改革开放和现代化事业要怎样走,我们怎样坚持和发展社会主义的重大问题。"建设有中国特色的社会主义"这一重大命题,包括两层含义:一是我们要建设的是社会主义,而不是别的什么主义,科学社会主义的基本原则不能丢;二是我们的社会主义要按照中国实际和国情来办,要有中国特色,别国的经验可以借鉴,但是决不

---

[1] 《邓小平文选》第 3 卷,人民出版社 1993 年版,第 2—3 页。

能照抄照搬。"建设有中国特色的社会主义"这个重大命题的提出,为把全党全国人民团结凝聚在一起、同心同德进行改革开放和现代化建设,树立起了一面鲜明的旗帜。从此,这面旗帜成为引领我们开拓前进的伟大旗帜,中国特色社会主义也从此成为我们党和国家全部理论和实践的主题。

党的十二大后,改革开放全面推进,从农村改革到城市改革,从经济体制改革到各方面体制的改革,从对内搞活到对外开放,从局部开放到全方位开放,广袤的中华大地展开了建设中国特色社会主义波澜壮阔的历史进程。

农村改革以稳定和完善家庭联产承包责任制为主要任务,在巩固的基础上进一步深入。1982—1984 年,中央连续 3 年下发"一号文件",有力推动了农村改革。1983 年 10 月,党中央作出决定,废除人民公社,建立乡(镇)政府作为基层政权,同时成立村民委员会作为群众性自治组织。到 1985 年春,各地农村这项工作全部结束。随着农村经济开始朝专业化、商品化、社会化方向发展,大批剩余劳动力逐渐从土地上转移出来从事工业和加工业,使乡镇企业异军突起,一批新型中小城镇随之出现。到 1987 年,乡镇企业从业人数达到 8 805 万人,产值达到 4 764 亿元,占农村社会总产值的 50.4%,第一次超过农业总产值。从 1985 年起,国家决定对粮食、棉花等少数重要农产品实行国家计划合同收购的新政策,合同收购以外的产品可以自由出售,或以协议价格卖给国家;其余多数农副产品可以在市场上自由交易,国家不再下达指令性计划。这就形成合同定购和市场收购并行的"双轨制",改变了实行 30 多年的统购派购制度。我国农村经济发生了历史性的变化,一条农村致富和逐步实现现代化的新路日渐清晰了起来。

农村改革的率先突破,坚定了人们改革的信心,为全面改革奠定了物质基础,起到了示范作用。从 1984 年起,改革的重点转向城市。当年 10

月,党的十二届三中全会通过了《关于经济体制改革的决定》,明确提出我国社会主义经济是公有制基础上的有计划的商品经济,突破了把计划经济同商品经济对立起来的传统观念,确认我国社会主义经济是公有制基础上的有计划商品经济;充分发展商品经济,是社会经济发展不可逾越的阶段,是实现我国现代化的必要条件。这是对马克思主义政治经济学的重大发展。此后,以城市为重点的经济体制改革全面展开。国家对经济的管理权限逐步下放,缩小了指令性计划,扩大了指导性计划。按照政企分开、所有权和经营权分离的原则,国营企业实行各种形式的承包经营责任制,增强了自我改造和自我发展能力。在坚持公有制经济主体地位的前提下,多种经济成分共同发展,所有制结构出现了较大变化。1987 年,非公有制成分在全国工业总产值中的比重,由 1978 年的几乎为零上升到 5.6%。全国城镇个体工商业等各行业从业人员由 15 万增加到 569 万。

政治体制、科技体制、教育体制以及其他领域的改革也在不断推进。1980 年 8 月,邓小平发表了《党和国家领导制度的改革》的讲话。1982 年 12 月,五届全国人大五次会议通过了新的《中华人民共和国宪法》,标志着中国特色社会主义法制建设迈出了重大一步,此后,中国特色社会主义法律体系逐步形成和确立,为改革开放和现代化建设顺利发展提供了重要保障。党中央采取一系列措施加强社会主义制度建设,改革完善了人民代表大会制度、中国共产党领导的多党合作和政治协商制度、民族区域自治制度,恢复和加强了纪律检查制度,建立了领导干部退休制度,等等。1985 年党中央通过了《关于科学技术体制改革的决定》《关于教育体制改革的决定》;1986 年 9 月,十二届六中全会通过《中共中央关于社会主义精神文明建设指导方针的决定》,从社会主义现代化建设总体布局的高度,规定了社会主义精神文明建设的战略地位、指导方针和根本任务,强调要用建设有中国特色社会主义的共同理想团结全国各族人民,提高整个中华民族的思想道德素质和科学文化素质。全国开始有计划地普及九年制义务教育,在青壮年中基本扫除文盲,各种形式的成人教育也得到很大发展,适应现代化建设需要的各类人才不断涌现出来。

在改革不断深入的同时,对外开放呈现出新的格局。经济特区创建后,经过筚路蓝缕的开拓进取,发展势头十分强劲,在吸引外资、引进技术、发展生产、扩大出口等方面取得显著成就,为进一步扩大对外开放积累了宝贵经验。1984年5月,中央决定进一步开放从大连到北海的14个沿海港口城市。1985年2月,长江三角洲、珠江三角洲和闽南厦漳泉三角地区被开辟为沿海经济开放区。这样,沿海地区形成了包括约2亿人口的对外开放前沿地带。1988年4月,海南省建立并成为经济特区。从此,一个由经济特区,到沿海开放城市、沿海经济开放区,再到内地的多层次、有重点、点面结合的对外开放格局初步建立起来。

随着改革开放和现代化建设的不断推进,我们党对中国国情和中国特色社会主义的认识不断深化。1987年10月,中国共产党召开了第十三次全国代表大会。大会充分肯定了十一届三中全会以来的路线方针政策和改革开放取得的重大成就,首次提出并系统阐述了社会主义初级阶段理论,完整地概括了党在社会主义初级阶段"一个中心、两个基本点"的基本路线。

党的十三大报告第一次指明中国特色社会主义理论的轮廓包括12个主要观点:第一,解放思想,实事求是,以实践作为检验真理的唯一标准;第二,建设社会主义必须根据本国国情,走自己的路;第三,在经济文化落后的条件下,建设社会主义必须有一个很长的初级阶段;第四,社会主义社会的根本任务是发展生产力,集中力量实现现代化;第五,社会主义经济是有计划商品经济;第六,改革是社会主义社会发展的重要动力,对外开放是实现社会主义现代化的必要条件;第七,社会主义民主政治和社会主义精神文明是社会主义重要特征；第八，坚持四项基本原则同坚持改革开放的总方针这两个基本点相互结合、缺一不可；第九，用"一个国家、两种制度"来实现国家统一；第十，执政党的党风关系到党的生死存亡；第十一，按照独立自主、完全平等、互相尊重、互不干涉内部事务的原则，发展同外国共产党和其他政党的关系；第十二，和平与发展是当代世界的主题。

党的十三大报告还专门就我国经济发展战略提出了分三步走的方案，即第一步，实现国民生产总值比 1980 年翻一番，解决人民的温饱问题。第二步，到 20 世纪末，使国民生产总值再增长一倍，人民生活达到小康水平。第三步，到 21 世纪中叶，人均国民生产总值达到中等发达国家水平，人民生活比较富裕，基本实现现代化。现在回过头看，在改革开放之初，虽然我们国家大、人口多、底子薄，面对着重重困难和挑战，但我们党对未来充满信心，设计了用 70 多年、分三步走基本实现社会主义现代化的宏伟蓝图。可以说，没有非凡的胆略、坚定的自信，是作不出这样宏远伟大的构想和决策的。关于政治体制改革，十三大提出了 7 点要求，主要是实行党政分开，进一步下放权力，改革政府工作机构，改革干部人事制度，建立社会协商对话制度，完善社会主义民主政治的若干制度，加强社会主义法制建设等。

这些观点系统回答了我国社会主义建设的阶段、任务、动力、条件、布局和国际环境等基本问题，规划了中国特色社会主义前进的道路。特别是社会主义初级阶段理论、党的基本路线和"三步走"战略的提出，极大丰富和发展了马克思主义关于社会主义建设的思想，为新时期党的路线方针政策的制定提供了重要依据，是中国共产党人对科学社会主义的一大贡献。至此，中国特色社会主义理论体系的轮廓日益清晰，中国特色社会主义道路初步形成。

四、风波平息后的思考与探索

党的十三大后,党领导全国人民沿着中国特色社会主义道路继续前进,努力推进全面性的改革和实现经济的快速发展。从 1984 年到 1988 年,我国经济经历了一个加速发展的飞跃时期。国民生产总值从 7 171 亿元增加到 14 928 亿元;社会商品零售总额从 3 376.4 亿元增加到 7 440 亿元;外贸进出口总额从 535.5 亿美元增加到 1 027.9 亿美元①。连续 5 年经济的加速发展,使我国经济迈上了一个新台阶。然而在这个过程中,也出现了一些问题,正如邓小平指出的:"票子发得多了一点,物价波动大了一点,重复建设比较严重,造成了一些浪费。"②这些问题,主要是由于在新旧体制转换时期,改革措施不配套和一些管理工作没有跟上而造成的。1988 年 9 月,党的十三届三中全会决定,用一段时间治理经济环境、整顿经济秩序,扭转物价上涨幅度过大的态势,创造理顺价格的条件,更好地推进改革和建设。

正当治理整顿工作需要进一步推进,以解决一些深层次矛盾问题时,改革开放和经济建设的进程却受到了严重干扰。1989 年春夏,在北京发生了一场否定四项基本原则、主张资产阶级自由化的严重政治风波。危急时刻,党中央代表广大人民平息了这场风波,捍卫了社会主义政权,为改革开放赢得了一个稳定、安全的政治局面。1989 年 6 月,党中央召开十三届四中全会,对中央领导机构部分成员进行调整,选举江泽民为中共中央总书记。1989 年 11 月,党的十三届五中全会批准邓小平提出的辞去中共中央军事委员会主席职务的请求,江泽民担任中共中央军事委员会主席。至

---

① 《中国共产党简史》,中共党史出版社 2010 年版,第 142 页。
② 《邓小平文选》第 3 卷,人民出版社 1993 年版,第 376 页。

此,党的最高权力实现了顺利交替,保证了党的政策的稳定性、连续性和国家的稳定,使社会主义改革开放和现代化建设能够继续前进。

此后不久,从 1989 年下半年开始,国际局势发生了二战后 40 年来最为剧烈的变化。波兰、匈牙利、民主德国、保加利亚、捷克斯洛伐克、罗马尼亚等东欧 6 个社会主义国家先后发生政局剧变。尽管这些国家变化的方式、速度有所差异,但其性质和结局都是一样的,即执政的共产党纷纷丧失执政地位,开始实行西方式多党制和议会制,以及经济上的私有化和思想上的自由化。随后,作为第一个社会主义国家的苏联,也发生了与东欧六国性质相同的演变。东欧剧变、苏联解体,是自俄国十月革命以来社会主义遭受的最严重的挫折,它使世界社会主义事业进入了一个低潮时期,对我国也形成了前所未有的冲击和压力。

面对这种情况,西方反共、反社会主义势力一时甚嚣尘上,以美国为首的西方国家宣布对中国实施制裁,暂停一切对华武器销售和商业性出口,暂停国家领导人之间的互访,并加紧了对中国的渗透和颠覆。西方媒体也铺天盖地地对中国进行攻击和污蔑,妖魔化、丑化中国。有人宣称"历史已经终结"于资本主义制度,"20 世纪将以社会主义的失败和资本主义的胜利而告终",社会主义中国将因"多米诺骨牌"效应,随着这一历史剧变而倒下。在这些国内外消极因素的干扰下,我国经济出现严重滑坡,1988 年经济增长率为 11.3%,但 1989 年骤降到 4.1%,1990 年更是降到 3.8%。一时间,阴云密布,大有"黑云压城、风雨欲来"之势。

面对改革开放以来国际国内最复杂的局势和最困难的处境,党中央旗帜鲜明地强调,党的十一届三中全会以来的路线和基本政策必须继续贯彻执行。江泽民指出:"在这个最基本的问题上,我要十分明确地讲两句话:一句是坚定不移,毫不动摇;一句是全面执行,一以贯之。"他还说:"世界社会主义处于低潮,但并不像有的人说的那样——社会主义已经崩溃。""我们就是要以实际的最好的社会主义建设成果来回答人们对社会主义前途的忧虑。"①

在老一辈革命家健在的有利条件下,我们党冷静观察、沉着应对,把注意力集中在办好自己的事情上,积极实施"治理整顿、深化改革",使社会秩序迅速恢复正常,稳住了党心民心,经济形势趋于好转,为新的大发展创造了条件。1990年4月,中共中央和国务院决定开发开放上海浦东,进行重大改革任务的先行先试,以此带动长江三角洲及长江流域的经济发展。

在对外关系上,党坚持独立自主,顶住西方压力,打破国际上的封锁,成功挫败了反华势力妄想扭转中国社会主义方向的图谋。到1992年底,与我国建立外交关系的国家已达154个。我国还同200多个国家和地区发展了贸易、科技、文化交流与合作,有力地维护了国家主权和尊严。中国特色社会主义巨轮穿越疾风暴雨,乘风破浪继续向前。

1990年12月,党的十三届七中全会在北京召开。会议审议通过了《关于制定国民经济和社会发展十年规划和"八五"计划的建议》,并明确指出,有中国特色的社会主义道路,是符合中国实际的强国富民之路。只要我们坚定不移地沿着这条道路走下去,并善于在实践中探索和总结,就一定能经受住各种风浪的考验,创造更加辉煌的业绩,进一步显示我国社会主义制度的强大生命力。

全会结合当时的形势,对建设有中国特色社会主义的基本理论和基本实践再次作出了概括。其主要内容是:(1)坚持工人阶级领导的以工农联盟为基础的人民民主专政,不断完善人民代表大会制度,不断完善共产党领导的多党合作和政治协商制度,不断巩固和发展最广泛的爱国统一战线,努力加强社会主义民主和社会主义法制建设;(2)坚持把发展社会生产力作为社会主义的根本任务,专心致志地搞好现代化建设,不断提高人民

① 《江泽民文选》第1卷,人民出版社2006年版,第57、135页。

的物质文化生活水平;(3)通过改革不断完善社会主义的经济、政治体制和其他领域的管理体制,充分调动中央、地方、企业和广大劳动人民的主动性、积极性和创造性;(4)采取发展对外经济贸易关系、利用外资和引进先进技术等多种形式,通过举办经济特区、经济开发区和实行必要的特殊政策与灵活措施,不断扩大对外开放;(5)坚持以社会主义公有制为主体的多种经济成分并存的所有制结构,发挥个体经济、私营经济和其他经济成分对公有制经济的有益的补充作用,并对它们加强正确的管理和引导;(6)积极发展社会主义的有计划商品经济,实行计划经济与市场调节相结合,努力促进国民经济持续、稳定、协调发展;(7)实行以按劳分配为主体、其他分配方式为补充的分配制度,允许和支持一部分人、一部分地区通过诚实劳动和合法经营先富起来,鼓励先富起来的帮助未富起来的,以利于全体人民和各个地区逐步实现共同富裕;(8)坚持以马克思列宁主义、毛泽东思想为指导,继承和发扬祖国优秀文化遗产,借鉴和吸收世界上一切优秀文化成果,不断提高全民族的思想道德和科学文化素质,建设社会主义精神文明;(9)建立和发展平等互助、团结合作、共同繁荣的社会主义民族关系,坚持和完善民族区域自治制度,反对民族歧视、民族压迫和民族分裂;(10)按照"一个国家、两种制度"的构想和实践,促进祖国统一大业的逐步实现;(11)坚持独立自主的和平外交政策,在和平共处五项原则的基础上发展同一切国家的友好关系,反对霸权主义和强权政治,支持被压迫民族和被压迫人民的正义斗争,维护世界和平和促进人类进步;(12)坚持共产党的领导,不断改善党的领导制度、领导作风和领导方法,加强党的政治、思想、理论和组织建设,使党始终成为社会主义事业的坚强领导核心。

　　全会认为,"党的十一届三中全会以来,我们就是按照这条道路走过来的,因而在实践中取得了举世瞩目的成就。在实际工作中,在某些时候和某种情况下也发生过偏离上述原则的现象,造成了严重的后果"。为此,要

"认真总结经验教训,正确的加以坚持,不足的加以完善,失误的加以纠正"①,努力使中国特色社会主义的各项原则要求在实践中得到进一步的具体落实和丰富发展。

五、对建设有中国特色社会主义理论的系统概括

1992 年春,邓小平视察南方并发表重要谈话。他精辟地分析了当时的国际国内形势,强调要始终坚持党的十一届三中全会以来的路线方针政策,毫不动摇地坚持"一个中心、两个基本点"的基本路线;精辟论述了社会主义与市场经济的关系,指出"计划经济不等于社会主义,资本主义也有计划;市场经济不等于资本主义,社会主义也有市场。计划和市场都是经济手段";同时对社会主义本质、"三个有利于"标准等一系列重大问题作了深入阐述。他在谈话中对社会主义下了重要定义:"社会主义的本质,是解放生产力,发展生产力,消灭剥削,消除两极分化,最终运到共同富裕。"②

邓小平对社会主义本质问题的科学概括,突出地强调了生产力在社会主义中的首要位置,同时也强调了在解放发展生产力的基础上实现社会的平等和共同富裕。生产力与生产关系是一个有机整体,脱离生产力来谈社会平等,就会陷入平均主义的迷误,就是空想社会主义;只讲生产力,不讲社会平等,就无法区别社会的性质,也谈不上社会主义。这一科学概括是十一届三中全会以来我们党探索建设有中国特色社会主义道路的重大理论成果,又是几十年来我们党对社会主义认识历经曲折后不断深化、升华的结晶,使党对社会主义的认识进入了新境界。它对建设有中国特色的社

---

① 《十三大以来重要文献选编》(中),人民出版社 1991 年版,第 1379 页。
② 《邓小平文选》第 3 卷,人民出版社 1993 年版,第 373 页。

会主义,具有十分重大的政治意义、理论意义和实践意义。

邓小平在谈话中还指出,"现在,有右的东西影响我们,也有'左'的东西影响我们,但根深蒂固的还是'左'的东西。……'左'的东西在我们党的历史上可怕呀!一个好好的东西,一下子被他搞掉了。右可以葬送社会主义,'左'也可以葬送社会主义。中国要警惕右,但主要是防止'左'"。判断姓"资"还是姓"社"问题的标准,"应该主要看是否有利于发展社会主义社会的生产力,是否有利于增强社会主义国家的综合国力,是否有利于提高人民的生活水平"。①

邓小平南方谈话,深刻回答了长期困扰和束缚人们思想的许多重大问题,大大深化了对"什么是社会主义、怎样建设社会主义"的认识,是全面改革进程中思想解放的科学总结,是开创我国改革开放和现代化建设新阶段的宣言书。理论和实践的发展,要求我们党必须在原有基础上,对这一理论作出进一步的新概括,补充新的内容,形成完整的科学理论体系。党的十四大承担了这一历史重任。

党中央领导集体非常重视这个问题。在十四大政治报告起草过程中,江泽民多次作出指示,要求对建设有中国特色社会主义理论的概括层次要高,要加强报告的理论性和思想性。邓小平在审阅报告的第四稿后,作了肯定的评价,认为报告稿有分量,同时也提出了十分重要的修改意见。为集思广益,中央把报告印发到全国 119 个地方、部门和单位,党政军主要领导人及理论界共 3 000 多人进行讨论,另外还邀请各民主党派进行座谈。根据大家的意见,经过反复研究,报告将建设有中国特色社会主义的理论概括这部分内容调整为 9 个方面。报告十易其稿,反复打磨,终于在党的十四大上获得通过,形成了党对建设有中国特色社会主义理论的最新概括。其要点是:

---

① 《邓小平文选》第 3 卷,人民出版社 1993 年版,第 375、372 页。

（1）在社会主义的发展道路问题上，强调走自己的路，不把马本当教条，不照搬外国模式，以马克思主义为指导，以实践作为检验真理的唯一标准，解放思想，实事求是，尊重群众的首创精神，建设有中国特色的社会主义。

（2）在社会主义的发展阶段问题上，作出了我国还处在社会主义初级阶段的科学论断，强调这是一个至少上百年的很长的历史阶段，制定一切方针政策都必须以这个基本国情为依据，不能脱离实际，超越阶段。

（3）在社会主义的根本任务问题上，指出社会主义的本质是解放生产力，发展生产力，消灭剥削，消除两极分化，最终达到共同富裕。强调现阶段我国社会的主要矛盾是人民日益增长的物质文化需要同落后的社会生产之间的矛盾，必须把发展生产力摆在首要位置，以经济建设为中心，推动社会全面进步。判断各方面工作的是非得失，归根到底，要以是否有利于发展社会主义社会的生产力，是否有利于增强社会主义国家的综合国力，是否有利于提高人民的生活水平为标准。科学技术是第一生产力，经济建设必须依靠科技进步和劳动者素质的提高。

（4）在社会主义的发展动力问题上，强调改革也是一场革命，也是解放生产力，是中国现代化的必由之路，僵化停滞是没有出路的。经济体制改革的目标，是在坚持公有制和按劳分配为主体、其他经济成分和分配方式为补充的基础上，建立和完善社会主义市场经济体制。政治体制改革的目标，是以完善人民代表大会制度、共产党领导的多党合作和政治协商制度为主要内容，发展社会主义民主政治。同经济、政治的改革和发展相适应，以"有理想、有道德、有文化、有纪律"为目标，建设社会主义精神文明。

（5）在社会主义建设的外部条件问题上，指出和平与发展是当代世界两大主题，必须坚持独立自主的和平外交政策，为我国现代化建设争取有利的国际环境。强调实行对外开放是改革和建设必不可少的，应当吸收和利用世界各国包括资本主义发达国家所创造的一切先进文明成果来发展社会主义,封闭只能导致落后。

(6) 在社会主义建设的政治保证问题上,强调坚持社会主义道路、坚持人民民主专政、坚持中国共产党的领导、坚持马克思列宁主义毛泽东思想。这四项基本原则是立国之本,是改革开放和现代化建设健康发展的保证,又从改革开放和现代化建设获得新的时代内容。

(7) 在社会主义建设的战略步骤问题上,提出基本实现现代化分三步走。在现代化建设的长过程中要抓住时机,争取出现若干个发展速度比较快、效益又比较好的阶段,每隔几年上一个台阶。贫穷不是社会主义,同步富裕又是不可能的,必须允许和鼓励一部分地区一部分人先富起来,以带动越来越多的地区和人们逐步达到共同富裕。

(8) 在社会主义的领导力量和依靠力量问题上,强调作为工人阶级先锋队的共产党是社会主义事业的领导核心,党必须适应改革开放和现代化建设的需要,不断改善和加强对各方面工作的领导,改善和加强自身建设。执政党的党风,党同人民群众的联系,是关系党生死存亡的问题。必须依靠广大工人、农民、知识分子,必须依靠各民族人民的团结,必须依靠全体社会主义劳动者、拥护社会主义的爱国者和拥护祖国统一的爱国者的最广泛的统一战线。党领导的人民军队是社会主义祖国的保卫者和建设社会主义的重要力量。

(9) 在祖国统一的问题上,提出"一个国家、两种制度"的创造性构想。在一个中国的前提下,国家的主体坚持社会主义制度,香港、澳门、台湾保持原有的资本主义制度长期不变,按照这个原则来推进祖国和平统一大业的完成。

这9条内容,包含着3个层次:1至2条是第一层次,构成这一理论大厦的基础。"发展道路"强调走自己的路,解放思想,实事求是。这是建设有中国特色社会主义理论的精髓、前提和思想基础。"发展阶段"指出我国还处于社会主义初级阶段。这是必须依据的基本国情。

3至7条是第二层次，构成建设有中国特色社会主义理论大厦的主体骨架。其中，社会主义"根本任务"是中心，就是以经济建设为中心。"发展动力"讲的是经济体制和政治体制改革，"外部条件"讲的是对外开放，"政治保证"讲的是坚持四项基本原则，"战略步骤"讲的则是我国经济"三步走"发展战略、台阶式发展战略和先富带后富的战略。总的来说，这5个基本问题，就是"一个中心、两个基本点"和"三步走"战略的理论表现。

8至9条是建设有中国特色社会主义理论大厦的鲜明特色。"领导力量和依靠力量"讲的是党的领导、党风建设、依靠力量和统一战线。"一国两制"是邓小平的伟大政治设计，在世界上绝无仅有，具有鲜明的中国特色。

党的十四大对建设有中国特色社会主义理论所作的科学、系统、完整概括，是邓小平理论形成的重要标志，使党在科学社会主义理论的认识上达到了新的境界。当然，正像十四大所强调的那样："建设有中国特色社会主义的理论还有其他许多内容，还要在研究新情况、解决新问题的过程中，在实践检验中继续丰富、完善和发展。"[1]

第二节　提出"三个代表"：把中国特色社会主义推向新世纪

世纪之交，以江泽民为主要代表的中国共产党人，在国内外形势十分复杂、世界社会主义出现严重曲折的严峻考验面前，坚持党的基本理论、基

---

[1] 《中国共产党第十四次全国代表大会文件汇编》，人民出版社1992年版，第15页。

本路线,坚定捍卫中国特色社会主义,正式把邓小平理论确立为党的指导思想。同时,站在历史发展和时代要求的高度,敏锐把握国际国内形势的发展变化,依据新的实践确立党的基本纲领、基本经验,确立社会主义市场经济体制的改革目标和基本框架,确立社会主义初级阶段的基本经济制度和分配制度,创立"三个代表"重要思想,推进党的建设新的伟大工程,开创了全面改革开放新局面,成功把中国特色社会主义推向了 21 世纪。

一、明确中国经济体制改革的目标

东方风来满眼春。1992 年新一轮思想解放和改革开放的高潮兴起,在邓小平的南方谈话和党的十四大精神指引下,我国现代化建设进入一个新的历史阶段。

此时,经过长达 20 多年的计划经济体制的建设和改革开放后的改革调整,我们党开始清醒地认识到,市场经济是现时代人类社会最有效的分配和利用资源的经济体制,同时不利用政府的力量进行宏观调控、加快市场发育的国家也是没有的。1992 年 6 月,江泽民在中央党校省部级干部进修班上的讲话中,明确提出把社会主义市场经济体制作为我们要建立的社会主义新经济体制。党的十四大指出:我国经济体制改革确定什么样的目标模式,是关系整个社会主义现代化建设全局的一个重大问题。这个问题的核心,是正确认识和处理计划与市场的关系,并鲜明提出:中国经济体制改革的目标是建立社会主义市场经济体制。党的十四大通过的新的《中国共产党章程》也明确强调,"要从根本上改革束缚生产力发展的经济体制,建立社会主义市场经济体制"①。这样,就确立了社会主义市场经济理论对全党行动的指导地位。

---

① 《中国共产党章程汇编》,中共中央党校出版社 2013 年版,第 121 页。

那么,什么是社会主义市场经济体制呢? 党的十四大指出:社会主义市场经济体制,"就是要使市场在社会主义国家宏观调控下对资源配置起基础性作用"①的体制。这句话有两方面的含义:一方面,它不同于用计划配置资源的计划经济体制,也不是计划经济体制附加些市场调节的功能,而是市场对资源配置起基础性作用的市场经济体制。另一方面,市场并不排斥宏观调控。因为市场不是全面的、万能的,市场有其自身的弱点和消极方面。这就必须加强和改善国家对经济的宏观调控,引导市场的健康发展。这说明,我国所要建立的市场经济体制,不是像资本主义发展初期那种没有宏观调控的自由市场经济,而是现在为发达国家普遍采用的由国家宏观调控的现代市场经济体制,也就是邓小平所说的"方法上基本上和资本主义社会的相似"②的市场经济体制。

但是,我国社会主义市场经济体制又具有不同于资本主义市场经济体制的特点,方法基本"相似"而性质截然不同。党的十四大指出:"社会主义市场经济体制是同社会主义基本制度结合在一起的。"③实行公有制为主体的所有制结构、按劳分配为主体的分配制度,是我国社会主义市场经济区别于资本主义市场经济的主要特征。这决定了我们所要建立的市场经济体制的社会主义性质,也使我国的市场经济体制有可能更好地发挥计划与市场两种手段的长处,更好地把人民的当前利益与长远利益、局部利益与整体利益结合起来,兼顾效率和公平,实现共同富裕。

党的十四大提出的社会主义市场经济理论,从根本上解决了我国经济体制改革目标的问题,但其框架结构、体制机制、实现路径等具体为何,仍需要不断进行探索和完善。也正如江泽民所指出的,"建立社会主义市场经济体制是有史以来没有过的事情。在世界上,西方国家的市场经济已搞

①③ 《十四大以来重要文献选编》(上),人民出版社 1996 年版,第 19 页。
② 《邓小平文选》第 2 卷,人民出版社 1994 年版,第 236 页。

了 300 多年,它是跟资本主义基本制度联系在一起的。在社会主义条件下搞市场经济,是一项崭新的创造性事业,由计划经济体制向社会主义市场经济体制转变,没有经验可以借鉴"①。十四大后,党中央抓紧时机,组织力量,深入调查研究,总结人民群众的实践经验,集中党内外的智慧,并借鉴国外的有益做法,在十四大召开后短短的一年时间里,绘制出这一大厦的宏伟蓝图。

1993 年 11 月,党中央召开十四届三中全会,正式出台《关于建立社会主义市场经济体制若干问题的决定》,对建立社会主义市场经济体制的要求、目标、原则以及有关的重大问题进行具体阐述,勾画了社会主义市场经济体制的基本框架。

《决定》首先明确指出,社会主义市场经济是同社会主义基本制度结合在一起的,建立社会主义市场经济体制,就是要使市场在国家宏观调控下对资源配置起基础性作用。接着,《决定》从塑造市场主体、建立市场体系、完善宏观调控体系、分配制度、社会保障制度等方面,勾画了我国社会主义市场经济体制的基本框架。这一框架主要包括 5 个环节:第一,必须坚持以公有制为主体、多种经济成分共同发展的方针,进一步转换国有企业经营机制,建立适应市场经济要求,产权清晰、权责明确、政企分开、管理科学的现代企业制度;第二,建立全国统一开放的市场体系,实现城乡市场紧密结合,国内市场与国际市场相互衔接,促进资源的优化配置;第三,转变政府管理经济的职能,建立以间接手段为主的完善的宏观调控体系,保证国民经济的健康运行;第四,建立以按劳分配为主体,效率优先、兼顾公平的收入分配制度,鼓励一部分地区一部分人先富起来,走共同富裕的道路;第五,建立多层次的社会保障制度,为城乡居民提供同我国国情相适应的社会保障,促进经济发展和社会稳定。这些环节相互联系又相互制约,形成

---

① 《江泽民文选》第 1 卷,人民出版社 2006 年版,第 366 页。

了一个完整系统。

建立社会主义市场经济体制是一项开创性的伟大事业,在探索的过程中,有人可能会"固守计划经济体制",也有人"想通过市场经济把中国带到资本主义"[①]。因此,《决定》明确要求,要毫不动摇地坚持邓小平建设有中国特色社会主义理论和党在社会主义初级阶段的基本路线,以是否有利于发展社会主义社会的生产力,是否有利于增强社会主义国家的综合国力,是否有利于提高人民的生活水平,作为决定各项改革措施取舍和检验其得失的根本标准。在推进改革的过程中,必须解放思想,实事求是;以经济建设为中心,改革开放、经济发展和社会稳定相互促进,相互统一;尊重群众首创精神,重视群众切身利益;实行整体推进和重点突破相结合的改革方针。各级党委和政府要用党的基本理论和基本路线统揽全局,把更大的精力集中到加快改革上来。

毫无疑问,这个《决定》初步解决了社会主义基本制度与市场经济制度怎样结合以及旧体制怎样向新体制转化的问题,成为有计划、有步骤地建立社会主义市场经济体制改革的行动纲领。《决定》所提出的一系列配套的改革方案,也使建立社会主义市场经济体制的总体规划进入加快实施阶段,中国的经济体制改革由原来的局部突破转入了全面推进。比后,我国先后出台投资、财税、金融、外贸、社会保障体制改革等一系列改革措施,逐步建立起社会主义市场经济体制的基本框架。

在社会主义条件下发展市场经济,是前无古人的伟大创举,是中国共产党人对马克思主义发展作出的历史性贡献。由计划经济体制向社会主义市场经济体制的转变,实现了改革开放新的历史性突破,打开了我国经济、政治和文化发展的崭新局面。在深化经济体制改革的进程中,我国经济增长质量和社会发展水平都有了显著提高,于1995年提前5年实现了

---

① 《江泽民文选》第1卷,人民出版社2006年版,第338—339页。

国民生产总值比 1980 年翻两番,又于 1997 年成功实现了人均国民生产总值比 1980 年翻两番,初步实现了现代化建设的第二步战略目标。

二、确立邓小平理论的指导地位

1997 年 2 月 19 日,改革开放的总设计师邓小平逝世。中国会不会乱,我们党能不能继续推进邓小平开创的建设有中国特色社会主义的伟大事业,成为全国乃至全世界密切关注的焦点。同年 9 月,党的十五大在北京召开。大会站在世纪之交的高度对邓小平作出了高度评价,并正式提出和确立了邓小平理论的指导地位。

大会报告指出,"一个世纪以来,中国人民在前进道路上经历了三次历史性的巨大变化,产生了三位站在时代前列的伟大人物:孙中山、毛泽东、邓小平"[1]。第一次是辛亥革命,推翻统治中国几千年的君主专制制度。这是孙中山领导的。第二次是中华人民共和国的成立和社会主义制度的建立。这是中国共产党成立后,在以毛泽东为核心的第一代领导集体的领导下完成的。第三次是改革开放,为实现社会主义现代化而奋斗。这是在以邓小平为核心的第二代领导集体的领导下开始的新的革命。在新中国成立以来革命和建设成就的基础上,我们党总结历史经验和教训,成功地走出了一条建设有中国特色社会主义的新道路。"邓小平是伟大的马克思主义者。他为中华民族的独立和解放,为中国社会主义制度的建立,为中国改革开放和现代化建设,建立了不朽的功勋。他把毕生心血都献给了中国人民,一切以人民的利益为出发点和归宿。他对党、对人民、对马克思主义的最大贡献,他留给我们的珍贵遗产,就是邓小平理论。"[2]

---

[1] 《十五大以来重要文献选编》(上),人民出版社 2000 年版,第 2 页。
[2] 同上书,第 11 页。

　　大会把"邓小平建设有中国特色社会主义的理论"定名为"邓小平理论",并正式作出把邓小平理论确立为中国共产党的指导思想的历史性决策,从而进一步明确了邓小平理论在全党的指导地位。大会的政治报告明确指出:党从诞生之日起,就把马克思列宁主义确立为自己的指导思想。经过遵义会议和延安整风,党的七大又把马克思列宁主义的理论与中国革命的实践之统一的思想——毛泽东思想,确立为党的指导思想。这是总结建党 24 年经验作出的历史性决策。现在,在十一届三中全会和十二大、十三大特别是十四大的基础上,中央建议十五大在党章中把邓小平理论确立为党的指导思想,明确规定:中国共产党以马克思列宁主义、毛泽东思想、邓小平理论作为自己的行动指南。这是我们党经过近 20 年改革开放和社会主义现代化建设的成功实践作出的历史性决策。

　　大会还从马克思主义发展史的高度对邓小平理论的历史地位作出了高度评价,进一步明确宣示高举邓小平理论伟大旗帜不动摇。中国共产党是非常重视理论指导的党。中国人民找到了马克思列宁主义,中国革命的面貌为之一新。马克思列宁主义同中国实际相结合有两次历史性飞跃,产生了两大理论成果。第一次飞跃的理论成果是被实践证明了的关于中国革命和建设的正确的理论原则和经验总结,它的主要创立者是毛泽东,我们党把它称为毛泽东思想。第二次飞跃的理论成果是建设有中国特色社会主义理论,它的主要创立者是邓小平,我们党把它称为邓小平理论。这两大理论成果都是党和人民实践经验和集体智慧的结晶。"实践证明,作为毛泽东思想的继承和发展的邓小平理论,是指导中国人民在改革开放中胜利实现社会主义现代化的正确理论。在当代中国,只有把马克思主义同当代中国实践和时代特征结合起来的邓小平理论,而没有别的理论能够解决社会主义的前途和命运问题。邓小平理论是当代中国的马克思主义,是马克思主义在中国发展的新阶段。"①

　　在党的十五大之后,党的十六大、十七大、十八大、十九大都对邓小平的重大贡献和中国特色社会主义作出了深刻阐述,强调邓小平开创了中国特色社会主义。为什么要这样说? 关键在于邓小平第一次比较系统地初步回答了什么是社会主义、在中国这样经济文化比较落后的国家如何建设社会主义、如何巩固和发展社会主义等一系列基本问题,用新的思想观点继承和发展了马克思主义,开拓了马克思主义新境界,把对社会主义的认识提高到新的科学水平。开创就开创在这里。早在改革开放初期,邓小平就明确提出必须搞清楚什么是社会主义、怎样建设社会主义这个重大理论和实际问题。邓小平指出:"什么叫社会主义,什么叫马克思主义? 我们过去对这个问题的认识不是完全清醒的。""我们马克思主义者过去闹革命,就是为社会主义、共产主义崇高理想而奋斗。现在我们搞经济改革,仍然要坚持社会主义道路,坚持共产主义的远大理想,年轻一代尤其要懂得这一点。但问题是什么是社会主义,如何建设社会主义。我们的经验教训有许多条,最重要的一条,就是要搞清楚这个问题。"他强调:"贫穷不是社会主义","我们要赶上时代,这是改革要达到的目的"②。正因为尖锐提出了这个重大问题,才有了我们党的伟大觉醒,才有了邓小平对这些重大问题开创性的科学回答,才有了改革开放新的伟大革命,才有了中国特色社会主义事业的伟大飞跃。

　　1997 年 9 月 18 日,党的十五大通过部分修改后的《中国共产党章程》,明确规定:"中国共产党以马克思列宁主义、毛泽东思想、邓小平理论作为自己的行动指南。"③1999 年 3 月,九届全国人大二次会议在北京举

---

① 《十五大以来重要文献选编》(上),人民出版社 2000 年版,第 9—10 页。
② 《邓小平文选》第 3 卷,人民出版社 1993 年版,第 63、116、255、242 页。
③ 《中国共产党章程汇编》,中共中央党校出版社 2013 年版,第 141 页。

行。会议审议通过的《中华人民共和国宪法修正案》也作了相应修改,郑重确立了邓小平理论在国家政治生活和全社会的指导地位。

伟大的事业,必须有伟大的理论作指导。民主革命时期,经过遵义会议和延安整风,党的七大把毛泽东思想确立为党的指导思想,极大统一了全党的认识和行动,引导中国革命从胜利走向胜利。党的十五大和九届人大二次会议把邓小平理论确立为党和国家的指导思想,不仅使邓小平理论的历史地位有了法理依据,而且反映了全国各族人民的心声,顺乎国情民意,对于保证中国沿着中国特色社会主义道路,把改革开放和现代化建设的伟大事业不断推向前进,具有重大的现实意义和深远的历史意义。

三、中国特色社会主义事业全面进入新世纪

党的十五大在把邓小平理论确立为党的指导思想的同时,还以这一伟大旗帜为指导,为把中国特色社会主义事业全面推向 21 世纪,确定了党在社会主义初级阶段的基本纲领和若干新的发展战略。

首先是在我国所有制结构和公有制实现形式等一系列重大问题上作出新的阐述,提出新的论断,实现了又一次思想上的大解放。大会在社会主义所有制问题上有两个方面的突破与创新。一是以邓小平关于所有制理论为指导,总结我国改革的实践经验,对我国现阶段的基本经济制度作了新的概括,指出:公有制为主体、多种所有制经济共同发展,是我国社会主义初级阶段的一项基本经济制度。二是在公有制经济自身改革方面,提出要全面认识公有制经济的含义,即公有制经济不仅包括国有经济和集体经济,还包括混合所有制经济中的国有成分和集体成分;公有制的主体地位主要体现在公有资产在社会总资产中占优势,国有经济控制国民经济命脉和对经济发展起主导作用。公有制实现形式可以而且应当多样化,一切

反映社会化生产规律的经营方式和组织形式都可以大胆利用。要努力寻找能够极大促进生产力发展的公有制实现形式。强调除极少数必须由国家独资经营的企业外,积极推行股份制,发展混合所有制经济;股份合作制经济是改革中的新事物,要支持和引导,使之逐步完善。随后,十五届一中全会决定用 3 年左右的时间,通过改革、改组、改造和加强管理,使大多数国有大中型亏损企业摆脱困境,力争到 20 世纪末使大多数大中型骨干企业初步建立起现代企业制度。

社会主义所有制理论,是马克思主义理论的一个重要观点,也是科学社会主义的一个基本问题。党的十五大报告关于我国社会主义初级阶段所有制理论的阐述,是对马克思主义所有制理论的重大发展。如果说十四大对马克思主义的一个重大贡献是提出了社会主义市场经济理论,解决了我国改革的目标问题,那么,十五大的一个重大理论贡献,就是在社会主义经济关系的更深层面上提出了社会主义初级阶段的所有制理论,为进一步解放和发展生产力,推进和建立社会主义市场经济体制提供了理论支撑。它标志着我们党对中国特色社会主义的认识取得了又一个重大进展。

大会还提出了 21 世纪前 50 年的经济社会发展分"三步走"的战略目标,即第一个十年实现国民生产总值比 2000 年翻一番,使人民的小康生活更加宽裕,形成比较完善的社会主义市场经济体制;再经过十年的努力,到建党一百年时,使国民经济更加发展,各项制度更加完善;到 21 世纪中叶新中国成立一百年时,基本实现现代化,建成富强民主文明的社会主义国家。

按照这个战略部署,我们党积极推进中国特色社会主义民主政治建设。继党的十五大确定依法治国、建设社会主义法治国家的方略后,1999年 3 月,九届全国人大二次会议通过了宪法修正案,将"中华人民共和国实行依法治国,建设社会主义法治国家"载入宪法。从此,"依法治国,建设社会主义法治国家"作为党领导人民治理国家的基本方略,以国家根本大法的形式确立下来。此后,在 2001 年全国宣传部长会议上,江泽民又提出了"把依法治国与以德治国紧密结合起来"的治国方略。1998 年 11 月 4 日,《中华人民共和国村民委员会组织法》由九届全国人大常委会第五次会议讨论通过并正式实施。从此,以"民主选举、民主决策、民主管理、民主监督"为主要内容的村民自治制度开始深入广大农民的生活中。

在建设有中国特色社会主义的文化方面,党中央、国务院认真实施"科教兴国"战略,弘扬社会主义主旋律,文化建设空前繁荣。1999 年,针对少数人利用"法轮功"蛊惑人心,破坏社会稳定的事件,党和政府及时发动社会各界揭批"法轮功"歪理邪说,取缔"法轮功"邪教组织,维护了社会稳定。2001 年,党中央印发《公民道德建设实施纲要》,从公民道德建设入手,努力建立与发展社会主义市场经济相适应的社会主义道德体系,推动经济和社会的全面发展。同年,北京赢得 2008 年奥运会举办权,中国终于圆了五环梦,全国上下一片欢腾。"申奥"成功,充分显示了社会主义中国的精神文明建设新面貌,极大地鼓舞和振奋了民心士气。

为促进社会的全面发展,党中央提出并实施了"可持续发展战略"和"西部大开发战略",开始重视并着手解决随着市场经济发展和农业基础性地位削弱而日渐凸显的"三农问题"。

可持续发展战略,是 20 世纪 80 年代末人类认真总结自己的发展历程,重新审视自己的经济社会行为而提出的一种新的发展思想和发展战略,在 1992 年 6 月召开的联合国环境与发展大会上,成为世界各国的共识。在 1995 年党的十四届五中全会上,江泽民指出:"在现代化建设中,必须把实现可持续发展作为一个重大战略。要把控制人口、节约资源、保护环境放到重要位置,使人口增长与社会生产力发展相适应,使经济建设与资源、环境相协调,实现良性循环。"①全会把实现经济和社会可持续发展

---

① 《江泽民文选》第 1 卷,人民出版社 2006 年版,第 463 页。

作为今后 15 年的一个重要奋斗目标。党的十五大报告也指出,我国是人口众多、资源相对不足的国家,在现代化建设中必须实施可持续发展战略。

实施西部大开发战略,是党中央在积极推进扶贫攻坚、区域协调发展政策基础上提出来的。为解决部分社会成员收入差距悬殊及地区差距进一步拉大的问题,党和政府除了采取一系列调节过高收入、补贴过低收入阶层的措施外,还把扶贫开发和区域协调发展作为重要的战略问题提出来。1995 年 6 月和 1996 年 9 月,党中央、国务院先后两次召开扶贫开发工作会议,进一步统一全党认识,动员全社会力量,加大扶贫开发的力度,实现国家"八七扶贫攻坚计划"。由于贫困人口主要集中于我国中西部地区,经济落后是贫穷的根源。因此,发展与振兴中西部地区,缩小中西部与沿海地区经济的差距,实施区域协调发展战略,就成为解决贫困问题的根本措施之一。1995 年 9 月,十四届五中全会通过的《关于制定国民经济和社会发展"九五"计划和 2010 年远景目标的建议》正式把"坚持区域经济协调发展,逐步缩小地区发展差距"作为今后 5 年至 15 年经济发展的战略指导方针提出来。1999 年 9 月,十五届四中全会通过的《关于国有企业改革和发展若干重大问题的决定》正式提出了"国家要实施西部大开发的战略"。同年 11 月,中央经济工作会议还把实施西部大开发作为 2000 年全党工作的一个重要方面,指出不失时机地实施西部大开发战略,直接关系到扩大内需、促进经济增长,关系到民族团结、社会稳定和边防巩固,关系到东西部协调发展和最终实现共同富裕。

在祖国统一方面,继 1997 年 7 月香港回到祖国怀抱后,1999 年 12 月澳门实现回归。

这一时期,我们党还从容应对一系列关系中国主权和安全的国际突发事件,带领全国人民战胜了来自国内的和国际的、经济社会的和自然的多方面挑战。我们成功应对了 1997 年亚洲金融危机带来的严重冲击,战胜了 1998 年长江、松花江和嫩江流域发生的严重洪涝灾害，妥善处理了 1999 年美国轰炸我驻南联盟使馆事件和南海撞机事件，经受住了各种风险和挑战的考验。我国的综合国力大幅度跃升，经济实现了持续、快速、健康发展，社会长期保持安定团结，圆满地实现了"三步走"发展战略的第二步目标。

2001 年 11 月 10 日，在卡塔尔多哈举行的世界贸易组织（WTO）第四届部长级会议通过了中国加入世贸组织法律文件，中国成为世贸组织新成员。加入世贸组织，是中国共产党人面对经济全球化趋势加快，从我国经济发展和改革开放的需要出发作出的重大战略决策，标志着我国对外开放进入了一个新的阶段。它有利于扩大对外开放，为我国赢得更好的国际环境，有利于促进经济体制改革和经济结构战略性调整，增强我国经济发展活力和国际竞争力。这一重大战略决策，充分体现了党中央总揽全局、与时俱进的远见卓识和深化改革、扩大开放的坚定信心，充分展示了中国顺应经济全球化潮流、主动参与国际竞争与合作的积极姿态，是我国现代化建设中具有历史意义的一件大事，对新世纪我国经济发展和社会进步产生了重大而深远的影响。

四、提出"三个代表"重要思想

党的十三届四中全会后，我们党在捍卫和发展中国特色社会主义的过程中，十分注重在总结实践经验基础上不断推进理论的创新和发展。江泽民始终关注两大问题：一个是在新的历史条件下不断加强党的建设，巩固党的执政地位；一个是坚持党的基本路线，加快社会主义现代化建设。他于 1992 年阐述和论证了社会主义市场经济，1995 年阐述了正确处理社会主义现代化建设中的十二大关系，1997 年提出和论述了社会主义法治国家和建设社会主义政治文明,此外,还提出和论述了发展面向现代化、面向世界、面向未来的,民族的科学的大众的社会主义文化,提出和论述了比较完整的国防建设和军事战略理论等。这些理论创新丰富了中国特色社会主义理论体系。

2000年,是人类历史的世纪之交,又是千年之交。世界多极化和经济全球化的趋势在曲折中发展,科技进步日新月异,综合国力竞争日趋激烈。世界各国尤其是欧美发达国家及一些新兴国家,纷纷提出面对新世纪的发展战略,力图抢占发展的制高点,形势逼人。面对这个重大历史关头,2000年2月江泽民在广东考察时指出:"总结我们党70多年的历史,可以得出一个重要结论,这就是:我们党所以赢得人民的拥护,是因为我们党在革命、建设、改革的各个历史时期,总是代表着中国先进生产力的发展要求,代表着中国先进文化的前进方向,代表着中国最广大人民的根本利益,并通过制定正确的路线方针政策,为实现国家和人民的根本利益而不懈奋斗。"①这是"三个代表"重要思想首次面世,是继邓小平1992年春发表南方谈话后,中国共产党又一次重大的理论创新。

2000年5月,江泽民在上海考察工作时再次发表讲话,深入阐述"三个代表"重要思想,强调始终做到"三个代表"是我们党的立党之本、执政之基、力量之源。2001年7月1日,江泽民在庆祝中国共产党成立80周年大会上发表重要讲话,系统地总结了党80年的光辉历程和基本经验,进一步全面论述了"三个代表"重要思想。

"始终代表中国先进生产力的发展要求",就是党的理论、路线、纲领、方针、政策和各项工作,必须努力符合生产力发展的规律,体现不断推动社会生产力的解放和发展的要求,尤其要体现推动先进生产力发展的要求,通过发展生产力不断提高人民群众的生活水平。

---

① 《江泽民文选》第3卷,人民出版社2006年版,第2页。

"始终代表中国先进文化的前进方向"，就是党的理论、路线、纲领、方针、政策和各项工作，必须努力体现发展面向现代化、面向世界、面向未来的，民族的科学的大众的社会主义文化的要求，促进全民族思想道德素质和科学文化素质的不断提高，为我国经济发展和社会进步提供精神动力和智力支持。

"始终代表中国最广大人民的根本利益"，就是党的理论、路线、纲领、方针、政策和各项工作，必须坚持把人民的根本利益作为出发点和归宿，充分发挥人民群众的积极性、主动性、创造性，在社会不断发展进步的基础上，使人民群众不断获得切实的经济、政治、文化利益。

"三个代表"是一个有机整体。先进生产力是基础和前提，先进文化是灵魂和旗帜，最广大人民的根本利益是主体和目的，三者统一于党的建设新的伟大工程和建设有中国特色社会主义的伟大实践。

"三个代表"重要思想蕴含深刻，内容丰富，博大精深。它全面体现了党的基本理论、基本路线、基本纲领和基本经验，贯穿经济、政治、文化、军事、外交、党的建设等各个领域，涵盖改革发展稳定、内政外交国防、治党治国治军等各个方面，是一个全面系统的科学理论。2003年6月，中央宣传部组织编写了《"三个代表"重要思想学习纲要》，系统概括了"三个代表"重要思想理论体系，将其归纳为16个方面：第一，大力弘扬与时俱进的精神——关于建设中国特色社会主义的思想路线；第二，发展是党执政兴国的第一要务——关于中国特色社会主义的发展道路；第三，全面建设小康社会——关于中国特色社会主义的发展阶段和发展战略；第四，不断促进先进生产力的发展——关于中国特色社会主义的根本任务；第五，推进社会主义的自我完善和发展——关于中国特色社会主义的改革；第六，实施"引进来"和"走出去"相结合的对外开放战略——关于中国特色社会主义的对外开放；第七，推动国民经济持续快速健康发展——关于中国特色社会主义的经济建设；第八，建设社会主义政治文明——关于中国特色社会主义的政治建设；第九，创造更加灿烂的先进文化——关于中国特色社会主义的文化建设；第十，走中国特色的精兵之路——关于中国特色社会主义的国防和军队建设；第十一，团结一切可以团结的力量——关于坚持和发展爱国统一战线；第十二，完成祖国统一大业是中华民族的根本利益所在——关于推进祖国完全统一；第十三，维护世界和平与促进共同发展——关于中国特色社会主义的外交和国际战略；第十四，坚定地站在时代潮流的前头——关于中国特色社会主义的领导核心；第十五，以改革的精神建设党——关于中国特色社会主义的执政党建设；第十六，实现好维护好发展好最广大人民的根本利益——关于建设中国特色社会主义的根本目的。

这16个方面，第一至第六包含了"三个代表"重要思想关于思想路线、发展道路阶段和战略根本任务、改革开放等总体性的理论创新；第七至第十三是"三个代表"重要思想关于经济、政治、文化、军队、统战、祖国统一和国际战略等社会主义建设各个领域方面的理论创新；第十四、十五是"三个代表"重要思想关于治国治党的新理念；最后一个方面，第十六则是归纳性的，既是社会主义根本点，又是党的建设理论创新。

总之，这一理论在建设中国特色社会主义的思想路线、发展道路、发展阶段和发展战略、根本任务、发展动力、依靠力量、国际战略、领导力量和根本目的等重大问题上取得了丰硕成果，用一系列紧密联系、相互贯通的新思想、新观点、新论断，进一步回答了什么是社会主义、怎样建设社会主义的问题，创造性地回答了建设什么样的党、怎样建设党的问题，丰富和发展了中国特色社会主义理论体系。"三个代表"重要思想是对马克思列宁主义、毛泽东思想、邓小平理论的继承和发展，反映了当代世界和中国的发展变化对党和国家工作的新要求，是加强和改进党的建设、推进我国社会主义自我完善和发展的强大理论武器,是中国共产党集体智慧的结晶。始终做到"三个代表",是我们党的立党之本、执政之基、力量之源。

2002 年,党的十六大正式将"三个代表"重要思想与马克思列宁主义、毛泽东思想和邓小平理论一道写入党章。这标志着党把"三个代表"重要思想确定为指导思想,实现了又一次重大的理论创新。

第三节　推进科学发展:在新起点上坚持和发展中国特色社会主义

进入新世纪新阶段,以胡锦涛为主要代表的中国共产党人,坚持以邓小平理论和"三个代表"重要思想为指导,根据新的发展要求,深刻认识和回答了新形势下实现什么样的发展、怎样发展等重大问题,形成了以人为本、全面协调可持续发展的科学发展观。我们党团结带领全国各族人民紧紧抓住重要战略机遇期,发扬求真务实、开拓进取精神,在全面建设小康社会进程中坚持以人为本、全面协调可持续发展,大力推进实践创新、理论创新、制度创新,着力保障和改善民生,促进社会公平正义,推动建设和谐世界,推进党的执政能力建设和先进性建设,成功地在新的历史起点上坚持和发展了中国特色社会主义。

一、进入新世纪面临的发展难题

历史的车轮行进到新的千年。新世纪伊始,国内外环境继续发生新的深刻变化,中国发展既面临难得的机遇,也面临巨大挑战。

从国际环境来看,世界正处在大变革大调整之中。作为"一超独霸"的美国,经历了20世纪90年代信息产业的突破性发展后,国际竞争力和综合国力又达到一个比较高的水平,重新拉大了与世界各国的差距,推行世界霸权的野心更大。2000年,小布什当选美国总统后不久,就宣布中国是战略竞争者,企图实施遏制中国的战略。但2001年的"9·11"恐怖袭击事件,使恐怖主义的威胁凸显出来,从此美国开始了长达10年的反恐战争。

与此同时,世界上反对霸权主义和强权政治的斗争从没有停息,各种政治力量深刻调整组合,世界多极化趋势不可逆转,国际战略竞争更趋激烈。世界虽仍然很不安宁,但和平与发展的时代主题并没有改变,争取较长时期的和平国际环境和良好的周边环境是可能的。

此外,经济全球化趋势深入发展,促进了商品、技术、资本在全球范围内的自由流动和配置,使世界各国的经济联系更加紧密,这为发展中国家参与国际分工、获取比较利益提供了机遇;科技革命迅猛发展,特别是20世纪后期以信息技术和生物技术为代表的高新技术的蓬勃兴起,其影响超过了以往任何一次技术革命,这为我国在技术跨越的基础上实现生产力的快速发展提供了现实可能性。

从国内环境看,我国已进入改革发展的关键时期。改革开放取得了举世瞩目的成就,中国社会发生了意义深远的重大变化,综合国力大幅度跃升,全方位、多层次、宽领域的对外开放格局基本形成,国际影响显著扩大。到2002年,我国国内生产总值达到10.2万亿元,经济总量已居世界第6位;外贸进出口总额达到6 208亿美元,居世界第5位,人民生活总体上实现了由温饱到小康的历史性跨越。

这种空前的社会变革,给我国发展进步带来巨大活力,也带来了这样那样的矛盾和问题,发展起来后出现的问题并不比发展起来前少,甚至更多、更复杂了。我国经济社会发展出现了一些必须认真把握的新趋势新特点,主要是:经济实力显著增强,同时生产力水平总体上还不高,自主创新能力还不强,长期形成的结构性矛盾和粗放型增长方式尚未根本改变;社会主义市场经济体制初步建立,同时影响发展的体制机制障碍依然存在,改革攻坚面临深层次矛盾和问题;人民生活总体上达到小康水平,同时收入分配差距拉大趋势还未根本扭转,城乡贫困人口和低收入人口还有相当数量,统筹兼顾各方面利益难度加大;协调发展取得显著成绩,同时农业基础薄弱、农村发展滞后的局面尚未改变,缩小城乡、区域发展差距和促进经济社会协调发展任务艰巨;社会主义民主政治不断发展、依法治国基本方略扎实贯彻,同时民主法制建设与扩大人民民主和经济社会发展的要求还不完全适应,政治体制改革需要继续深化;社会主义文化更加繁荣,同时人民精神文化需求日趋旺盛,人们思想活动的独立性、选择性、多变性、差异性明显增强,对发展社会主义先进文化提出了更高要求;社会活力显著增强,同时社会结构、社会组织形式、社会利益格局发生深刻变化,社会建设和管理面临诸多新课题;对外开放日益扩大,同时面临的国际竞争日趋激烈,发达国家在经济科技上占优势的压力长期存在,可以预见和难以预见的风险增多,统筹国内发展和对外开放要求更高;等等。

上述一系列重大变化表明,无论从国际还是从国内来看,世纪之交的中国特色社会主义所遇到的挑战前所未有,所遇到的机遇也前所未有,机遇大于挑战。基于此,我们党作出了 21 世纪头 20 年是可以大有作为的重要战略机遇期的重大判断,并要求全党必须始终保持清醒头脑,立足社会主义初级阶段这个最大的实际,科学分析我国全面参与经济全球化的新机遇新挑战,全面认识工业化、信息化、城镇化、市场化、国际化深入发展的新形势新任务,深刻把握我国发展面临的新课题新矛盾,更加自觉地走科学发展道路,奋力开拓中国特色社会主义更为广阔的发展前景。

二、构建社会主义和谐社会

2003 年,我国人均国内生产总值突破 1 000 美元,跨上了一个重要台阶。一些国家和地区的发展历程表明,在人均国内生产总值突破 1 000 美元之后,经济社会就进入一个关键的发展阶段。在经济转轨、社会转型中,各种深层次矛盾会比较集中尖锐地凸显出来。我国发展进入这一阶段后,人民内部矛盾也开始集中大量地表现出来,特别是过去并不常见的群体性事件明显多了起来,成为影响社会稳定的一个突出问题。

"实现社会公平正义是中国共产党人的一贯主张,是发展中国特色社会主义的重大任务。"[①]2002 年召开的党的十六大在确立全面建设小康社会奋斗目标时,首次提出了实现社会更加和谐的问题。大会指出:"我们要在本世纪头 20 年,集中力量,全面建设惠及十几亿人口的更高水平的小康社会,使经济更加发展、民主更加健全、科教更加进步、文化更加繁荣、社会更加和谐、人民生活更加殷实。"[②]这就十分清晰地向世人昭示,在向着更高水平的小康社会迈进的新征程中,中国共产党将坚持全面发展的思想,不仅继续推进经济建设、政治建设、文化建设,还要下大力气推进社会建设,促使"社会更加和谐"。把"和谐"特别是"和谐社会"这样一个全新概念,引入党的代表大会的正式报告,并明确把它作为党的奋斗目标的一个重要内容,这是十六大的一个突出亮点,也是我们党对"什么是社会主义、怎样建设社会主义"认识的又一个新的突破。

此后,2004 年 9 月召开的十六届四中全会,深入分析我们党治国理政面临的新形势、新要求,从全面建设小康社会、开创中国特色社会主义事业

---

① 《胡锦涛文选》第 2 卷,人民出版社 2016 年版,第 625—626 页。
② 《十六大以来重要文献选编》(上),中央文献出版社 2005 年版,第 14 页。

新局面的全局出发,进一步明确提出了构建社会主义和谐社会的重大战略任务,强调要适应我国社会的深刻变化,把和谐社会建设摆在重要位置。

2007 年召开的党的十七大,又从理论上进一步阐明了构建社会主义和谐社会与中国特色社会主义道路、中国特色社会主义理论体系特别是科学发展观等重大关系问题,进一步明确了和谐社会建设的定位。大会明确把中国特色社会主义事业"四位一体"的总体布局和建设富强民主文明和谐的社会主义现代化国家的目标,作为中国特色社会主义道路的重要内容,并将其写入了《中国共产党章程》(修正案)中。

大会还进一步阐明了科学发展与社会和谐内在统一的关系,指出:"深入贯彻落实科学发展观,要求我们积极构建社会主义和谐社会。社会和谐是中国特色社会主义的本质属性。科学发展和社会和谐是内在统一的。没有科学发展就没有社会和谐,没有社会和谐也难以实现科学发展。"①也就是在坚持发展这个第一要义的同时,必须把构建社会主义和谐社会摆在更加突出的位置,既要通过科学发展来促进社会和谐,又要通过促进社会和谐来推动科学发展。具体来讲就是既"要通过发展增加社会物质财富、不断改善人民生活,又要通过发展保障社会公平正义、不断促进社会和谐","按照民主法治、公平正义、诚信友爱、充满活力、安定有序、人与自然和谐相处的总要求和共同建设、共同享有的原则,着力解决人民最关心、最直接、最现实的利益问题,努力形成全体人民各尽其能、各得其所而又和谐相处的局面,为发展提供良好社会环境"。②

构建社会主义和谐社会的提出,是我们党的一个重要理论创新。提出这一奋斗目标表明,随着我国经济社会的不断发展,中国特色社会主义事业的总体布局,更加明确地由社会主义经济建设、政治建设、文化建设三位

---

① 《胡锦涛文选》第 2 卷,人民出版社 2016 年版,第 625 页。
② 同上书,第 625—626 页。

一体发展为社会主义经济建设、政治建设、文化建设、社会建设四位一体。如果说科学发展观的提出,主要是从发展的角度为解决经济社会协调发展问题提供指导,那么,构建社会主义和谐社会的提出,则是以科学发展观为指导,从社会建设的角度,进一步将经济社会协调发展的要求落到了实处。从此,科学发展、和谐发展作为重要发展理念,体现到党和国家全部工作中,引领着我国经济社会开始走向科学发展的轨道。

三、推进社会主义建设全面发展

在党中央的正确领导下,全国各族人民坚持以邓小平理论和"三个代表"重要思想为指导,深入贯彻落实科学发展观,全面推进改革开放和现代化建设,全面建设小康社会,国民经济快速增长,人民生活明显改善,社会事业全面进步,国际地位显著提高,经济社会发展取得举世瞩目的辉煌成就。

国民经济连上新台阶,总量跃居世界第二。我们党坚定不移地推进改革,进一步破除不利于市场机制在资源配置中发挥基础性作用的体制机制障碍,加强现代市场体系建设,营造依法公平竞争的体制环境,社会主义基本经济制度与市场机制相结合的优势进一步彰显。国民经济连续 10 年保持了 10% 以上的年均实际增长速度,在世界经济剧烈动荡中创造了持续较快增长的中国奇迹。国内生产总值 2005 年超过英国和法国,2008 年超过德国,2010 年超过日本,外汇储备稳居世界第一。在经济总量稳步增长的同时,人均国内生产总值也快速增加。2011 年,我国人均国内生产总值达到 35 083 元,扣除价格因素,比 2002 年增长 1.4 倍,年均增长 10.1%。按照平均汇率折算,我国人均国内生产总值由 2002 年的 1 135 美元上升至 2011 年的 5 432 美元。经济快速增长带来了国家财政收入的稳定增长。2011 年,我国财政收入超过 10 万亿元,达到 103 740 亿元,比 2002 年增长 4.5 倍,年均增长 20.8％。我国经济总量占世界的份额由 2002 年的 4.4％提高到 2011 年的 10％左右,成为世界第一大贸易出口国、第二大贸易进口国和外商直接投资流入国、第五大对外投资国和最大新兴市场,对世界经济增长的贡献率超过 20％[①],与发达国家的差距不断缩小,特别是 2008 年下半年国际金融危机爆发后,在世界主要经济体增长明显放缓甚至面临衰退时,我国经济依然保持了相当高的增速并率先回升,成为带动世界经济复苏的重要引擎。新中国缔造者们确定的赶超目标正在逐步成为现实。

解决"三农"问题,缩小城乡差距。在世界各国工业化成长过程中,工农关系大致要经历三个阶段:以农养工的工业原始积累阶段;农业、工业自我积累、自我发展的农工自养的工业化中期阶段;工业积累支援农业,被称作"反哺农业"的工业成熟阶段。新中国成立最初几年,农业收入一度占国家财政收入的 40％。1949—2003 年,全国累计征收农业税达 3 945.66 亿元。正是依靠农业"乳汁"的哺育,新中国从"一穷二白"的起点上,建立起比较完整的工业体系。据不完全统计,从 1953 年开始到 1983 年取消统购统销政策,通过工农产品"剪刀差",农民对工业化的贡献超过 6 000 亿元[②]。但在我国步入工业化的中期阶段后,却仍面临着农业效益低、农民收入少、城乡差距不断扩大等问题,"三农"已成为整个国民经济发展的一块"短板",到了非解决不可的地步。党中央高度重视"三农"问题,并将其作为全党工作的重中之重。2004 年,国务院开始实行减征或免征农业税的惠农政策。据统计,免征农业税、取消烟叶外的农业特产税

---

① 《新世纪实现新跨越　新征程谱写新篇章——从十六大到十八大经济社会发展成就系列报告之一》,http://www.gov.cn/gzdt/2012-08/15/content_2204557.htm。

② 《划时代的决定——写在全国人大常委会废止农业税条例之日》,新华社北京 2005 年 12 月 29 日电。

可减轻农民负担 500 亿元左右,到 2005 年已有近 8 亿农民直接受益。2005 年 10 月,党的十六届五中全会作出了建设社会主义新农村的重大决策。此后又先后出台了一系列的强农惠农富农政策,特别是 2006 年 1 月 1 日起正式取消农业税,终结了中国历史上存在 2 000 多年的"皇粮国税",极大地调动了农民的积极性。2003—2012 年,中国粮食产量实现半个世纪以来首次连续 9 年增产,2007 年后连续 6 年总产稳定在 1 万亿斤以上。2011 年城镇化率首次突破 50%,我国进入以城市型社会为主体的时代。

缩小地区发展差距,实现区域协调发展。我们党在继续推进西部大开发战略的同时,提出并实施振兴东北地区等老工业基地、促进中部地区崛起、鼓励东部地区率先发展等战略,努力形成东中西部互动、优势互补、相互促进、共同发展的新格局。2006 年,中央对革命老区、民族地区、贫困地区、边疆地区的扶持力度加大,相继出台了支持西藏、新疆、宁夏、广西、内蒙古、青海等省区经济社会跨越式发展的政策文件,明确了各地区发展的战略定位、发展思路和重点任务,制定了有力的扶持政策。2007 年,西部地区经济增速首次超过东部地区。2008—2011 年,中部、西部和东北地区经济增速连续 4 年超过东部地区,区域增长格局发生重大而可喜的变化,长期以来我国区域发展差距扩大的趋势得到初步遏制。

转变发展方式,建设生态文明。长期以来,我国的经济增长主要依靠投资和出口拉动,形成了高投入、高消耗、高排放的粗放型经济发展方式。20 世纪 90 年代中期,我们党就提出了转变经济增长方式的问题,并采取了一系列政策措施,但一直没有取得根本性突破。随着经济社会发展水平的不断提高,粗放型经济发展方式越来越难以为继,人民群众对良好生态环境的期待越来越迫切,转变发展方式逐步成为关系我国发展全局的核心问题。2005 年 10 月,党的十六届五中全会提出加快建设资源节约型、环境友好型社会,大力发展循环经济。党的十七大将"建设生态文明"作为实现全面建设小康社会奋斗目标之一。2008年的国际金融危机,使经济发展方式问题更加凸显,转变发展方式已刻不容缓。2010年10月,十七届五中全会强调要以科学发展为主题、以加快转变经济发展方式为主线,并贯穿经济社会发展全过程和各领域。

文化改革发展全面推进,社会主义文化空前繁荣发展。我们党科学把握时代和形势发展变化,积极顺应各族人民精神文化需求,作出建设社会主义文化强国的重大战略决策,提出并推进了一系列指导文化建设的理论观点和方针政策。社会主义核心价值体系建设全面推进,社会主义荣辱观日益发挥引领风尚的作用,伟大的民族精神和时代精神成为激励我国人民创造幸福生活的精神力量。文化体制改革大力度、全方位推进,出版、发行、电影、电视剧和地方有线电视网络等领域国有经营性文化事业单位转企改制基本完成,一般国有文艺院团、非时政类报刊和新闻网站改革取得重要进展,新兴文化业态蓬勃发展,涌现出一批知名文化品牌和大型文化企业,以公有制为主体、多种所有制共同发展的文化产业格局初步形成。我国报纸总发行量、图书品种和总印数、电视剧产量均居世界第一,电影产量位居世界前茅,进入了新闻出版影视大国行列。文化"走出去"步伐加快,扭转了版权贸易长期逆差的局面。初步形成了以民族文化为主体、吸收外来有益文化、推动中华文化走向世界的文化开放格局。

以保障和改善民生为重点,社会建设得到全面加强。实施就业优先战略和更加积极的就业政策,城镇新增就业连续5年超千万。2005—2011年,全国财政教育支出增长近10倍,城乡全面实现了九年制免费义务教育。最低生活保障、医疗救助制度已覆盖城乡。连续8年提高企业退休人员基本养老金,60%以上的农民参加了新型农村社会养老保险试点。最低工资标准、个人所得税起征点、国家扶贫标准普遍较大幅度调高,使改革发展成果更多更公平地惠及全体人民。2002—2011 年,我国城镇居民人均可支配收入、农村居民人均纯收入均增长 1.8 倍,主要耐用消费品拥有量不断提高,恩格尔系数进一步下降,人民生活水平显著提高,我国进入中等偏上收入国家行列。

随着改革开放和现代化建设的深入推进,中国特色社会主义制度建设不断加强。以公有制为主体、多种所有制经济共同发展的基本经济制度,按劳分配为主体、多种分配形式并存的分配制度,社会主义市场经济体制,人民代表大会制度、中国共产党领导的多党合作和政治协商制度、民族区域自治制度以及基层群众自治制度等,以坚持马克思主义在意识形态领域指导地位为特征的文化体制和以构建社会主义和谐社会为目标的社会体制等,不断发展完善。实行城乡按相同人口比例选举人大代表,重要决策事前进行政治协商成为制度,积极推行城乡社区直选,基层群众自治成为当代中国最直接、最广泛的民主实践。依法治国深入实施,"国家尊重和保障人权"被写入宪法,物权法颁布实施,党和国家各项制度的法制化、规范化、程序化明显加强。

我们党在推动科学发展、促进社会和谐的过程中,始终高度重视加强自身建设,特别是党的执政能力建设和先进性建设。2004 年 9 月,十六届四中全会通过了《中共中央关于加强党的执政能力建设的决定》。从 2005年 1 月开始,在全党开展了保持共产党员先进性教育活动。党的十七大提出在全党开展深入学习实践科学发展观活动。推进党的建设改革创新,进一步扩大党内民主,中央政治局带头向中央委员会定期报告工作并接受监督,推行党委讨论决定重大问题和任用重要干部票决制,完善党和国家领导人产生机制,继续开展党代会常任制试点,提高基层一线代表比例,改善候选人提名方式和扩大差额比例,大力推进党务公开,建立党委新闻发言人制度。建立健全惩治和预防腐败体系,健全权力运行制约和监督机制,坚决查处违纪违法案件,深入开展专项治理,解决了一些人民群众反映强烈的突出问题。

与此同时,我国成功举办了北京奥运会和残奥会、上海世博会,实现了中华民族的百年梦想。"神舟"飞天、"嫦娥"揽月、"天宫"对接、"蛟龙"探海、超级计算机等前沿科技实现重大突破,三峡工程、青藏铁路、南水北调等重大工程捷报频传。积极应对来自国内外和自然界的严峻挑战,夺取了抗击四川汶川特大地震等严重自然灾害和灾后恢复重建重大胜利,妥善处置一系列重大突发事件,特别是有效应对国际金融危机带来的严重冲击,在全球率先实现经济企稳回升,极大地增强了中国人民和中华民族的自豪感和凝聚力。这一切都进一步证明,中国共产党是带领全国各族人民掌握自己命运的坚强领导核心,中华民族是自强不息、大爱无疆的伟大民族,社会主义制度具有巨大优越性和强大生命力。

在稳步推进国内改革发展的同时,我们党十分注意营造良好的外部环境,继续坚持独立自主的和平外交政策,提出我国要始终不渝走和平发展道路,努力推动建设持久和平、共同繁荣的和谐世界,国际地位和影响力显著提升。中国与世界的关系发生历史性变化,我国在国际事务中的代表权和话语权明显增强,在世界重大经济问题上的观点和态度引起各国关注,在反恐、气候变化、能源资源和粮食安全等全球性问题上成为国际协调与合作的重要一方,在国际和地区热点问题上发挥了独特的建设性作用。"北京共识""中国道路",打破了"国强必霸"的大国崛起传统模式,受到国际社会的高度关注,深刻影响着中国和世界,中国特色社会主义的国际影响越来越大。

四、提出科学发展观

2003年春天,我国发生了一场突如其来的"非典"疫情。党和政府领导全国人民共同应对,最终取得了抗击疫情的完全胜利。但"非典"疫情的发生特别是防治过程,也集中暴露了我国经济社会发展中存在的薄弱环节和突出问题,使我们对发展中的不平衡问题有了切肤之痛。党深刻认识到,发展中出现的这些突出问题,已经不再是个别领域的现象,而是全局性的,因此也就需要从全局的、战略的,甚至是政治的高度上来思考解决中国未来的发展问题。

2003 年 4 月中旬,胡锦涛到广东考察,第一次明确提出要坚持全面的发展观,努力促进社会主义物质文明、政治文明和精神文明协调发展。同年 7 月,胡锦涛又进一步提出全面发展、协调发展、可持续发展的发展观,并对发展的内涵作了深刻阐述。他说:"我们讲发展是党执政兴国的第一要务,这里的发展绝不只是指经济增长,而是要坚持以经济建设为中心,在经济发展的基础上实现社会全面发展。我们要更好坚持全面发展、协调发展、可持续发展的发展观,更加自觉地坚持推动社会主义物质文明、政治文明、精神文明协调发展,坚持在经济社会发展的基础上促进人的全面发展,坚持促进人与自然的和谐。"①

2003 年 10 月,党的十六届三中全会召开,全会重点对完善社会主义市场经济体制作出研究部署,主要是完善公有制为主体、多种所有制经济共同发展的基本经济制度,建立有利于逐步改变城乡二元经济结构的体制,形成促进区域经济协调发展的机制,建设统一开放竞争有序的现代市场体系,完善宏观调控体系、行政管理体制和经济法律制度,健全就业、收入分配和社会保障制度及建立促进经济社会可持续发展的机制等。同时全会第一次正式提出要"坚持以人为本,树立全面、协调、可持续的发展观",以此作为统领经济和社会发展的指导方针。在此后的多次讲话中,胡锦涛进一步阐明了科学发展观的相关问题,全面准确地揭示了科学发展观

---

① 《胡锦涛文选》第 2 卷,人民出版社 2016 年版,第 67 页。

的深刻内涵和基本要求。

科学发展观,第一要义是发展,核心是以人为本,基本要求是全面协调可持续,根本方法是统筹兼顾。科学发展观把马克思主义基本原理同当今中国实际相结合,继承了我们党关于发展问题的一系列重要思想,着眼于丰富发展内涵、创新发展观念、开拓发展思路、破解发展难题,提出了一系列新的思想观点,深化了对发展问题的认识。

推动经济社会发展是科学发展观的第一要义。发展是人类文明进步的基础,也是马克思主义最基本的范畴之一。我们党执政,首要任务就是带领人民推动经济社会发展,不断满足人民日益增长的物质文化需要。只有紧紧抓住和搞好发展,才能从根本上把握人民的愿望,把握社会主义现代化建设的本质,把握我们党执政兴国的关键。发展必须始终扭住经济建设这个中心,不断解放和发展社会生产力。在当代中国,坚持发展是硬道理的本质要求就是坚持科学发展。既要关注发展的规模和速度,也要关注发展质量的提升;既要关注社会财富的创造和涌流,也要关注社会利益的分配和调整;既要关注经济实力的增长,也要关注经济、政治、文化、社会、生态等各方面的均衡发展;既要关注开发和利用自然为人类造福,也要关注人与自然和谐发展;既要关注群众基本需求的满足,也要关注生活质量的提高和人的全面发展。坚持科学发展,必须着力把握发展规律、创新发展理念、转变发展方式、破解发展难题,提高发展质量和效益,实现又好又快发展,实现各方面事业有机统一、社会成员团结和睦的和谐发展,实现既通过维护世界和平发展自身,又通过自身发展维护世界和平的和平发展。

以人为本是科学发展观的核心立场。全心全意为人民服务是我们党的根本宗旨,党的一切奋斗和工作都是为了造福人民。以人为本就是以最广大人民的根本利益为本。以人为本的"人",是指人民群众,就是以工人、农民、知识分子等劳动者为主体,包括社会各阶层人民在内的中国最广大人民;"本",就是根本,就是出发点和落脚点。这个核心立场,集中体现了马克思主义历史唯物论的基本原理,体现了我们党全心全意为人民服务的根本宗旨和推动经济社会发展的根本目的,体现了立党为公、执政为民的本质要求,进一步丰富了党的执政理念。坚持以人为本,要始终把实现好、维护好、发展好最广大人民的根本利益作为党和国家一切工作的出发点和落脚点,尊重人民主体地位,发挥人民首创精神,保障人民各项权益,走共同富裕道路,促进人的全面发展,做到发展为了人民、发展依靠人民、发展成果由人民共享。

全面协调可持续是科学发展观的基本要求。在认真总结历史经验教训的基础上,党深刻认识到,我们所追求的发展,不是片面的发展、不计代价的发展、竭泽而渔式的发展,而应是惠及全体人民和子孙后代的发展,我们要走的发展道路应是体现社会主义本质要求、符合经济社会发展规律的又好又快的发展道路,概括起来讲,就是全面协调可持续的发展。坚持全面协调可持续发展,就要按照中国特色社会主义事业总体布局,全面推进经济建设、政治建设、文化建设、社会建设,促进现代化建设各个环节、各个方面相协调,促进生产关系与生产力、上层建筑与经济基础相协调;坚持生产发展、生活富裕、生态良好的文明发展道路,建设资源节约型、环境友好型社会,实现速度和结构质量效益相统一、经济发展与人口资源环境相协调,使人民在良好生态环境中生产生活,实现经济社会永续发展。

统筹兼顾是科学发展观的根本方法。在我国改革发展的关键阶段,经济体制深刻变革,社会结构深刻变动,利益格局深刻调整,思想观念深刻变化。在这样的情况下,要推动科学发展、促进社会和谐,必须正确认识和妥善处理中国特色社会主义事业中的重大关系,统筹城乡发展、区域发展、经济社会发展、人与自然和谐发展、国内发展和对外开放,统筹中央和地方关系,统筹个人利益和集体利益、局部利益和整体利益、当前利益和长远利益,充分调动各方面积极性;统筹国内国际两个大局,树立世界眼光,加强战略思维,善于从国际形势发展变化中把握发展机遇、应对风险挑战,营造良好国际环境。

2007 年,党的十七大对科学发展观的理论定位、理论依据、理论内涵进行了全面总结和系统阐述,标志着科学发展观走向成熟。同时,大会还提出了中国特色社会主义理论体系的科学概念,指出:"改革开放以来我们取得一切成绩和进步的根本原因,归结起来就是:开辟了中国特色社会主义道路,形成了中国特色社会主义理论体系。高举中国特色社会主义伟大旗帜,最根本的就是要坚持这条道路和这个理论体系。"①

中国特色社会主义道路,就是在中国共产党领导下,立足基本国情,以经济建设为中心,坚持四项基本原则,坚持改革开放,解放和发展社会生产力,巩固和完善社会主义制度,建设社会主义市场经济、社会主义民主政治、社会主义先进文化、社会主义和谐社会,建设富强民主文明和谐的社会主义现代化国家。中国特色社会主义道路之所以完全正确、之所以能够引领中国发展进步,关键在于我们既坚持了科学社会主义的基本原则,又根据我国实际和时代特征赋予其鲜明的中国特色。在当代中国,坚持中国特色社会主义道路,就是真正坚持社会主义。

中国特色社会主义理论体系,就是包括邓小平理论、"三个代表"重要思想以及科学发展观等重大战略思想在内的科学理论体系。这个理论体系,坚持和发展了马克思列宁主义、毛泽东思想,凝结了几代中国共产党人带领人民不懈探索实践的智慧和心血,是马克思主义中国化最新成果,是党最可宝贵的政治和精神财富,是全国各族人民团结奋斗的共同思想基础。中国特色社会主义理论体系是不断发展的开放的理论体系。《共产党宣言》发表以来近 160 年的实践证明,马克思主义只有与本国国情相结合、

① 《十七大以来重要文献选编》(上),中央文献出版社 2009 年版,第 8—9 页。

与时代发展同进步、与人民群众共命运，才能焕发出强大的生命力、创造力、感召力。在当代中国，坚持中国特色社会主义理论体系，就是真正坚持马克思主义。

由此，大会把科学发展观等重大战略思想作为一个有机整体与邓小平理论、"三个代表"重要思想一道，确定为中国特色社会主义理论体系的重要组成部分。大会还把科学发展观正式写入党章。

一个国家坚持什么样的发展观，就会对这个国家的发展产生什么样的影响，不同的发展观往往会导致不同的发展结果。科学发展观深刻地阐明了"发展什么""为谁发展""靠谁发展"以及"如何发展"等根本问题，深化了对共产党执政规律、社会主义建设规律和人类社会发展规律的认识，是同马克思列宁主义、毛泽东思想、邓小平理论、"三个代表"重要思想既一脉相承又与时俱进的科学理论，是马克思主义关于发展的世界观和方法论的集中体现，是马克思主义中国化重大成果，是中国共产党集体智慧的结晶，是发展中国特色社会主义必须长期坚持的指导思想。

第四章　答好新时代的历史考卷
——新时代中国特色社会主义的伟大实践

　　每个时代都有自己的历史任务,每个时代都要围绕这一时代的重大课题给出它的考卷。1949 年 3 月 23 日,党中央离开西柏坡之际,毛泽东说:今天是进京的日子,进京赶考去。①69 年后,习近平总书记说:时代是出卷人,我们是答卷人,人民是阅卷人。②党的十八大以来,中国特色社会主义进入新时代。新时代给中国共产党人的考卷是卷帙浩繁的,其核心课题就是:新时代坚持和发展什么样的中国特色社会主义、怎样坚持和发展中国特色社会主义。以习近平同志为核心的党中央,以强烈的历史责任感和使

---

　　①　《毛泽东年谱(1893—1949)》(下),人民出版社、中央文献出版社 1993 年版,第 469 页。
　　②　《以时不我待只争朝夕的精神投入工作　开创新时代中国特色社会主义事业新局面》,《人民日报》2018 年 1 月 6 日,第 1 版。

命感,勇担重任,接力奋斗,大气魄治党治国治军,大手笔运筹国内国际大局,推动改革发展稳定、内政外交国防各领域出现崭新局面,在新时代的考卷上写就了精彩的答案。

第一节　确立宏伟目标:实现中华民族伟大复兴的中国梦

一个时代的奋斗目标,就是这个时代的灯塔,照耀着时代的前行之路。2012 年 11 月 29 日,党的十八大闭幕不久,习近平在参观《复兴之路》展览时郑重指出:"实现中华民族伟大复兴,就是中华民族近代以来最伟大的梦想。"[1]此后,他又在多个重要场合对中国梦进行了深刻阐述。2019 年 10 月,在党的十九届四中全会对《决定》作说明时指出:"建设社会主义现代化国家,实现中华民族伟大复兴,是我们党孜孜以求的宏伟目标。"[2]中国梦凝聚了几代中国人的夙愿,一经提出就产生了强大的号召力和感染力,成为当代中国走向未来的鲜明指引,成为激励中华儿女团结奋进的精神旗帜。

一、渐次清晰的复兴梦想

漫漫复兴路,百年中国梦。"振兴中华"这句话,最早是孙中山先生提出来的。他在 1894 年兴中会成立章程中写道:"是会之设,专为振兴中华。"[3]我们党成立之后,就承担起领导人民振兴中华、实现中华民族伟大复兴的神圣使命。毛泽东、邓小平、江泽民、胡锦涛都对民族复兴作了大量

---

① 《习近平谈治国理政》,外文出版社 2014 年版,第 36 页。
② 《〈中共中央关于坚持和完善中国特色社会主义制度、推进国家治理体系和治理能力现代化若干重大问题的决定〉辅导读本》,人民出版社 2019 年版,第 49 页。
③ 《孙中山全集》第 1 卷,中华书局 1981 年版,第 19 页。

论述。习近平首次将实现中华民族伟大复兴明确为中国梦之后,又从不同角度对中国梦作出一系列重要论述,把中华民族的复兴梦想描绘得越来越清晰、越来越丰满。

深刻揭示了中国梦的本质。那就是"国家富强、民族振兴、人民幸福"。2013年3月17日,习近平在十二届全国人大一次会议上指出,实现中华民族伟大复兴的中国梦,就是要实现国家富强、民族振兴、人民幸福。[①]国家富强,就是要全面建成小康社会,并在此基础上建设富强民主文明和谐美丽的社会主义现代化强国;民族振兴,就是要使中华民族更加坚强有力地自立于世界民族之林,为人类作出新的更大的贡献;人民幸福,就是要坚持以人民为中心,增进人民福祉,促进人的全面发展,朝着共同富裕方向稳步前进。这一本质内涵,既深深体现了今天中国人的理想,也深深反映了中国人自古以来不懈追求进步的光荣传统。

准确界定了中国梦的主体。2013年5月4日,习近平在同各界优秀青年代表座谈时指出,中国梦是历史的、现实的,也是未来的;中国梦是国家的、民族的,也是每一个中国人的;中国梦是我们的,更是你们青年一代的。[②]2014年2月18日,习近平在会见中国国民党荣誉主席连战一行时指出,中国梦是两岸共同的梦,需要大家一起来圆梦[③]。他还强调,中国梦归根到底是人民的梦,必须紧紧依靠人民来实现,必须不断为人民造福。这样,中国梦就把国家的追求、民族的向往、人民的期盼融为了一体,实现了国家的梦、民族的梦、人民的梦、个人的梦的统一,它是中华民族和中国人民整体利益的体现,是每一个中华儿女共同愿景的表达,是激励中国人民团结奋斗的最大公约数。我们党把中国梦确立为宏伟目标,引领和整合了

---

① 习近平:《在第十二届全国人民代表大会第一次会议上的讲话》,《人民日报》2013年3月18日,第1版。

② 习近平:《在同各界优秀青年代表座谈时的讲话》,《人民日报》2013年5月5日,第2版。

③ 习近平:《共圆中华民族伟大复兴的中国梦》,《人民日报》2014年2月19日,第2版。

中国最广大人民的民意,画出了最大同心圆,形成了无比强大的中国精神、中国力量。

科学阐明了中国梦与世界梦的关系。中国人民深知,中国发展得益于国际社会,愿意同各国人民在实现各自梦想的过程中相互支持、相互帮助。2013 年 6 月 7 日,习近平在同美国时任总统奥巴马会晤后共同会见记者时指出,中国梦是和平、发展、合作、共赢的梦,与包括美国梦在内的世界各国人民的美好梦想相通。①中国将同国际社会一道,推动实现持久和平、共同繁荣的世界梦,为人类和平与发展的崇高事业作出新的更大的贡献。

正确指明了实现中国梦的途径。2013 年 3 月,习近平指出:"实现中国梦必须走中国道路,这就是中国特色社会主义道路;实现中国梦必须弘扬中国精神,这就是以爱国主义为核心的民族精神,以改革创新为核心的时代精神;实现中国梦必须凝聚中国力量,这就是中国各族人民大团结的力量。"②2018 年 12 月,习近平在庆祝改革开放 40 周年大会上强调,"伟大梦想不是等得来、喊得来的,而是拼出来、干出来的。必须统揽伟大斗争、伟大工程、伟大事业、伟大梦想,勇立潮头、奋勇搏击"③。这些重要论述,指明了实现中国梦的正确途径,极大地激励了全党和全国各族人民追梦圆梦的决心和斗志。

二、强国复兴的战略安排

越是宏阔高远的目标蓝图,越是要在高起点上作出精准描绘。回溯历史,从概略瞄准,到动态调整,再到精准谋划,我国社会主义现代化目标的

① 《习近平同奥巴马总统共同会见记者》,《人民日报》2013 年 6 月 9 日,第 1 版。
② 习近平:《在第十二届全国人民代表大会第一次会议上的讲话》,《人民日报》2013 年 3 月 18 日,第 1 版。
③ 习近平:《在庆祝改革开放 40 周年大会上的讲话》,《人民日报》2018 年 12 月 19 日,第 2 版。

演进,经历了一个不断调整同时又步步深化的历史过程。在党的十九大上,习近平指出,"坚持和发展中国特色社会主义,总任务是实现社会主义现代化和中华民族伟大复兴,在全面建成小康社会的基础上,分两步走在本世纪中叶建成富强民主文明和谐美丽的社会主义现代化强国"。①这一表述,丰富和拓展了中国特色社会主义总任务的时代内涵,明确了新时代实现社会主义现代化和中华民族伟大复兴的战略安排。

新中国成立后不久,我们党就提出"四个现代化"目标与"两步走"发展战略。1954 年,毛泽东在第一届全国人大一次会议的开幕词中指出,我们要建设"一个工业化的具有高度现代化文化程度的伟大的国家"②。这次会议上,周恩来在政府工作报告中第一次提出了中国要实现"四个现代化"即现代化工业、农业、交通运输业和国防的目标。1964 年 12 月,遵照毛泽东的意见,周恩来在第三届全国人大第一次会议上的政府工作报告中,正式和完整地向全国人民提出"四个现代化"的任务,并制定了"两步走"的发展战略。周恩来说,今后发展国民经济的主要任务,总的说来,就是要在不太长的历史时期内,把我国建设成为一个具有现代农业、现代工业、现代国防和现代科学技术的社会主义强国,赶上和超过世界先进水平。③为了实现这个伟大的历史任务,从第三个五年计划开始,我国的国民经济发展,可以按两步来考虑:第一步,建立一个独立的比较完整的工业体系和国民经济体系;第二步,全面实现农业、工业、国防和科学技术的现代化,使我国经济走在世界的前列。④后来爆发的"文化大革命"打乱了这个进程。1975 年 1 月,周恩来在第四届全国人大一次会议上,再次重申了"四个现代化"目

---

① 习近平:《决胜全面建成小康社会　夺取新时代中国特色社会主义伟大胜利——在中国共产党第十九次全国代表大会上的报告》,人民出版社 2017 年版,第 19 页。

② 《毛泽东著作选读》下册,人民出版社 1986 年版,第 715 页。

③ 《周恩来经济文选》,中央文献出版社 1993 年版,第 563 页。

④ 《周恩来选集》下卷,人民出版社 1984 年版,第 439 页。

标和"两步走"设想。

改革开放后我们党提出基本实现现代化目标与"三步走"发展战略。
1979年12月6日,邓小平在会见时任日本首相大平正芳时指出,"我们要
实现四个现代化,是中国式的现代化。我们的四个现代化的概念,不是像
你们那样的现代化的概念,而是'小康之家'"。①之后,邓小平多次谈到"在
本世纪末,我们只能达到一个小康社会"。②1987年4月30日,邓小平在会
见外国客人时,进一步明确提出了"三步走"发展战略的设想。根据邓小平
的设想,党的十三大正式确立了我国社会主义现代化建设的"三步走"发展
战略:第一步,实现国民生产总值比1980年翻一番,解决人民的温饱问题。
第二步,到20世纪末,使国民生产总值再增长一倍,人民生活达到小康水
平。第三步,到21世纪中叶,人均国民生产总值达到中等发达国家水平,
人民过上比较富裕的生活,基本实现现代化。

党的十五大后形成"两个一百年"奋斗目标与新"三步走"发展战略。
党的十五大审时度势,提出"建设小康社会",并确定了"建设小康社会"的
新"三步走"战略:"第一个十年实现国民生产总值比二〇〇〇年翻一番,使
人民的小康生活更加宽裕,形成比较完善的社会主义市场经济体制;再经
过十年的努力,到建党一百年时,使国民经济更加发展,各项制度更加完
善;到世纪中叶建国一百年时,基本实现现代化,建成富强民主文明的社会
主义国家。"③这个新"三步走"发展战略,提出了"两个一百年"奋斗目标,
即建党100年和新中国成立100年的目标。党的十六大在继续坚持到本
世纪中叶基本实现现代化、富强民主文明三位一体的现代化目标基础上,
提出了全面建设小康社会的目标。党的十七大进一步提出了"全面建成小

① 《邓小平文选》第2卷,人民出版社1994年版,第237页。
② 《邓小平年谱(1975—1997)》下卷,中央文献出版社2004年版,第732页。
③ 《江泽民文选》第2卷,人民出版社2006年版,第4页。

康社会"的概念,并对全面建设小康社会提出了新的更高要求。党的十七大还在阐释中国特色社会主义道路时,提出"建设富强民主文明和谐的社会主义现代化国家"①,这就把过去"富强民主文明"三位一体的现代化目标拓展为包括"和谐"在内的四位一体目标。

　　立足新时代作出新"两步走"全面建成社会主义现代化强国的战略安排。党的十八大提出,要在十六大、十七大确立的全面建设小康社会目标的基础上努力实现新的要求,确保到 2020 年实现全面建成小康社会宏伟目标。这个新的目标要求主要是:经济持续健康发展,转变经济发展方式取得重大进展,在发展平衡性、协调性、可持续性明显增强的基础上,实现国内生产总值和城乡居民人均收入比 2010 年翻一番。科技进步对经济增长的贡献率大幅上升,进入创新型国家行列。工业化基本实现,信息化水平大幅提升,城镇化质量明显提高,农业现代化和社会主义新农村建设成效显著,区域协调发展机制基本形成。对外开放水平进一步提高,国际竞争力明显增强。此外,还包括人民民主不断扩大、文化软实力显著增强、人民生活水平全面提高、资源节约型环境友好型社会建设取得重大进展等新要求。党的十八大之后的 5 年,在以习近平同志为核心的党中央坚强领导下,我们党和国家发展走过了极不平凡的历程,取得了全方位、开创性成就,党和国家事业发生了深层次、根本性变革。2013—2016 年,国内生产总值年均增长 7.2%,对世界经济增长的贡献率超过 30%。服务业比重从46.7%提高到 51.6%,消费对经济增长的贡献率由 47%提高到 64.6%,高技术产业增加值占规模以上工业增加值比重由 9.9%提高到 12.4%,常住人口城镇化率由 53.7%上升到 57.4%。2013—2016 年,单位国内生产总值能耗累计下降 17.9%。②基于这些成就和变革,党的十九大从新的历史

---

①　《胡锦涛文选》第 2 卷,人民出版社 2016 年版,第 620 页。

②　张高丽:《开启全面建设社会主义现代化国家新征程》,《党的十九大报告辅导读本》,人民出版社 2017 年版,第 22—23 页。

方位出发,对全面建成小康社会和开启全面建设社会主义现代化国家新征程作出新的战略部署。从党的十九大到 2020 年,是全面建成小康社会决胜期。党的十九大要求按照全面建成小康社会各项要求,紧扣我国社会主要矛盾变化,突出抓重点、补短板、强弱项,特别是要坚决打好防范化解重大风险、精准脱贫、污染防治的攻坚战,使全面建成小康社会得到人民认可、经得起历史检验。[①]强调要统筹推进经济建设、政治建设、文化建设、社会建设、生态文明建设,把"五位一体"建设统一于全面建成小康社会进程。要实施好科教兴国战略、人才强国战略、创新驱动发展战略、乡村振兴战略、区域协调发展战略、可持续发展战略、军民融合发展战略,为全面建成小康社会提供重要战略支撑。要推动经济持续健康发展,坚持稳中求进工作总基调,深化供给侧结构性改革。要坚决打好防范化解重大风险攻坚战,有效遏制增量风险,有序化解存量风险,坚决守住不发生系统性风险的底线。要坚决打赢脱贫攻坚战,精准扶贫、精准脱贫,确保到 2020 年我国现行标准下农村贫困人口实现脱贫,贫困县全部摘帽,解决区域性整体贫困。坚决打好污染防治攻坚战,推进绿色发展,着力解决突出环境问题,加大生态系统保护力度,改革生态环境监管体制,推动形成人与自然和谐发展现代化建设新格局。[②]与此同时,党的十九大对第二个百年奋斗目标进行了深入具体的战略规划,将全面建设社会主义现代化国家的新征程分为两个阶段来安排。第一个阶段,从 2020 年到 2035 年,在全面建成小康社会的基础上,再奋斗 15 年,基本实现社会主义现代化。第二个阶段,从 2035 年到本世纪中叶,在基本实现现代化的基础上,再奋斗 15 年,把我国建成富强民主文明和谐美丽的社会主义现代化强国。到那时,我国物质文

---

① 《中共中央关于认真学习宣传贯彻党的十九大精神的决定》,《人民日报》2017 年 11 月 3 日,第 1 版。

② 张高丽:《开启全面建设社会主义现代化国家新征程》,《党的十九大报告辅导读本》,人民出版社 2017 年版,第 24—25 页。

明、政治文明、精神文明、社会文明、生态文明将全面提升,实现国家治理体系和治理能力现代化,成为综合国力和国际影响力领先的国家,全体人民共同富裕基本实现,我国人民将享有更加幸福安康的生活,中华民族将以更加昂扬的姿态屹立于世界民族之林。①从全面建成小康社会到基本实现现代化,再到全面建成社会主义现代化强国,是新时代中国特色社会主义发展的战略安排。党的十九大号召全党全国各族人民"为把我国建设成为富强民主文明和谐美丽的社会主义现代化强国而奋斗",这就把过去"富强民主文明和谐"四位一体的现代化目标拓展为包括"美丽"在内的五位一体。

三、实现目标的战略支柱

实现社会主义现代化和中华民族伟大复兴,作为坚持和发展中国特色社会主义的总任务,是中国共产党人在新时代的历史使命,也是志在必得、志在必成的宏伟目标。在党的十九大上,我们党把历史和未来贯通起来,把出发点和目标点贯通起来,以殷殷初心和强烈担当,准确把握新时代的历史使命,提出了"四个伟大",即进行伟大斗争、建设伟大工程、推进伟大事业、实现伟大梦想。其中,实现伟大梦想是奋斗目标,其余三个伟大是实现伟大梦想的战略支柱。实现伟大梦想,必须进行伟大斗争、建设伟大工程、推进伟大事业。党的十八大以来,以习近平同志为核心的党中央,紧紧围绕这"四个伟大"进行谋篇布局,用伟大斗争、伟大工程、伟大事业支撑起民族复兴的伟大梦想。

实现伟大梦想,必须进行伟大斗争。伟大斗争的完整表述是"必须进

---

① 习近平:《决胜全面建成小康社会 夺取新时代中国特色社会主义伟大胜利——在中国共产党第十九次全国代表大会上的报告》,人民出版社 2017 年版,第 29 页。

行具有许多新的历史特点的伟大斗争"。第一次出现这个表述的党的文件是十八大报告,这一报告是在习近平主持下起草的。在进行讨论时,习近平基于对这一问题的深入思考,基于对新时代伟大斗争深厚意蕴的精准把握,坚持一定要把这句话写入报告。他直言"这句话涵义是很深的"。近代以来,面对"数千年未有之变局",中国共产党领导人民经历艰苦卓绝的伟大斗争,终于实现了救亡图存的历史任务。新中国成立后,面对搞社会主义既无现成答案又无成功模式的困境,中国共产党领导人民经历了艰辛探索和伟大斗争,实现了初步的繁荣昌盛。1962年,毛泽东指出:从现在起,五十年内外到一百年内外,是世界上社会制度彻底变化的伟大时代,是一个翻天覆地的时代,是过去任何一个历史时代都不能比拟的。[①]处在这样一个时代,我们必须准备进行同过去时代的斗争形式有着许多不同特点的伟大的斗争。进入新时代以来,在由大向强跃升的关键节点,面临"为山九仞"可能"功亏一篑"的巨大危机,必须集聚全部力量,推进新的伟大斗争,使"关键一跃"的阻力得到有效化解。在2016年12月的中央政治局民主生活会上,习近平谆谆告诫:"面对新形势新挑战,要发扬斗争精神,既要敢于斗争,又要善于斗争,在事关中国特色社会主义前途命运的大是大非问题上坚定不移,在改革发展稳定工作中敢于碰硬,在全面从严治党上敢于动硬,在维护国家核心利益上敢于针锋相对,不在困难面前低头,不在挑战面前退缩,不拿原则做交易,不在任何压力下吞下损害中华民族根本利益的苦果。"[②]在党的十九大上,习近平又从五个方面进一步明确了伟大斗争的主要内容,即"要更加自觉地坚持党的领导和我国社会主义制度,坚决反对一切削弱、歪曲、否定党的领导和我国社会主义制度的言行;更加自觉地

---

① 《建国以来毛泽东文稿》第10册,中央文献出版社1996年版,第32页。
② 《对照贯彻落实党的十八届六中全会精神 研究加强党内政治生活和党内监督措施》,《人民日报》2016年12月28日,第1版。

维护人民利益,坚决反对一切损害人民利益、脱离群众的行为;更加自觉地投身改革创新时代潮流,坚决破除一切顽瘴痼疾;更加自觉地维护我国主权、安全、发展利益,坚决反对一切分裂祖国、破坏民族团结和社会和谐稳定的行为;更加自觉地防范各种风险,坚决战胜一切在政治、经济、文化、社会等领域和自然界出现的困难和挑战"①。近年来,在以习近平同志为核心的党中央领导下,我们未雨绸缪、见微知著、防微杜渐,下好先手棋,打好主动仗,从经济、政治、文化、社会、外交、军事等各方面推进伟大斗争,顶住压力、负重前行,中华号巨轮正在穿越"历史的三峡",向着"潮平两岸阔"的未来扬帆远航。

实现伟大梦想,必须建设伟大工程。1939 年 10 月,毛泽东在《〈共产党人〉发刊词》一文中总结了中国共产党在中国革命中战胜敌人的三大法宝,即统一战线、武装斗争、党的建设。他认为在这三个法宝中,党的建设是起关键作用的,并将其称为一个"伟大的工程"。党的十四届四中全会根据世情国情党情发展变化的实际,提出坚持和加强党的领导,加强和改进党的建设,并把党的建设作为一个宏大的工程来实施,提出"党的建设新的伟大工程"这一科学命题。从十四届四中全会开始,"党的建设新的伟大工程"的概念一直使用至今。2019 年 6 月 24 日,十九届中央政治局围绕"牢记初心使命,推进自我革命"举行第 15 次集体学习,习近平在主持学习时强调,我们党作为百年大党,如何永葆先进性和纯洁性、永葆青春活力,如何永远得到人民拥护和支持,如何实现长期执政,是我们必须回答好、解决好的一个根本性问题。越是长期执政,越不能忘记党的初心使命,越不能丧失自我革命精神,在新时代把党的自我革命推向深入。②这段论述中所

① 习近平:《决胜全面建成小康社会　夺取新时代中国特色社会主义伟大胜利——在中国共产党第十九次全国代表大会上的报告》,人民出版社 2017 年版,第 15—16 页。

② 《全党必须始终不忘初心牢记使命　在新时代把党的自我革命推向深入》,《人民日报》2019年 6 月 26 日,第 1 版。

讲的自我革命,也就是全面从严治党,从广义上讲也可以说就是党的建设新的伟大工程。推进新时代的伟大工程,就是要针对"四大考验""四种危险"和"四个不纯"等问题,与那些容易导致初心使命变异的消极因素作斗争,坚持和加强党的全面领导,坚持党要管党、全面从严治党,全面推进党的政治建设、思想建设、组织建设、作风建设、纪律建设,把制度建设贯穿其中,深入推进反腐败斗争,不断提高党的建设质量,把党建设成为始终走在时代前列、人民衷心拥护、勇于自我革命、经得起各种风浪考验、朝气蓬勃的马克思主义执政党。党的十八大以来,以习近平同志为核心的党中央从党的建设面临的挑战出发,直面重大风险考验和党内存在的突出问题,坚持全面从严治党,全面加强党的领导,坚决改变管党治党宽松软状况,使党在革命性锻造中更加坚强,焕发出新的强大生机活力,为实现强国复兴的宏伟目标提供了坚强保证。

实现伟大梦想,必须推进伟大事业。新时代的伟大事业是新时代坚持和发展中国特色社会主义的伟大事业,是我们党团结带领人民创造美好幸福生活的宏伟实践。中国特色社会主义是改革开放以来党的全部理论和实践的主题,新时代中国特色社会主义是党的十八大以来以习近平同志为核心的党中央治国理政的全部理论和实践的主题。2012 年 11 月 17 日,习近平在十八届中央政治局第 1 次集体学习时指出:"坚持和发展中国特色社会主义是贯穿党的十八大报告的一条主线。我们要紧紧抓住这条主线,把坚持和发展中国特色社会主义作为学习贯彻党的十八大精神的聚焦点、着力点、落脚点。"[①]2018 年 1 月 5 日,习近平在学习贯彻党的十九大精神研讨班开班式上强调,新时代中国特色社会主义是我们党领导人民进行伟大社会革命的成果,也是我们党领导人民进行伟大社会革

---

① 习近平:《紧紧围绕坚持和发展中国特色社会主义学习宣传贯彻党的十八大精神》,《人民日报》2012 年 11 月 19 日,第 2 版。

命的继续,必须一以贯之进行下去。①可以说,党的十八大以来,以习近平同志为核心的党中央治国理政的全部理论和实践,都是紧紧围绕如何回答新时代坚持和发展什么样的中国特色社会主义、怎样坚持和发展中国特色社会主义这个时代课题来展开的。统筹推进"五位一体"总体布局、协调推进"四个全面"战略布局,乃至协同推进伟大社会革命和党的伟大自我革命,都是在回答这个课题,都是在向着强国复兴的宏伟目标奋进的伟大实践。

第二节　把握战略全局:统筹推进"五位一体"总体布局

"能审局者则多胜。"改革开放以来,我们党从事业发展全局出发坚持和发展中国特色社会主义,从改革开放之初提出物质文明、精神文明"两个文明",到党的十三大确立经济、政治、文化建设"三位一体",到党的十六届六中全会明确经济、政治、文化、社会建设"四位一体",再到党的十八大第一次把生态文明建设纳入其中,形成"五位一体",推动中国特色社会主义总体布局不断完善。这是极其重大的理论和实践创新,带来了发展理念和发展方式的深刻变革。党的十八大以来,面对新时代发展的新要求,以习近平同志为核心的党中央,观大势、谋全局,统筹推进"五位一体"总体布局,着力建设社会主义市场经济、民主政治、先进文化、和谐社会、生态文明,协同推进人民富裕、国家强盛、中国美丽,使中国特色社会主义展现出更加光明的前景。

---

① 《以时不我待只争朝夕的精神投入工作　开创新时代中国特色社会主义事业新局面》,《人民日报》2018 年 1 月 6 日,第 1 版。

一、谱写经济高质量发展的华章

大国经济,气象万千。党的十八大以来,以习近平同志为核心的党中央坚持稳中求进的工作总基调,引领经济发展新常态,推动供给侧结构性改革,着力建设现代化经济体系,使我国经济全面告别了"铺摊子"模式,由高速增长阶段逐步转向高质量发展阶段,"有没有"向"好不好"的转变愈加凸显,"旧动能"向"新动能"的转变拾级而上,"积累量"向"提升质"的转变水到渠成。

推动我国经济由高速增长转向高质量发展。进入新时代,我国经济发展取得巨大成就,但"大而不强"的特征仍然明显,科学技术、人力资源、生产资本等要素的水平与发达经济体相比还有较大差距。同时,我国社会主要矛盾已经转化为人民日益增长的美好生活需要和不平衡不充分的发展之间的矛盾,不平衡不充分的发展就是发展质量不高的表现。要解决这一主要矛盾,就必须推动高质量发展。党中央审时度势、把握时机,作出推动高质量发展的战略决策。早在 2012 年 11 月的十八届一中全会上,习近平就明确要求,切实把推动发展的立足点转到提高质量和效益上来。2013年 12 月的中央经济工作会议作出判断,我国经济发展正处于增长速度换挡期、结构调整阵痛期和前期刺激政策消化期"三期叠加"阶段。这一重要判断,为国家制定正确的经济政策提供了依据。2014 年 5 月在河南考察期间,习近平明确指出,要"从当前我国经济发展的阶段性特征出发,适应新常态"①。7 月,在中央政治局会议上,习近平对经济工作要适应经济发展新常态的思想作出完整表述。在年底召开的中央经济工作会议上,他又

---

① 《习近平在河南考察时强调 深化改革发挥优势创新思路统筹兼顾 确保经济持续健康发展社会和谐稳定》,《人民日报》2014 年 5 月 11 日,第 1 版。

从九个方面全面系统地阐述了经济发展新常态的趋势性变化,强调"认识新常态、适应新常态、引领新常态,是当前和今后一个时期我国经济发展的大逻辑"①。在这些论述和判断的基础上,2017 年 10 月,党的十九大明确指出,我国经济已由高速增长阶段转向高质量发展阶段,正处在转变发展方式、优化经济结构、转换增长动力的攻关期。②2018 年 3 月,习近平在参加十三届全国人大一次会议内蒙古、广东、山东、重庆代表团审议时,多次就高质量发展发表重要讲话,深入阐述了高质量发展的重大意义、重点任务、机制保障、动力支撑等问题,进一步指明了新时代推动高质量发展的努力方向。这些年来,世界经济进入深度调整期,中国经济在继续运行于合理区间的同时,向着高质量发展坚定前行,取得一系列新突破、新进展、新成效。2017 年,中国创新能力提升至全球第 17 位,成为前 20 位中唯一的中等收入经济体。③最近两年,中国经济发展健康稳定的基本面没有改变,支撑高质量发展的生产要素条件没有改变,长期稳中向好的总体势头没有改变。

提出新发展理念。理念是行动的先导,是管方向、管根本、管全局的东西。我国经济要打破粗放发展模式,更好地引领和推动高质量发展,首先就要树立与高质量发展相适应的发展理念。十八大之前,我们党已经提出"发展是硬道理""发展是党执政兴国的第一要务""科学发展、和谐发展、和平发展"等重要发展理念。十八大以来,习近平更加重视发展理念问题。2015 年 5 月、6 月、7 月,习近平分别赴华东地区、中西部地区、东北地区深入调研,多次召开座谈会,强调在新常态下,必须彻底摒弃简单以 GDP 论

---

① 《十八大以来重要文献选编》(中),中央文献出版社 2016 年版,第 245 页。

② 习近平:《决胜全面建成小康社会　夺取新时代中国特色社会主义伟大胜利——在中国共产党第十九次全国代表大会上的报告》,人民出版社 2017 年版,第 30 页。

③ 赵超、安蓓、姜琳、陈炜伟:《领航! 向着高质量发展坚定前行》,《人民日报》2018 年 12 月 20 日,第 1 版。

英雄,确立以人民为中心的发展思想,用新的发展理念引领发展行动。2015 年 10 月,党的十八届五中全会鲜明提出了创新、协调、绿色、开放、共享的新发展理念。①新发展理念是中国共产党关于发展理论的重大升华,是习近平新时代中国特色社会主义经济思想的主要内容。2016 年 1 月,习近平在重庆调研时强调,提出新发展理念是针对我国经济发展进入新常态、世界经济复苏低迷开出的药方。新的发展理念就是指挥棒,要坚决贯彻。对不适应、不适合甚至违背新的发展理念的认识要立即调整,对不适应、不适合甚至违背新的发展理念的行为要坚决纠正,对不适应、不适合甚至违背新的发展理念的做法要彻底摒弃。②提出新发展理念,开辟了我们党发展理论的新境界,实现了中国特色社会主义发展理论的新飞跃,书写了中国特色社会主义政治经济学新篇章。近年来,我国经济建设取得重大成就,中国对世界经济增长贡献率超过 30%,成为世界经济增长的主要动力源和稳定器,从根本上说都是坚定不移贯彻新发展理念、转变发展方式、提升发展质量和效益的结果。

使市场在资源配置中起决定性作用、更好发挥政府作用。坚持社会主义市场经济改革方向,核心问题是处理好政府和市场的关系。我们党对政府和市场关系的认识经历了一个不断深化的过程。党的十四大提出了我国经济体制改革的目标是建立社会主义市场经济体制,提出"要使市场在社会主义国家宏观调控下对资源配置起基础性作用"。③党的十五大提出"使市场在国家宏观调控下对资源配置起基础性作用"④,党的十六大提出"在更大程度上发挥市场在资源配置中的基础性作

① 《十八大以来重要文献选编》(中),中央文献出版社 2016 年版,第 774 页。
② 《习近平在重庆考察调研时强调 落实创新协调绿色开放共享发展理念 确保如期实现全面建成小康社会目标》,《人民日报》2016 年 1 月 7 日,第 1 版。
③ 《十四大以来重要文献选编》(上),人民出版社 1996 年版,第 19 页。
④ 《十五大以来重要文献选编》(上),人民出版社 2000 年版,第 18 页。

用"①,党的十七大提出"从制度上更好发挥市场在资源配置中的基础性作用"②,党的十八大提出"更大程度更广范围发挥市场在资源配置中的基础性作用"③。2013 年 11 月,党的十八届三中全会明确提出,要"使市场在资源配置中起决定性作用和更好发挥政府作用"④。2019 年 10 月,党的十九届四中全会《决定》将社会主义市场经济体制上升为基本经济制度。⑤把市场在资源配置中的"基础性作用"修改为"决定性作用",这是我们党对中国特色社会主义建设规律认识的一个新突破,标志着社会主义市场经济发展进入了一个新阶段。习近平在《关于〈中共中央关于全面深化改革若干重大问题的决定〉的说明》中指出,作出"使市场在资源配置中起决定性作用"的定位,有利于在全党全社会树立关于政府和市场关系的正确观念,有利于转变经济发展方式,有利于转变政府职能,有利于抑制消极腐败现象。⑥2014 年 5 月 26 日,习近平在十八届中央政治局第 15 次集体学习时强调,在市场作用和政府作用的问题上,要讲辩证法、两点论,"看不见的手"和"看得见的手"都要用好,努力形成市场作用和政府作用有机统一、相互补充、相互协调、相互促进的格局,推动经济社会持续健康发展。⑦党的十八届三中全会以来,我国经济发展更加重视处理好政府和市场的关系,正在告别"孤掌难鸣",推动"琴瑟和鸣"。党中央、国务院高度重视简政放权、放管结合、优化服务改革,坚持把这项改革作为全面深化改革的"先手棋"和转变政府职能的"当头炮",以壮士断腕的决心和勇气持续推进。至 2017

---

① 《十六大以来重要文献选编》(上),中央文献出版社 2005 年版,第 20 页。
② 《十七大以来重要文献选编》(上),中央文献出版社 2009 年版,第 17 页。
③ 《十八大以来重要文献选编》(上),中央文献出版社 2014 年版,第 15 页。
④ 同上书,第 498 页。
⑤ 《〈中共中央关于坚持和完善中国特色社会主义制度、推进国家治理体系和治理能力现代化若干重大问题的决定〉辅导读本》,人民出版社 2019 年版,第 19 页。
⑥ 《十八大以来重要文献选编》(上),中央文献出版社 2014 年版,第 499 页。
⑦ 《习近平在中共中央政治局第十五次集体学习时强调　正确发挥市场作用和政府作用　推动经济社会持续健康发展》,《人民日报》2014 年 5 月 28 日,第 1 版。

年 8 月,为转变政府职能、推动"简政放权、放管结合、优化服务"改革,全国人大常委会共修改有关法律 54 部,国务院废止行政法规 6 部、修改行政法规 125 部。①市场准入负面清单从 2016 年在天津、上海、福建、广东四省市先行试点,到 2017 年试点范围扩大到 15 个省市。2018 年底,《市场准入负面清单(2018 版)》公布,禁止和许可类事项比试点版又缩减约 54%。②2019 年 7 月与 2013 年相比,市场主体数量增加了一倍,达到一亿一千多万户。③世界银行《2019 营商环境报告》显示,2018 年我国开办企业便利度排名 28 位,比上年度提高 65 位,商事制度改革以来累计上升 130 位,极大释放了市场活力。2017 年中国营商环境便利度全球排名跃升至第 78 位,提高了 18 个位次。2018 年一次性提升 32 位,从第 78 位提升至第 46 位。2019 年又提升了 15 位,跃升至第 31 位。

把推进供给侧结构性改革作为主线。党的十八大以来的一个时期,我国经济发展面临的问题,供给和需求两侧都有,但矛盾的主要方面在供给侧。我国不是需求不足或没有需求,而是需求变了,供给的产品却没有变,质量、服务跟不上。为解决这些结构性问题,以习近平同志为核心的党中央决定从供给侧发力,把改善供给侧结构作为主攻方向,实现由低水平供需平衡向高水平供需平衡跃升。2015 年 11 月 10 日,习近平主持召开中央财经领导小组第 11 次会议提出,在适度扩大总需求的同时,着力加强供给侧结构性改革,着力提高供给体系质量和效率,增强经济持续增长动力。④从此,"供给侧结构性改革"一词开始进入公众视野并迅速成为热点。这是我们党适应和引领经济发展新常态的重大创新。随后,在 2016 年省

---

① 中共中央党史研究室:《党的十八大以来大事记》,《人民日报》2017 年 10 月 16 日,第 1 版。
② 《加快经济结构优化升级》,《人民日报》2019 年 2 月 17 日,第 1 版。
③ 李克强:《在全国深化"放管服"改革优化营商环境电视电话会议上的讲话》,《人民日报》2019 年 7 月 29 日,第 2 版。
④ 《习近平主持召开中央财经领导小组第十一次会议强调 全面贯彻党的十八届五中全会精神 落实发展理念推进经济结构性改革》,《人民日报》2015 年 11 月 11 日,第 1 版。

部级主要领导干部学习贯彻十八届五中全会精神专题研讨班、十八届中央政治局第 30 次和第 38 次集体学习上,习近平都围绕供给侧结构性改革提出一系列新思想新观点新要求。2017 年 10 月,党的十九大明确"以供给侧结构性改革为主线","深化供给侧结构性改革"①。2018 年 12 月的中央经济工作会议再次提出,我国经济运行主要矛盾仍然是供给侧结构性的,必须坚持以供给侧结构性改革为主线不动摇。②近年来,供给侧结构性改革深入推进,通过去产能、去库存、去杠杆、降成本、补短板,经济结构不断优化。截至 2018 年底,超过 1.7 亿吨钢铁产能和 8 亿吨煤炭产能退出市场。同时,在引领全球经济治理中也发挥了积极作用。2016 年的 G20 杭州峰会将"结构性改革"写入成果文件,列入全球经济治理行动指南。国际社会普遍认为,中国已经成为全球结构性改革的引领者。

建设现代化经济体系。国家强,经济体系必须强。以习近平同志为核心的党中央从党和国家事业全局出发,着眼强国复兴,提出建设现代化经济体系这一重大理论命题和重大实践课题。2017 年 10 月,党的十九大报告首次明确提出要建设现代化经济体系,强调这是跨越关口的迫切要求和我国发展的战略目标③。2018 年 1 月 30 日,习近平在主持十九届中央政治局第 3 次集体学习时强调,要科学把握建设现代化经济体系的目标和重点,推动我国经济发展焕发新活力、迈上新台阶④。2018 年 3 月 7 日,习近平参加十三届全国人大一次会议广东代表团审议时突出强调建设现代化经济体系,指出要更加重视发展实体经济,把战略性新兴产业发展作为重

---

①③ 习近平:《决胜全面建成小康社会 夺取新时代中国特色社会主义伟大胜利——在中国共产党第十九次全国代表大会上的报告》,人民出版社 2017 年版,第 30 页。

② 《中央经济工作会议在北京举行》,《人民日报》2018 年 12 月 22 日,第 1 版。

④ 《习近平在中共中央政治局第三次集体学习时强调 深刻认识建设现代化经济体系重要性 推动我国经济发展焕发新活力迈上新台阶》,《人民日报》2018 年 2 月 1 日,第 1 版。

中之重,构筑产业体系新支柱。[①]在这些重大战略思想和战略部署的引领下,一系列重大举措纷纷推出。2015 年 8 月,《中共中央国务院关于深化国有企业改革的指导意见》发布,国有企业改革扎实推进,国有企业活力、竞争力、影响力和抗风险能力进一步增强。2019 年美国《财富》杂志发布世界 500 强排行榜,中国企业数量首次超过美国。这几年,从"一带一路"建设、京津冀协同发展、长江经济带发展,到粤港澳大湾区建设,再到长江三角洲区域一体化发展,五大战略不断铺展和深化。黄河流域生态保护和高质量发展成为国家战略。[②]自由贸易试验区不断拓展,从上海"一枝独秀"到东西南北中雁阵分布,18 个国家级"试验田"大胆试、大胆闯、自主改。2014 年 3 月 12 日,中共中央、国务院印发《国家新型城镇化规划(2014—2020 年)》,至 2017 年底,我国城镇化率达到 58.5%。2018 年,中国经济总量跨过 90 万亿元人民币大关,人均国内生产总值接近 1 万美元,经济增速 6.6%,位居世界前列。[③]2019 年我国国内生产总值预计将接近 100 万亿元人民币、人均将迈上 1 万美元的台阶。[④]各项经济指标表明,中国经济稳中向好态势更趋明显。

二、打破"飞来峰"的幻想

"物之不齐,物之情也"。国情是确立政治制度的现实依据。因为各国国情不同,世界上不存在完全相同的政治制度,也不存在适用于一切国家的政治制度模式。习近平指出:"中国有 960 多万平方公里土地、56 个民族,我们能照谁的模式办?谁又能指手画脚告诉我们该怎么办?"不能想象

---

① 《习近平李克强栗战书汪洋王沪宁赵乐际韩正分别参加全国人大会议一些代表团审议》,《人民日报》2018 年 3 月 8 日,第 1 版。
②④ 《国家主席习近平发表二〇二〇年新年贺词》,《人民日报》2020 年 1 月 1 日,第 1 版。
③ 《习近平接受俄罗斯主流媒体联合采访》,《人民日报》2019 年 6 月 5 日,第 1 版。

突然搬来一座政治制度上的"飞来峰"。①党的十八大以来,以习近平同志为核心的党中央积极发展社会主义民主政治,创造性地提出一系列新思想新观点新论断新要求,内容涵盖政治道路、政治制度、政治领导、人民民主、依法治国、行政改革、统一战线、民族宗教、"一国两制"等各个方面,极大丰富和发展了中国特色社会主义民主政治建设理论,为推进中国特色社会主义政治文明发展提供了根本遵循。

坚定不移走中国特色社会主义政治发展道路。这条道路,是中国人民长期奋斗的必然结果。1840 年鸦片战争后,中国人民前赴后继地寻找着适合国情的政治制度模式,太平天国运动、洋务运动、戊戌变法、义和团运动、清末新政等都未能取得成功。各种政治势力及其代表人物纷纷登场,尝试过君主立宪制、帝制复辟、议会制、多党制、总统制等各种形式,都没能找到正确答案。经过长期艰辛探索,我们党团结带领人民在发展社会主义民主政治方面取得了重大进展,走出了一条具有鲜明中国特色的政治发展道路,为实现最广泛的人民民主确立了正确方向。进入新时代,党不是要在走这条道路上改弦更张,而是要领导人民继续走好这条道路,防止犯颠覆性错误。2012 年 12 月,习近平在首都各界纪念现行宪法公布施行 30周年大会上指出,坚持中国特色社会主义政治发展道路,关键是要坚持党的领导、人民当家作主、依法治国有机统一,以保证人民当家作主为根本,以增强党和国家活力、调动人民积极性为目标,扩大社会主义民主,发展社会主义政治文明②。2014 年 9 月,习近平在庆祝全国人民代表大会成立60 周年大会上再次强调,坚定不移走中国特色社会主义政治发展道路,继续推进社会主义民主政治建设、发展社会主义政治文明。明确指出,坚定

---

① 习近平:《在庆祝全国人民代表大会成立 60 周年大会上的讲话》,《人民日报》2014 年 9 月 6日,第 2 版。

② 《十八大以来重要文献选编》(上),中央文献出版社 2014 年版,第 89 页。

中国特色社会主义制度自信，首先要坚定对中国特色社会主义政治制度的自信，增强走中国特色社会主义政治发展道路的信心和决心。[①]近几年来，中国经济实力、综合国力、人民生活水平稳步跃升，中国人民不断战胜前进道路上各种世所罕见的艰难险阻，始终保持了安定团结的政治局面和社会的和谐稳定。这些事实充分证明，中国特色社会主义政治发展道路是符合中国国情、保证人民当家作主的正确道路，为中国发展提供了坚强政治保证。

用制度体系保证人民当家作主。新中国成立后，我们党领导人民建立了人民当家作主的国家政权，实现了中国从几千年封建专制政治向人民民主的伟大飞跃，开辟了人民当家作主的历史新纪元。中国实行工人阶级领导的、以工农联盟为基础的人民民主专政的国体，实行人民代表大会制度的政体，实行中国共产党领导的多党合作和政治协商制度，实行民族区域自治制度，实行基层群众自治制度。70年来，特别是改革开放40多年来，人民当家作主的制度保障越来越健全。习近平鲜明提出，"用制度体系保证人民当家作主"[②]，体现了新时代推进人民民主的新思路。2014年9月，习近平在庆祝全国人民代表大会成立60周年大会上指出，人民当家作主是社会主义民主政治的本质和核心。人民民主是社会主义的生命。我们必须坚持国家一切权力属于人民，坚持人民主体地位，支持和保证人民通过人民代表大会行使国家权力。[③]2017年10月，党的十九大强调，健全人民当家作主制度体系，发展社会主义民主政治。人民代表大会制度是坚持党的领导、人民当家作主、依法治国有机统一的根本政治制度安排，必须长期坚持、不断完善。要支持和保证人民通过人民代表

---

① 《十八大以来重要文献选编》（中），中央文献出版社2016年版，第56页。
② 习近平：《决胜全面建成小康社会　夺取新时代中国特色社会主义伟大胜利——在中国共产党第十九次全国代表大会上的报告》，人民出版社2017年版，第36页。
③ 《十八大以来重要文献选编》（上），中央文献出版社2014年版，第89页。

大会行使国家权力。①党的十八大以来，以习近平同志为核心的党中央把坚定制度自信和不断改革创新统一起来，在坚持根本政治制度、基本政治制度的基础上，不断推进制度体系完善和发展，切实加强人民当家作主的制度保障。习近平等中央领导，每年都要出席全国"两会"，与人大代表、政协委员共商国是。每个重大决策出台，都要广泛听取党内外和人民群众的意见建议，确保人民享有更加广泛、更加充分、更加真实的民主权利。

推动协商民主广泛、多层、制度化发展。 早在新民主主义革命时期，我们党就大胆运用协商等形式建立广泛的统一战线。1949年9月21日，中国人民政治协商会议第一届全体会议召开，标志着中国共产党领导的多党合作和政治协商制度正式确立。新中国成立后，社会主义协商民主不断发展。进入新时代，协商民主建设翻开了新的篇章。2014年9月21日，习近平在庆祝中国人民政治协商会议成立65周年大会上指出，社会主义协商民主，是中国社会主义民主政治的特有形式和独特优势，是中国共产党的群众路线在政治领域的重要体现。在中国社会主义制度下，有事好商量，众人的事情由众人商量，找到全社会意愿和要求的最大公约数，是人民民主的真谛。②为更好地推动协商民主的发展，2015年，中共中央专门印发《关于加强社会主义协商民主建设的意见》，从顶层设计的高度，系统谋划了协商民主的发展路径。随后，中办、国办印发《关于加强人民政协协商民主建设的实施意见》《关于加强城乡社区协商的意见》《关于加强政党协商的实施意见》等配套文件，这些文件的出台，标志着我国协商民主制度体系基本建成。从2013年10月起，全国政协定期开展双周协商座谈会，高层次、高密度、高质量的协商，产生了良好实效，许多重要协商成果得到党中

---

①　习近平：《决胜全面建成小康社会　夺取新时代中国特色社会主义伟大胜利——在中国共产党第十九次全国代表大会上的报告》，人民出版社2017年版，第37页。

②　《十八大以来重要文献选编》（中），中央文献出版社2016年版，第72页。

央、国务院和有关部门高度重视,推动解决了一些重要问题。2017 年 10 月,党的十九大再次强调,要推动协商民主广泛、多层、制度化发展,统筹推进政党协商、人大协商、政府协商、政协协商、人民团体协商、基层协商以及社会组织协商。[①]

深化机构和行政体制改革。新中国成立以来,我国多次进行机构和行政体制改革。进入新时代,为了完善和发展中国特色社会主义制度、推进国家治理体系和治理能力现代化,以习近平同志为核心的党中央统筹推进机构和行政体制改革。2013 年 2 月,习近平在党的十八届二中全会第二次全体会议上指出,行政体制改革是经济体制改革和政治体制改革的重要内容,必须随着改革开放和社会主义现代化建设发展不断推进。转变政府职能是深化行政体制改革的核心,实质上要解决的是政府应该做什么、不应该做什么,重点是政府、市场、社会的关系。[②]2013 年 11 月,党的十八届三中全会明确提出要"统筹党政群机构改革,理顺部门职责关系"。2017年 10 月,党的十九大强调,统筹考虑各类机构设置,科学配置党政部门及内设机构权力、明确职责。[③]2018 年 2 月 28 日,党的十九届三中全会以党和国家机构改革为主题,审议通过了《中共中央关于深化党和国家机构改革的决定》。此后,深化党和国家机构改革的各项部署迅速展开。到 2019年 3 月底,按照党中央确定的时间表、路线图,机构改革各项任务总体完成。仅在中央和国家机关层面,这次机构改革就涉及 180 多万人,涉及管理体制、机构设置、职责和人员调整的部门 80 多个,充分彰显了我们党敢于担当、锐意进取的大魄力、大手笔、大智慧。2019 年 7 月 5 日,习近平在

① 习近平:《决胜全面建成小康社会 夺取新时代中国特色社会主义伟大胜利——在中国共产党第十九次全国代表大会上的报告》,人民出版社 2017 年版,第 38 页。
② 中共中央文献研究室:《习近平关于社会主义政治建设论述摘编》,中央文献出版社 2017 年版,第 109 页。
③ 习近平:《决胜全面建成小康社会 夺取新时代中国特色社会主义伟大胜利——在中国共产党第十九次全国代表大会上的报告》,人民出版社 2017 年版,第 39 页。

深化党和国家机构改革总结会议上强调,我们整体性推进中央和地方各级各类机构改革,重构性健全党的领导体系、政府治理体系、武装力量体系、群团工作体系,系统性增强党的领导力、政府执行力、武装力量战斗力、群团组织活力,适应新时代要求的党和国家机构职能体系主体框架初步建立,为完善和发展中国特色社会主义制度、推进国家治理体系和治理能力现代化提供了有力组织保障。[1]2019 年 10 月,党的十九届四中全会明确把"坚持和完善中国特色社会主义行政体制,构建职责明确、依法行政的政府治理体系"纳入 13 项重点任务部署之中。[2]

全面贯彻党的民族政策、宗教政策。近年来,我国民族工作、宗教工作的国内国际环境日趋复杂,民族分布格局发生了较大变化,宗教团体和教职人员数量明显增长,民族和宗教问题日益成为影响和平与发展的一个重要问题。以习近平同志为核心的党中央高度重视民族和宗教工作,在坚持党的民族和宗教理论政策基本原则的基础上,提出了一系列新思想新观点新举措,为新时代民族和宗教工作提供了基本遵循。2014 年 5 月下旬,习近平在第二次中央新疆工作座谈会上强调,要坚持依法治疆、团结稳疆、长期建疆,团结各族人民建设社会主义新疆[3]。2014 年 9 月下旬,习近平在中央民族工作会议上,全面分析我国民族工作面临的国内外形势,系统阐述了民族工作的方向和道路、理论和政策、制度和法律、工作和实践等重大问题。[4]2014 年 12 月,中共中央、国务院印发了《关于加强和改进新形势下民族工作的意见》,从坚定不移走中国特色解决民族问题的正确道路、围绕改善民生推进民族地区经济社会发展、促进各民族交往交流交融、构筑各

① 《习近平在深化党和国家机构改革总结会议上强调　巩固党和国家机构改革成果　推进国家治理体系和治理能力现代化》,《人民日报》2019 年 7 月 6 日,第 1 版。
② 《中国共产党第十九届中央委员会第四次全体会议公报》,人民出版社 2019 年版,第 10 页。
③ 《习近平在第二次中央新疆工作座谈会上强调　坚持依法治疆团结稳疆长期建疆　团结各族人民建设社会主义新疆》,《人民日报》2014 年 5 月 30 日,第 1 版。
④ 《习近平关于社会主义政治建设论述摘编》,中央文献出版社 2017 年版,第 149 页。

民族共有精神家园、提高依法管理民族事务能力、加强党对民族工作的领导六个方面提出 25 条意见。2015 年 8 月下旬,中央第六次西藏工作座谈会举行,会议强调要坚持党的治藏方略和依法治藏、富民兴藏、长期建藏、凝聚人心、夯实基础的重要原则,加快西藏全面建成小康社会步伐,推进西藏和四川云南甘肃青海藏区经济社会发展和长治久安①。2016 年 4 月下旬,习近平在全国宗教工作会议上强调,做好党的宗教工作,把党的宗教工作基本方针坚持好,关键是要在"导"上想得深、看得透、把得准,做到"导"之有方、"导"之有力、"导"之有效,牢牢掌握宗教工作主动权。②2017 年 10 月,党的十九大对如何全面贯彻党的民族政策和党的宗教工作方针作出全面部署。近年来,党的民族政策、宗教政策在全国范围内得到深入扎实的贯彻落实,召开全国民族教育工作会议,首次召开全国城市民族工作会议,全国 31 个省、自治区、直辖市和新疆生产建设兵团相继召开贯彻落实中央民族工作会议精神的会议,出台了相关配套文件。③各地区各部门分别制定分工落实方案。各宗教团体积极响应中央号召,佛教、道教开展讲经交流,伊斯兰教开展"解经"工作,天主教推进民主办教,基督教开展神学思想建设,对宗教教义作出符合时代要求和社会进步的阐释,为宗教与社会主义社会相适应筑牢思想基础。④

巩固和发展最广泛的爱国统一战线。在长期的革命、建设、改革过程中,已经结成了由中国共产党领导的,有各民主党派和各人民团体参加的,包括全体社会主义劳动者、社会主义事业的建设者、拥护社会主义的爱国

---

① 《习近平在中央第六次西藏工作座谈会上强调　依法治藏富民兴藏长期建藏　加快西藏全面建成小康社会步伐》,《人民日报》2015 年 8 月 26 日,第 1 版。
② 中共中央文献研究室:《习近平关于社会主义政治建设论述摘编》,中央文献出版社 2017 年版,第 168 页。
③ 崔清新:《奏响新形势下民族工作新乐章》,《人民日报》2016 年 10 月 10 日,第 1 版。
④ 罗宇凡:《凝心聚力共襄盛世伟业——党的十八大以来全国宗教工作综述》,《解放军报》2016 年 4 月 22 日,第 3 版。

者、拥护祖国统一和致力于中华民族伟大复兴的爱国者的广泛的爱国统一战线。进入新时代，我国社会结构和利益格局深刻变化，新的社会阶层不断涌现。为了最大限度把各阶层各方面的智慧和力量凝聚起来，以习近平同志为核心的党中央高度重视巩固和发展最广泛的爱国统一战线。2015年5月中旬，习近平在中央统战工作会议上强调，做好新形势下统战工作，必须掌握规律、坚持原则、讲究方法，最根本的是要坚持党的领导，必须正确处理一致性和多样性关系，必须善于联谊交友。①同日，中共中央颁发《中国共产党统一战线工作条例(试行)》。2017年10月，党的十九大对统一战线工作作出部署，强调要高举爱国主义、社会主义旗帜，牢牢把握大团结大联合的主题，坚持一致性和多样性统一，找到最大公约数，画出最大同心圆。②2018年11月初，习近平主持召开民营企业座谈会，提出6个方面的政策举措来帮助民营企业渡过难关，把广大民营企业和民营企业家团结在一起共同发展③。这些新思想新观点新要求新举措，最大限度把全社会全民族的积极性、主动性、创造性发挥出来，汇聚成共同致力于中华民族伟大复兴的磅礴伟力。

三、铸牢文化自信的基石

习近平强调："文化自信，是更基础、更广泛、更深厚的自信。"④中国特色社会主义文化，源自中华民族5 000多年文明历史所孕育的中华优秀传统文化，熔铸于党领导人民在革命、建设、改革中创造的革命文化和社会主

---

① 《十八大以来重要文献选编》(中)，中央文献出版社2016年版，第561页。
② 习近平：《决胜全面建成小康社会　夺取新时代中国特色社会主义伟大胜利——在中国共产党第十九次全国代表大会上的报告》，人民出版社2017年版，第39—40页。
③ 习近平：《在民营企业座谈会上的讲话》，《人民日报》2018年11月2日，第2版。
④ 习近平：《在庆祝中国共产党成立九十五周年大会上的讲话》，人民出版社2016年版，第13页。

义先进文化,植根于中国特色社会主义伟大实践。进入新时代,习近平站在事关中国特色社会主义和中华民族前途命运的高度,围绕文化自信对中国特色社会主义文化的建设发展作出顶层设计和战略部署,科学而全面地回答了新时代发展怎样的文化、怎样发展文化与为谁发展文化等重大问题。我们党牢牢掌握意识形态工作的领导权、管理权、话语权,大力培育和践行社会主义核心价值观,提高全民族思想道德水平,推动文化事业全面繁荣和文化产业快速发展,为实现中华民族伟大复兴的中国梦提供了思想保证、精神力量、道德滋养。

提出坚定文化自信,并将其与中国特色社会主义道路自信、理论自信、制度自信并列起来。伟大的时代呼唤伟大的精神,伟大的精神推动伟大的事业。越是面对大有可为的历史机遇,越是处于爬坡过坎的关键时期,越需要凝聚广泛的思想共识,熔铸坚实的精神支撑。2014 年 2 月 24 日,习近平在主持十八届中央政治局第 13 次集体学习时强调,要讲清楚中华优秀传统文化的历史渊源、发展脉络、基本走向,讲清楚中华文化的独特创造、价值理念、鲜明特色,增强文化自信和价值观自信①。2014 年 10 月 15 日,习近平在文艺工作座谈会上强调,要增强文化自觉和文化自信,结合新的时代条件传承和弘扬中华优秀传统文化。②2016 年 11 月 30 日,习近平在中国文联十大、中国作协九大开幕式上强调,实现中华民族伟大复兴,必须坚定中国特色社会主义道路自信、理论自信、制度自信、文化自信。文化自信,是更基础、更广泛、更深厚的自信,是更基本、更深沉、更持久的力量。坚定文化自信,是事关国运兴衰、事关文化安全、事关民族精神独立性的大问题。③党的十八大以来,宣传思想文化战线积极作为、开拓进取,持续做大做强理论舆

---

① 《习近平在中共中央政治局第十三次集体学习时强调 把培育和弘扬社会主义核心价值观作为凝魂聚气强基固本的基础工程》,《人民日报》2014 年 2 月 26 日,第 1 版。
② 《十八大以来重要文献选编》(中),中央文献出版社 2016 年版,第 135—136 页。
③ 习近平:《在中国文联十大、中国作协九大开幕式上的讲话》,人民出版社 2016 年版,第 6 页。

论,厚植厚培文化文明,为在新的历史起点上进行伟大斗争、建设伟大工程、推进伟大事业、实现伟大梦想提供坚强思想保证和强大精神力量。

建设具有强大凝聚力和引领力的社会主义意识形态。能否做好意识形态工作,事关党的前途命运,事关国家长治久安,事关民族凝聚力和向心力。党的十八大以来,习近平针对意识形态领域存在的突出问题,提出一系列创新性的思想观点,作出一系列重大部署,多管齐下、综合施策、全面发力,有力扭转了意识形态领域一度出现的被动局面。2013 年 8 月,习近平在全国宣传思想工作会议上指出,经济建设是党的中心工作,意识形态工作是党的一项极端重要的工作。宣传思想工作就是要巩固马克思主义在意识形态领域的指导地位,巩固全党全国人民团结奋斗的共同思想基础。坚持团结稳定鼓劲、正面宣传为主,是宣传思想工作必须遵循的重要方针①。此后,习近平先后在文艺、党校、党的新闻舆论、网络安全和信息化、哲学社会科学、高校思想政治等一系列会议上发表重要讲话,站在全局和战略的高度,亲自谋划部署、亲力指导推动。2016 年 2 月 19 日,习近平在党的新闻舆论工作座谈会上强调,承担起党的新闻舆论工作的职责和使命,必须把政治方向摆在第一位,牢牢坚持党性原则,牢牢坚持马克思主义新闻观,牢牢坚持正确舆论导向,牢牢坚持正面宣传为主②。面对波谲云诡的国际形势,新闻舆论战线敢于发声、善于发声,维护国家主权、安全、发展利益。从南海仲裁案、"萨德"入韩到中美贸易摩擦,一系列评论、文章宣示立场观点、以正视听,充分彰显了事实的力量、道义的力量。2016 年 4月 19 日,习近平主持召开网络安全和信息化工作座谈会强调,网络空间是亿万民众共同的精神家园。要本着对社会负责、对人民负责的态度,依法

---

① 《习近平在全国宣传思想工作会议上强调 胸怀大局把握大势着眼大事 努力把宣传思想工作做得更好》,《人民日报》2013 年 8 月 21 日,第 1 版。

② 《习近平在党的新闻舆论工作座谈会上强调 坚持正确方向创新方法手段 提高新闻舆论传播力引导力》,《人民日报》2016 年 2 月 20 日,第 1 版。

加强网络空间治理,加强网络内容建设,做强网上正面宣传,培育积极健康、向上向善的网络文化。①从依法集中查处违法网站和网络账号、严厉整治网络直播平台,到出台一系列政策法规,扎实有效的举措让网络生态日渐清朗。加强网络内容建设,培育积极健康、向上向善的网络文化,更多客观理性声音化解了网络戾气,推动互联网这个"最大变量"逐步转变为"最大正能量"。2019 年 3 月 18 日,习近平主持召开学校思想政治理论课教师座谈会强调,办好思想政治理论课,最根本的是要全面贯彻党的教育方针,解决好培养什么人、怎样培养人、为谁培养人这个根本问题。办好思想政治理论课关键在教师,关键在发挥教师的积极性、主动性、创造性。推动思想政治理论课改革创新,要不断增强思政课的思想性、理论性和亲和力、针对性②。2019 年 8 月,中办、国办印发了《关于深化新时代学校思想政治理论课改革创新的若干意见》,对完善思政课课程教材体系,建设思政课教师队伍,不断增强思政课的思想性、理论性和亲和力、针对性,加强党对思政课建设的领导等作出部署。新"打开方式"让高校思政课变得"有意思",引领广大青年在"都爱听""真相信"中成长为担当民族复兴大任的时代新人。

用社会主义核心价值观凝心聚力。核心价值观是决定文化性质和方向的最深层次要素,是一个国家的重要稳定器。如果没有共同的核心价值观,一个民族、一个国家就会魂无定所、行无依归。社会主义核心价值观是当代中国精神的集中体现,凝结着全体人民共同的价值追求。2013 年 12 月 11 日,中办印发《关于培育和践行社会主义核心价值观的意见》,明确指出,富强、民主、文明、和谐、自由、平等、公正、法治、爱国、敬业、诚信、友善,这 24 个字是社会主义核心价值观的基本内容。2014 年 2 月 17 日,习近平

---

① 习近平:《在网络安全和信息化工作座谈会上的讲话》,人民出版社 2016 年版,第 8—9 页。

② 《习近平主持召开学校思想政治理论课教师座谈会强调 用新时代中国特色社会主义思想铸魂育人 贯彻党的教育方针落实立德树人根本任务》,《人民日报》2019 年 3 月 19 日,第 1 版。

在省部级主要领导干部学习贯彻十八届三中全会精神全面深化改革专题研讨班上指出,我们要大力培育和弘扬社会主义核心价值体系和核心价值观,加快构建充分反映中国特色、民族特性、时代特征的价值体系,努力抢占价值体系的制高点。①2014 年 2 月 24 日,习近平在十八届中央政治局第13 次集体学习时强调,核心价值观是文化软实力的灵魂、文化软实力建设的重点。要把培育和弘扬社会主义核心价值观作为凝魂聚气、强基固本的基础工程,继承和发扬中华优秀传统文化和传统美德,广泛开展社会主义核心价值观宣传教育,使核心价值观的影响像空气一样无所不在、无时不有。②2014 年 5 月 30 日,习近平在参加北京市海淀区民族小学庆祝"六一"国际儿童节活动时强调,我们倡导的社会主义核心价值观,体现了古圣先贤的思想,体现了仁人志士的夙愿,体现了革命先烈的理想,也寄托着各族人民对美好生活的向往,要在全国人民中培育和弘扬,特别要注重从少年儿童抓起。③2017 年 10 月,习近平在党的十九大上强调,要以培养担当民族复兴大任的时代新人为着眼点,强化教育引导、实践养成、制度保障,发挥社会主义核心价值观对国民教育、精神文明创建、精神文化产品创作生产传播的引领作用,把社会主义核心价值观融入社会发展各方面,转化为人们的情感认同和行为习惯。④党的十八大以来,在社会主义核心价值观的引领下,在榜样模范典型的示范带动下,在相关制度的保障推动下,勤俭节约、孝老爱亲、诚信教育、公益行动、学雷锋志愿服务、文明旅游等形式多

　　①　《习近平在省部级主要领导干部学习贯彻十八届三中全会精神全面深化改革专题研讨班上发表重要讲话强调　完善和发展中国特色社会主义制度　推进国家治理体系和治理能力现代化》,《人民日报》2014 年 2 月 18 日,第 1 版。

　　②　《习近平在中共中央政治局第十三次集体学习时强调　把培育和弘扬社会主义核心价值观作为凝魂聚气强基固本的基础工程》,《人民日报》2014 年 2 月 26 日,第 1 版。

　　③　《从小积极培育和践行社会主义核心价值观》,《人民日报》2014 年 5 月 31 日,第 1 版。

　　④　习近平:《决胜全面建成小康社会　夺取新时代中国特色社会主义伟大胜利——在中国共产党第十九次全国代表大会上的报告》,人民出版社 2017 年版,第 42 页。

样的主题实践活动蓬勃开展,与文明城市、文明村镇、文明单位、文明家庭、文明校园等群众性精神文明创建活动同频共振,潜移默化地教育引导人民群众做社会主义核心价值观的坚定信仰者、积极传播者、模范实践者,润物无声地使社会主义核心价值观成为百姓日用而不觉的行为准则。亿万中华儿女在社会主义核心价值观的旗帜下,共同熔铸起实现中国梦坚不可摧的精神支柱。

推动中华优秀传统文化创造性转化、创新性发展。中华优秀传统文化是中华民族的"根"和"魂"。5 000 多年连绵不断、博大精深的中华文化,积淀着中华民族最深沉的精神追求,包含着中华民族最根本的精神基因,代表着中华民族独特的精神标识,是中华民族生生不息、发展壮大的丰厚滋养。中华优秀传统文化与社会主义市场经济、民主政治、先进文化、社会治理等还存在需要协调适应的地方。2013 年 11 月下旬,习近平在山东考察时强调,对历史文化特别是先人传承下来的道德规范,要坚持古为今用、推陈出新,有鉴别地加以对待,有扬弃地予以继承①。2014 年 2 月 17 日,习近平在省部级主要领导干部学习贯彻十八届三中全会精神全面深化改革专题研讨班上强调,要加强对中华优秀传统文化的挖掘和阐发,努力实现中华传统美德的创造性转化、创新性发展,把跨越时空、超越国度、富有永恒魅力、具有当代价值的文化精神弘扬起来,把继承优秀传统文化又弘扬时代精神、立足本国又面向世界的当代中国文化创新成果传播出去②。2014 年 2 月 24 日,习近平在主持十八届中央政治局第 13 次集体学习时强调,要认真汲取中华优秀传统文化的思想精华和道德

---

① 《习近平在山东考察时强调　贯彻党的十八届三中全会精神　汇聚起全面深化改革的强大正能量》,《人民日报》2013 年 11 月 29 日,第 1 版。

② 《习近平在省部级主要领导干部学习贯彻十八届三中全会精神全面深化改革专题研讨班上发表重要讲话强调　完善和发展中国特色社会主义制度　推进国家治理体系和治理能力现代化》,《人民日报》2014 年 2 月 18 日,第 1 版。

精髓,大力弘扬以爱国主义为核心的民族精神和以改革创新为核心的时代精神,深入挖掘和阐发中华优秀传统文化讲仁爱、重民本、守诚信、崇正义、尚和合、求大同的时代价值,使中华优秀传统文化成为涵养社会主义核心价值观的重要源泉。要处理好继承和创造性发展的关系,重点做好创造性转化和创新性发展①。2015 年 12 月 30 日,习近平在主持十八届中央政治局第 29 次集体学习时强调,中华优秀传统文化是中华民族的精神命脉。要努力从中华民族世世代代形成和积累的优秀传统文化中汲取营养和智慧,延续文化基因,萃取思想精华,展现精神魅力。②党的十八大以来,宣传思想文化战线深入阐发中华优秀传统文化的时代价值,运用诗词、楹联、书法、剪纸等传统文化形式,创作"图说我们的价值观"公益广告,并在新闻媒体、街头巷尾广泛传播,成为一道亮丽风景。在传统节日开展的"我们的节日"主题活动,挖掘春节之喜庆、端午之追忆、七夕之忠贞、中秋之团圆、重阳之敬老等深厚文化底蕴,使传统节日焕发时代活力,成为弘扬社会主义核心价值观的爱国节、情感节、仁爱节。

提高国家文化软实力。当今时代,文化在综合国力竞争中的地位日益重要,谁占据了文化发展的制高点,谁就能够更好地在激烈的国际竞争中掌握主动权。实现中华民族伟大复兴,迫切要求我国由文化大国转变成为文化强国,这是历史赋予我们的文化使命。2013 年 8 月,习近平在全国宣传思想工作会议上指出,要着力推进国际传播能力建设,创新对外宣传方式,加强话语体系建设,着力打造融通中外的新概念新范畴新表述,讲好中国故事,传播好中国声音,增强在国际上的话语权。③2013 年 12 月 30 日,

① 《习近平在中共中央政治局第十三次集体学习时强调　把培育和弘扬社会主义核心价值观作为凝魂聚气强基固本的基础工程》,《人民日报》2014 年 2 月 26 日,第 1 版。

② 《习近平在中共中央政治局第二十九次集体学习时强调　大力弘扬爱国主义精神　为实现中国梦提供精神支柱》,《人民日报》2015 年 12 月 31 日,第 1 版。

③ 《习近平在全国宣传思想工作会议上强调　胸怀大局把握大势着眼大事　努力把宣传思想工作做得更好》,《人民日报》2013 年 8 月 21 日,第 1 版。

习近平在十八届中央政治局第 12 次集体学习时强调,提高国家文化软实力,关系"两个一百年"奋斗目标和中华民族伟大复兴中国梦的实现。要弘扬社会主义先进文化,深化文化体制改革,推动社会主义文化大发展大繁荣,增强全民族文化创造活力,推动文化事业全面繁荣、文化产业快速发展,不断丰富人民精神世界、增强人民精神力量,不断增强文化整体实力和竞争力,朝着建设社会主义文化强国的目标不断前进①。2017 年 10 月,习近平在党的十九大上强调,推进国际传播能力建设,讲好中国故事,展现真实、立体、全面的中国,提高国家文化软实力。②党的十八大以来,中国文艺作品更多地登上世界舞台,全方位展现了我国的文化软实力。上海昆剧团将汤显祖的"临川四梦"首次完整搬上舞台,世界巡演所到之处盛况空前;莫言、曹文轩、刘慈欣亮相世界文坛的最高领奖台,印证"中国最好的文学就是世界水准的文学";《父母爱情》《媳妇的美好时代》在多国引发"追剧"热潮;网络小说在北美地区、东南亚国家受到热捧。更多精益求精、追求品质的纪录片、电视剧、电影走出国门,通过一篇篇稿件、一幅幅照片、一个个镜头,世界更加全面而生动地了解到"发展中的中国""开放中的中国""为人类文明作贡献的中国"。

四、普照公平正义的阳光

"我们的人民热爱生活,期盼有更好的教育、更稳定的工作、更满意的收入、更可靠的社会保障、更高水平的医疗卫生服务、更舒适的居住条件、更优美的环境,期盼孩子们能成长得更好、工作得更好、生活得更好。人民

---

① 《习近平在中共中央政治局第十二次集体学习时强调 建设社会主义文化强国 提高国家文化软实力》,《人民日报》2014 年 1 月 1 日,第 1 版。
② 习近平:《决胜全面建成小康社会 夺取新时代中国特色社会主义伟大胜利——在中国共产党第十九次全国代表大会上的报告》,人民出版社 2017 年版,第 44 页。

在省部级主要领导干部学习贯彻十八届三中全会精神全面深化改革专题研讨班上指出,我们要大力培育和弘扬社会主义核心价值体系和核心价值观,加快构建充分反映中国特色、民族特性、时代特征的价值体系,努力抢占价值体系的制高点。①2014年2月24日,习近平在十八届中央政治局第13次集体学习时强调,核心价值观是文化软实力的灵魂、文化软实力建设的重点。要把培育和弘扬社会主义核心价值观作为凝魂聚气、强基固本的基础工程,继承和发扬中华优秀传统文化和传统美德,广泛开展社会主义核心价值观宣传教育,使核心价值观的影响像空气一样无所不在、无时不有。②2014年5月30日,习近平在参加北京市海淀区民族小学庆祝"六一"国际儿童节活动时强调,我们倡导的社会主义核心价值观,体现了古圣先贤的思想,体现了仁人志士的夙愿,体现了革命先烈的理想,也寄托着各族人民对美好生活的向往,要在全国人民中培育和弘扬,特别要注重从少年儿童抓起。③2017年10月,习近平在党的十九大上强调,要以培养担当民族复兴大任的时代新人为着眼点,强化教育引导、实践养成、制度保障,发挥社会主义核心价值观对国民教育、精神文明创建、精神文化产品创作生产传播的引领作用,把社会主义核心价值观融入社会发展各方面,转化为人们的情感认同和行为习惯。④党的十八大以来,在社会主义核心价值观的引领下,在榜样模范典型的示范带动下,在相关制度的保障推动下,勤俭节约、孝老爱亲、诚信教育、公益行动、学雷锋志愿服务、文明旅游等形式多

① 《习近平在省部级主要领导干部学习贯彻十八届三中全会精神全面深化改革专题研讨班上发表重要讲话强调 完善和发展中国特色社会主义制度 推进国家治理体系和治理能力现代化》,《人民日报》2014年2月18日,第1版。

② 《习近平在中共中央政治局第十三次集体学习时强调 把培育和弘扬社会主义核心价值观作为凝魂聚气强基固本的基础工程》,《人民日报》2014年2月26日,第1版。

③ 《从小积极培育和践行社会主义核心价值观》,《人民日报》2014年5月31日,第1版。

④ 习近平:《决胜全面建成小康社会 夺取新时代中国特色社会主义伟大胜利——在中国共产党第十九次全国代表大会上的报告》,人民出版社2017年版,第42页。

样的主题实践活动蓬勃开展,与文明城市、文明村镇、文明单位、文明家庭、文明校园等群众性精神文明创建活动同频共振,潜移默化地教育引导人民群众做社会主义核心价值观的坚定信仰者、积极传播者、模范实践者,润物无声地使社会主义核心价值观成为百姓日用而不觉的行为准则。亿万中华儿女在社会主义核心价值观的旗帜下,共同熔铸起实现中国梦坚不可摧的精神支柱。

推动中华优秀传统文化创造性转化、创新性发展。中华优秀传统文化是中华民族的"根"和"魂"。5 000多年连绵不断、博大精深的中华文化,积淀着中华民族最深沉的精神追求,包含着中华民族最根本的精神基因,代表着中华民族独特的精神标识,是中华民族生生不息、发展壮大的丰厚滋养。中华优秀传统文化与社会主义市场经济、民主政治、先进文化、社会治理等还存在需要协调适应的地方。2013年11月下旬,习近平在山东考察时强调,对历史文化特别是先人传承下来的道德规范,要坚持古为今用、推陈出新,有鉴别地加以对待,有扬弃地予以继承[1]。2014年2月17日,习近平在省部级主要领导干部学习贯彻十八届三中全会精神全面深化改革专题研讨班上强调,要加强对中华优秀传统文化的挖掘和阐发,努力实现中华传统美德的创造性转化、创新性发展,把跨越时空、超越国度、富有永恒魅力、具有当代价值的文化精神弘扬起来,把继承优秀传统文化又弘扬时代精神、立足本国又面向世界的当代中国文化创新成果传播出去[2]。2014年2月24日,习近平在主持十八届中央政治局第13次集体学习时强调,要认真汲取中华优秀传统文化的思想精华和道德

---

① 《习近平在山东考察时强调 贯彻党的十八届三中全会精神 汇聚起全面深化改革的强大正能量》,《人民日报》2013年11月29日,第1版。
② 《习近平在省部级主要领导干部学习贯彻十八届三中全会精神全面深化改革专题研讨班上发表重要讲话强调 完善和发展中国特色社会主义制度 推进国家治理体系和治理能力现代化》,《人民日报》2014年2月18日,第1版。

对美好生活的向往,就是我们的奋斗目标。"①2012 年 11 月 15 日,习近平在十八届中央政治局常委同中外记者见面时的这段讲话,朴实亲切、饱含深情,温暖了亿万人的心。党的十八大以来,我们党坚持以人民为中心的发展思想,顺应人民群众对美好生活的向往,把增进人民福祉、促进人的全面发展作为一切工作的出发点和落脚点,从人民群众最关心最直接最现实的利益问题入手,统筹做好教育、就业、收入分配、社会保障、医疗卫生等各领域民生工作,不断提高人民生活水平。

坚持以人民为中心的发展思想。发展为了谁? 发展依靠谁? 发展成果由谁享有? 只有解决了这些问题,发展中国特色社会主义才有正确的"出发点",才能找到坚实的"落脚点"。"以人民为中心",是继承和弘扬党的发展思想、树立和落实新发展理念的具体体现。党的十八大闭幕后,习近平在与中外记者见面时明确指出:"人民对美好生活的向往,就是我们的奋斗目标。"②2014 年 2 月 7 日,他在接受俄罗斯电视台专访时说:"我的执政理念,概括起来说就是:为人民服务,担当起该担当的责任。"③2015 年 10 月,党的十八届五中全会首次提出要坚持以人民为中心的发展思想,把增进人民福祉、促进人的全面发展、朝着共同富裕方向稳步前进作为经济发展的出发点和落脚点。此后,习近平在十八届中央政治局第 28 次集体学习、2015 年 12 月中央城市工作会议、2016 年 1 月省部级主要领导干部学习贯彻党的十八届五中全会精神专题研讨班、2017 年 2 月河北雄安新区规划建设工作座谈会等重要场合,多次强调要以人民为中心。党的十九大报告中 4 次提到以人民为中心。2019 年 3 月 22 日,习近平在回答意大利众议长菲科提问时说:我将无我,不负人民。我愿意做到一个"无我"的状态,为中国的发展奉献自己。④党的十八大以来,我

---

①②　《习近平谈治国理政》,外文出版社 2014 年版,第 4 页。

③　《习近平接受俄罗斯电视台专访》,《人民日报》2014 年 2 月 9 日,第 1 版。

④　《习近平主席访问欧洲微镜头"欢迎你到中国去"》,《人民日报》2019 年 3 月 24 日,第 1 版。

们党坚持以民为本、以人为本执政理念,把公平正义的阳光洒向神州大地,社会事业凸显成色十足的"含金量",改革发展成果正更多更公平地惠及全体人民。

下大力解决好突出民生问题。民生是人民幸福之基、社会和谐之本。保障和改善民生是一项长期工作,没有终点站,只有连续不断的新起点。每年的中央经济工作会议,习近平都要强调做好民生工作。在 2014 年 12 月的中央经济工作会议上,习近平强调,要坚持守住底线、突出重点、完善制度、引导舆论的基本思路,多些雪中送炭,更加注重保障基本民生,更加关注低收入群众生活,更加重视社会大局稳定。①2017 年 10 月 25 日,习近平在党的十九届一中全会上强调,在新时代的征程上,全党同志一定要抓住人民最关心最直接最现实的利益问题,坚持把人民群众关心的事当作自己的大事,从人民群众关心的事情做起,多谋民生之利,多解民生之忧,在幼有所育、学有所教、劳有所得、病有所医、老有所养、住有所居、弱有所扶上不断取得新进展,不断促进社会公平正义,不断促进人的全面发展、全体人民共同富裕。②对于各领域的民生工作,习近平也经常直接作出重要论述,提出明确要求。党的十八大以来,我国社会保障体系改革不断推进,参保人数逐年增多,覆盖范围越来越广。2014 年 2 月 21 日,国务院印发《关于建立统一的城乡居民基本养老保险制度的意见》,全面推开城乡居民大病保险,全面实施全民参保计划,推进企事业单位养老保险制度"并轨"。截至 2018 年 9 月底,全国基本养老保险参保人数达 9.3 亿人,基本医疗保险覆盖超过 13 亿人。失业、工伤、生育保险的参保人数均达到 2 亿人左右,覆盖了绝大多数职业群体。企业退休人员基本养老金实现"十四连增",居民基本医保人均财政补助标准由 2012 年的 240 元增至 2018 年的

---

① 《中央经济工作会议在京举行》,《人民日报》2014 年 12 月 12 日,第 1 版。

② 习近平:《在党的十九届一中全会上的讲话》,《求是》2018 年第 1 期。

490 元。坚持房子"只住不炒"的定位,加快建立多主体供给、多渠道保障、租购并举的住房制度,安居工程建设紧锣密鼓,全体人民住有所居的梦想正在逐步变为现实。2020 年春,全国发生了新冠肺炎疫情,习近平站在以人民为中心、维护人民群众根本利益的立场上,对此高度重视,多次召开会议、听取汇报、作出重要指示,深入基层一线调研指导,亲自指挥、亲自部署疫情防控工作。他明确指出:"疫情防控是一场保卫人民群众生命安全和身体健康的严峻斗争"[1],"新冠肺炎疫情发生以来,我们始终坚持把人民群众生命安全和身体健康放在第一位,按照坚定信心、同舟共济、精准施策的总要求,全面开展疫情防控工作"[2],为全党全军全国各族人民打赢疫情防控的人民战争、总体战、阻击战提供了科学指引和根本遵循。

坚决打赢脱贫攻坚战。小康不小康,关键看老乡,关键看贫困老乡能不能脱贫。党的十八大以来,以习近平同志为核心的党中央把脱贫攻坚工作纳入"五位一体"总体布局和"四个全面"战略布局,作为实现第一个百年奋斗目标的重点任务,作出一系列重大部署和安排,全面打响脱贫攻坚战。2013 年 11 月,习近平在湖南考察工作时,首次提出"精准扶贫"理念。12 月 10 日又在中央经济工作会议上强调,扶贫工作要科学规划、因地制宜、抓住重点,提高精准性、有效性、持续性。[3]2015 年 11 月 27 日,习近平在中央扶贫开发工作会议上指出,消除贫困、改善民生、逐步实现共同富裕,是社会主义的本质要求,是我们党的重要使命。脱贫攻坚已经到了啃硬骨头、攻坚拔寨的冲刺阶段,必须以更大的决心、更明确的思路、更精准的举

---

① 《习近平在北京市调研指导新型冠状病毒肺炎疫情防控工作时强调 以更坚定的信心更顽强的意志更果断的措施 坚决打赢疫情防控的人民战争总体战阻击战》,《人民日报》2020 年 2 月 11 日,第 1 版。

② 《中共中央政治局常务委员会召开会议 分析新冠肺炎疫情形势研究加强防控工作》,《人民日报》2020 年 2 月 13 日,第 1 版。

③ 《中央经济工作会议在京举行》,《人民日报》2013 年 12 月 14 日,第 1 版。

措、超常规的力度，众志成城实现脱贫攻坚目标。要立下愚公移山志，咬定目标、苦干实干，确保到 2020 年所有贫困地区和贫困人口一道迈入全面小康社会。①两天后，中共中央、国务院作出《关于打赢脱贫攻坚战的决定》。2018 年 2 月 12 日，习近平在成都市主持召开打好精准脱贫攻坚战座谈会，强调提高脱贫质量，聚焦深贫地区，扎扎实实把脱贫攻坚战推向前进②。2018 年 3 月 5 日，习近平参加十三届全国人大一次会议内蒙古代表团审议时强调，全面建成小康社会，标志性的指标是农村贫困人口全部脱贫、贫困县全部摘帽。打好脱贫攻坚战，关键是打好深度贫困地区脱贫攻坚战，关键是攻克贫困人口集中的乡村③。2018 年 4 月 2 日，习近平主持召开中央财经委员会第一次会议时强调，精准脱贫攻坚战已取得阶段性进展，只能打赢打好④。2018 年 6 月 15 日，中共中央、国务院印发《关于打赢脱贫攻坚战三年行动的指导意见》。2018 年 12 月底，中央农村工作会议明确，打赢脱贫攻坚战是全面建成小康社会的底线任务，要切实重点解决好实现"两不愁三保障"（不愁吃、不愁穿，保障义务教育、基本医疗、住房安全）面临的突出问题，加大"三区三州"（西藏自治区、四省藏区、新疆维吾尔自治区南疆四地州、四川凉山州、云南怒江州、甘肃临夏州）等深度贫困地区和特殊贫困群体脱贫攻坚力度。⑤2019 年 4 月 22 日，习近平主持召开中央财经委员会第四次会议，会议强调要全面完成脱贫攻坚任务，把扶贫工作重心向深度贫困地区聚焦，在普遍实现"两不愁"的基础上，重点攻克"三

①　《习近平在中央扶贫开发工作会议上强调　脱贫攻坚战冲锋号已经吹响　全党全国咬定目标苦干实干》，《人民日报》2015 年 11 月 29 日，第 1 版。

②　《习近平在打好精准脱贫攻坚战座谈会上强调　提高脱贫质量聚焦深贫地区　扎扎实实把脱贫攻坚战推向前进》，《人民日报》2018 年 2 月 15 日，第 1 版。

③　《习近平在参加内蒙古代表团审议时强调　扎实推动经济高质量发展　扎实推进脱贫攻坚》，《人民日报》2018 年 3 月 6 日，第 1 版。

④　《习近平主持召开中央财经委员会第一次会议强调　加强党中央对经济工作的集中统一领导　打好决胜全面建成小康社会三大攻坚战》，《人民日报》2018 年 4 月 3 日，第 1 版。

⑤　《中央农村工作会议在京召开》，《人民日报》2018 年 12 月 30 日，第 1 版。

保障"面临的最后堡垒①。在 2020 年新年贺词中,习近平指出:"2020 年是具有里程碑意义的一年。我们将全面建成小康社会,实现第一个百年奋斗目标。2020 年也是脱贫攻坚决胜之年。冲锋号已经吹响。我们要万众一心加油干,越是艰险越向前,把短板补得再扎实一些,把基础打得再牢靠一些,坚决打赢脱贫攻坚战,如期实现现行标准下农村贫困人口全部脱贫、贫困县全部摘帽。"②2020 年 3 月 6 日,习近平出席决战决胜脱贫攻坚座谈会并发表重要讲话,强调各级党委和政府要不忘初心、牢记使命,坚定信心、顽强奋斗,以更大决心、更强力度推进脱贫攻坚,坚决克服新冠肺炎疫情影响,坚决夺取脱贫攻坚战全面胜利,坚决完成这项对中华民族、对人类都具有重大意义的伟业。③党的十八大以来,我们党以前所未有的力度推进脱贫攻坚,农村贫困人口显著减少,贫困发生率持续下降,解决区域性整体贫困迈出坚实步伐,贫困地区农民生产生活条件显著改善,贫困群众获得感显著增强,脱贫攻坚取得历史性成就,创造了我国减贫史上的最好成绩。脱贫攻坚任务接近完成,贫困人口从 2012 年底的 9 899 万人减少至 2019 年底的 551 万人,贫困发生率由 10.2% 降至 0.6%。区域性整体贫困基本得到解决。④我们充分发挥政治优势和制度优势,构筑了全社会扶贫的强大合力,建立了中国特色的脱贫攻坚制度体系,为全球减贫事业贡献了中国智慧和中国方案,谱写了人类反贫困史上的辉煌篇章。

打造共建共治共享的社会治理格局。社会治理是社会建设的重大任务,是国家治理的重要内容,是关乎经济发展、利益分配、公共事业发展、基

---

①　《习近平主持召开中央财经委员会第四次会议强调　聚焦全面建成小康社会的短板弱项实施精准攻坚　勇于破题善于解题落实好中央经济工作会议精神》,《人民日报》2019 年 4 月 23 日,第 1 版。

②　《国家主席习近平发表二〇二〇年新年贺词》,《人民日报》2020 年 1 月 1 日,第 1 版。

③④　《坚决克服新冠肺炎疫情影响,坚决夺取脱贫攻坚战全面胜利》,《人民日报》2020 年 3 月 7 日,第 1 版。

本民生、社会矛盾解决等几乎所有领域的系统工程,其核心追求——幸福与平安,是人民群众永恒不变的内心期盼与现实追求。2013年11月,党的十八届三中全会通过的《中共中央关于全面深化改革若干重大问题的决定》,提出"创新社会治理体制"。2014年3月5日,习近平在参加十二届全国人大二次会议上海代表团审议时指出,加强和创新社会治理,关键在体制创新,核心是人。社会治理的重心必须落到城乡社区。治理和管理一字之差,体现的是系统治理、依法治理、源头治理、综合施策。①2015年10月,党的十八届五中全会提出,加强和创新社会治理,推进社会治理精细化,构建全民共建共享的社会治理格局。2017年10月,党的十九大强调,打造共建共治共享的社会治理格局。加强社会治理制度建设,完善党委领导、政府负责、社会协同、公众参与、法治保障的社会治理体制,提高社会治理社会化、法治化、智能化、专业化水平。加强社区治理体系建设,推动社会治理重心向基层下移。②2019年10月,党的十九届四中全会进一步提出坚持和完善共建共治共享的社会治理制度。党的十八大以来,由"共建共享"迈向"共建共治共享"的现代社会治理新格局不断推进。《关于依法处理涉法涉诉信访问题的意见》《社会信用体系建设规划纲要(2014—2020年)》《关于进一步推进户籍制度改革的意见》《关于完善矛盾纠纷多元化解机制的意见》《关于加快推进"互联网+政务服务"工作的指导意见》《关于办理黑恶势力犯罪案件若干问题的指导意见》,一个个制度文件、一项项举措,无一不是紧紧围绕创新社会治理体制,以更宽广的视野推进社会治理的现代化转型。

---

① 《习近平总书记系列重要讲话读本(2016年版)》,学习出版社、人民出版社2016年版,第224页。
② 习近平:《决胜全面建成小康社会 夺取新时代中国特色社会主义伟大胜利——在中国共产党第十九次全国代表大会上的报告》,人民出版社2017年版,第49页。

五、步入生态文明新时代

生态兴则文明兴,生态衰则文明衰。党的十八大以来,以习近平同志为核心的党中央把建设美丽中国摆在前所未有的高度,把生态文明建设融入经济建设、政治建设、文化建设、社会建设各方面和全过程,把坚持人与自然和谐共生纳入新时代坚持和发展中国特色社会主义基本方略,把绿色发展纳入新发展理念,把污染防治纳入三大攻坚战,以最坚定的决心、最严格的制度、最有力的举措,推动我国生态文明建设不断迈上新台阶。

坚持人与自然和谐共生。改革开放以来,中国高速发展,一跃成为世界第二大经济体。与此同时,生态环境的压力也越来越沉重。习近平指出:"我们在快速发展中也积累了大量生态环境问题,成为明显的短板,成为人民群众反映强烈的突出问题。这样的状况,必须下大气力扭转。"[1] 2015年9月28日,习近平在纽约联合国总部举行的第70届联合国大会一般性辩论时强调,构筑尊崇自然、绿色发展的生态体系。人类必须牢固树立尊重自然、顺应自然、保护自然的意识,坚持走绿色、低碳、循环、可持续发展之路[2]。2016年1月18日,习近平在省部级主要领导干部学习贯彻党的十八届五中全会精神专题研讨班上指出,绿色发展,就其要义来讲,是要解决好人与自然和谐共生问题。人因自然而生,人与自然是一种共生关系,对自然的伤害最终会伤及人类自身。只有尊重自然规律,才能有效防止在开发利用自然上走弯路。[3]2017年8月,习近平对河北塞罕坝林场建

---

① 《习近平在中共中央政治局第四十一次集体学习时强调 推动形成绿色发展方式和生活方式 为人民群众创造良好生产生活环境》,《人民日报》2017年5月28日,第1版。
② 《习近平在第七十届联合国大会一般性辩论时的讲话》,《人民日报》2015年9月29日,第2版。
③ 习近平:《在省部级主要领导干部学习贯彻党的十八届五中全会精神专题研讨班上的讲话》,人民出版社2016年版,第16页。

设者感人事迹作出重要指示,强调全党全社会要坚持绿色发展理念,弘扬塞罕坝精神,持之以恒推进生态文明建设,努力形成人与自然和谐发展新格局①。为推动形成这一新格局,2015 年 4 月,我国首次以中共中央、国务院名义印发《关于加快推进生态文明建设的意见》,明确生态文明建设的总体要求、目标愿景、重点任务、制度体系。2013—2016 年,国务院先后印发了大气污染、水污染、土壤污染等 3 个《防治行动计划》。2018 年 6 月 16 日,中共中央、国务院印发《关于全面加强生态环境保护坚决打好污染防治攻坚战的意见》。党的十八大以来,我国围绕生态文明建设提出了一系列新理念新思想新战略,开展一系列根本性、开创性、长远性工作,污染治理力度之大、制度出台频度之密、监管执法尺度之严、环境质量改善速度之快前所未有,生态文明理念日益深入人心,推动生态环境保护发生历史性、转折性、全局性变化。

提出和贯彻绿水青山就是金山银山的科学理念。2005 年 8 月 15 日,时任浙江省委书记的习近平在浙江省安吉县首次提出了"绿水青山就是金山银山"这一关系文明兴衰、人民福祉的发展理念。绿水青山就是金山银山,阐述了经济发展和生态环境保护的关系,揭示了保护生态环境就是保护生产力、改善生态环境就是发展生产力的道理,指明了实现发展和保护协同共生的新路径。2013 年 9 月 7 日,习近平在哈萨克斯坦纳扎尔巴耶夫大学发表演讲时指出,我们既要绿水青山,也要金山银山。宁要绿水青山,不要金山银山,而且绿水青山就是金山银山。我们绝不能以牺牲生态环境为代价换取经济的一时发展。②2017 年 5 月 26 日,习近平在十八届中央政治局第 41 次集体学习时强调,正确处理经济发展和生态环境保护的

---

① 《习近平对河北塞罕坝林场建设者感人事迹作出重要指示强调 持之以恒推进生态文明建设 努力形成人与自然和谐发展新格局》,《人民日报》2017 年 8 月 29 日,第 1 版。

② 《习近平在哈萨克斯坦纳扎尔巴耶夫大学发表重要演讲 弘扬人民友谊 共同建设"丝绸之路经济带"》,《人民日报》2013 年 9 月 8 日,第 1 版。

关系,像保护眼睛一样保护生态环境,像对待生命一样对待生态环境,坚决摒弃损害甚至破坏生态环境的发展模式,坚决摒弃以牺牲生态环境换取一时一地经济增长的做法,让良好生态环境成为人民生活的增长点、成为经济社会持续健康发展的支撑点、成为展现我国良好形象的发力点。①2018年5月中旬,习近平在全国生态环境保护大会上强调,绿水青山既是自然财富、生态财富,又是社会财富、经济财富。保护生态环境就是保护自然价值和增值自然资本,就是保护经济社会发展潜力和后劲,使绿水青山持续发挥生态效益和经济社会效益。②党的十八大以来,"绿水青山就是金山银山",这一科学论断日益成为人们的共识,成为树立社会主义生态文明观、引领中国迈向绿色发展道路的理论之基。生态文明理念深入人心——从顶层设计到全面部署,从最严格的制度到更严厉的法治,生态文明建设扎实有序推进,越来越多的人深刻认识到:保护与发展并不矛盾,青山和金山可以"双赢"。贯彻"绿水青山就是金山银山"理念,关键是要完善经济社会发展考核评价体系。经济社会发展考核评价体系是党政领导干部工作的"指挥棒"和评价工作成效的"度量衡"。如果考核评价体系不够科学,过度重视 GDP 的增长率,就难免出现以牺牲环境为代价换取经济增长速度等问题。近年来,在以习近平同志为核心的党中央领导下,我国逐步完善经济社会发展考核评价体系,把资源消耗、环境损害、生态效益等体现生态文明建设状况的指标纳入经济社会发展评价体系,建立起一整套体现生态文明要求的目标体系、考核办法、奖惩机制,使之成为推进生态文明建设的重要导向和硬性约束。

推动形成绿色发展方式和生活方式。生态环境问题归根结底是发展

---

①　中共中央文献研究室:《习近平关于社会主义生态文明建设论述摘编》,中央文献出版社 2017年版,第 36 页。

②　习近平:《推动我国生态文明建设迈上新台阶》,《求是》2019 年第 3 期。

方式和生活方式问题。要从根本上解决生态环境问题,必须贯彻绿色发展理念,坚决摒弃损害甚至破坏生态环境的增长模式,加快形成节约资源和保护环境的空间格局、产业结构、生产方式、生活方式,把经济活动、人的行为限制在自然资源和生态环境能够承受的限度内,给自然生态留下休养生息的时间和空间。2017 年 5 月 26 日,习近平在十八届中央政治局第 41 次集体学习时指出,推动形成绿色发展方式和生活方式,是发展观的一场深刻革命。要把推动形成绿色发展方式和生活方式摆在更加突出的位置,加快构建科学适度有序的国土空间布局体系、绿色循环低碳发展的产业体系、约束和激励并举的生态文明制度体系、政府企业公众共治的绿色行动体系,加快构建生态功能保障基线、环境质量安全底线、自然资源利用上线三大红线,全方位、全地域、全过程开展生态环境保护建设。①2017 年 10 月 18 日,习近平在党的十九大上强调,必须坚持节约优先、保护优先、自然恢复为主的方针,形成节约资源和保护环境的空间格局、产业结构、生产方式、生活方式,还自然以宁静、和谐、美丽。要推进绿色发展,着力解决突出环境问题,加大生态系统保护力度,改革生态环境监管体制,推动形成人与自然和谐发展现代化建设新格局。②2018 年 5 月中旬,全国生态环境保护大会召开,习近平在大会上强调,加快形成绿色发展方式,是解决污染问题的根本之策。重点是调结构、优布局、强产业、全链条。要倡导简约适度、绿色低碳的生活方式,反对奢侈浪费和不合理消费,通过生活方式绿色革命,倒逼生产方式绿色转型③。党的十八大以来,全国上下以前所未有的决心和力度践行绿色生产方式和生活方式,截至 2018 年 2 月,在淘汰水

---

① 中共中央文献研究室:《习近平关于社会主义生态文明建设论述摘编》,中央文献出版社 2017 年版,第 38—39 页。

② 习近平:《决胜全面建成小康社会 夺取新时代中国特色社会主义伟大胜利——在中国共产党第十九次全国代表大会上的报告》,人民出版社 2017 年版,第 50—52 页。

③ 习近平:《推动我国生态文明建设迈上新台阶》,《求是》2019 年第 3 期。

泥、平板玻璃等落后产能基础上,退出钢铁产能 1.7 亿吨以上、煤炭产能 8 亿吨;加强散煤治理,推进重点行业节能减排,71％的煤电机组实现超低排放;提高燃油品质,淘汰黄标车和老旧车 2 000 多万辆;加强重点流域海域水污染防治,化肥农药使用量实现零增长。①今天,在普通百姓的话语体系中,"绿色"往往意味着品质;在普通百姓的日常生活中,"环保"已然成为风尚。根据《生态文明体制改革总体方案》,我国正在构建以空间规划为基础、以用途管制为主要手段的国土空间开发保护制度,包括完善主体功能区制度、健全国土空间用途管制制度、建立国家公园体制、完善自然资源监管体制,着力解决因无序开发、过度开发、分散开发导致的优质耕地和生态空间占用过多、生态破坏、环境污染等问题。

开展生态文明体制改革综合试验。党的十八届五中全会提出,设立统一规范的国家生态文明试验区,重在开展生态文明体制改革综合试验,规范各类试点示范,为完善生态文明制度体系探索路径、积累经验。2015 年 9 月,中共中央、国务院出台《生态文明体制改革总体方案》,提出健全自然资源资产产权制度、建立国土空间开发保护制度、建立空间规划体系、完善资源总量管理和全面节约制度、健全资源有偿使用和生态补偿制度、建立健全环境治理体系、健全环境治理和生态保护市场体系、完善生态文明绩效评价考核和责任追究制度等八项制度。《总体方案》明确提出:"坚持鼓励试点先行和整体协调推进相结合,在党中央、国务院统一部署下,先易后难、分步推进,成熟一项推出一项。支持各地区根据本方案确定的基本方向,因地制宜,大胆探索、大胆试验。"2016 年 6 月 27 日,习近平主持召开十八届中央全面深化改革领导小组第 25 次会议,会议审议通过了《关于设立统一规范的国家生态文明试验区的意见》和《国家生态文明试验区(福建)实施方案》。2017 年 10 月,依托江西省生态优势和生态文明先行示范

---

① 李克强:《政府工作报告》,《人民日报》2018 年 3 月 23 日,第 1 版。

区良好工作基础,中办、国办印发《国家生态文明试验区(江西)实施方案》和《国家生态文明试验区(贵州)实施方案》。

实行最严格的生态环境保护制度。建设生态文明,是一场涉及生产方式、生活方式、思维方式和价值观念的革命性变革。实现这样的变革,必须依靠制度和法治。2013 年 5 月,习近平在十八届中央政治局第 6 次集体学习时指出,生态红线的观念一定要牢固树立起来。在生态环境保护问题上,就是要不能越雷池一步,否则就应该受到惩罚。①2016 年 12 月,习近平对生态文明建设作出重要指示强调,要深化生态文明体制改革,尽快把生态文明制度的"四梁八柱"建立起来,把生态文明建设纳入制度化、法治化轨道。2018 年 5 月中旬,习近平在全国生态环境保护大会上强调,用最严格制度和最严密法治保护生态环境。保护生态环境必须依靠制度、依靠法治。严格用制度管权治吏、护蓝增绿。落实领导干部生态文明建设责任制,严格考核问责。对那些不顾生态环境盲目决策、造成严重后果的人,必须追究其责任,而且应该终身追责。严格管控生态保护红线,实现山水林田湖草系统监管和事前事中事后的全过程监管②。2015 年 1 月 1 日开始实施的新环保法,被称为"史上最严",打击环境违法行为力度空前。除了新环保法,大气污染防治法、土壤污染防治法等十几部生态环境保护相关法律也陆续完成制定和修订。从党政领导干部生态环境损害责任追究办法到生态保护红线,40 多项改革让环保法规制度成为"带电的高压线",形成有力震慑。2015 年 8 月,中办、国办印发《环境保护督查方案(试行)》,部署对各地开展环境督查工作。2018 年,领导干部自然资源资产离任审计全面推开。针对陕西秦岭北麓违建别墅问题,习近平先后作出 6 次批示。2018 年 7 月,中央派驻专项整治工作组与当地展开联合整治行动,上

---

① 《习近平关于社会主义生态文明建设论述摘编》,中央文献出版社 2017 年版,第 99 页。

② 习近平:《推动我国生态文明建设迈上新台阶》,《求是》2019 年第 3 期。

千栋别墅被陆续依法拆除。此外,祁连山生态环境破坏、浙江千岛湖违规填湖、新疆卡拉麦里保护区"缩水"给煤矿让路、宁夏一企业向腾格里沙漠排污……每一件严重破坏生态环境事件,中央都紧抓不放,不论多大的利益、多大的保护伞,都一抓到底,决不手软。①

第三节　抓住关键环节:协调推进"四个全面"战略布局

"秉纲而目自张,执本而末自从。"全面推进中国特色社会主义事业发展,贵在抓纲带目。党的十八大以来,以习近平同志为核心的党中央注重以重点带全局,立足当代中国发展实际,坚持鲜明问题导向,不断推进全面建成小康社会、全面深化改革、全面依法治国、全面从严治党的各项部署,提出和确立了"四个全面"战略布局。党的十八届三中、四中、五口、六中全会相继就全面深化改革、全面依法治国、全面建成小康社会、全面从严治党进行专题研究,这是党中央根据"四个全面"战略布局对中央全会议题的整体设计,也体现了"四个全面"战略布局形成发展的历史脉络。

一、兑现历史交汇期的庄严承诺

"民亦劳止,汔可小康。惠此中国,以绥四方。"小康社会是中华民族自古以来追求的理想社会状态。习近平强调指出:"从十九大到二十大,是'两个一百年'奋斗目标的历史交汇期。我们既要全面建成小康社会、实现第一个百年奋斗目标,又要乘势而上开启全面建设社会主义现代化国家新

---

① 陈二厚等:《攻坚,为了美丽中国——党的十八大以来污染防治纪实》,《人民日报》2019 年 2 月 28 日,第 11 版。

征程,向第二个百年奋斗目标进军。"①"到二〇二〇年全面建成小康社会,是我们党向人民、向历史作出的庄严承诺。"②为了实现这一庄严承诺,以习近平同志为核心的党中央作出了一系列战略擘画和重大部署。

描绘全面建成小康社会的宏伟蓝图。进入新时代,以习近平同志为核心的党中央提出了全面建成小康社会新的目标要求,从"决定性阶段"到"决胜阶段"再到"决胜期",都规划和设计了全面小康的时间表、路线图。党的十八大是在我国进入全面建成小康社会"决定性阶段"召开的一次十分重要的大会,明确把"为全面建成小康社会而奋斗"纳入大会的主题和报告的标题,并作出了全面建成小康社会、加快推进社会主义现代化、夺取中国特色社会主义新胜利的战略部署。2015 年 10 月下旬,党的十八届五中全会召开,这是在全面建成小康社会进入"决胜阶段"召开的一次重要会议,全会听取和讨论了习近平总书记受中央政治局委托作的工作报告,审议通过了《中共中央关于制定国民经济和社会发展第十三个五年规划的建议》。《建议》是动员全党全国各族人民夺取全面建成小康社会伟大胜利的纲领性文件。2016 年 3 月 16 日,十二届全国人大四次会议审议通过了《中华人民共和国国民经济和社会发展第十三个五年规划纲要》,《纲要》在23 个专栏中明确了 165 项重大工程项目,这些重大工程项目是全面建成小康社会的重要支撑。2017 年 10 月,党的十九大把"决胜全面建成小康社会"纳入大会主题和会议报告标题,明确从党的十九大到 2020 年,是全面建成小康社会"决胜期",提出要按照全面建成小康社会各项要求,紧扣我国社会主要矛盾变化,统筹推进经济建设、政治建设、文化建设、社会建设、生态文明建设,坚定实施科教兴国战略、人才强国战略、创新驱动发展

---

① 习近平:《决胜全面建成小康社会 夺取新时代中国特色社会主义伟大胜利——在中国共产党第十九次全国代表大会上的报告》,人民出版社 2017 年版,第 28 页。

② 习近平:《在党的十八届五中全会第二次全体会议上的讲话(节选)》,《求是》2016 年第 1 期。

战略、乡村振兴战略、区域协调发展战略、可持续发展战略、军民融合发展战略。从这些历史性的规划和部署可以看出,越是接近2020年这个时间节点,全面建成小康社会的蓝图就越是具体和精确,可操作性就越强。

聚焦短板弱项,精准攻坚克难。全面建成小康社会,强调的不仅是"小康",更重要、更难做到的是"全面"。"小康"讲的是发展水平,"全面"讲的是发展的平衡性、协调性、可持续性。以习近平同志为核心的党中央,把全面小康看成"五位一体"全面进步的小康、惠及全体人民的小康、城乡区域共同的小康,并用这样的标准要求来衡量判断决胜全面建成小康社会的短板弱项,提出精准攻坚的目标任务。2014年11月初,习近平在福建调研时强调,全面建成小康社会,不能丢了农村这一头;支持和帮助贫困地区和贫困群众尽快脱贫致富奔小康,决不能让一个苏区老区掉队。①2015年10月,习近平在关于《中共中央关于制定国民经济和社会发展第十三个五年规划的建议》的说明中指出:"十三五"规划作为全面建成小康社会的收官规划,必须紧紧扭住全面建成小康社会存在的短板,在补齐短板上多用力;农村贫困人口脱贫是全面建成小康社会最艰巨的任务,要实施精准扶贫、精准脱贫;生态环境特别是大气、水、土壤污染严重,已成为全面建成小康社会的突出短板,扭转环境恶化、提高环境质量是广大人民群众的热切期盼,是"十三五"时期必须高度重视并切实推进的一项重要工作。②2017年10月,党的十九大强调,突出抓重点、补短板、强弱项,特别是要坚决打好防范化解重大风险、精准脱贫、污染防治的攻坚战,使全面建成小康社会得到人民认可、经得起历史检验。③2019年4月22日,习近平主持召开

---

① 《习近平在福建调研时强调　全面深化改革全面推进依法治国　为全面建成小康社会提供动力和保障》,《人民日报》2014年11月3日,第1版。

② 习近平:《关于〈中共中央关于制定国民经济和社会发展第十三个五年规划的建议〉的说明》,《人民日报》2015年11月4日,第2版。

③ 习近平:《决胜全面建成小康社会　夺取新时代中国特色社会主义伟大胜利——在中国共产党第十九次全国代表大会上的报告》,人民出版社2017年版,第27—28页。

中央财经委员会第四次会议,强调全面建成小康社会取得决定性进展,要正确认识面临的短板问题,聚焦短板弱项,实施精准攻坚。①2019 年 7 月中旬,习近平在内蒙古考察时强调,全面建成小康社会,一个民族不能少;坚决打赢三大攻坚战,确保如期全面建成小康社会。②随着时间节点的临近,以习近平同志为核心的党中央对全面建成小康社会的重视程度越来越高,对短板弱项抓得越来越紧,精准攻坚的力度越来越大,效果也越来越明显。

立下务期必成的军令状。作为拥有 14 亿人口的发展中大国,我国发展面临着许多特殊困难和严峻挑战,时间十分紧迫,任务相当繁重。为此,从党中央到各级党组织和广大党员、干部,都向人民作出铁肩担当、务期必成的承诺。2015 年 10 月,习近平在党的十八届五中全会第二次全体会议上指出,全面建成小康社会新的目标要求,连同党的十六大、十七大、十八大提出的目标要求,是我们对人民立下的军令状,必须全力以赴去实现③。2015 年 11 月,中央扶贫开发工作会议期间,中西部 22 个省区市党政主要负责同志向中央签署脱贫攻坚责任书。省负总责,重在把党中央大政方针转化为实施方案,加强指导和督导,促进工作落实;市县抓落实,重在从当地实际出发推动脱贫攻坚各项政策措施落地生根。④有了这样层层传导压力的责任体系,凡是有脱贫攻坚任务的党委和政府,都必须建立台账、倒排工期、落实责任,抓紧施工、强力推进。为此,必须抓紧抓紧再抓紧,实干实干再实干。2012 年 11 月 8 日,习近平在参加党的十八大上海代表团讨论时强调,团结一心为全面建成小康社会而顽强奋斗、艰苦奋斗、

---

① 《聚焦全面建成小康社会的短板弱项实施精准攻坚　勇于破题善于解题落实好中央经济工作会议精神》,《人民日报》2019 年 4 月 23 日,第 1 版。

② 《牢记初心使命　贯彻以人民为中心发展思想　把祖国北部边疆风景线打造得更加亮丽》,《人民日报》2019 年 7 月 17 日,第 1 版。

③ 习近平:《在党的十八届五中全会第二次全体会议上的讲话(节选)》,《求是》2016 年第 1 期。

④ 黎海波:《深入推进抓党建促脱贫攻坚工作》,《光明日报》2019 年 2 月 18 日,第 6 版。

不懈奋斗。[1]同年 12 月在广东考察工作时,强调全面建成小康社会要靠实干。2015 年 5 月,中组部、中央农村工作领导小组办公室、国务院扶贫开发领导小组办公室联合印发《关于做好选派机关优秀干部到村任第一书记工作的通知》,要求选派优秀年轻干部,国有企业和事业单位的优秀人才以及因年龄原因从领导岗位上调整下来、尚未退休的老干部作为第一书记,到党组织软弱涣散村和建档立卡贫困村驻村工作。通过抓党建促脱贫,打造一支"不走的扶贫工作队"。这些有力举措,推动全面建成小康社会的底线任务正在一步一步落实。

二、用好具有决定性意义的关键一招

1978 年,以党的十一届三中全会为标志,中国开启了改革开放历史征程,中国人民用双手书写了改革发展的精彩华章。习近平强调:"改革开放是决定当代中国命运的关键一招,也是决定实现'两个一百年'奋斗目标、实现中华民族伟大复兴的关键一招。"[2]在庆祝改革开放 40 周年大会讲话中,他用"十个始终坚持"高度概括了改革开放取得的伟大成就,并把"推进改革开放和中国特色社会主义事业",列为"五四运动以来我国发生的三大历史性事件"和"近代以来实现中华民族伟大复兴的三大里程碑"之一。随着改革不断向纵深推进,容易的、皆大欢喜的改革都已经完成,好吃的肉都吃掉了,剩下的都是难啃的硬骨头。改革进程中的矛盾只能用改革的办法来解决。以习近平同志为核心的党中央紧紧扭住全面深化改革这个关键,把它作为新时代坚持和发展中国特色社会主义的根本动力,继续高举改革

---

① 《认真学习深刻领会党的十八大报告主题 加深对关系全局的四个重大问题的认识》,《人民日报》2012 年 11 月 9 日,第 4 版。

② 中共中央宣传部:《习近平新时代中国特色社会主义思想学习纲要》,学习出版社、人民出版社 2019 年版,第 80 页。

开放的旗帜,逢山开路、遇水架桥,敢于向积存多年的顽瘴痼疾开刀,勇于突破利益固化的藩篱,以前所未有的力度推进全面深化改革,改革呈现出全面发力、多点突破、蹄疾步稳、纵深推进的局面。

加强党对全面深化改革的集中统一领导。改革是在中国特色社会主义道路上不断前进的改革,既不能走封闭僵化的老路,也不能走改旗易帜的邪路。不实行改革开放是死路一条,搞否定社会主义方向的"改革开放"更是死路一条。要防止退回到老路或走上邪路,就必须加强党对全面深化改革的集中统一领导。党的十八届三中全会决定,设置中央全面深化改革领导小组,负责改革总体设计、统筹协调、整体推进、督促落实。2013 年 12 月 30 日,中国共产党历史上第一次在党中央层面专司改革工作的领导机构——中央全面深化改革领导小组正式成立,由习近平担任组长,以加强党中央对全面深化改革的集中统一领导。党的十九大之后,中央全面深化改革领导小组改为中央全面深化改革委员会,用这个职能更加全面、机构更加规范、运行更加稳定、组织更加健全的专门机构,熔铸统揽改革开放的坚强中枢,凝聚最为广泛的改革力量。这几年来,以习近平同志为核心的党中央围绕全面深化改革,形成了集中统一的改革领导体制、务实高效的统筹决策机制、上下联动的协调推进机制、有力有序的督办落实机制。截至 2019 年 8 月 1 日,中央深改组、中央深改委共召开 47 次会议。截至 2018 年 12 月,共审议通过 400 多个重要改革文件,确定 300 多个重点改革任务,出台 1 600 多项改革举措。

正确把握全面深化改革的总目标。1992 年,邓小平提出,"恐怕再有三十年的时间,我们才会在各方面形成一整套更加成熟、更加定型的制度"①。从形成更加成熟、更加定型的制度看,我国社会主义实践的前半程已经走过了,前半程的主要历史任务是建立社会主义基本制度,并在这个

---

① 《邓小平文选》第 3 卷,人民出版社 1993 年版,第 372 页。

基础上进行改革。后半程的主要历史任务是完善和发展中国特色社会主义制度,为党和国家事业发展、为人民幸福安康、为社会和谐稳定、为国家长治久安提供一整套更完备、更稳定、更管用的制度体系。为此,以习近平同志为核心的党中央明确提出了全面深化改革的总目标。2013 年 11 月,党的十八届三中全会对全面深化改革作出总部署和总动员,明确把完善和发展中国特色社会主义制度,推进国家治理体系和治理能力现代化作为全面深化改革的总目标,实现了改革理论和政策的一系列新的重大突破,凝聚了全党全社会关于全面深化改革的思想共识和行动力量,对推动中国特色社会主义事业发展产生了重大而深远的影响。习近平指出:"党的十一届三中全会是划时代的,开启了改革开放和社会主义现代化建设历史新时期。党的十八届三中全会也是划时代的,开启了全面深化改革、系统整体设计推进改革的新时代,开创了我国改革开放的全新局面。"[1]2017 年 10 月,党的十九大把全面深化改革总目标纳入习近平新时代中国特色社会主义思想"八个明确"的内容体系,把"坚持全面深化改革"作为新时代坚持和发展中国特色社会主义基本方略之一。2019 年 10 月,党的十九届四中全会把全面深化改革总目标中的"完善和发展"调整为"坚持和完善',并围绕这个总目标作出《决定》。近年来,我们党坚持把是否符合完善和发展中国特色社会主义制度、推进国家治理体系和治理能力现代化的总目标作为根本尺度,去衡量改什么、怎么改,强调该改的、能改的坚决改,不该改的、不能改的坚决不改,决不能在根本性问题上出现颠覆性错误。在这个总目标的引领下,我们积极推进全面的系统的改革和改进,推动各领域改革和改进的联动和集成,在国家治理体系和治理能力现代化上形成总体效应、取得总体效果。

---

① 　中共中央宣传部:《习近平新时代中国特色社会主义思想学习纲要》,学习出版社、人民出版社 2019 年版,第 82 页。

把改革作为伟大斗争的重要方面。2017年8月29日，习近平主持召开十八届中央全面深化改革领导小组第38次会议时指出，改革是我们进行具有新的历史特点的伟大斗争的重要方面。①这一全新的定位，彰显了全面深化改革非同寻常的地位作用。事实上，这几年，以习近平同志为核心的党中央，始终把全面深化改革作为伟大斗争的重要方面来抓，推进强国复兴进程不断爬坡过坎。2012年12月，习近平在广东考察时作出"我国改革已经进入攻坚期和深水区"的判断，强调敢于啃硬骨头，敢于涉险滩，既勇于冲破思想观念的障碍，又勇于突破利益固化的藩篱。②2013年2月，党的十八届二中全会通过《国务院机构改革和职能转变方案》，正式启动了这一重大改革。2018年3月，深化党和国家机构改革全面启动，习近平在主持十九届中央全面深化改革委员会第一次会议时强调，这标志着全面深化改革进入了一个新阶段，改革将进一步触及深层次利益格局的调整和制度体系的变革，改革的复杂性、敏感性、艰巨性更加突出，要加强和改善党对全面深化改革统筹领导，紧密结合深化机构改革推动改革工作。③几年来，类似这次深化机构改革的重大改革，可以说不胜枚举。我们党都勇于直面并强力推动，其决心意志之坚强、工作力度之大，前所未有，啃下了不少硬骨头，闯过了不少急流险滩，使改革成为伟大斗争的重要体现和标志。

坚持全面深化改革的正确方法论。全面深化改革是一个涉及经济社会发展各领域的复杂系统工程，必须坚持正确方法。以习近平同志为核心的党中央深入把握新时代推进改革的规律和特点，总结明确了全面深化改革的科学路径和有效方法。2012年12月31日，十八届中央政治局第2次集

---

①《加强领导总结经验运用规律　站在更高起点谋划和推进改革》，《人民日报》2017年8月30日，第1版。

②《增强改革的系统性整体性协同性　做到改革不停顿开放不止步》，《人民日报》2012年12月12日，第1版。

③《加强和改善党对全面深化改革统筹领导　紧密结合深化机构改革推动改革工作》，《人民日报》2018年3月29日，第1版。

体学习时,习近平强调必须认真总结和运用改革开放的成功经验,并就此提出 5 点意见。①2013 年 7 月 23 日,习近平在湖北省武汉市主持召开部分省市负责人座谈会,征求对全面深化改革的意见和建议,并从 6 个方面提出了全面深化改革需要深入调查研究的重大问题,明确了全面深化改革必须把握的几个关系。②总的来看,习近平倡导的改革方法论主要有:注重系统性、整体性、协同性;加强顶层设计和摸着石头过河相结合;胆子要大,但步子一定要稳;改革、发展、稳定是我国社会主义现代化建设的三个重要支点;坚持以法治思维和法治方式推进改革;等等。近几年来,全面深化改革之所以能够做到有力、有序、有效推进,一个重要原因就是这些科学方法提供了正确的指导。

推动全面深化改革落地生根。改革重在落实,也难在落实。如果不沉下心来抓落实,再好的目标、再好的蓝图,也只是镜中花、水中月。以习近平同志为核心的党中央,高度重视改革落实问题,几乎每次召开中央深改组、深改委会议,都要强调狠抓改革落实。2015 年 2 月 27 日,习近平主持召开十八届中央深改组第 10 次会议强调,处理好改革"最先一公里"和"最后一公里"的关系,突破"中梗阻",防止不作为,把改革方案的含金量充分展示出来。③2016 年 2 月 23 日,习近平在主持召开十八届中央深改组第 21 次会议时强调,以钉钉子精神抓好改革落实,扭住关键、精准发力,敢于啃硬骨头,盯着抓、反复抓,直到抓出成效。要遵循改革规律和特点,建立全过程、高效率、可核实的改革落实机制,推动改革举措早落地、见实效。④

---

① 《以更大的政治勇气和智慧深化改革 朝着十八大指引的改革开放方向前进》,《人民日报》2013 年 1 月 2 日,第 1 版。

② 《加强对改革重大问题调查研究 提高全面深化改革决策科学性》,《人民日报》2013 年 7 月 25 日,第 1 版。

③ 《科学统筹突出重点对准焦距 让人民对改革有更多获得感》,《解放军报》2014 年 1 月 23 日,第 1 版。

④ 《深入扎实抓好改革落实工作 盯着抓反复抓直到抓出成效》,《人民日报》2016 年 2 月 24 日,第 1 版。

2017 年 2 月 6 日，习近平主持召开十八届中央深改组第 32 次会议强调，党政主要负责同志是抓改革的关键，要把改革放在更加突出的位置来抓，不仅亲自抓、带头干，还要勇于挑最重的担子、啃最硬的骨头，做到重要改革亲自部署、重大方案亲自把关、关键环节亲自协调、落实情况亲自督查，扑下身子，狠抓落实。①2019 年 7 月 24 日，习近平主持召开十九届中央深改委第 9 次会议强调，要紧密结合"不忘初心、牢记使命"主题教育，推动改革补短板强弱项激活力抓落实。②2020 年 2 月 14 日，习近平主持召开十九届中央深改委第 12 次会议，强调既要立足当前，科学精确打赢疫情防控阻击战，更要放眼长远，总结经验、吸取教训，针对这次疫情暴露出来的短板和不足，抓紧补短板、堵漏洞、强弱项，该坚持的坚持，该完善的完善，该建立的建立，该落实的落实，完善重大疫情防控体制机制，健全国家公共卫生应急管理体系。③习近平就是狠抓改革落实的典范，他在接受俄罗斯电视台专访时指出：成立中央全面深化改革领导小组，由我本人担任组长，任务就是统一部署和协调一些重大问题，再把工作任务分解下去逐一落实。我把这叫作"一分部署，九分落实"。④几年来，狠抓改革落实结出了丰硕果实。设立自由贸易试验区、发展混合所有制经济、农村土地"三权"分置、户籍制度、考试招生制度、生态环保等改革举措陆续落地实施，重要领域和关键环节改革取得突破性进展，全面深化改革各主要领域具有"四梁八柱"性质的主体框架基本确立。通过改革，2019 年中央全面深化改革委员会部署的46 个重点改革任务和其他 61 个改革任务基本完成，中央和国家机关有关

---

① 《党政主要负责同志要亲力亲为抓改革扑下身子抓落实》，《人民日报》2017 年 2 月 7 日，第 1 版。
② 《紧密结合"不忘初心、牢记使命"主题教育　推动改革补短板强弱项激活力抓落实》，《人民日报》2019 年 7 月 25 日，第 1 版。
③ 《完善重大疫情防控体制机制　健全国家公共卫生应急管理体系》，《人民日报》2020 年 2 月 15 日，第 1 版。
④ 闻言：《坚定不移推进全面深化改革　在新时代创造中华民族新的更大奇迹》，《人民日报》2019 年 1 月 18 日，第 6 版。

部门还完成 178 个改革任务,各方面共出台 285 个改革方案。中共十八届三中全会以来至 2019 年底,各方面已经推出 2 217 个改革方案。①党的领导得到全面加强,各方面体制机制弊端制约发展活力和社会活力的状况得到明显改变,人民群众获得感显著提升。

三、确立治国理政的基本方式

我们党对依法治国问题的认识经历了一个不断深化的过程。新中国成立初期,我们党抓紧建设社会主义法治,初步奠定了社会主义法治的基础。党的十一届三中全会以来,我们党把依法治国确定为党领导人民治理国家的基本方略,把依法执政确定为党治国理政的基本方式,依法治国取得重大成就。党的十八大以来,我们党对社会主义法治的理论认识和实践探索达到了新的历史高度。以习近平同志为核心的党中央对全面依法治国高度重视,从关系党和国家长治久安的战略高度来定位法治、布局法治、厉行法治,把全面依法治国放在党和国家事业发展全局中来谋划、来推进,谱写了社会主义法治国家建设的新篇章。

坚定不移走中国特色社会主义法治道路。全面推进依法治国,必须走对路。如果路走错了,南辕北辙了,再提什么要求和举措也都没有意义。2014 年 10 月,习近平在关于《中共中央关于全面推进依法治国若干重大问题的决定》的说明中强调,中国特色社会主义法治道路是社会主义法治建设成就和经验的集中体现,是建设社会主义法治国家的唯一正确道路。全面推进依法治国这件大事能不能办好,最关键的是方向是不是正确、政治保证是不是坚强有力,具体讲就是要坚持党的领导,坚持中国特色社会主义制度,贯彻中国特色社会主义法治理论。这 3 个方面实质上是中国特

---

① 习近平:《在全国政协新年茶话会上的讲话》,《人民日报》2020 年 1 月 1 日,第 2 版。

色社会主义法治道路的核心要义,规定和确保了中国特色社会主义法治体系的制度属性和前进方向①。2017 年 5 月 3 日,习近平在中国政法大学考察时强调,中国特色社会主义法治道路的一个鲜明特点,就是坚持依法治国和以德治国相结合,强调法治和德治两手抓、两手都要硬。②2018 年 8 月 24 日,习近平主持召开中央全面依法治国委员会第一次会议时强调,要加强党对全面依法治国的集中统一领导,坚持以全面依法治国新理念新思想新战略为指导,坚定不移走中国特色社会主义法治道路,更好地发挥法治固根本、稳预期、利长远的保障作用。③以习近平同志为核心的党中央,深刻认识"坚持中国特色社会主义法治道路,最根本的是坚持中国共产党的领导"④,"党的领导是中国特色社会主义法治之魂"⑤,正确处理党和法的关系这一重大政治问题。针对国内外一些居心叵测的人企图把党的领导和法治割裂开来、对立起来,最终达到否定、取消党的领导的目的,习近平一针见血地指出,"党大还是法大"是一个政治陷阱,是一个伪命题⑥。而对各级党政组织、各级领导干部来说,"权大还是法大"则是一个真命题。这几年,在全面依法治国的历程中,我们党加强对全面依法治国的领导,健全党领导全面依法治国的制度和工作机制,组建中央全面依法治国委员会,推进党的领导制度化、法治化,把党的领导贯彻到全面依法治国全过程和各方面,有效抵御了"西方宪政""三权鼎立""司法独立""多党政治"等错

① 习近平:《关于〈中共中央关于全面推进依法治国若干重大问题的决定〉的说明》,《光明日报》2014 年 10 月 29 日,第 1 版。

② 《立德树人德法兼修抓好法治人才培养 励志勤学刻苦磨炼促进青年成长进步》,《人民日报》2017 年 5 月 4 日,第 1 版。

③ 《加强党对全面依法治国的集中统一领导 更好发挥法治固根本稳预期利长远的保障作用》,《人民日报》2018 年 8 月 25 日,第 1 版。

④ 习近平:《加快建设社会主义法治国家》,《求是》2015 年第 1 期。

⑤ 《党的领导是中国特色社会主义法治之魂》,《人民日报》2015 年 2 月 11 日,第 1 版。

⑥ 袁曙宏:《习近平总书记关于宪法的重要论述和我国宪法的修改》,《人民日报》2018 年 5 月 26 日,第 7 版。

误思潮,为全面建成小康社会、全面深化改革、全面从严治党提供了长期稳定的法治保障。

明确全面推进依法治国总目标。 全面依法治国涉及很多方面,在实际工作中必须有一个总揽全局、牵引各方的总抓手。这个总抓手就是全面推进依法治国的总目标。2014年10月下旬,党的十八届四中全会召开,首次以全会的形式专题研究部署全面推进依法治国。会议审议通过了《中共中央关于全面推进依法治国若干重大问题的决定》,明确提出,全面推进依法治国,总目标是建设中国特色社会主义法治体系、建设社会主义法治国家。全会作出了全面推进依法治国的顶层设计,围绕着这个总目标制定了路线图、施工图,在我国社会主义法治史上具有里程碑意义。提出全面依法治国的总目标,是以习近平同志为核心的党中央对中国特色社会主义法治理论和法治实践的重大创新和重大贡献,充分说明我们党对我国法治建设的理论认识和实践推动都更有科学性、更富规律性、更具创造性。

加快建设中国特色社会主义法治体系。 2014年10月,习近平在十八届四中全会第二次全体会议上指出,法治体系是国家治理体系的骨干工程,必须加快形成完备的法律规范体系、高效的法治实施体系、严密的法治监督体系、有力的法治保障体系,形成完善的党内法规体系[①]。这就明确了建设中国特色社会主义法治体系的基本内容。2019年10月,党的十九届四中全会将"坚持和完善中国特色社会主义法治体系,提高党依法治国、依法执政能力"纳入全会的重点任务部署。近几年,在以习近平同志为核心的党中央的坚强领导下,建设中国特色社会主义法治体系方面做了许多卓有成效的工作。比如,在完善以宪法为统帅的中国特色社会主义法律体系方面:党的十八届三中全会确定了336项改革任务,四中全会确定了190项改革任务,这些改革任务大都涉及法律制度的调整。2015年修改了

---

① 习近平:《加快建设社会主义法治国家》,《求是》2015年第1期。

立法法。2018年3月11日,十三届全国人大一次会议审议通过《中华人民共和国宪法修正案》,把党的十九大确定的重大理论观点和重大方针政策特别是习近平新时代中国特色社会主义思想载入国家根本法。全国人大及其常委会、国务院坚持立法先行,紧紧抓住事关改革发展稳定的重大立法项目,紧紧抓住提高立法质量这个关键,一批重要法律相继出台,为法治中国打造国之重器。从十八大到2018年4月底,共制定法律28件,修改法律137件次,制定修改行政法规266件次,中国特色社会主义法律体系日趋完善。①

深化依法治国实践。全面依法治国,必须在总目标统领下明确重点任务,在工作布局中推进重点任务。以习近平同志为核心的党中央,科学统筹全面依法治国的方方面面,推动全面依法治国迈出坚实步伐。2013年2月23日,习近平主持召开十八届中央政治局第4次集体学习,强调全面推进科学立法、严格执法、公正司法、全民守法,坚持依法治国、依法执政、依法行政共同推进,坚持法治国家、法治政府、法治社会一体建设,不断开创依法治国新局面。②2015年12月,中共中央、国务院印发《法治政府建设实施纲要(2015—2020年)》,规划了与全面建成小康社会相适应的法治政府建设阶段性目标,推动依法行政全面实施。2016年,司法部会同有关部门印发《关于完善国家工作人员学法用法制度的意见》,明确将宪法法律和党内法规列入各级党委(党组)中心组年度学习计划,推动领导干部带头尊法学法守法用法。2017年10月,党的十九大把坚持全面依法治国上升为新时代坚持和发展中国特色社会主义的基本方略,描绘了到2035年基本建成法治国家、法治政府、法治社会的宏伟蓝图。依法治国首先必须依宪治

① 魏哲哲:《绘就全面依法治国的斑斓画卷——党的十八大以来我国全面推进依法治国新成就综述》,《人民日报》2018年9月7日,第5版。

② 《依法治国依法执政依法行政共同推进 法治国家法治政府法治社会一体建设》,《人民日报》2013年2月25日,第1版。

国、依宪执政。2012年12月4日,首都各界举行纪念现行宪法公布实施30周年大会,习近平出席并发表重要讲话,强调指出,要恪守宪法原则,弘扬宪法精神,履行宪法使命,把全面贯彻实施宪法提高到一个新水平①。2014年11月1日,十二届全国人大常委会第十一次会议通过《关于设立国家宪法日的决定》,将12月4日设立为国家宪法日。2018年2月24日,习近平在十九届中央政治局第4次集体学习时强调,要坚持党的领导、人民当家作主、依法治国有机统一,加强宪法实施和监督,把国家各项事业和各项工作全面纳入依法治国、依宪治国的轨道,把实施宪法提高到新的水平。②2018年3月17日,习近平在十三届全国人大一次会议上,面对近3 000名全国人大代表、面对13亿人民,庄严进行宪法宣誓。这是新中国成立以来,我国最高领导人首次进行宪法宣誓,充分体现了国家元首对宪法的尊重、对人民的尊重,充分体现了以习近平同志为核心的党中央坚持依宪治国、依宪执政的坚定意志和坚强决心。2020年2月5日,习近平主持召开十九届中央全面依法治国委员会第3次会议强调,要在党中央集中统一领导下,始终把人民群众生命安全和身体健康放在第一位,从立法、执法、司法、守法各环节发力,全面提高依法防控、依法治理能力,为疫情防控工作提供有力法治保障。③近几年来,党中央统筹加强科学立法、严格执法、公正司法、全民守法各环节建设,统筹推进法治国家、法治政府、法治社会一体建设,全面推进司法体制改革,全面依法治国取得了举世瞩目的新进展、新成就,谱写下法治中国建设的崭新篇章。

维护社会公平正义、司法公正。公平正义是中国特色社会主义的内在

---

① 习近平:《在首都各界纪念现行宪法公布施行30周年大会上的讲话》,《人民日报》2012年12月5日,第2版。

② 《更加注重发挥宪法重要作用　把实施宪法提高到新的水平》,《人民日报》2018年2月26日,第1版。

③ 《全面提高依法防控依法治理能力　为疫情防控提供有力法治保障》,《人民日报》2020年2月6日,第1版。

要求,司法公正是维护社会公平正义的最后一道防线。曾经一段时期,领导机关和领导干部违法违规干预问题突出,这是导致执法不公、司法腐败的一个顽瘴痼疾,直接导致金钱案、关系案、人情案等,人民群众对此深恶痛绝。因种种原因,一些重大冤错案件的被告人或不幸被错杀或身陷囹圄。以习近平同志为核心的党中央高度重视通过全面依法治国维护社会公平正义,作出一系列重大部署。2014 年 1 月上旬,习近平出席中央政法工作会议时强调,促进社会公平正义是政法工作的核心价值追求。①2014 年 10 月,在十八届四中全会第二次全体会议上指出,要坚持以公开促公正、树公信,构建开放、动态、透明、便民的阳光司法机制,杜绝暗箱操作,坚决遏制司法腐败②。2015 年 3 月,习近平主持十八届中央政治局第 21 次集体学习时强调,要坚持司法体制改革的正确政治方向,坚持以提高司法公信力为根本尺度,坚持符合国情和遵循司法规律相结合,坚持问题导向,勇于攻坚克难,坚定信心,凝聚共识,锐意进取,破解难题,坚定不移深化司法体制改革,不断促进社会公平正义。③近几年来,党中央从确保依法独立公正行使审判权检察权、健全司法权力运行机制、完善人权司法保障制度等 3 个方面,着力解决影响司法公正、制约司法能力的深层次问题,破解体制性、机制性、保障性障碍。2014 年 3 月,中办、国办印发《关于深化司法体制和社会体制改革的意见》。2015 年,中办、国办又印发《领导干部干预司法活动、插手具体案件处理的记录、通报和责任追究规定》,最高人民法院修订《人民法院法庭规则》,为领导干部干预司法活动划定了红线。2015 年、2016 年,中央政法委 2 次公开通报 12 起领导干部干预司法活动、插手

① 《坚持严格执法公正司法深化改革　促进社会公平正义保障人民安居乐业》,《人民日报》2014 年 1 月 9 日,第 1 版。
② 习近平:《加快建设社会主义法治国家》,《求是》2015 年第 1 期。
③ 《以提高司法公信力为根本尺度　坚定不移深化司法体制改革》,《人民日报》2015 年 3 月 26 日,第 1 版。

具体案件处理和司法机关内部人员过问案件的典型案件,建立起领导干部干预司法活动、插手具体案件处理的记录、通报和责任追究制度。①近年来,司法机关用实际行动自我纠错、敢于担当,依法纠正了呼格吉勒图案、聂树斌案、念斌案等一批冤假错案,受到广大群众好评。

四、突出党的建设的鲜明主题

全面从严治党是关系我们党生死存亡、关系人心向背、关系国家长治久安的重大问题。曾经一段时期,党和国家出现了政治生态严重恶化、腐败问题易发高发的问题,这个问题解决不好,就会对党造成致命伤害,甚至亡党亡国。这样的形势决定了我们党必须以最大决心、最大力度推进全面从严治党。几年来,党中央以雷霆万钧之势推进全面从严治党,以刀刃向内的勇气向党内顽瘴痼疾开刀,以钉钉子精神把管党治党要求落细落实,清除了党内存在的严重隐患,化解了党面临的严重政治风险,正本清源、拨正船头,保证全党沿着正确航向前进,对党、国家和民族都产生了不可估量的深远影响。

把加强党的领导作为全面从严治党的核心。以习近平同志为核心的党中央治国理政的一个鲜明特点,就是把加强党的领导与推进全面从严治党统筹起来。2012年11月15日,刚刚当选为总书记的习近平,带领政治局常委同中外记者见面时强调,打铁还需自身硬。我们的责任,就是同全党同志一道,坚持党要管党、从严治党,切实解决自身存在的突出问题,切实改进工作作风,密切联系群众,使我们党始终成为中国特色社会主义事业的坚强领导核心。②在这段论述中,始终成为坚强领导核心与加强党的

① 魏哲哲:《绘就全面依法治国的斑斓画卷——党的十八大以来我国全面推进依法治国新成就综述》,《人民日报》2018年9月7日,第5版。
② 习近平:《人民对美好生活的向往就是我们的奋斗目标》,《人民日报》2012年11月16日,第4版。

领导是同义语,表明加强党的领导是全面从严治党的目标指向。2016年1月12日,习近平在十八届中纪委六次全会上强调,全面从严治党,核心是加强党的领导。①2016年10月,党的十八届六中全会正式明确习近平总书记为党中央的核心、全党的核心,号召全党同志紧密团结在以习近平同志为核心的党中央周围。2017年10月,党的十九大明确中国特色社会主义最本质的特征是中国共产党领导,中国特色社会主义制度的最大优势是中国共产党领导,党是最高政治领导力量。②十九大还把"坚持党对一切工作的领导"和"坚持全面从严治党"分别作为新时代坚持和发展中国特色社会主义基本方略的第一条和最后一条,形成首尾分别讲党的领导和全面从严治党的新逻辑。2018年12月,习近平在庆祝改革开放40周年大会上的讲话,总结了"九个必须坚持"的宝贵历史经验,除最后一条是讲的方法论,前面"八个必须坚持"同样都是首尾分别讲坚持党的领导和全面从严治党。这表明,以习近平同志为核心的党中央,更加重视加强党的领导和全面从严治党,形成了通过抓全面从严治党来加强党的领导,同时又通过加强党的领导更好推进全面从严治党的新思路。近几年来,通过狠抓全面从严治党,党的领导更加全面、更加坚强有力。同时,通过深化国家监察体制改革健全党和国家监督体系,强化了党对党风廉政建设和反腐败工作的统一领导,实现了党内监督和国家监察、依规治党和依法治国有机统一。

强调全面从严治党基础在全面、关键在严、要害在治。早在2014年10月,习近平就指出:"从严治党要贯穿于改革开放和现代化建设全过程,贯穿于党的建设和党内生活各方面,真正做到要求严、措施严,对上严、对

---

① 《坚持全面从严治党依规治党 创新体制机制强化党内监督》,《人民日报》2016年1月13日,第1版。
② 习近平:《决胜全面建成小康社会 夺取新时代中国特色社会主义伟大胜利——在中国共产党第十九次全国代表大会上的报告》,人民出版社2017年版,第20页。

下严,对事严、对人严。"①2016 年 1 月 12 日,习近平在十八届中央纪委六次全会上对全面从严治党的科学内涵作了创造性的揭示和阐发,明确指出,全面从严治党,"基础在全面、关键在严、要害在治"。这一重要思想,具有很强的现实针对性,是一个重大的理论创新。所谓"全面",就是管全党、治全党,面向 9 000 多万党员、460 多万个党组织,覆盖党的建设各个领域、各个方面、各个部门,做到对象全包括、内容无死角。重点是抓住"关键少数",管好各级领导干部特别是高级干部。"全面"还有另一层含义,那就是要依靠全党来实现全面从严治党,尤其是要充分调动基层党组织和广大党员的积极性,形成坚实的群众基础和浓厚的舆论氛围。所谓"严",就是真管真严、敢管敢严、长管长严。全面从严治党首先要认真较真。对各种违反党规党纪的错误思想和行为,决不能感情用事,轻易放过,更不能有怜悯之心,姑息迁就,而要真查真纠,立见立抓,显示党纪威力,发挥震慑效应。全面从严治党还要敢字当头,去除私心杂念,敢于瞪眼黑脸,勇于执纪问责。近几年间,党中央先后彻查了辽宁沈阳、湖南衡阳和四川南充重大贿选案,所有涉案人员全部被绳以党纪国法,有关党组织和领导干部被严肃问责,为全党树立了敢管敢严的标杆。全面从严治党更要常抓不懈。只有咬住"常""长"二字,经常抓、深入抓、持久抓,才能久久为功,见到效果。所谓"治",就是各级党组织和领导干部要按照分工承担责任,依据党的建设内在规律进行各项治理活动。从党中央到省市县党委,从中央部委、国家机关部门党组到基层党支部,都要肩负起主体责任,党委书记要把抓好党建当作分内之事,纪委要担起必须担当的职责。党的十八大以来,各级党组织按照这些要求,牢牢把握"治标"与"治本"的关系,深化标本兼治,通过发挥理想信念和道德情操的引领作用,加强党章学习和党性教育,使

---

① 《习近平关于全面从严治党论述摘编》,中央文献出版社 2016 年版,第 8—9 页。

广大党员、干部进一步坚定信仰信念,坚守精神追求,筑牢了拒腐防变的思想道德防线。坚持惩前毖后,治病救人,通过加强经常性的纪律建设和纪检工作,及时提醒警示,抓早抓小,防微杜渐,使干部不犯或少犯错误特别是严重错误,全面从严治党取得了显著成效。

提出并推进党的伟大自我革命。这是以习近平同志为核心的党中央的一个重大理论和实践创新。自我革命,本义是自己纠正自己的错误,在习近平的重要论述中,往往把自我革命与全面从严治党等同起来,用自我革命指代党的建设新的伟大工程。在十九大上,习近平指出:"勇于自我革命,从严管党治党,是我们党最鲜明的品格。"[1]2017 年 10 月 25 日,习近平在新当选的党的十九届中央政治局常委同中外记者见面时指出:"实践充分证明,中国共产党能够带领人民进行伟大的社会革命,也能够进行伟大的自我革命。"[2]时隔两个多月,2018 年 1 月 5 日,习近平在学习贯彻党的十九大精神研讨班开班式上再次对推进自我革命进行了深刻阐述,强调要把新时代坚持和发展中国特色社会主义这场伟大社会革命进行好,我们党必须勇于进行自我革命,把党建设得更加坚强有力[3]。2018 年 7 月初,在全国组织工作会议上,习近平进一步深刻指出:"我们必须增强忧患意识、责任意识,把党的伟大自我革命进行到底。"[4]2019 年 6 月 24 日,习近平在十九届中央政治局第 15 次集体学习时强调,越是长期执政,越不能忘记党的初心使命,越不能丧失自我革命精神,在新时代把党的自我革命

① 习近平:《决胜全面建成小康社会 夺取新时代中国特色社会主义伟大胜利——在中国共产党第十九次全国代表大会上的报告》,人民出版社 2017 年版,第 26 页。
② 《新时代要有新气象更要有新作为 中国人民生活一定会一年更比一年好》,《人民日报》2017 年 10 月 26 日,第 2 版。
③ 《以时不我待只争朝夕的精神投入工作 开创新时代中国特色社会主义事业新局面》,《人民日报》2018 年 1 月 6 日,第 1 版。
④ 《切实贯彻落实新时代党的组织路线 全党努力把党建设得更加坚强有力》,《人民日报》2018 年 7 月 5 日,第 1 版。

推向深入。①从这些重要论述和这几年党中央管党治党的实践看,推进自我革命,就是要在各种风险挑战严峻复杂的形势下,严加防范、及时整治那些弱化党的先进性、损害党的纯洁性的因素,永葆党的性质宗旨,坚守党的初心使命,从而更好地带领人民推进社会革命。

以永远在路上的坚持和执着推进全面从严治党。党的十八大以来,在以习近平同志为核心的党中央坚强领导下,全面从严治党取得卓越成绩,但我们决不能沾沾自喜,更不能麻痹松懈,否则,消极腐败现象很快就会反弹回潮,那样的话,我们党就会失信于民,就会面临更大的危险。还要看到,"四风"在高压之下出现一些新动向、新表现,一些违纪违法手段升级翻新、隐形变异。对此,习近平在十八届中央纪委六次全会上强调指出,要"坚持全面从严治党""坚定不移推进全面从严治党",并鲜明提出和深刻阐发了一系列关于推进全面从严治党的新思想新要求。十九大期间他在参加贵州省代表团讨论时指出:"在全面从严治党这个问题上,我们不能有差不多了,该松口气、歇歇脚的想法,不能有打好一仗就一劳永逸的想法,不能有初见成效就见好就收的想法。"②2018 年 1 月 11 日在十九届中纪委二次全会上强调,要全面贯彻党的十九大精神,重整行装再出发,以永远在路上的执着把全面从严治党引向深入,开创全面从严治党新局面。③2018 年12 月在庆祝改革开放 40 周年大会上再次强调:"我们要以永远在路上的坚持和执着,深化标本兼治,坚决清除一切腐败分子,保证干部清正、政府清廉、政治清明,为继续推进改革开放营造海晏河清的政治生态。"④2019

① 《全党必须始终不忘初心牢记使命　在新时代把党的自我革命推向深入》,《人民日报》2019年 6 月 26 日,第 1 版。

② 《万众一心开拓进取　把新时代中国特色社会主义推向前进》,《人民日报》2017 年 10 月 20日,第 1 版。

③ 《全面贯彻落实党的十九大精神　以永远在路上的执着把从严治党引向深入》,《人民日报》2018 年 1 月 12 日,第 1 版。

④ 习近平:《在庆祝改革开放 40 周年大会上的讲话》,《人民日报》2018 年 12 月 19 日,第 2 版。

年1月,十九届中纪委三次全会作出巩固发展反腐败斗争压倒性胜利的部署,要求一体推进不敢腐、不能腐、不想腐,健全党和国家监督体系①。事实上,6年多来管党治党的实践已经试出了人心向背。全面从严治党顺党心、合民意,有着广泛和坚实的政治基础和群众基础。可以预见,以习近平同志为核心的党中央将一以贯之推进全面从严治党,继续以自我革命的勇气,破藩篱、去顽疾、立规矩、建制度、正风气,使党的集中统一领导更加坚强有力,党内政治生态进一步改善,党在新时代新征程中将焕发出愈益强大的生机活力。

五、有机统一的战略布局

"四个全面"战略布局,不仅每一个"全面"都独立成篇、内涵丰富,而且相互之间又紧密联系、有机统一、不可分割,共同支撑起中国特色社会主义事业全局。推进经济社会发展,一定要紧紧扭住全面建成小康社会和全面建成社会主义现代化强国的战略目标不动摇,紧紧扭住全面深化改革、全面依法治国、全面从严治党三个战略举措不放松,努力做到"四个全面"相辅相成、相互促进、相得益彰。

习近平在十八届中央政治局第20次集体学习时强调,我们提出要协调推进全面建成小康社会、全面深化改革、全面依法治国、全面从严治党,是当前党和国家事业发展中必须解决好的主要矛盾。②"主要矛盾"四个字表明,"四个全面"虽然用的是"全面"的字眼,但实质上抓的是党和国家事业发展中的主要矛盾,也可以说抓的是新时代治国理政的关键环节。全面

---

① 《取得全面从严治党更大战略性成果　巩固发展反腐败斗争压倒性胜利》,《人民日报》2019年1月12日,第1版。
② 《坚持运用辩证唯物主义世界观方法论　提高解决我国改革发展基本问题本领》,《人民日报》2015年1月25日,第1版。

建成小康社会,是"两个一百年"奋斗目标中第一个百年目标,是实现中华民族伟大复兴中国梦的关键一步;改革开放是决定当代中国命运的关键一招,也是决定实现"两个一百年"奋斗目标、实现中华民族伟大复兴的关键一招;法治是治国理政的基本方式,特别是在全面建成小康社会决胜阶段,依法治国在党和国家工作全局中的地位更加突出、作用更加重大;办好中国的事情,关键在党,关键在党要管党、全面从严治党。因此,"四个全面"中的每一个"全面",都是我们党必须抓住抓好的工作重点和关键环节。

"没有重点就没有政策"。党的十八大以来,我们党根据"四个全面"战略布局,把握具体形势和主要任务,抓住重点和关键环节,在党的十八届三中、四中、五中、六中全会相继就全面深化改革、全面依法治国、全面建成小康社会、全面从严治党进行专题研究,党的十九届三中全会又对全面深化改革中的深化党和国家机构改革进行专题研究。每一个"全面"都分别通过一次中央全会进行研究和部署,步步为营,环环相扣,按照整体战略部署有序展开。协调推进"四个全面",并非先推进一个"全面",尔后再推进另一个"全面",而是在全面中抓重点,以重点带全面,使"四个全面"得到整体推进。我们党不仅强调协调推进"四个全面"战略布局,而且把"五位一体"与"四个全面"并列提出,强调统筹推进"五位一体"总体布局和办调推进"四个全面"战略布局。把这两大布局并列提出、协同推进,是一个宏大思路和战略运筹。"五位一体",明确了建设中国特色社会主义的历史进程中需要统筹的目标和对象,即要把经济建设、政治建设、文化建设、社会建设、生态文明建设这"五位"作为"一体"来统筹。"四个全面",则明确了如何统筹的路径和方法,即要协调推进全面建成小康社会、全面深化改革、全面依法治国和全面从严治党。"五位"中的每一"位",都有一个协调推进"四个全面"的问题。比如,在经济建设这一"位"中,有全面建成小康社会投射到经济领域的目标要求,有全面深化改革投射到经济领域的重大举措,也有全面依法治国投射到经济领域的法治规范,还有全面从严治党投射到经济领域的廉政制度。当我们把"五位"中每一"位"关于上述四个方面的要求都凝练出来,那就是"四个全面"。只要抓住"四个全面",就能把"五位"作为"一体"来统筹。我们要深刻领会两大布局的内在联系,坚持用协调推进"四个全面"战略布局来带动推进"五位一体"总体布局,使两者相得益彰、相互促进。

第四节　踏上强军之路:把人民军队建设成为世界一流军队

强国强军,征途如虹。党的十八大以来,以习近平同志为核心的党中央着眼实现"两个一百年"奋斗目标、实现中华民族伟大复兴的中国梦,立足国家安全和发展战略全局,推进马克思主义军事理论中国化,围绕国防和军队建设作出一系列重要论述,确立党在新时代的强军目标,擘画强军兴军的宏伟蓝图,开创了新时代强军事业的新局面。党的军事理论创新与军事实践创新同步发展,习近平强军思想在强军实践中丰富升华,强军事业在习近平强军思想引领下发展振兴。

一、提出和拓展强军目标

一支军队的奋斗目标,决定着这支军队能够达到的时代高度。在各个历史时期,我们党都根据形势任务的变化,明确提出人民军队建设发展的目标要求,引领我军建设不断向前发展。毛泽东领导制定建设优良的现代化革命军队的总方针,邓小平提出建设一支强大的现代化正规化革命军队的总目标,江泽民提出政治合格、军事过硬、作风优良、纪律严明、保障有力的总要求,胡锦涛提出按照革命化现代化正规化相统一的原则加强军队全面建设的重要思想。这些目标要求,指引我军从小到大、由弱到强,不断取得新的胜利。

中国特色社会主义进入了新时代,国防和军队建设也进入了新时代。2012 年 11 月 15 日,习近平主持召开新一届军委班子第一次常务会议,鲜明指出:要始终以改革创新精神开拓前进,努力夺取我军在军事竞争中的主动权。[①]2013 年 3 月 11 日,习近平在出席十二届全国人大一次会议解放军代表团全体会议时郑重提出,建设一支听党指挥、能打胜仗、作风优良的人民军队,是党在新形势下的强军目标。[②]2017 年 10 月,习近平在党的十九大上指出,"党在新时代的强军目标是建设一支听党指挥、能打胜仗、作风优良的人民军队,把人民军队建设成为世界一流军队"[③]。这一重要论述,把"世界一流军队"纳入强军目标的内涵,使党在新时代的强军目标更为完整,更具凝聚力、感召力。党的十九大还提出,要确保到 2020 年基本实现机械化,信息化建设取得重大进展,战略能力有大的提升,力争到 2035 年基本实现国防和军队现代化,到 21 世纪中叶把人民军队全面建成世界一流军队。这进一步明确了全面实现国防和军队现代化的目标引领、战略安排。

听党指挥是灵魂,决定军队建设的政治方向。实现强军目标,最紧要的是确保军队坚决听党指挥。党对军队绝对领导的原则和制度,确立于人民军队初创时期。它酝酿于大革命失败,发端于南昌起义,奠基于"三湾改

①　《伟大的变革　历史的跨越——以习近平同志为核心的党中央领导和推进强军兴军纪实之三》,《人民日报》2017 年 9 月 11 日,第 1 版。
②　《牢牢把握党在新形势下的强军目标　努力建设一支听党指挥能打胜仗作风优良的人民军队》,《人民日报》2013 年 3 月 12 日,第 1 版。
③　习近平:《决胜全面建成小康社会　夺取新时代中国特色社会主义伟大胜利——在中国共产党第十九次全国代表大会上的报告》,人民出版社 2017 年版,第 19 页。

编"，定型于古田会议。在全党全军的努力下，这一原则和制度已经完全融入了人民军队的血脉，成为永远不变的"军魂"。毛泽东鲜明提出："我们的原则是党指挥枪，而决不容许枪指挥党。"①邓小平明确要求我们的军队始终要忠于党，忠于人民，忠于国家，忠于社会主义。江泽民强调，一个军队要有军魂，我们军队的军魂就是党的绝对领导。②胡锦涛指出，坚持党对军队绝对领导，是我军建设发展的首要问题，任何时候任何情况下都不能有丝毫含糊和动摇。③党的十八大以来，习近平站在党、国家和军队事业发展的高度，反复强调"要铸牢听党指挥这个强军之魂，确保部队绝对忠诚、绝对纯洁、绝对可靠"④。2013 年 11 月 6 日，习近平在接见全军党的建设工作会议代表时指出，我军之所以能够战胜各种艰难困苦、不断从胜利走向胜利，最根本的就是坚定不移听党话、跟党走。这是我军的军魂和命根子，永远不能变，永远不能丢。军队党的建设的首要任务是确保党对军队的绝对领导，这也是对军队党的建设的根本要求。⑤2014 年 10 月 31 日，习近平在古田出席全军政治工作会议时强调，坚持党对军队绝对领导是强军之魂，铸牢军魂是我军政治工作的核心任务，任何时候都不能动摇。⑥此后，他又提出了培养新一代"四有"革命军人、锻造"四铁"过硬部队的要求，即要努力培养有灵魂、有本事、有血性、有品德的新一代革命军人，锻造具有铁一般信仰、铁一般信念、铁一般纪律、铁一般担当的过硬部队。⑦党的十

① 《毛泽东选集》第 2 卷，人民出版社 1991 年版，第 547 页。
② 《人民军队建设和发展的科学指南》，《人民日报》2003 年 8 月 20 日，第 1 版。
③ 《江泽民胡锦涛出席军委扩大会议并发表重要讲话》，《人民日报》2004 年 9 月 21 日，第 1 版。
④ 《牢牢把握党在新形势下的强军目标 努力建设一支听党指挥能打胜仗作风优良的人民军队》，《人民日报》2013 年 3 月 12 日，第 1 版。
⑤ 《不断提高军队党的建设科学化水平 为实现强军目标提供坚强思想和组织保证》，《人民日报》2013 年 11 月 7 日，第 1 版。
⑥ 《发挥政治工作对强军兴军的生命线作用 为实现党在新形势下的强军目标而奋斗》，《人民日报》2014 年 11 月 2 日，第 1 版。
⑦ 《深入推进政治建军改革强军依法治军 坚定信心狠抓落实开创强军兴军新局面》，《人民日报》2016 年 1 月 8 日，第 1 版。

九大把坚持党对人民军队的绝对领导,作为新时代坚持和发展中国特色社会主义十四条基本方略之一,把"中央军委实行主席负责制"郑重写入党章。2014年4月10日,中央军委印发《关于贯彻落实军委主席负责制建立和完善相关工作机制的意见》,建立了请示报告等3项工作机制;2017年11月,中央军委又印发《关于全面深入贯彻军委主席负责制的意见》,对全面深入贯彻军委主席负责制提出明确意见,作出部署安排。2018年8月,习近平在中央军委党的建设会议上强调,坚持党对军队绝对领导是我军加强党的领导和党的建设工作的首要任务。要加强党的政治建设,引导全军坚决维护党中央权威和集中统一领导,坚决听从党中央和中央军委指挥。要坚持用新时代中国特色社会主义思想和新时代党的强军思想武装官兵,铸牢部队对党绝对忠诚的思想根基。要落实党委统一的集体领导下的首长分工负责制,做到一切工作都置于党委统一领导之下,一切重要问题都由党委研究决定。要健全党领导军队的制度体系,全面规范我军党的工作和政治工作。①军委党的建设会议召开后,中央军委印发《关于加强新时代军队党的建设的决定》,对全面加强新时代人民军队党的领导和党的建设工作作出战略部署。2019年10月,党的十九届四中全会把党对人民军队的绝对领导制度纳入中国特色社会主义制度的图谱,确立为我国根本军事制度,并对坚持和完善这一制度作出部署。这些重要论述和部署,深刻阐明了听党指挥的具体要求,深化和完善了我们党在新时代政治建军的大方略。

能打胜仗是核心,反映军队的根本职能和军队建设的根本指向。我军是在战火中诞生、从战争中走来的英雄军队,虽然不同历史时期担负的具体任务不同,但作为战斗队的根本职能始终没有改变。党在建设人民军队

① 《全面加强新时代我军党的领导和党的建设工作 为开创强军事业新局面提供坚强政治保证》,《人民日报》2018年8月20日,第1版。

的长期实践中,坚持把提高战斗力作为永恒课题,毛泽东强调人民解放军永远是一个战斗队,邓小平确立了战斗力标准,江泽民提出打得赢、不变质两个历史性课题,胡锦涛要求全面提高履行新世纪新阶段我军历史使命的能力。党的十八大以来,围绕新时代强军事业,习近平强调最多的就是能打仗、打胜仗。2012 年 12 月,他在广州战区考察时强调,"要牢记,能打仗、打胜仗是强军之要,必须按照打仗这个标准搞建设抓准备,确保军队能够做到召之即来、来之能战、战之必胜"①。2015 年 3 月,经习近平批准,《关于在党委领导工作中贯彻落实战斗力标准的意见》印发全军,有力推动各级党委把提高部队战斗力作为根本出发点和落脚点,在作决策、抓工作、用干部、配资源上自觉用战斗力尺子来衡量。2016 年 1 月 11 日,习近平在接见调整组建后的军委机关各部门负责同志时指出,军委机关要把谋打赢作为最大职责,强化随时准备打仗思想,集中精力研究军事、研究战争、研究打仗。②2018 年 1 月 3 日,习近平视察中部战区陆军某师时强调,要强化练兵备战,全部心思向打仗聚焦,各项工作向打仗用劲,加强数字化部队作战研究,创新作战概念和战法,大抓实战化军事训练,不断提高训练水平和打赢能力。③2018 年 10 月 25 日,习近平在视察南部战区时强调,要强化使命担当,坚决破除和平积弊,集中精力推进备战打仗工作。要加快推进战区指挥能力建设,履行好军委赋予的指挥权责,完善指挥运行机制,确保指挥顺畅高效。④2019 年 1 月 4 日,中央军委召开军事工作会议,强调要把新时代军事战略思想立起来,把新时代军事战略方针立起来,把备战打仗

---

① 《坚持富国和强军相统一　努力建设巩固国防和强大军队》,《人民日报》2012 年 12 月 13 日,第 1 版。

② 《讲政治谋打赢搞服务作表率　努力建设"四铁"军委机关》,《人民日报》2016 年 1 月 12 日,第 1 版。

③ 《大抓实战化军事训练　聚力打造精锐作战力量》,《人民日报》2018 年 1 月 5 日,第 1 版。

④ 《加快推进战区指挥能力建设　坚决完成担负的使命任务》,《人民日报》2018 年 10 月 27 日,第 1 版。

指挥棒立起来,把抓备战打仗的责任担当立起来。要求全军强化战斗队思想,坚持战斗力这个唯一的根本的标准,各项工作和建设、各方面力量和资源都要聚焦军事斗争准备、服务军事斗争准备,推动军事斗争准备工作有一个很大加强。[1]这些重要指示和决策,阐明了能打胜仗在强军兴军中的核心牵引作用,为我军履行新时代使命任务指明了方向。

作风优良是保证,关系军队的性质、宗旨、本色。我党我军历来重视作风建设。党的十八大以来,习近平把作风建设提升到战略高度,把改进作风作为军队一项基础性长期性工作抓紧抓实,不断夯实依法治军、从严治军这个强军之基。2013年1月,《中央军委加强自身作风建设十项规定》印发全军,发出了军队作风建设的动员令。2013年7月7—8日,中央军委召开专题民主生活会,会议强调,解决"四风"问题,要从思想根子上抓起,抓住官兵反映强烈的突出问题搞好专项整治,拿出打硬仗的劲头,坚决啃下这块硬骨头。军队抓作风建设,最重要的是聚焦能打仗、打胜仗,贯彻和体现战斗力这个唯一的根本的标准,为实现强军目标提供坚强作风保证。[2]在古田全军政治工作会议上,习近平突出强调,坚持抓常、抓细、抓长,坚持以改革的思路和办法推进反腐败工作,确保改进作风规范化、常态化、长效化,以锲而不舍、驰而不息的决心把作风建设和反腐败斗争引向深入。[3]2015年2月,全军在团以上党委机关深入开展了"三严三实"专题教育整顿,这是着眼持续深化作风建设、革除问题积弊作出的重要决策。党的十九大将开展"传承红色基因、担当强军重任"主题教育写进大会报告,这在历史上是不多见的。2018年6月,中央军委印发《传承红色基

---

[1] 《在新的起点上做好军事斗争准备工作　坚决完成党和人民赋予的使命任务》,《人民日报》2019年1月5日,第1版。

[2] 《对照检查中央和军委有关作风建设规定落实情况　研究提出进一步加强作风建设措施》,《人民日报》2013年7月9日,第1版。

[3] 《发挥政治工作对强军兴军的生命线作用　为实现党在新形势下的强军目标而奋斗》,《人民日报》2014年11月2日,第1版。

因实施纲要》,指导各级把红色基因注入血脉、传承弘扬下去,永葆老红军本色。按照这些重要指示和要求,全军把作风优良作为强军目标的重要内容,上升到我军鲜明特色和政治优势的高度进行加强,收到了显著成效。

二、完善强军布局

战略重在布局谋势。实现党在新时代的强军目标,必须健全完善强军兴军的战略布局。党的十八大以来,习近平着眼以强军支撑强国复兴伟业,围绕强军兴军这个鲜明主题,扭住实现党在新时代的强军目标、把人民军队全面建成世界一流军队这个核心要求,逐步构建起政治建军、改革强军、科技强军、人才强军、依法治军的强军布局,为走中国特色强军之路确立了基本路径。2016 年 1 月 5 日,习近平在视察第 13 集团军时强调,深入推进政治建军、改革强军、依法治军。[1]2017 年 7 月 30 日,庆祝中国人民解放军建军 90 周年阅兵在朱日和联合训练基地隆重举行,习近平检阅部队并发表重要讲话强调,要坚定不移坚持政治建军、改革强军、科技兴军、依法治军,全面提高国防和军队现代化建设水平。[2]2020 年 1 月 1 日,《解放军报》元旦献词依据习近平在军队的有关重要讲话提出:"坚持政治建军、改革强军、科技强军、人才强军、依法治军"。至此,政治建军、改革强军、科技强军、人才强军、依法治军这一强军布局完整地提了出来。

深入推进政治建军,我军思想政治根基更加牢固。政治建军是我军的立军之本,使我军始终保持了人民军队的性质宗旨和本色作风。1929 年

---

① 《深入推进政治建军改革强军依法治军 坚定信心狠抓落实开创强军兴军新局面》,《人民日报》2016 年 1 月 8 日,第 1 版。

② 习近平:《在庆祝中国人民解放军建军 90 周年阅兵时的讲话》,《人民日报》2017 年 7 月 31 日,第 2 版。

岁末,面临生死存亡的红四军,在古田召开第九次党的代表大会,确立了思想建党、政治建军的原则。从此,这支工农武装脱胎换骨,成为不同于历史上任何一支旧武装的新型人民军队。历史和现实告诫我们:根子上的东西要守住,守不住,军队就会失去根本;传统上的优势不能丢,丢掉了,军队就会变质变色。85年后,在习近平亲自决策和领导下,人民军队重回古田召开全军政治工作会议。习近平在会议上指出,"对党绝对忠诚要害在'绝对'两个字,就是唯一的、彻底的、无条件的、不掺任何杂质的、没有任何水分的忠诚"①。两个月后,中共中央印发《关于新形势下军队政治工作若干问题的决定》。这份纲领性文件,勾画了新时代政治建军的方略和蓝图,开启了人民军队政治整训的新征程。在国防和军队改革开启之时,习近平明确要求:改革必须坚持坚定正确的政治方向,通过一系列体制设计和制度安排,把党对军队绝对领导的根本原则和制度进一步固化下来并加以完善。②2017年8月1日,习近平在庆祝中国人民解放军建军90周年大会上要求:前进道路上,人民军队必须牢牢坚持党对军队的绝对领导,把这一条当作人民军队永远不能变的军魂、永远不能丢的命根子,任何时候任何情况下都以党的旗帜为旗帜、以党的方向为方向、以党的意志为意志。这些高屋建瓴的重要论述,展开了人民军队政治建军方略的时代新篇。③党的十八大以来,在党中央、中央军委和习主席的坚强领导下,全军上下共同努力,以政治建军方略为引领,破除沉疴积弊,持续正风反腐,特别是全面彻底肃清郭伯雄、徐才厚流毒影响,突出思想清理和组织清理,推动部队政治生态清朗起来,旗帜鲜明地立起了"四有"新时代革命军人好样子,立起了"四铁"过硬部队好样子,立起了"五条标准"军队好干部样子,使人民军队

---

①　《培养造就新一代革命军人》,《人民日报》2015年8月1日,第2版。

②　《政治建军,固本开新永向前(砥砺奋进的五年)》,《人民日报》2017年8月31日,第1版。

③　习近平:《在庆祝中国人民解放军建军90周年大会上的讲话》,《人民日报》2017年8月2日,第2版。

重整行装再出发。

深入推进改革强军，人民军队组织架构和力量体系实现革命性重塑。2013 年 11 月，党的十八届三中全会召开，经习近平提议，党中央决定将国防和军队改革纳入全面深化改革的大盘子，上升为党的意志和国家行为。深化国防和军队改革的内容单独作为一个部分写进全会《决定》，这在党的历史上还是第一次。2014 年 3 月 15 日，习近平在中央军委深化国防和军队改革领导小组第一次全体会议上指出，要牢牢把握坚持改革正确方向这个根本，牢牢把握能打仗、打胜仗这个聚焦点，牢牢把握军队组织形态现代化这个指向，牢牢把握积极稳妥这个总要求。①2015 年 9 月 3 日，习近平在纪念中国人民抗日战争暨世界反法西斯战争胜利 70 周年大会上郑重宣布：中国将裁减军队员额 30 万。这一年，人民军队全面实施改革强军战略，在中国特色强军之路上迈出关键一步。2015 年 11 月下旬，中央军委改革工作会议在京举行，主要任务是设计构建能够打赢信息化战争、有效履行使命任务的中国特色现代军事力量体系，完善中国特色社会主义军事制度②；随后，军委印发《领导指挥体制改革实施方案》，2016 年 2 月 29 日，全军正式按新的领导指挥体制运行。2015 年 12 月 31 日，习近平向中国人民解放军陆军、火箭军、战略支援部队授予军旗并致训词。此后，又先后向东部战区、南部战区、西部战区、北部战区、中部战区授予军旗并发布训令，向武汉联勤保障基地和无锡、桂林、西宁、沈阳、郑州联勤保障中心，向军事科学院、国防大学、国防科技大学等授予军旗并致训词。2016 年 12 月，中央军委召开军队规模结构和力量编成改革工作会议，按照调整优化结构、发展新型力量、理顺重大比例关系、压减数量规模的要求，推动我军由数量规模型

---

① 《坚持以强军目标引领改革围绕强军目标推进改革　为建设巩固国防和强大军队提供有力制度支撑》，《人民日报》2014 年 3 月 16 日，第 1 版。

② 《全面实施改革强军战略　坚定不移走中国特色强军之路》，《人民日报》2015 年 11 月 27 日，第 1 版。

向质量效能型、由人力密集型向科技密集型转变,部队编成向充实、合成、多能、灵活方向发展。2017 年 12 月 14 日,中共中央作出《关于调整中国人民武装警察部队领导指挥体制的决定》,明确武警部队归中央军委建制,不再列国务院序列。2018 年 1 月 10 日,习近平向武警部队授旗并致训词。2018 年 11 月中旬,中央军委召开政策制度改革工作会议,部署深化我军党的建设制度改革,创新军事力量运用政策制度,重塑军事力量建设政策制度,推进军事管理政策制度改革,建立健全中国特色社会主义军事政策制度体系等重大改革任务。①在这个过程中,中央政治局多次专门就深化国防和军队改革组织集体学习。2016 年 7 月 26 日,十八届中央政治局就深化国防和军队改革组织了第 34 次集体学习;2017 年 7 月 24 日,十八届中央政治局就推进军队规模结构和力量编成改革、重塑中国特色现代军事力量体系组织了第 42 次集体学习;2019 年 7 月 30 日,十九届中央政治局就推进军事政策制度改革组织了第 16 次集体学习。落实党中央、中央军委和习主席关于深化国防和军队改革的一系列决策指示和战略部署,解放军四总部、七大军区告别历史舞台;中央军委 15 个职能部门全新亮相,成立陆军领导机构、火箭军、战略支援部队、联勤保障部队,划设五大战区,"军委—战区—部队"作战指挥体系和"军委—军种—部队"领导管理体系建立,深化军队院校改革,健全"三位一体"新型军事人才培养体系。裁减军队员额 30 万,全军非战斗机构现役员额压减近一半,军官数量减少 30%。打造精锐作战力量,调整军兵种比例,陆军 18 个集团军调整组建为 13 个集团军,战略预警、远海防卫、远程打击、战略投送、信息支援等新型作战力量得到充实加强,人民军队规模更加精干、结构更加优化、编成更加科学。坚持改转并行,推进职能、作风、工作方式"三个转

---

① 《坚决打赢军事政策制度改革攻坚战,开创强军事业新局面》,《人民日报》2018 年 11 月 16 日,第 1 版。

变",完善法规制度和政策机制,为新体制运行提供了有力保障。通过大变革大重塑,人民军队体制一新、结构一新、格局一新、面貌一新。

深入推进科技强军,创新驱动实现全面跃升。科学技术是核心战斗力,是军事发展中最活跃、最具革命性的因素。2014 年底,习近平在全军装备工作会议上指出:"要坚持创新驱动发展,紧跟世界军事革命特别是军事科技发展方向,超前规划布局,加速发展步伐。"①2015 年全国"两会"期间,习近平在解放军代表团明确提出把军民融合发展上升为国家战略,指明了军队科技建设的新路径。2016 年 1 月 11 日,中央军委科学技术委员会成立。这个新机构的诞生,标志着科技创新正在成为我军问鼎世界一流军队的重要战略选择。2017 年"两会"期间,习近平明确提出"科技兴军"的重要战略思想,强调要"推动科技兴军必须在国家战略布局中统筹谋划,加强同国家战略规划对接"。②同年,在庆祝中国人民解放军建军 90 周年大会上,习近平再次强调,"要全面实施科技兴军战略,坚持自主创新的战略基点,瞄准世界军事科技前沿,加强前瞻谋划设计,加快战略性、前沿性、颠覆性技术发展,不断提高科技创新对人民军队建设和战斗力发展的贡献率"③。这些年来,通过推进科技强军,构建军民融合创新体系,设立国防科技"创新特区",发展高新技术武器装备,我军国防科技和武器装备建设加快由跟跑并跑向并跑领跑转变,我国自主设计建造的航空母舰正式列装,歼-20、运-20 等一批先进武器装备也装备部队,天河二号超级计算机、北斗二号卫星工程等一批关键技术实现了重大突破。在新中国成立 70 周年阅兵式上,受阅装备 40% 为首次亮相的新型装备,东风 41 核导弹、巨浪

---

① 《加快构建适应履行使命要求的装备体系　为实现强军梦提供强大物质技术支撑》,《解放军报》2014 年 12 月 5 日,第 1 版。
② 《加快建立军民融合创新体系　为我军建设提供强大科技支撑》,《人民日报》2017 年 3 月 13 日,第 1 版。
③ 习近平:《在庆祝中国人民解放军建军 90 周年大会上的讲话》,《人民日报》2017 年 8 月 2 日,第 2 版。

2 导弹等新装备令世界惊叹。

深入推进人才强军,培养造就能够担当强军重任的高素质干部和人才队伍。强军之道,要在得人。2013 年 6 月,在军队一次重要会议上,习近平围绕军队干部队伍建设发表重要讲话,强调树立"三个导向",即"树立注重基层的导向、注重实干的导向、注重官兵公认的导向",增强选人用人的科学性、准确性、公信度。还强调了一个"重中之重",即"要把联合作战指挥人才、新型作战力量人才培养作为重中之重"。同年 11 月,在视察国防科学技术大学时强调,要牢牢扭住培养高素质新型军事人才这个中心任务,深入研究现代军事教育特点和规律,坚持走以提高质量为核心的内涵式发展道路,努力培养造就能够担当强军重任的优秀军事人才。①2014 年10 月底,习近平在古田全军政治工作会议上明确提出军队好干部的标准,即"对党忠诚、善谋打仗、敢于担当、实绩突出、清正廉洁",要求坚决整治用人风气,纯洁干部队伍,真正把好干部选出来、任用好。②2015 年 11 月,在中央军委改革工作会议上强调,要着眼于开发管理用好军事人力资源,推动人才发展体制改革和政策创新,形成人才辈出、人尽其才的生动局面。③2016 年 3 月,视察国防大学时强调,要坚持正确政治方向,坚持把培养联合作战指挥人才突出出来,坚持抓好理论研究和决策咨询,坚持在推进和落实改革上下功夫,坚持扭住党委班子和干部队伍建设,不断提高办学育人水平,为实现中国梦强军梦提供有力的人才和智力支持。④2017 年 7 月,

①　《习近平在视察国防科学技术大学时强调深入贯彻落实党在新形势下的强军目标　加快建设具有我军特色的世界一流大学》,《人民日报》2013 年 11 月 7 日,第 1 版。
②　《习近平在古田出席全军政治工作会议并发表重要讲话强调发挥政治工作对强军兴军的生命线作用　为实现党在新形势下的强军目标而奋斗》,《人民日报》2014 年 11 月 2 日,第 1 版。
③　《习近平在中央军委改革工作会议上强调全面实施改革强军战略坚定不移走中国特色强军之路》,《人民日报》2017 年 11 月 27 日,第 1 版。
④　《习近平在视察国防大学时强调围绕实现强军目标推进军队院校改革创新　关实现中国梦强军梦提供人才和智力支持》,《人民日报》2016 年 3 月 24 日,第 1 版。

习近平向新调整组建的军事科学院、国防大学、国防科技大学授军旗、致训词,出席座谈会并发表重要讲话,强调要坚持面向战场、面向部队、面向未来,建设世界一流的军事科研机构、综合性联合指挥大学、高等教育院校,努力开创军事人才培养和军事科研工作新局面。①2018 年 8 月,在中央军委党的建设会议上强调,要把培养干部、培养人才摆在更加突出的位置,着力锻造忠诚干净担当的高素质干部队伍,着力集聚矢志强军打赢的各方面优秀人才。要坚持德才兼备、以德为先、任人唯贤,突出政治标准和打仗能力,深入解决选人用人突出问题。要加紧构建"三位一体"新型军事人才培养体系,加大联合作战指挥人才、新型作战力量人才、高层次科技创新人才、高水平战略管理人才培养力度。②2019 年 5 月,在视察陆军步兵学院时强调,要深入贯彻新时代党的强军思想,深入贯彻新时代军事战略方针,面向战场、面向部队、面向未来,走内涵式发展道路,强化政治保证,把好办学定位,深化改革创新,全面提高办学育人水平,为强军事业提供有力人才支持。③2019 年 11 月,在全军院校长集训开班式上首次提出新时代军事教育方针,即坚持党对军队的绝对领导,为强国兴军服务,立德树人,为战育人,培养德才兼备的高素质、专业化新型军事人才。强调要全面贯彻新时代军事教育方针,全面实施人才强军战略,全面深化军事院校改革创新,把培养人才摆在更加突出的位置。要求院校长要讲政治、懂教育、钻打仗、善管理、严自律,做办学治校的行家里手。④在习近平的亲力推动下,高素质新

① 《习近平向军事科学院 国防大学 国防科技大学授军旗 致训词 出席座谈会并发表重要讲话》,《人民日报》2017 年 7 月 20 日,第 1 版。
② 《习近平在中央军委党的建设会议上强调全面加强新时代我军党的领导和党的建筑工作 为开创强军事业新局面提供坚强政治保证》,《人民日报》2018 年 8 月 20 日,第 1 版。
③ 《习近平在视察陆军步兵学院时强调全面提高办学育人水平为强军事业提供有力人才支持》,《人民日报》2019 年 5 月 22 日,第 1 版。
④ 《习近平在全军院校长集训开班式上强调贯彻新时代军事教育方针 深化军事院校改革创新 培养德才兼备的高素质专业化新型军事人才》,《人民日报》2019 年 11 月 28 日,第 1 版。

型军事人才培养取得重大进展。《关于进一步加强和改进干部考核工作的意见》《关于加强新形势下选人用人工作监督的意见》《加强联合作战指挥人才培养的意见》《关键领域急需人才培训专项计划》《联教联训实施办法》《关于进一步激励全军广大干部新时代新担当新作为的实施意见》《关于加快发展军事职业教育的实施意见》等一大批指导文件和法规、规划出台，以全局化视野对军队高素质干部和人才队伍建设作出顶层设计，实现了由应急式、补缺式培养向全方位、成体系培养转变，由关注个体成长成才向打造群体方阵转变。军事科学院、国防大学、国防科技大学和各军种指挥院校相继组织联合作战指挥员培训试点，为联合作战指挥人才、新型作战力量人才培养铺就了一条"快车道"。全军院校的名师大家、杰出教授、杰出中青年专家、学科学术带头人、优秀中青年教研骨干和教研人才"新苗"等一批批人才脱颖而出，呈现新时代新气象。

深入推进依法治军，围绕永葆人民军队本色正风肃纪、厉行法治。法治是现代军队的鲜明特征，一支现代化军队必然是法治军队。2012 年 12 月，党的十八大刚刚闭幕，习近平就到一线部队视察，首次鲜明提出"依法治军、从严治军是强军之基"①。2014 年 10 月，党的十八届四中全会，首次把依法治军、从严治军纳入依法治国总体布局，上升为党和国家的意志。2015 年 2 月，中央军委印发《关于新形势下深入推进依法治军从严治军的决定》，人民军队法治建设开启崭新航程。《决定》对深入贯彻党的十八届四中全会精神、加强军队法治建设作出全面部署，要求全军用强军目标引领军事法治建设，强化法治信仰和法治思维，按照法治要求转变治军方式，形成党委依法决策、机关依法指导、部队依法行动、官兵依法履职的良好局面，提高国防和军队建设法治化水平。2017 年 5 月 8 日，由习近平亲自签

---

① 《坚持富国和强军相统一　努力建设巩固国防和强大军队》，《人民日报》2012 年 12 月 13 日，第 1 版。

署发布的《军事立法工作条例》正式施行。此外,《严格军队党员领导干部纪律约束的若干规定》《厉行节约严格经费管理的规定》《关于加强军队基层风气建设的意见》等相继出台。7 年多来,我军军事法规制度体系顶层设计不断加强,重点领域立法项目有序推进,立法工作机制不断改进。同时,军事法治实施体系、军事法治监督体系、军事法治保障体系日渐完善,推动治军方式发生根本性转变。从制定军委十项规定到编密扎紧制度笼子,从整顿思想、整顿用人、整顿组织、整顿纪律到"八个专项清理整治"、全面停止军队有偿服务、实现巡视全覆盖,一步步革除积弊、正本清源,部队新风正气不断上扬。以顽强意志品质正风肃纪、反腐惩恶,严肃查处一批高级干部严重违纪违法案件,大力纠治发生在官兵身边的不正之风,保持高压态势、压紧压实"两个责任",军队党风廉政建设和反腐败斗争取得了压倒性胜利。

三、聚力备战打仗主责主业

"凡国之重也,必待兵之胜也。"实现强国复兴,必须以强军为战略支撑,而强军的核心和关键,就是要有能打胜仗的强大军事实力。进入新时代,习近平以强烈忧患意识谋划强国强军,强调指出"我想的最多的就是,在党和人民需要的时候,我们这支军队能不能始终坚持住党的绝对领导,能不能拉得上去、打胜仗,各级指挥员能不能带兵打仗、指挥打仗"[1]。党的十八大以来,在党中央、中央军委和习近平的坚强领导下,人民军队聚焦备战打仗主责主业,走中国特色强军之路,奋力推进新时代强军事业。

坚持把备战打仗作为聚焦点和着力点,引导和推动全军回归主责主

---

① 《改革强军　奋楫中流》,《人民日报》2015 年 12 月 31 日,第 2 版。

业,把全部心思和精力投入备战打仗中去。2013 年"八一"建军节前夕,习近平号召全军:要始终坚持战斗力这个唯一的根本的标准,全部心思向打仗聚焦,各项工作向打仗用劲,深入开展我军根本职能教育,真正使战斗队意识在官兵头脑中深深扎根。①2014 年 3 月,中央军委颁发《关于提高军事训练实战化水平的意见》,系统提出提高军事训练实战化水平的指导思想、总体思路、主要任务和措施要求。全军成立军事训练监察领导小组,对军事训练进行督导督查,建立纠治训风长效机制。2016 年 2 月 15 日,中央军委印发《关于军队和武警部队全面停止有偿服务活动的通知》。计划用 3 年左右时间,分步骤停止军队和武警部队一切有偿服务活动。2016 年 11 月,中央军委颁布《加强实战化军事训练暂行规定》。这是我军首次对军事训练实战化作出刚性规范,表明多军兵种联合训练有了强约束、硬章程。2017 年 10 月,党的十九大强调,军队是要准备打仗的,一切工作都必须坚持战斗力标准,向能打仗、打胜仗聚焦。扎实做好各战略方向军事斗争准备,统筹推进传统安全领域和新型安全领域军事斗争准备,发展新型作战力量和保障力量,开展实战化军事训练,加强军事力量运用,加快军事智能化发展,提高基于网络信息体系的联合作战能力、全域作战能力,有效塑造态势、管控危机、遏制战争、打赢战争。②2017 年 11 月 3 日,习近平视察军委联合作战指挥中心,展示了从军委主席和军委领导做起,强化备战打仗导向,提高打赢本领,抓实备战工作,带领我军真正做到能打仗、打胜仗,担当起党和人民赋予的新时代使命任务的决心意志。③2018 年 1 月 3 日,中央军委举行 2018 年开训动员大会,习近平亲自向全军发布训令,命

---

① 《紧紧围绕实现党在新形势下的强军目标　全面加强部队建设》,《人民日报》2013 年 7 月 30 日,第 1 版。
② 习近平:《决胜全面建成小康社会　夺取新时代中国特色社会主义伟大胜利——在中国共产党第十九次全国代表大会上的报告》,人民出版社 2017 年版,第 54 页。
③ 《强化备战打仗的鲜明导向　全面提高新时代打赢能力》,《人民日报》2017 年 11 月 4 日,第 1 版。

令全军各级要强化练兵备战鲜明导向,坚定不移把军事训练摆在战略位置、作为中心工作,抓住不放,抓出成效。①2019 年、2020 年开训时又亲自发布动员令。所有这些,都使能打仗、打胜仗这个关键得到突出,使备战打仗这个主责主业得到大大加强。

深入推进备战砺军,军事斗争准备取得重大进展。党的十八以来,我军军事斗争的理论和实践成果丰硕,军事能力有了质的跃升。制定新时代军事战略方针,军事力量建设和运用实现拓展提升。树立战斗力标准,大抓实战化军事训练,大抓战斗精神培育,大抓联合作战和新型军事人才培养,建设联合后勤、打仗后勤,把我军练兵备战带到一个新水平。以整风精神纠治备战打仗中的顽症痼疾,组织全军开展和平积弊大起底大扫除活动,进行战备突击检查和部队整建制拉动,组织备战打仗专项巡视和应急应战军事训练监察,以刮骨疗毒、壮士断腕的决心意志,动真格、下猛药、出实招,全军上下抓备战、谋打赢的行动更加自觉,实战化军事训练如火如荼。特别是党中央、习近平领导指挥一系列重大军事行动,开展钓鱼岛维权斗争,划设东海防空识别区,组织海空力量出岛链常态巡航和抢险救灾、国际维和,实施海外护航撤侨行动,建立吉布提海外保障基地,加强边境管控、反恐维稳等,有效维护了国家主权、安全、发展利益,提振了国威、军威,增强了民族自信心、自豪感。2013 年 11 月 23 日,中国政府宣布划设东海防空识别区。当日,中国空军即在识别区内进行了首次空中巡逻。2015 年 3 月 29 日,正在亚丁湾索马里海域执行护航任务的中国海军护航编队临沂舰搭载首批 122 名中国公民,从也门亚丁港安全撤离。至 4 月 7 日,共从也门撤出中国公民 613 人,并协助来自 15 个国家的 279 名外国公民安全撤离,充分展示了我军执行海外军事行动、维护国家和人民利益的能力。

① 《习近平向全军发布训令》,《人民日报》2018 年 1 月 4 日,第 1 版。

第五节　共建美好世界：推动构建人类命运共同体

为人民谋幸福，为民族谋复兴，为世界谋大同，是中国共产党人的历史使命。党的十八大以来，习近平高瞻远瞩提出构建人类命运共同体的思想，在多个场合密集阐释这一思想，并采取了共建"一带一路"等实际行动，受到国际社会的高度评价和热烈响应。如今，人类命运共同体理念在世界上日益散发出强大吸引力，得到越来越广泛的认同与赞许。2017 年 2 月 10 日，构建人类命运共同体理念被写入联合国决议；3 月 17 日，载入安理会决议；3 月 23 日，载入联合国人权理事会决议；11 月 2 日，写入联大两份安全决议。2018 年，达沃斯世界经济论坛将"在分化的世界中打造共同命运"确定为本年度论坛的主题。构建人类命运共同体，已成为中国引领时代潮流和人类文明进步方向的鲜明旗帜。

一、回答"地球村"的时代之问

进入新时代，世界多极化、经济全球化、社会信息化、文化多样化深入发展，和平、发展、合作、共赢是各国人民的人心所向，但与此同时，全球不稳定性、不确定性也日益突出，人类面临着治理赤字、信任赤字、和平赤字、发展赤字等四大挑战。世界怎么了，我们怎么办？这是整个世界都在思考的问题。对此，习近平鲜明提出了构建人类命运共同体的中国方案。人类命运共同体，顾名思义，就是每个民族、每个国家的前途命运都紧紧联系在一起，应该风雨同舟，荣辱与共，努力把我们生于斯、长于斯的这个星球建成一个和睦的大家庭，把世界各国人民对美好生活的向往变成现实。这一朴素的理念,是对一系列世界之问、时代之问的深刻回答,集中体现了习近平对中国和人类前途命运的深邃思考,体现了中国共产党为人类作出新的更大贡献的使命担当。

"人类命运共同体"的提出,是一个循序渐进的过程。党的十八大召开后不久,2012年12月5日,习近平与在华工作的外国专家代表座谈时指出,"国际社会日益成为一个你中有我、我中有你的命运共同体"①。2013年3月23日,习近平在莫斯科国际关系学院发表演讲,第一次明确提出"命运共同体"概念。随后,人类命运共同体的理念在全球渐次铺展。从国与国之间的"中俄命运共同体""中巴命运共同体",到国与地区之间的"中非命运共同体""中拉命运共同体",再到地区性的"亚洲命运共同体""非洲命运共同体"和世界性的"人类命运共同体",人类命运共同体理念的内涵不断丰富、特征逐渐显现,轮廓越来越清晰。2017年1月,习近平在达沃斯世界经济论坛年会、联合国日内瓦总部发表两场历史性演讲,围绕各方对当今世界的困惑和对未来的期待,提出构建人类命运共同体的"五个坚持",向世界描绘了一幅构建人类命运共同体的壮美蓝图。这"五个坚持",就是坚持对话协商,建设一个持久和平的世界;坚持共建共享,建设一个普遍安全的世界;坚持合作共赢,建设一个共同繁荣的世界;坚持交流互鉴,建设一个开放包容的世界;坚持绿色低碳,建设一个清洁美丽的世界。党的十九大进一步明确,"各国人民同心协力,构建人类命运共同体,建设持久和平、普遍安全、共同繁荣、开放包容、清洁美丽的世界"②,并把坚持推动构建人类命运共同体作为新时代坚持和发展中国特色社会主义的14条基本方略之一。至此,人类命运共同体理念从伙伴关系、安全格局、经济发

① 《习近平关于全面深化改革论述摘编》,中央文献出版社2014年版,第128页。
② 习近平:《决胜全面建成小康社会　夺取新时代中国特色社会主义伟大胜利——在中国共产党第十九次全国代表大会上的报告》,人民出版社2017年版,第58—59页。

展、文明交流、生态建设等五个方面,全新阐释了国际关系应坚持的准则,形成一个逻辑更严密、内容更完整的理论体系。

坚持对话协商,建设一个持久和平的世界。我国作为世界最大的社会主义国家,一贯奉行和平外交政策,主张通过对话和协商的方式解决国际争端。2015 年 9 月,习近平在第七十届联合国大会一般性辩论中明确提出,"协商是民主的重要形式,也应该成为现代国际治理的重要方法"①。2018 年 7 月 10 日,习近平在中阿合作论坛第八届部长级会议开幕式上的讲话中指出,"要尊重每个国家的国情差异和自主选择,坚持平等相待、求同存异"②。2019 年 6 月 15 日,习近平出席亚洲相互协作与信任措施会议第五次峰会时强调,通过和平方式处理同有关国家的领土主权和海洋权益争端,中方支持对话协商解决地区热点问题。③综观这些重要论述可以发现,对话协商就是遵循"平等相待""相互尊重"的合作理念,建设"对话不对抗,结伴不结盟"的伙伴关系,建立"以对话解争端,以协商化分歧"的沟通机制,推进建设一个持久和平的世界。国际社会逐渐普遍地认识到,尽管完全靠协商解决问题并不现实,但优先协商、充分协商已是国家间交往以及国际事务治理的大势。

坚持共建共享,建设一个普遍安全的世界。共建共享是中国参与全球治理体系改革和建设的基本原则,也是推进国际关系民主化、推动构建人类命运共同体的积极倡议。2014 年 6 月 5 日,习近平在中阿合作论坛第六届部长级会议开幕式上首次集中阐述共商共建共享原则,指出:千百年

① 习近平:《携手构建合作共赢新伙伴　同心打造人类命运共同体——在第七十届联合国大会一般性辩论时的讲话》,《人民日报》2015 年 9 月 29 日,第 2 版。

② 习近平:《携手推进新时代中阿战略伙伴关系——在中阿合作论坛第八届部长级会议开幕式上的讲话》,《人民日报》2018 年 7 月 11 日,第 2 版。

③ 习近平:《携手开创亚洲安全和发展新局面——在亚信第五次峰会上的讲话》,《人民日报》2019 年 6 月 16 日,第 2 版。

来,丝绸之路承载的和平合作、开放包容、互学互鉴、互利共赢精神薪火相传。①2015 年 9 月 22 日,习近平接受《华尔街日报》采访时强调,全球治理体系是由全球共建共享的,不可能由哪一个国家独自掌握。②2017 年 10 月,习近平在党的十九大报告中强调,"中国秉持共商共建共享的全球治理观"③。2018 年 6 月 10 日在上海合作组织成员国元首理事会第十八次会议上讲话时再次强调,"我们要坚持共商共建共享的全球治理观"④。这些重要论述,将马克思主义国际公平正义理论、中国"天下大同"的传统思想与当今时代特征相结合,提出了"共建共享"的全球治理观等一系列新理念新观点,极大地丰富了马克思主义的思想宝库。在世界又一次走到历史关口之时,共建共享的全球治理观,回答了"谁来治理""怎样治理"和"为什么治理"的重大问题,具有鲜明的时代意义和深刻的实践意义,为世界各国解决国和国之间的矛盾争端、参与国际事务提供了可供借鉴的中国方案,有力推动了国际公平正义理念和公正合理的世界格局的形成和发展。

坚持合作共赢,建设一个共同繁荣的世界。构建以合作共赢为核心的新型国际关系,既符合当今时代特征和各国长远利益,也是构建人类命运共同体的主要途径。2012 年 11 月,党的十八大报告明确提出,"合作共赢,就是要倡导人类命运共同体意识"。⑤2014 年 6 月 28 日,习近平在和平共处五项原则发表 60 周年纪念大会上,引用我国著名社会学家费孝通先生的"各美其美,美人之美,美美与共,天下大同",强调各国要树立双赢、多

①　《习近平谈"一带一路"》,中央文献出版社 2018 年版,第 32 页。
②　习近平:《坚持构建中美新型大国关系正确方向　促进亚太地区和世界和平稳定发展》,《人民日报》2015 年 9 月 23 日,第 1 版。
③　习近平:《决胜全面建成小康社会　夺取新时代中国特色社会主义伟大胜利——在中国共产党第十九次全国代表大会上的报告》,人民出版社 2017 年版,第 60 页。
④　习近平:《弘扬"上海精神"　构建命运共同体——在上海合作组织成员国元首理事会第十八次会议上的讲话》,《人民日报》2018 年 6 月 11 日,第 3 版。
⑤　《胡锦涛文选》第 3 卷,人民出版社 2016 年版,第 651 页。

赢、共赢的新理念,摒弃"你输我赢、赢者通吃"的旧思维。2015年9月,习近平在联合国成立70周年系列峰会上指出,我们要继承和弘扬联合国宪章的宗旨和原则,构建以合作共赢为核心的新型国际关系,打造人类命运共同体。①2017年5月14日,习近平在北京举行的"一带一路"国际合作高峰论坛开幕式上强调,我们推进"一带一路"建设,不会重复地缘博弈的老套路,而将开创合作共赢的新模式;不会形成破坏稳定的小集团,而将建设和谐共存的大家庭。②2019年3月20日,习近平在意大利《晚邮报》发表题为《东西交往传佳话 中意友谊续新篇》的署名文章指出,两国要从历史沧桑中汲取宝贵经验,共同构建相互尊重、公平正义、合作共赢的新型国际关系,构建人类命运共同体的美好愿景。党的十八大以来,中国主张聚焦全球关切,对接各方机遇,同行者越来越多,朋友圈越来越大。一系列合作共赢的坚定诺言和务实举动,勾画出中国与世界深度联通的新图景,架构起中国梦与世界梦交相辉映的新格局。

坚持交流互鉴,建设一个开放包容的世界。文明之间的交流互鉴是构建人类命运共同体的必由之路。党的十八大以来,习近平反复强调文明对话和不同文明之间的交流互鉴,倡导夯实共建亚洲命运共同体、人类命运共同体的人文基础。2014年3月,习近平在联合国教科文组织总部演讲时指出:"当今世界,人类生活在不同文化、种族、肤色、宗教和不同社会制度所组成的世界里,各国人民形成了你中有我、我中有你的命运共同体。"③2014年4月1日,他在比利时布鲁日欧洲学院发表演讲,强调文明文化可以传播,和平发展也可以传播。④2015年3月28日,习近平在博鳌

① 《习近平在联合国成立70周年系列峰会上的讲话》,人民出版社2015年版,第15页。
② 习近平:《携手推进"一带一路"建设——在"一带一路"国际合作高峰论坛开幕式上的演讲》,《人民日报》2017年5月15日,第3版。
③ 习近平:《在联合国教科文组织总部的演讲》,《人民日报》2014年3月28日,第3版。
④ 《习近平谈治国理政》,外文出版社2014年版,第282页。

亚洲论坛 2015 年年会开幕式上发表主旨演讲,指出,"一带一路"建设不是封闭的,而是开放包容的;不是中国一家的独奏,而是沿线国家的合唱。[①] 2018 年 11 月 17 日,习近平又在亚太经合组织工商领导人峰会上强调:"不同文明、制度、道路的多样性及交流互鉴可以为人类社会进步提供强大动力。"[②]2019 年 5 月,习近平在亚洲文明对话大会上指出:"我们既要让本国文明充满勃勃生机,又要为他国文明发展创造条件,让世界文明百花园群芳竞艳。"[③]这些重要讲话,是关于如何处理不同文明之间关系的重要阐发,为形成世界各种文明丰富多彩、充满活力、和谐共处的相互关系,进而打造人类命运共同体贡献了中国智慧。

坚持绿色低碳,建设一个清洁美丽的世界。党的十八大以来,习近平洞察人类文明发展规律,把握顺应自然、保护生态的发展大势,提出了建设清洁美丽世界的重要思想。2015 年 9 月 28 日,习近平在第七十届联合国大会一般性辩论时的讲话中指出,我们要构筑尊崇自然、绿色发展的生态体系。[④]2016 年 9 月 3 日,习近平在杭州举行的二十国集团工商峰会开幕式上发表主旨演讲,首次全面阐释我国的全球经济治理观,强调全球经济治理应该共同构建绿色低碳的全球能源治理格局,推动全球绿色发展合作。[⑤]十九大报告明确提出:"要坚持环境友好,合作应对气候变化,保护好人类赖以生存的地球家园。"[⑥]2017 年 12 月 1 日,习近平在中国共产党与

①　《习近平谈"一带一路"》,中央文献出版社 2018 年版,第 68 页。

②　《习近平出席亚太经合组织工商领导人峰会并发表主旨演讲》,《人民日报》2018 年 11 月 18 日,第 1 版。

③　习近平:《深化文明交流互鉴　共建亚洲命运共同体——在亚洲文明对话大会开幕式上的主旨演讲》,《人民日报》2019 年 5 月 16 日,第 2 版。

④　习近平:《携手构建合作共赢新伙伴　同心打造人类命运共同体——在第七十届联合国大会一般性辩论时的讲话》,《人民日报》2015 年 9 月 29 日,第 2 版。

⑤　习近平:《中国发展新起点　全球增长新蓝图——在二十国集团工商峰会开幕式上的主旨演讲》,《人民日报》2016 年 9 月 4 日,第 3 版。

⑥　习近平:《决胜全面建成小康社会　夺取新时代中国特色社会主义伟大胜利——在中国共产党第十九次全国代表大会上的报告》,人民出版社 2017 年版,第 59 页。

世界政党高层对话会上发表主旨讲话,强调我们要努力建设一个山清水秀、清洁美丽的世界。①2019 年 7 月 2 日,习近平在向 2019 世界新能源汽车大会致贺信中谈到,中国坚持走绿色、低碳、可持续发展道路,愿同国际社会一道,加速推进新能源汽车科技创新和相关产业发展,为建设清洁美丽世界、推动构建人类命运共同体作出更大贡献。②这些重要论述,彰显了尊重自然、崇尚绿色的中国智慧,为人类共谋绿色生活、共建美丽家园贡献了中国方案。近年来,中国在能源转型方面成就显著:水电、风电、光伏发电装机规模均居世界第一,核电在建规模为全球首位;通过"一带一路"建设、产能合作、南南合作等平台,积极推进与世界各国特别是发展中国家在能源领域的合作;坚定落实《巴黎协定》,信守减排承诺;建立中国气候变化南南合作基金,帮助发展中国家应对气候变化;倡议建设全球能源互联网,促进全球清洁能源大规模开发利用,充分展示了建设清洁美丽世界的大国担当。

二、始终不渝走和平发展道路

和平发展道路,是新中国成立以来特别是改革开放以来,经过艰辛探索和不断实践逐步形成的。近年来,面对世界百年未有之大变局,我们党更加重视和珍惜来之不易的和平,引领中国坚定不移走和平发展道路,成为国际与地区和平与稳定之锚,为减少世界的"和平赤字"作出了重大贡献。

中国走和平发展道路有深厚的文化基因。中华文化的核心是"和"文化,"以和为贵""和而不同""天人合一"等价值理念深深植根于中华民族的

————————

① 习近平:《携手建设更加美好的世界——在中国共产党与世界政党高层对话会上的主旨讲话》,人民出版社 2017 年版,第 4—6 页。

② 《习近平向 2019 世界新能源汽车大会致贺信》,《人民日报》2019 年 7 月 3 日,第 1 版。

精神世界之中,溶化在中国人民的血脉之中。我们坚持走和平发展道路,是对几千年来中华民族热爱和平的文化传统的继承和发扬。习近平以其深厚的国学积淀,在国际舞台上展示中华"和"文化之精髓,倡导世界不同文明的包容互鉴,促进各国和平发展、和谐相处、合作共赢。2013 年 1 月 28 日,习近平在主持十八届中央政治局第 3 次集体学习时,13 次提及"和平发展"四个字。他强调,走和平发展道路,是中华民族优秀文化传统的传承和发展,也是中国人民从近代以后苦难遭遇中得出的必然结论。[①]2014 年 3 月 28 日,习近平在德国科尔伯基金会发表演讲,将和平、和睦、和谐定义为中华民族最深层的精神追求。2014 年 5 月 15 日,习近平在中国国际友好大会暨中国人民对外友好协会成立 60 周年纪念活动上的讲话中,对中国"和"文化作出了新的提炼,即"共谋和平、共护和平、共享和平"[②],向全世界宣示了中国珍爱和平、维护和平的理念。2015 年 9 月 3 日,习近平在纪念中国人民抗日战争暨世界反法西斯战争胜利 70 周年大会上强调,无论发展到哪一步,中国都永远不称霸、永远不搞扩张,永远不会把自身曾经经历过的悲惨遭遇强加给其他民族。[③]党的十八大以来,习近平反复向世界阐释中华"和"文化,郑重表达中国的"和平""和谐""合作"的外交准则,并运用与时俱进的"和"文化理念,讲述中国故事、传播"和合"智慧,推进民主、公平、正义的国际新秩序,构建人类命运共同体,从而实现"为万世开太平"的永久和平愿景。

中国不认同"国强必霸"的陈旧逻辑。中国走和平发展道路,不是权宜之计,更不是外交辞令,而是从历史、现实、未来的客观判断中得出的结论,

---

① 《习近平谈治国理政》,外文出版社 2014 年版,第 247 页。
② 习近平:《在中国国际友好大会暨中国人民对外友好协会成立 60 周年纪念活动上的讲话》,《人民日报》2014 年 5 月 16 日,第 2 版。
③ 《习近平在纪念中国人民抗日战争暨世界反法西斯战争胜利 70 周年系列活动上的讲话》,人民出版社 2015 年版,第 5 页。

是理论自信和实践自信的有机统一。这条道路，打破了"国强必霸"的陈旧逻辑，避免了那种建立殖民体系、争夺势力范围、对外武力扩张的资本帝国主义发展老路。从历史上看，千百年来，大国的崛起往往都与征伐杀戮紧密相连。20 世纪上半叶爆发的两次世界大战，都是由列强争夺霸权、妄图重新瓜分世界而引起的。党的十八大以来，面对所谓"修昔底德陷阱""文明的冲突""历史的终结""国强必霸"等质疑和魔咒，我们党用行动向全世界宣示了追求国际和平、合作和共同发展的立场和决心。2013 年 3 月 23日，习近平在莫斯科国际关系学院发表演讲时指出："要跟上时代前进步伐，就不能身体已经进入 21 世纪，而脑袋还停留在过去，停留在殖民扩张的旧时代里，停留在冷战思维、零和博弈老框框里。"①2014 年 6 月 28 日，习近平出席和平共处五项原则发表 60 周年纪念大会并发表主旨讲话，强调中国人的血脉中没有称王称霸、穷兵黩武的基因。②2014 年 11 月 17 日，习近平在澳大利亚联邦议会发表演讲，强调任何国家试图通过武力实现自己的发展目标，最终都是要失败的，历史上那些不可一世的帝国如今都成了过眼烟云。这是一条颠扑不破的真理。③2015 年 9 月 28 日，习近平在联合国维和峰会上郑重承诺，中国将加入新的联合国维和能力待命机制，建设 8 000 人规模的维和待命部队。④包括步兵、工兵、运输、警卫、快反等 10类专业力量 28 支分队的中国维和部队，向联合国申请注册，开始担负国际维和任务。2016 年 9 月 3 日，习近平在二十国集团工商峰会开幕式上发表主旨演讲，强调和衷共济、和合共生是中华民族的历史基因，也是东方文明的精髓。国强必霸的逻辑不适用，穷兵黩武的道路走不通。中国将继续

①　《十八大以来重要文献选编》（上），中央文献出版社 2014 年版，第 261 页。
②　习近平：《弘扬和平共处五项原则　建设合作共赢美好世界——在和平共处五项原则发表 60 周年纪念大会上的讲话》，人民出版社 2014 年版，第 12 页。
③　习近平：《携手追寻中澳发展梦想，并肩实现地区繁荣稳定》，《光明日报》2014 年 11 月 18 日，第 2 版。
④　《习近平在联合国成立 70 周年系列峰会上的讲话》，人民出版社 2015 年版，第 20 页。

履行好国际义务,始终做世界和平的建设者和维护者。①在中国人民解放军建军 92 周年之际,我国政府发表党的十八大以来的首部综合型国防白皮书——《新时代的中国国防》,首次明确指出"坚持永不称霸、永不扩张、永不谋求势力范围是新时代中国国防的鲜明特征"②。如今,中国是联合国安理会常任理事国中派遣维和人员最多的国家,在马里和南苏丹牺牲的联合国维和人员中就有中国人民的优秀儿子。中国积极探索热点问题解决之道,劝和促谈,维护正义,推动朝鲜半岛问题、中东问题、伊朗核问题、叙利亚问题等向着积极方向变化,为世界稳定发挥了建设性作用。

中国坚决维护国家核心利益。坚持以国家核心利益为底线,维护国家主权、安全、发展利益,是我国对外工作的出发点和落脚点。新中国成立 70 年来,中国在维护国家独立和主权、捍卫民族尊严上的立场始终是一贯的。2013 年 1 月 28 日,习近平在主持政治局集体学习时强调,我们要坚持走和平发展道路,但决不能放弃我们的正当权益,决不能牺牲国家核心利益。任何外国不要指望我们会拿自己的核心利益做交易,不要指望我们会吞下损害我国主权、安全、发展利益的苦果。③2014 年 9 月 3 日,习近平在纪念中国人民抗日战争暨世界反法西斯战争胜利 69 周年座谈会上强调,中国主权、安全、发展利益和民族尊严绝不允许任何势力侵犯,同时任何力量也不能动摇我们坚持和平发展的信念。④2018 年 9 月 24 日,中国公布《关于中美经贸摩擦的现实与中方立场》白皮书,阐述了中国坚定维护国家尊严和核心利益的立场和决心。中国的和平发展不会一帆风顺。在涉

① 习近平:《中国发展新起点　全球增长新蓝图——在二十国集团工商峰会开幕式上的主旨演讲》,《人民日报》2016 年 9 月 4 日,第 3 版。
② 《新时代的中国国防》,《人民日报》2019 年 7 月 25 日,第 17 版。
③ 《习近平谈治国理政》,外文出版社 2014 年版,第 247 页。
④ 习近平:《在纪念中国人民抗日战争暨世界反法西斯战争胜利 69 周年座谈会上的讲话》,人民出版社 2014 年版,第 18 页。

及国家核心利益的问题上,中国不会屈服于任何外来压力,坚决遏制"台独""藏独""东突"等分裂势力的破坏活动,防范国际暴力恐怖活动向境内渗透。随着我国和平发展的不断深入,我们维护国家利益的资源和手段将会越来越多,维护国家利益的地位也会越来越主动。

三、共绘"一带一路"壮丽画卷

古丝绸之路绵亘万里,延续千年,积淀了以和平合作、开放包容、互学互鉴、互利共赢为核心的丝路精神。这是人类文明的宝贵遗产。如今,"一带一路"建设不仅为我国改革开放和持续发展提供了新动力,也为世界经济复苏、各国合作发展和全球治理变革贡献了中国方案,一幅中国与世界共同绘制的合作共赢壮丽画卷正在徐徐展开。

"一带一路"倡议是构建人类命运共同体的重要平台。提出共建丝绸之路经济带和21世纪海上丝绸之路重大倡议,是习近平深刻思考人类前途命运以及中国和世界发展大势,为促进全球共同繁荣、打造人类命运共同体所作出的重大战略决策,开辟了我国参与和引领全球开放合作的新境界,在世界发展史上具有里程碑意义。2013年秋,习近平在出访哈萨克斯坦和印度尼西亚期间,先后提出共建"丝绸之路经济带"和"21世纪海上丝绸之路"的倡议,倡导共商、共建、共享理念,得到国际社会广泛关注和积极响应。2014年11月8日,习近平在北京举行的"加强互联互通伙伴关系"东道主伙伴对话会上指出:"一带一路"和互联互通是相融相近、相辅相成的。如果将"一带一路"比喻为亚洲腾飞的两只翅膀,那么互联互通就是两只翅膀的血脉经络。①2015年10月29日,习近平在十八届五中全会第二次全体会议上指出,"一带一路"建设是扩大开放的重大战略举措和经济外

① 《习近平谈"一带一路"》,中央文献出版社2018年版,第50页。

交的顶层设计,要找准突破口,以点带面、串点成线,步步为营、久久为功。①2016年6月20日,习近平在出席丝路国际论坛暨中波地方与经贸合作论坛开幕式时指出:共商共建"一带一路",推动区域经济繁荣,维护世界和平稳定,顺大势、应民心。我们要携手同心、精诚合作,弘扬丝路精神,早日建成利益共同体、责任共同体、命运共同体,共创共享美好未来。②2017年5月15日,习近平在北京举行的"一带一路"国际合作高峰论坛圆桌峰会上发表开幕词,概括了"一带一路"倡议的核心内容,即促进基础设施建设和互联互通,对接各国政策和发展战略,深化务实合作,促进协调联动发展,实现共同繁荣。③"一带一路"倡议提出6年多来,在国际上产生了广泛而深入的影响,为世界提供了促进各国共同发展、共同繁荣的公共平台,成为构建人类命运共同体的重要实践平台。"一带一路"倡议被写入联合国大会决议和安理会决议,呼吁世界各国通过"一带一路"建设等加强区域经济合作。

"一带一路"建设造福沿线各国人民。"一带一路"倡议源于中国,但机会和成果属于世界。党的十八大以来,以习近平同志为核心的党中央,用大手笔谱写"一带一路"建设的恢宏篇章,使"一带一路"逐步从理念转化为行动,在参与国家落地生根,成为全球最受欢迎的公共产品。2014年12月,中共中央、国务院印发《丝绸之路经济带和21世纪海上丝绸之路建设战略规划》,2015年3月对外发布了《推动共建丝绸之路经济带和21世纪海上丝绸之路的愿景与行动》,有关地方和部门相应出台了配套规划,在国际上引起较大反响。2017年1月17日,习近平在瑞士达沃斯举行的世界经济论坛2017年年会开幕式上发表主旨演讲,指出:"一带一路"倡议来自

① 《习近平谈"一带一路"》,中央文献出版社2018年版,第84页。
② 《〈习近平谈"一带一路"〉主要篇目介绍》,《人民日报》2018年12月12日,第2版。
③ 《习近平谈"一带一路"》,中央文献出版社2018年版,第192页。

中国,但成效惠及世界。①中国人民张开双臂欢迎各国人民搭乘中国发展的"快车""便车"。②2019 年 4 月 26 日,习近平出席第二届"一带一路"国际合作高峰论坛开幕式并发表主旨演讲,强调面向未来,我们要秉持共商共建共享原则,坚持开放、绿色、廉洁理念,努力实现高标准、惠民生、可持续目标,推动共建"一带一路"沿着高质量发展方向不断前进。③在国内国际多个重要场合,习近平对"一带一路"提供的世界机遇以及如何通过"一带一路"进行国际合作等进行深刻阐述,为推动共建"一带一路"走深走实、行稳致远指明了正确方向,提供了重要遵循。"一带一路"建设致力于推进政策沟通、设施联通、贸易畅通、资金融通、民心相通,推动陆上、海上、天上、网上四位一体联通。这些年来,我国与"一带一路"沿线国家贸易规模持续扩大,从 2013 年到 2018 年,货物贸易进出口总额超过 6 万亿美元,年均增长率高于同期中国对外贸易增速,占中国货物贸易总额的比重达到 27.4%。④在国际舞台上,全球 140 多个国家和地区、80 多个国际组织积极支持和参与"一带一路"建设,首届和第二届"一带一路"国际合作高峰论坛连续成功举办,成为推动全球发展合作的机制化平台。"一带一路"密切了中国和相关国家的经济联系,深化了中国与相关国家的经济合作,在实现中国通过开放发展自身的同时,也促进了相关国家融入区域价值链乃至全球价值链,为经济全球化和开放型世界经济的发展作出了积极贡献。

拓展"一带一路"国际合作新空间。推进"一带一路"建设不仅有助于为人类创造一个更加美好的未来,而且有助于全球经济走出当前困境,实现可持续发展。党的十八大以来,我国对"一带一路"的理解不断深化,从

---

① 《习近平谈"一带一路"》,中央文献出版社 2018 年版,第 161 页。

② 同上书,第 159 页。

③ 习近平:《齐心开创共建"一带一路"美好未来——在第二届"一带一路"国际合作高峰论坛开幕式上的主旨演讲》,《人民日报》2019 年 4 月 27 日,第 3 版。

④ 《共建"一带一路"倡议:进展、贡献与展望》,《人民日报》2019 年 4 月 23 日,第 7 版。

原来的共同打造开放、包容、均衡、普惠的区域经济合作架构,发展到推动新型全球化和新型全球治理。2015年10月29日,习近平在十八届五中全会上指出,"一带一路"建设是扩大开放的重大战略举措和经济外交的顶层设计,要找准突破口,以点带面、串点成线,步步为营、久久为功。①2017年5月14日,习近平在北京举行的"一带一路"国际合作高峰论坛开幕式上指出:我们要乘势而上、顺势而为,将"一带一路"建成和平之路、繁荣之路、开放之路、创新之路、文明之路,推动"一带一路"建设行稳致远,迈向更加美好的未来。②2017年10月,党的十九大提出,要积极促进"一带一路"国际合作,努力实现政策沟通、设施联通、贸易畅通、资金融通、民心相通,打造国际合作新平台,增添共同发展新动力③。这是在新的历史起点上谱写"一带一路"新篇章的政治宣言和行动纲领。2019年4月26日,习近平在第二届"一带一路"国际合作高峰论坛开幕式的主旨演讲中强调,我们将更广领域扩大外资市场准入,更大力度加强知识产权保护国际合作,更大规模增加商品和服务进口,更加有效实施国际宏观经济政策协调,更加重视对外开放政策贯彻落实。④习近平在多个国际场合介绍中国互利共赢的开放策略,寻找利益汇合点、理念共鸣点、合作互补点,为"一带一路"倡议寻求最大公约数。截至2019年3月底,中国政府已与125个国家和29个国际组织签署173份合作文件。共建"一带一路"国家由亚欧延伸至非洲、拉美、南太等区域。国际经济合作走廊和通道建设取得明显进展,新亚欧大陆桥、中蒙俄、中国—中亚—西亚、中国—中南半岛、中巴和孟中印缅等六大国际经济合作走廊,将亚洲经济圈与欧洲经济圈联系在一起,为构建

---

① 《习近平谈"一带一路"》,中央文献出版社2018年版,第84页。
② 同上书,第182页。
③ 习近平:《决胜全面建成小康社会 夺取新时代中国特色社会主义伟大胜利——在中国共产党第十九次全国代表大会上的报告》,人民出版社2017年版,第60页。
④ 习近平:《齐心开创共建"一带一路"美好未来——在第二届"一带一路"国际合作高峰论坛开幕式上的主旨演讲》,《人民日报》2019年4月27日,第3版。

高效畅通的亚欧大市场发挥了重要作用;"蓝色经济通道""冰上丝绸之路""空中丝绸之路""数字丝绸之路"……一条条共筑梦想的纽带多元联动,为推进"一带一路"建设开辟了更加光明的前景。

四、打造覆盖全球的"朋友圈"

"海不辞水,故能成其大。"推动构建人类命运共同体,必须积极发展全球伙伴关系,扩大同各国的利益交汇点。"大国是关键、周边是首要、发展中国家是基础、多边是重要舞台",一直以来是中国外交的基本原则和框架。党的十八大以来,以习近平同志为核心的党中央,统筹国内国际两个大局,引领中国特色大国外交开辟新境界。从大国到周边,从发展中国家到多边舞台,从顶层设计到深耕细作,习近平出访足迹遍及五大洲,主持或出席一系列重要国际会议和活动,中国同诸多国家和国际组织建立了不同形式的伙伴关系,"朋友圈"越做越大。

推进大国协调和合作,构建总体稳定、均衡发展的大国关系框架。中国外交战略的核心是和平与发展,新型大国关系在中国外交战略中占据重要位置。中国在发展过程中,积极化解大国间政治经济发展不平衡所产生的矛盾,推动国际贸易和世界经济向更加均衡的方向发展。2013 年 3 月 22 日,习近平对俄罗斯进行国事访问时强调,中俄互为最主要、最重要的战略协作伙伴,深化中俄全面战略协作伙伴关系,在两国外交全局和对外关系中都占据优先的战略地位[1]。2014 年 3 月 31 日,习近平同欧洲理事会主席范龙佩举行会谈,强调要从战略高度看待中欧关系,将中欧两大力量、两大市场、两大文明结合起来,共同打造中欧和平、增长、改革、文明四

---

[1]　《习近平主席同普京总统会谈》,《人民日报》2013 年 3 月 23 日,第 1 版。

大伙伴关系,为中欧合作注入新动力,为世界发展繁荣作出更大贡献。① 2015 年 9 月 23 日,习近平出席美国侨界欢迎招待会时强调,中美关系是当今世界最重要的双边关系之一。中美关系保持稳定发展,不仅有利于两国,也惠及世界。② 2017 年 1 月 18 日,习近平在联合国日内瓦总部发表演讲,强调中国将努力构建总体稳定、均衡发展的大国关系框架,积极同美国发展新型大国关系,同俄罗斯发展全面战略协作伙伴关系,同欧洲发展和平、增长、改革、文明伙伴关系。③ 2017 年 4 月 6 日,习近平同特朗普举行中美元首会晤,强调中美两国关系好,不仅对两国和两国人民有利,对世界也有利。我们有一千条理由把中美关系搞好,没有一条理由把中美关系搞坏。④ 2018 年 12 月 1 日,习近平和特朗普在阿根廷会晤,同意共同推进以协商、合作、稳定为基调的中美关系,为两国关系发展指明了方向。2019 年 4 月,应习近平邀请,普京来华出席第二届"一带一路"国际合作高峰论坛。习近平指出:"70 年来,两国关系风雨兼程、砥砺前行,成为互信程度最高、协作水平最高、战略价值最高的一对大国关系。"⑤党的十八大以来,中俄全面战略协作伙伴关系达到前所未有的高水平,中美关系稳中有进,中欧四大伙伴关系不断发展,中国外交的大国关系框架清晰而稳定。近年来,中国提出摒弃对立、对抗因素,推进大国协调与合作,扩大同各国的利益交汇点,努力构建总体稳定、均衡发展的大国关系框架,深刻阐明共同、综合、合作、可持续的新安全观,化压力为动力、变危机为契机。中国维护世界自由贸易、推动新型经济全球化的主张和举措得到国际社会的普遍支持。

① 《习近平总书记系列重要讲话读本(2016 年版)》,学习出版社、人民出版社 2016 年版,第 269 页。
② 《习近平在对美国进行国事访问时的讲话》,人民出版社 2015 年版,第 35 页。
③ 《习近平谈治国理政》第 2 卷,外文出版社 2017 年版,第 488 页。
④ 《习近平与特朗普开始举行中美元首会晤》,《人民日报》2017 年 4 月 8 日,第 1 版。
⑤ 《习近平同俄罗斯总统普京举行会谈》,《人民日报》2019 年 4 月 27 日,第 1 版。

按照亲诚惠容理念和与邻为善、以邻为伴方针深化与周边国家关系。我国幅员辽阔,是世界上周边邻国最多、地缘环境最复杂的大国之一。党的十八大以来,党中央在保持外交大政方针延续性和稳定性的基础上,积极运筹外交全局,突出周边在我国发展大局和外交全局中的重要作用,与时俱进完善周边外交战略布局,更加积极主动地稳定、经略和塑造周边。2013年10月,召开了被称作"中国周边外交顶层设计"的周边外交工作座谈会,习近平在会上对我国周边形势的新变化新特点作了全面分析,对周边外交进行了全面规划,明确了周边外交工作的战略目标、基本方针、总体布局以及具体的工作思路和实施方案。①2014年11月,习近平在中央外事工作会议上指出,抓好周边外交工作,打造周边命运共同体,秉持亲诚惠容的周边外交理念,坚持与邻为善、以邻为伴,坚持睦邻、安邻、富邻,深化同周边国家的互利合作和互联互通。②2015年11月7日,习近平在新加坡国立大学发表重要演讲,就新形势下中国发展同周边国家关系提出四点主张:共同维护和平安宁、深入对接发展战略、积极开展安全合作、不断巩固人缘相亲。③2017年1月18日,习近平在联合国日内瓦总部发表演讲,强调中国将同金砖国家发展团结合作的伙伴关系,按照亲诚惠容理念同周边国家深化互利合作。④2017年9月,中国成功主办了金砖国家领导人厦门会晤。五国领导人一致决定深化战略伙伴关系,巩固经贸财金、政治安全、人文交流"三轮驱动"合作架构,确立"金砖+"合作理念,共同开创金砖合作第二个"金色十年"。2017年10月,党的十九大上更是重申了当前我国周边外交的基本方针就是继续按照"亲诚惠容"的周边外交原则和以邻为

---

①　《为我国发展争取良好周边环境　推动我国发展更多惠及周边国家》,《人民日报》2013年10月26日,第1版。

②　《中央外事工作会议在京举行》,《人民日报》2014年11月30日,第1版。

③　习近平:《深化合作伙伴关系　共建亚洲美好家园——在新加坡国立大学的演讲》,《人民日报》2015年11月8日,第2版。

④　《习近平谈治国理政》第2卷,外文出版社2017年版,第488页。

善、与邻为伴的周边外交方针,坚持睦邻、安邻和富邻,继续深化同周边国家的关系,真正做到睦邻友好和守望相助。近年来,中国领导人几乎访问了所有周边国家,周边国家领导人也基本到访过中国,我国同周边国家关系得到全面发展,有力维护了国家主权、安全、发展利益,开创了周边外交工作的新局面。"亲诚惠容""亚洲新安全观"等新理念正在逐渐落实,"一带一路"、亚投行的进展,正在推动周边命运共同体的构建。据统计,2018年,我国同周边 28 国进出口贸易额逾 15 284 亿美元,比 2012 年增长 25%,超过我国同美、欧贸易额的总和。

秉持正确义利观和真实亲诚理念加强同发展中国家团结合作。中国特色社会主义进入新时代,但中国依然是当今世界最大发展中国家,这个地位并没有改变。同广大发展中国家团结合作,依然是中国对外关系不可动摇的根基。新中国自建立以来,就一直与广大发展中国家以相同的历史遭遇、相同的奋斗历程、相近的发展阶段为基础,同呼吸、共命运,长期保持相互支持、友好合作的优良传统。2013 年 3 月 25 日,习近平在坦桑尼亚尼雷尔国际会议中心演讲时指出,中非从来都是命运共同体,共同的历史遭遇、共同的发展任务、共同的战略利益把我们紧紧联系在一起。[1]2013 年6 月 5 日,习近平在墨西哥参议院演讲时强调,中拉要坚持真诚友好,在涉及彼此核心利益和重大关切的问题上继续相互理解、相互支持。[2]2014 年6 月 5 日,习近平在中阿合作论坛第六届部长级会议开幕式上的讲话中指出,双方坚持以开放包容心态看待对方,用对话交流代替冲突对抗,创造了不同社会制度、不同信仰、不同文化传统的国家和谐相处的典范。[3]2017 年

---

① 习近平:《永远做可靠朋友和真诚伙伴——在坦桑尼亚尼雷尔国际会议中心的演讲》,《人民日报》2013 年 3 月 26 日,第 2 版。

② 习近平:《促进共同发展　共创美好未来——在墨西哥参议院的演讲》,《人民日报》2013 年 6 月 7 日,第 2 版。

③ 习近平:《弘扬丝路精神　深化中阿合作——在中阿合作论坛第六届部长级会议开幕式上的讲话》,《人民日报》2014 年 6 月 6 日,第 2 版。

1 月 18 日,习近平在联合国日内瓦总部发表演讲,强调中国将继续坚持正确义利观,深化同发展中国家务实合作,实现同呼吸、共命运、齐发展。中国将按照亲诚惠容理念同周边国家深化互利合作,秉持真实亲诚对非政策理念同非洲国家共谋发展,推动中拉全面合作伙伴关系实现新发展。[①]
2018 年 7 月 19—29 日,习近平对阿联酋、塞内加尔、卢旺达和南非进行国事访问,出席金砖国家领导人第十次会晤,过境毛里求斯并进行友好访问,引领中国特色大国外交开辟了新境界,打开了中外关系和南南合作的新局面,推进了构建人类命运共同体的新实践。从联合国发展峰会到南南合作圆桌会,从中阿合作论坛第六届部长级会议和第八届部长级会议到中非合作论坛约翰内斯堡峰会和北京峰会,从中国—拉共体论坛创立到金砖国家合作第二个"金色十年"开启,无论在主场还是在客场,无论是多边还是双边,习近平发表的一系列重要讲话,都为深化同发展中国家的团结合作举旗定向、谋篇布局,推动中国与广大发展中国家关系再创新局。

五、推进全球治理的新变革

当今世界,国际格局以西方占主导、国际关系理念以西方价值观为主要取向的"西方中心论"已难以为继,西方的治理理念、体系和模式越来越难以适应新的国际格局和时代潮流,各种弊端积重难返,问题成堆。党的十八大以来,以习近平同志为核心的党中央本着以天下为己任的情怀,站在历史发展的高度,深刻洞察人类前途命运,引领中国积极参与全球治理体系改革和建设。

从战略全局高度认识理解全球治理。全球治理,是伴随着全球化的产

---

① 《习近平谈治国理政》第 2 卷,外文出版社 2017 年版,第 488 页。

生而产生的。早在 1648 年建立的威斯特伐利亚体系中,全球治理就已经存在。近现代以来的世界发展进程中,西方国家一直掌握着全球治理的主导权,包括联合国、世界货币基金组织等政治、经济组织以及以美元为核心的世界金融体系,都是在西方国家主导下建立的。进入 21 世纪以后,在新兴市场国家和发展中大国的推动下,这种状态发生了变化。"变者,天道也"。当今世界,由力量对比变化所带动的格局重组、秩序重塑日渐清晰。而在这个过程中,中国的表现尤为突出。2001 年,中国的 GDP 为 1.3 万亿美元,美国的 GDP 为 10.3 万亿美元,中国仅为美国的 12.6%;2016 年,中国的 GDP 为 10.82 万亿美元,美国 GDP 为 18.03 万亿美元,中国为美国的 60%。随着国家经济实力的增强以及国际影响力的提升,中国在全球治理格局中的角色正在发生微妙的变化:从最初基于反对霸权主义和强权政治的排斥者、批评者,到对外开放不断扩大中的观察者、参与者、学习者、规则的遵循者,再到国家实力全面提高基础上的倡导者、建构者。2015 年 10 月 12 日,中央政治局以"全球治理格局和全球治理体制"为内容举行集体学习,把全球治理问题提升到前所未有的战略高度。2016 年 9 月 27 日,习近平主持十八届中央政治局第 35 次集体学习时指出,随着国际力量对比消长变化和全球性挑战日益增多,加强全球治理、推动全球治理体系变革是大势所趋。①党的十八大报告明确提出,要"加强同世界各国交流合作,推动全球治理机制变革","中国坚持权利和义务相平衡,积极参与全球经济治理"②。2018 年 4 月 10 日,习近平在博鳌亚洲论坛 2018 年年会演讲时指出,中国人民积极参与推动全球治理体系变革,构建新型国际关系,推动构建人类命运共同体。③2019 年 6 月 7 日,习近平出席第二十三届圣

---

① 《习近平谈治国理政》第 2 卷,外文出版社 2017 年版,第 448 页。

② 胡锦涛:《坚定不移沿着中国特色社会主义道路前进 为全面建成小康社会而奋斗——在中国共产党第十八次全国代表大会上的报告》,《人民日报》2012 年 11 月 18 日,第 1 版。

③ 习近平:《开放共创繁荣 创新引领未来——在博鳌亚洲论坛 2018 年年会开幕式上的主旨演讲》,《人民日报》2018 年 4 月 11 日,第 3 版。

彼得堡国际经济论坛全会并致辞,强调:我们不是要另起炉灶,而是要完善现行国际体系。①2019 年 6 月 28 日,习近平出席二十国集团领导人第十四次峰会强调,坚持与时俱进,完善全球治理。我们要加强多边贸易体制,对世界贸易组织进行必要改革,使得世界贸易组织能够更加有效地践行其开放市场、促进发展的宗旨。要确保金融安全网资源充足,也要让国际金融架构的代表性更加合理。要落实应对气候变化《巴黎协定》,完善能源治理、环境治理、数字治理。②这一切都充分表明,全球治理已成为当代中国"两个大局"中国际大局的关键,不仅统领着当代中国对外战略,也直接影响到中华民族伟大复兴大业。

积极参与全球治理体系改革和建设。中国是现行国际体系的参与者、建设者、贡献者,是国际合作的倡导者和多边主义的积极参与者。革故鼎新,尤需以新思维、新方案、新动力,对全球治理理念模式进行调整更新,将现有资源重组激活,引领世界经济重新走上兴盛繁荣之路。要推动全球治理理念创新发展,积极发掘中华文化中的处世之道和治理理念同当今时代的共鸣点,努力为完善全球治理贡献中国智慧、中国力量。2015 年 9 月,习近平在华盛顿州联合欢迎宴会上的演讲中指出,中国是现行国际体系的参与者、建设者、贡献者。③2016 年 9 月 3 日,习近平在二十国集团工商峰会开幕式上作主旨演讲时指出,我们将继续履行好国际义务,始终做世界和平的建设者和维护者。④2017 年 10 月,党的十九大明确,中国秉持共商

---

① 习近平:《坚持可持续发展 共创繁荣美好世界——在第二十三届圣彼得堡国际经济论坛全会上的致辞》,《人民日报》2019 年 6 月 8 日,第 2 版。

② 习近平:《携手共进,合力打造高质量世界经济——在二十国集团领导人峰会上关于世界经济形势和贸易问题的发言》,《人民日报》2019 年 6 月 29 日,第 2 版。

③ 习近平:《在华盛顿州当地政府和美国友好团体联合欢迎宴会上的演讲》,《人民日报》2015 年 9 月 24 日,第 2 版。

④ 习近平:《中国发展新起点 全球增长新蓝图——在二十国集团工商峰会开幕式上的主旨演讲》,《人民日报》2016 年 9 月 4 日,第 3 版。

共建共享的全球治理观,倡导国际关系民主化,坚持国家不分大小、强弱、贫富一律平等,支持联合国发挥积极作用,支持扩大发展中国家在国际事务中的代表性和发言权。中国将继续发挥负责任大国作用,积极参与全球治理体系改革和建设,不断贡献中国智慧和力量。①2017 年 11 月 30 日,习近平会见出席"2017 从都国际论坛"外方嘉宾时指出,中国将以更积极的姿态参与全球治理,坚持主权平等、公平正义,坚持共商共建共享、合作共赢,坚持多边主义、维护稳定,坚持循序渐进,改革创新。②2018 年 6 月 21 日,习近平会见出席"全球首席执行官委员会"特别圆桌峰会外方代表并座谈,强调:我们将秉持共商共建共享的全球治理观,继续发挥负责任大国作用,积极参与全球治理体系改革和建设,为改革和优化全球治理注入中国力量。③近年来,我们利用各种国际场合针对全球治理提出中国方案,推动各方凝聚捍卫多边主义的重要共识,先后举办北京亚太经合组织领导人非正式会议、二十国集团领导人杭州峰会、"一带一路"国际合作高峰论坛、金砖国家领导人厦门会晤、博鳌亚洲论坛年会、上海合作组织青岛峰会、中非合作论坛北京峰会等一系列主场外交,举办中国共产党与世界政党高层对话会,在上海举办中国国际进口博览会。同时,采取一系列重大举措,为完善全球治理作出独特贡献:积极参与联合国维和行动,推进联合国 2030 年可持续发展议程、应对气候变化等国际发展与合作议程,不断增强国际社会应对共同挑战的能力;倡导创立亚洲基础设施投资银行和金砖国家新开发银行;人民币纳入国际货币基金组织特别提款权货币篮子,中国在国际货币基金组织和世界银行的份额和投票权升至第三位……联合国秘书长

---

① 习近平:《决胜全面建成小康社会 夺取新时代中国特色社会主义伟大胜利——在中国共产党第十九次全国代表大会上的报告》,人民出版社 2017 年版,第 60 页。

② 《习近平会见出席"2017 从都国家论坛"外方嘉宾》,《人民日报》2017 年 12 月 1 日,第 1 版。

③ 《习近平会见出席"全球首席执行官委员会"特别圆桌峰会外方代表并座谈》,《人民日报》2018 年 6 月 22 日,第 1 版。

古特雷斯认为,中国已成为促进国际合作、维护多边主义的支柱。[①]中国努力为完善全球治理贡献智慧,正推动国际秩序和全球治理体系朝着更加公正合理的方向发展。

第六节　打铁必须自身硬:推进党的伟大自我革命

中国共产党团结带领人民推进伟大社会革命的历程,也是不断推进党的伟大自我革命的历程。习近平强调:"全党要牢记毛泽东同志提出的'我们决不当李自成'的深刻警示,牢记'两个务必',牢记'生于忧患,死于安乐'的古训,着力解决好'其兴也勃焉,其亡也忽焉'的历史性课题,增强党要管党、从严治党的自觉,提高党的执政能力和领导水平,增强党自我净化、自我完善、自我革新、自我提高能力。"[②]党的十八大以来,以习近平同志为核心的党中央,直面"四大考验""四种危险",针对党内存在的思想不纯、政治不纯、组织不纯、作风不纯等突出问题,始终保持思想上的冷静清醒,采取了一系列重大举措,全面加强党的自身建设,推动全面从严治党不断向纵深发展。

一、提出新时代党的建设总要求

党的十九大报告明确提出:"新时代党的建设总要求是:坚持和加强党的全面领导,坚持党要管党、全面从严治党,以加强党的长期执政能力建

---

① 刘华、郑明达、吴嘉林:《直挂云帆济沧海——2019 年上半年中国元首外交纪实》,《人民日报》2019 年 8 月 2 日,第 1 版。

② 《十八大以来重要文献选编》(上),中央文献出版社 2014 年版,第 701 页。

设、先进性和纯洁性建设为主线,以党的政治建设为统领,以坚定理想信念宗旨为根基,以调动全党积极性、主动性、创造性为着力点,全面推进党的政治建设、思想建设、组织建设、作风建设、纪律建设,把制度建设贯穿其中,深入推进反腐败斗争,不断提高党的建设质量,把党建设成为始终走在时代前列、人民衷心拥护、勇于自我革命、经得起各种风浪考验、朝气蓬勃的马克思主义执政党。"①这一总要求,深刻回答了新的历史条件下加强党的建设的一系列根本性问题,丰富和发展了马克思主义建党学说,标志着我们党对执政党建设规律的认识达到了新的高度,为新时代推进全面从严治党提供了基本遵循。

明确新时代党的建设的根本原则、指导方针和主线。总要求第一句话,"坚持和加强党的全面领导",指明了新时代党的建设的根本原则,表明党的建设归根结底是为了提高党领导革命、建设和改革的能力,最终完成党所肩负的伟大历史使命。总要求第二句话,"坚持党要管党、全面从严治党",明确了新时代党的建设的指导方针,体现了党的十八大以来党的建设最鲜明的主题。2016 年 1 月,在十八届中央纪委六次全会上,习近平指出:"党要管党、从严治党,是党的建设的一贯要求和根本方针。"②2016 年 10 月,在党的十八届六中全会上,习近平强调:"全面从严治党是党的十八大以来党中央抓党的建设的鲜明主题。"③总要求第三句话,"以加强党的长期执政能力建设、先进性和纯洁性建设为主线",与党的十八大报告提出的党的建设总要求相比,增加了"长期"二字,意味着党的执政是长期执政,党的执政能力是长期执政能力,突出了对党实现执政使命长期性、艰巨性

---

① 习近平:《决胜全面建成小康社会 夺取新时代中国特色社会主义伟大胜利——在中国共产党第十九次全国代表大会上的报告》,人民出版社 2017 年版,第 61—62 页。

② 习近平:《在第十八届中央纪律检查委员会第六次全体会议上的讲话》,《人民日报》2016 年 5 月 3 日,第 2 版。

③ 习近平:《关于〈关于新形势下党内政治生活的若干准则〉和〈中国共产党党内监督条例〉的说明》,《人民日报》2016 年 11 月 3 日,第 2 版。

的深谋远虑,蕴含着当代中国共产党人登高望远、居安思危的忧患意识和历史担当。

厘清新时代党的建设的基本内容及其相互关系。总要求明确了新时代党的建设的工作思路和总体布局,即"一个统领""一个根基""一个着力点""六项建设"和"一个斗争",这就厘清了新时代党的建设的基本内容及其相互关系。以政治建设为统领,是因为党的建设的所有方面,归根到底都是政治上的。一段时期以来党内出现的种种问题,其根本原因都和政治建设没有抓紧、抓实、抓好有关。在十九届中央纪委三次全会上,习近平进一步强调,要"以党的政治建设为统领全面推进党的建设"①。以坚定理想信念宗旨为根基,是因为只有坚定理想信念,才能牢记初心使命,确立精神坐标,始终坚持正确政治方向。以调动全党积极性、主动性、创造性为着力点,是因为新时代攻坚克难完成新任务,全党的积极性、主动性、创造性至关重要,必须充分尊重党员的主体地位和首创精神,推动形成想作为、敢作为、善作为的风尚。总要求的一项重大创新,是将政治建设、纪律建设纳入党的建设总体布局,反映了我们党对新时代党的建设规律、共产党执政规律的新认识。民主革命时期,我们党确立了思想建设、组织建设、作风建设"三位一体"的党的建设总体布局。党的十六届二中全会把制度建设纳入党的建设,形成"四位一体"总体布局。党的十七大又把反腐倡廉建设纳入进来,形成"五位一体"总体布局。2017 年 10 月 18 日,习近平在党的十九大上指出,"全面推进党的政治建设、思想建设、组织建设、作风建设、纪律建设,把制度建设贯穿其中,深入推进反腐败斗争"②。这就形成了"七位一体"总体布局。这一总体布局突出了政治建设的统领地位和纪律建设这

---

① 《取得全面从严治党更大战略性成果 巩固发展反腐败斗争压倒性胜利》,《人民日报》2019年 1 月 12 日,第 1 版。

② 习近平:《决胜全面建成小康社会 夺取新时代中国特色社会主义伟大胜利——在中国共产党第十九次全国代表大会上的报告》,人民出版社 2017 年版,第 62 页。

个管党治党的治本之策,反映了党的十八大以来全面从严治党实践和理论探索创新的重大成果,抓住了新时代推进党的建设新的伟大工程的关键,实现了党的建设总体布局的重大发展。

确立新时代党的建设总目标。我们党对党的建设总目标历来十分重视,进行了长期不懈的探索。从毛泽东提出建设"革命党",到邓小平提出"把党建设成为领导社会主义现代化事业的坚强核心";从江泽民提出党要成为"两个先锋队"、建设"马克思主义执政党",到胡锦涛提出建设"学习型、服务型、创新型"马克思主义执政党,党的建设总目标变得愈益系统和完备。新时代党的建设总要求确立了新时代党的建设新的总目标,即"不断提高党的建设质量,把党建设成为始终走在时代前列、人民衷心拥护、勇于自我革命、经得起各种风浪考验、朝气蓬勃的马克思主义执政党"。在这个总目标中,一是强调"不断提高党的建设质量",意味着新时代党的建设也要强调高质量发展,不能重形式轻质量,不能搞形式主义、做表面文章。习近平强调:"我在不同场合多次强调党的建设质量问题,包括要提高发展党员质量、提高教育实践活动质量、提高选人用人质量、提高党内政治生活质量、提高人才培养质量、提高党的制度建设质量,等等。这些都不是就事论事讲的,而是着眼于永葆党的先进性和纯洁性提出来的,是新时代党的建设必须努力达到的要求。"①"提高党的建设质量"与"提高党的建设科学化水平"是完全一致的。二是强调勇于自我革命,意味着我们党对于党内存在的各种问题绝不会听之任之,而是要保持勇于自我革命的品格,予以坚决彻底的纠治和解决。

一体部署新时代党的建设总要求和重点任务。党的十九大在提出新时代党的建设总要求的基础上,部署了新时代党的建设八个方面重点任务,即把党的政治建设摆在首位,用习近平新时代中国特色社会主义思想

---

① 习近平:《在全国组织工作会议上的讲话》,《党建研究》2018 年第 9 期。

武装全党,建设高素质专业化干部队伍,加强基层组织建设,持之以恒正风肃纪,夺取反腐败斗争压倒性胜利,健全党和国家监督体系,全面增强执政本领。这些任务涉及党的建设各个方面、各个领域,明确了贯彻落实新时代党的建设总要求的实践路径。在实践中,要把党的建设总要求和八个方面重点任务作为一个有机整体来把握和落实。在2019年全党"不忘初心、牢记使命"主题教育工作会议上,习近平明确指出:"开展这次主题教育,就是要认真贯彻新时代党的建设总要求,奔着问题去,以刮骨疗伤的勇气、坚忍不拔的韧劲坚决予以整治,同一切影响党的先进性、弱化党的纯洁性的问题作坚决斗争,努力把我们党建设得更加坚强有力。"①

二、发挥"政治指南针"作用

"加强党的政治建设就是要发挥政治指南针作用"②。党的十八大以来,以习近平同志为核心的党中央,把党的政治建设作为党的根本性建设,摆在各项建设的首位,引领广大党员干部把准政治方向,坚持党的政治领导,夯实政治根基,涵养政治生态,防范政治风险,永葆政治本色,提高政治能力,为我们党不断发展壮大、从胜利走向胜利提供了重要保证。

旗帜鲜明讲政治。我们党作为马克思主义执政党,讲政治是一以贯之的要求。党的历代领导人都高度重视讲政治,并作出许多重要论述。进入新时代,面对错综复杂的国际形势和艰巨繁重的改革发展稳定任务,必须更加重视讲政治,善于从政治上把大局、看问题,善于从政治上谋划、部署、推动工作。以习近平同志为核心的党中央,把讲政治提升到前所未有的高

---

① 习近平:《在"不忘初心、牢记使命"主题教育工作会议上的讲话》,《求是》2019年第13期。
② 《把党的政治建设作为党的根本性建设　为党不断从胜利走向胜利提供重要保证》,《人民日报》2018年7月1日,第1版。

度,作出了全新的战略定位。2016 年 1 月 12 日,习近平在十八届中央纪委六次全会上强调:"政治问题,任何时候都是根本性的大问题。全面从严治党,必须注重政治上的要求","各级干部特别是领导干部要善于从政治上看问题,站稳立场、把准方向"①。2017 年 2 月 13 日,习近平在省部级主要领导干部学习贯彻十八届六中全会精神专题研讨班开班式上强调,讲政治是我们党补钙壮骨、强身健体的根本保证,是党培养自我革命勇气、增强自我净化能力、提高排毒杀菌政治免疫力的根本途径。什么时候全党讲政治、党内政治生活正常健康,我们党就风清气正、团结统一,充满生机活力,党的事业就蓬勃发展;反之,就弊病丛生、人心涣散、丧失斗志,各种错误思想得不到及时纠正,给党的事业造成严重损失。②2017 年 10 月,党的十九大明确把"以党的政治建设为统领"纳入新时代党的建设总要求,强调把党的政治建设摆在首位,并对党的政治建设作出全面部署。这一系列重要论述,是习近平从永葆党的性质宗旨、坚守党的初心使命、巩固党的执政地位的高度,对讲政治的重要地位作用作出的准确判断和界定,有利于澄清那种认为讲政治"假大空"、是"极左政治"等的模糊认识或错误论调,有利于帮助党员干部矫正讲政治的思想观念,端正讲政治的基本态度。党的十八大以来,全面从严治党之所以能够强有力推进并迅速取得显著成效,与我们党旗帜鲜明讲政治是分不开的。

增强"四个意识",坚定"四个自信",做到"两个维护"。新时代加强党的政治建设,重中之重是增强"四个意识",坚定"四个自信",做到"两个维护"。这是党的十八大以来我们党取得的重大政治成果和宝贵经验,是党最重要的政治纪律和政治规矩,也是全党团结统一、步调一致,带领全国各

---

① 习近平:《在第十八届中央纪律检查委员会第六次全体会议上的讲话》,《人民日报》2016 年 5 月 3 日,第 2 版。

② 《以解决突出问题为突破口和主抓手 推动党的十八届六中全会精神落到实处》,《人民日报》2017 年 2 月 14 日,第 1 版。

族人民决胜全面建成小康社会、奋力夺取新时代中国特色社会主义伟大胜利的根本政治保证。2016 年 1 月 29 日,中共中央政治局召开会议,会议认为,只有增强政治意识、大局意识、核心意识、看齐意识,才能使我们党更加团结统一、坚强有力,始终成为中国特色社会主义事业的坚强领导核心。①这是党中央首次提核心意识,并将"四个意识"并列起来。2014 年 2 月 24 日,习近平在主持十八届中央政治局第 13 次集体学习时强调,要讲清楚中华优秀传统文化的历史渊源、发展脉络、基本走向,讲清楚中华文化的独特创造、价值理念、鲜明特色,增强文化自信和价值观自信。②这是首次提出文化自信。2014 年 10 月 15 日,习近平在文艺工作座谈会上强调,增强文化自觉和文化自信,是坚定道路自信、理论自信、制度自信的题中应有之义③。这是首次将文化自信与道路自信、理论自信、制度自信并列阐述。此后,在庆祝建党 95 周年大会上,在会见第三十一届奥运会中国体育代表团时,在给中央社会主义学院建院 60 周年的贺信中,在中国文联十大、中国作协九大开幕式上,在会见天宫二号和神舟十一号载人飞行任务航天员及参研参试人员代表时……习近平都反复强调"四个自信"。2017 年 10 月,党的十九大强调,保证全党服从中央,坚持党中央权威和集中统一领导,是党的政治建设的首要任务。④党的十九大通过的党章明确强调:"必须实行正确的集中,牢固树立政治意识、大局意识、核心意识、看齐意识,坚定维护以习近平同志为核心的党中央权威和集中统一领导,保证全

①　《审议〈中央政治局常委会听取和研究全国人大常委会、国务院、全国政协、最高人民法院、最高人民检察院党组工作汇报和中央书记处工作报告的综合情况报告〉》,《人民日报》2016 年 1 月 30 日,第 1 版。

②　《习近平在中共中央政治局第十三次集体学习时强调　把培育和弘扬社会主义核心价值观作为凝魂聚气强基固本的基础工程》,《人民日报》2014 年 2 月 26 日,第 1 版。

③　《习近平在文艺工作座谈会上的讲话》,《人民日报》2015 年 10 月 15 日,第 2 版。

④　习近平:《决胜全面建成小康社会　夺取新时代中国特色社会主义伟大胜利——在中国共产党第十九次全国代表大会上的报告》,人民出版社 2017 年版,第 62 页。

党的团结统一和行动一致,保证党的决定得到迅速有效的贯彻执行。"①
2018年9月21日,中共中央政治局召开会议,强调要牢牢抓住学习贯彻
习近平新时代中国特色社会主义思想这条主线,围绕增强"四个意识"、坚
定"四个自信"、做到"两个维护",长期坚持、持续发力、不断深化,使之系统
权威进教材、深入生动进课堂、刻骨铭心进头脑②。此后,增强"四个意
识"、坚定"四个自信"、做到"两个维护"开始并列提出并经常见诸媒体。习
近平总书记党中央的核心、全党的核心地位,是在伟大斗争中形成的。党
的十八大以来,习近平带领全党全国各族人民接续推进中国社会伟大革
命,开创了中国特色社会主义新时代,展现出马克思主义政治家、思想家、
战略家的非凡理论勇气、卓越政治智慧、强烈使命担当,赢得了全党全军全
国各族人民衷心拥护和国际社会高度赞誉。在全党全军全国提出增强"四
个意识"、坚定"四个自信"、做到"两个维护",自然深得人心、深入人心。

对加强党的政治建设作出全面部署。党的十八大以来,以习近平同志
为核心的党中央从党和国家事业全局出发,站在统揽推进伟大斗争、伟大
工程、伟大事业、伟大梦想的战略高度,对加强党的政治建设作出一系列重
大决策部署。在全面从严治党实践中,习近平从一开始就把解决党内各种
问题归结到党的政治建设上来,把违反政治纪律和政治规矩的现象归纳为
"七个有之",鲜明提出"五个必须""五个决不允许",强调全面从严治党首
先要从政治上看,不能只讲腐败问题、不讲政治问题。2017年2月13日,
习近平在省部级主要领导干部学习贯彻十八届六中全会精神专题研讨班
开班式上强调,党的高级干部要注重提高政治能力。③2018年1月5日在

① 《中国共产党章程》,人民出版社2017年版,第20—21页。
② 《中共中央政治局召开会议 审议〈中国共产党支部工作条例(试行)〉和〈2018—2022年全国
干部教育培训规划〉》,《人民日报》2018年9月22日,第1版。
③ 《习近平在省部级主要领导干部学习贯彻十八届六中全会精神专题研讨班开班式上发表重
要讲话》,《人民日报》2017年2月14日,第1版。

学习贯彻党的十九大精神研讨班开班式上强调,在思想政治上讲政治立场、政治方向、政治原则、政治道路,在行动实践上讲维护党中央权威、执行党的政治路线、严格遵守党的政治纪律和政治规矩。①2018 年 6 月 29 日在十九届中央政治局第 6 次集体学习时,专门就加强党的政治建设进行深刻阐述,明确提出要把准政治方向、坚持党的政治领导、夯实政治根基、涵养政治生态、防范政治风险、永葆政治本色、提高政治能力。②2019 年 1 月 25 日,中央政治局召开会议审议《中共中央关于加强党的政治建设的意见》。2 月,该《意见》正式印发。《意见》遵循党的政治建设规律和内在逻辑,整合党章、准则等党内法规制度有关规定,明确了加强党的政治建设的总体要求和主要任务,对加强党的政治建设各方面任务进行系统设计、统筹推进,主要从坚定政治信仰、强化政治领导、提高政治能力、净化政治生态等方面作出部署。近年来,在党中央坚强领导下,党的政治建设明显加强,特别是党的集中统一领导得到强化。2015 年 1 月,中央政治局常委会召开会议,专门听取全国人大常委会、国务院、全国政协、最高人民法院、最高人民检察院党组汇报工作,此后这一做法形成制度。2018 年 3 月 11 日,十三届全国人大一次会议第三次全体会议表决通过《中华人民共和国宪法修正案》,将"中国共产党领导是中国特色社会主义最本质的特征"写入宪法。同月,中央政治局委员遵照《中共中央政治局关于加强和维护党中央集中统一领导的若干规定》,首次向党中央和习近平总书记书面述职。2019 年 10 月,党的十九届四中全会将党的集中统一领导制度和全面领导制度明确为我们党和国家的根本领导制度。③全党全国各族人民更加紧密地团结

---

① 《以时不我待只争朝夕的精神投入工作 开创新时代中国特色社会主义事业新局面》,《人民日报》2018 年 1 月 6 日,第 1 版。

② 《中共中央政治局召开会议 审议〈关于适应新时代要求大力发现培养选拔优秀年轻干部的意见〉》,《人民日报》2018 年 6 月 30 日,第 1 版。

③ 《〈中共中央关于坚持和完善中国特色社会主义制度、推进国家治理体系和治理能力现代化若干重大问题的决定〉辅导读本》,人民出版社 2019 年版,第 176 页。

在以习近平同志为核心的党中央周围,画出了最大的思想同心圆,集成了最大的政治向心力。

三、补足精神上的"钙"

习近平指出,"理想信念就是共产党人精神上的'钙',没有理想信念,理想信念不坚定,精神上就会'缺钙',就会得'软骨病'"。①党的十八大以来,我们党教育引导广大党员、干部树立远大理想信念,把意志和力量凝聚到坚持和发展中国特色社会主义、实现中华民族伟大复兴中国梦上来,形成万众一心追梦筑梦的磅礴力量。

深入开展党的理论武装。习近平强调:"要炼就'金刚不坏之身',必须用科学理论武装头脑,不断培植我们的精神家园。"②近几年来,随着习近平新时代中国特色社会主义思想确立为我们党和国家的指导思想,党中央不断加强用这一思想武装全党、教育人民的工作。2017 年 10 月,党的十九大对用习近平新时代中国特色社会主义思想武装全党作出部署。2014年编辑出版《习近平谈治国理政》第一卷,2017 年出版《习近平谈治国理政》第二卷。这两卷著作生动记录了以习近平同志为核心的党中央团结带领全党全国各族人民在新时代坚持和发展中国特色社会主义的伟大实践,集中反映了习近平新时代中国特色社会主义思想形成发展的轨迹和成果,是学习领会习近平新时代中国特色社会主义思想的权威读本。中央领导同志多次出席出版座谈会,对推动理论武装提出明确要求。2014 年、2016年党中央 2 次编辑出版《习近平总书记系列重要讲话读本》,2018 年编辑

---

① 习近平:《紧紧围绕坚持和发展中国特色社会主义学习宣传贯彻党的十八大精神》,《人民日报》2012 年 11 月 19 日,第 2 版。

② 《习近平总书记系列重要讲话读本(2016 年版)》,学习出版社、人民出版社 2016 年版,第108 页。

出版《习近平新时代中国特色社会主义思想三十讲》,2019 年编辑出版《习近平新时代中国特色社会主义思想学习纲要》和《习近平强军思想学习纲要》,为广大干部群众深入学习领会习近平新时代中国特色社会主义思想提供了重要辅助读物。《知之深爱之切》《摆脱贫困》《之江新语》《习近平的七年知青岁月》《梁家河》等也陆续推出。此外,还推出党的十八大、十九大报告辅导读本和中央重要全会决定的系列辅导读本,"理论热点面对面"系列通俗读物。"新思想从实践中产生"系列报道、《答卷》《誓言》等微视频、"学习强国""学习小组"等微信公众号、《百家讲坛》特别节目《平"语"近人——习近平总书记用典》等精品力作,以人民群众喜闻乐见的方式,推动习近平新时代中国特色社会主义思想得到生动阐释、广泛传播。2017 年 3 月,《中国共产党党委(党组)理论学习中心组学习规则》正式印发,这是我们党第一次以党内法规的形式把理论学习这项"软任务"变成"硬约束"。2017 年 12 月,全国成立 10 家习近平新时代中国特色社会主义思想研究中心(院),为深化理论研究、推进理论武装再添"生力军"。中央还组织力量多次对高校思政课教材和教学大纲进行修订,推动习近平新时代中国特色社会主义思想进教材、进课堂、进头脑。理论工作"四大平台"和国家高端智库建设深入推进,为推动学习贯彻习近平新时代中国特色社会主义思想贡献了智慧和力量。近年来,习近平新时代中国特色社会主义思想在广大干部群众的头脑中深深扎根,并在实践中不断开花结果。

引导党员干部坚定理想信念。一段时期以来,在党员干部队伍中,信仰缺失成为一个现实而紧迫的问题。有的对共产主义心存怀疑,有的不信马列信鬼神,有的是非观念淡薄、原则性不强、正义感退化,有的甚至向往西方社会制度和价值观念,在重大政治原则性问题面前态度暧昧、消极躲避、不敢亮剑,等等。以习近平同志为核心的党中央对这些问题高度重视,先后作出一系列论述和部署。2012 年 11 月 17 日,习近平在十八届中央政治局第 1 次集体学习时指出:坚定理想信念,坚守共产党人精神追求,始终是共产党人安身立命的根本。①2013 年 1 月 5 日,习近平在新进中央委员会的委员、候补委员学习贯彻党的十八大精神研讨班开班式上,提出了衡量一名共产党员、一名领导干部是否具有共产主义远大理想的客观标准,即能否坚持全心全意为人民服务的根本宗旨,能否吃苦在前、享受在后,能否勤奋工作、廉洁奉公,能否为理想而奋不顾身去拼搏、去奋斗、去献出自己的全部精力乃至生命。②2013 年 6 月 28 日,习近平在全国组织工作会议上指出,理想信念坚定,是好干部第一位的标准,是不是好干部首先看这一条。③同年 8 月 19 日,习近平在全国宣传思想工作会议上强调,意识形态工作是党的一项极端重要的工作。宣传思想工作就是要巩固马克思主义在意识形态领域的指导地位,巩固全党全国人民团结奋斗的共同思想基础。④2016 年 10 月 21 日,习近平在纪念红军长征胜利 80 周年大会上强调,崇高的理想,坚定的信念,永远是中国共产党人的政治灵魂。中国共产党人的理想信念,建立在马克思主义科学真理的基础之上,建立在马克思主义揭示的人类社会发展规律的基础之上,建立在为最广大人民谋利益的崇高价值的基础之上。⑤2017 年 10 月,党的十九大明确思想建设是党的基础性建设,要把坚定理想信念作为党的思想建设的首要任务。⑥2018 年 5 月 4 日,习近平在纪念马克思诞辰 200 周年大会上强调,坚守共产党人的

① 《紧紧围绕坚持和发展中国特色社会主义学习宣传贯彻党的十八大精神》,《人民日报》2012 年 11 月 19 日,第 2 版。

② 《毫不动摇坚持和发展中国特色社会主义　在实践中不断有所发现有所创造有所前进》,《人民日报》2013 年 1 月 6 日,第 1 版。

③ 《建设一支宏大高素质干部队伍　确保党始终成为坚强领导核心》,《人民日报》2013 年 6 月 30 日,第 1 版。

④ 《胸怀大局把握大势着眼大事　努力把宣传思想工作做得更好》,《人民日报》2013 年 8 月 21 日,第 1 版。

⑤ 习近平:《在纪念红军长征胜利 80 周年大会上的讲话》,《人民日报》2016 年 10 月 22 日,第 2 版。

⑥ 习近平:《决胜全面建成小康社会　夺取新时代中国特色社会主义伟大胜利——在中国共产党第十九次全国代表大会上的报告》,人民出版社 2017 年版,第 63 页。

理想信念,像马克思那样,为共产主义奋斗终身。①此外,习近平在文艺、党校、党的新闻舆论、网络安全和信息化、哲学社会科学、高校思想政治工作等一系列会议上发表重要讲话,从不同角度强调了理想信念问题。近几年来,全党认真贯彻落实习近平的指示要求,紧紧扭住坚定党员干部理想信念这个铸魂工程、补钙工程、夯基工程,扎实开展与坚定理想信念相关的各种活动,广大党员干部在理论滋养、党性教育、文化熏陶中,进一步筑牢信仰之基、补足精神之钙、把稳思想之舵。宣传思想文化战线坚持巩固壮大主流思想舆论,弘扬主旋律,传播正能量,先后推出《关于繁荣发展社会主义文艺的意见》《关于培育和践行社会主义核心价值观的意见》《关于实施中华优秀传统文化传承发展工程的意见》《关于推动传统媒体和新兴媒体融合发展的指导意见》《关于加快构建中国特色哲学社会科学的意见》《关于深化新时代学校思想政治理论课改革创新的若干意见》等一系列重要文件,为坚定党员干部理想信念指明了方向。

开展系列学习教育活动。在我们党的历史上,曾多次开展重大教育活动,对解决党内存在的突出问题,确保党的纯洁巩固发挥了重要作用。为深入推进党的思想建设,坚定广大党员干部理想信念,以习近平同志为核心的党中央,在新时代组织全党开展了一系列学习教育活动。2013年5月9日,党中央下发《关于在全党深入开展党的群众路线教育实践活动的意见》,中央政治局常委同志带头建立教育实践活动联系点,全程指导联系点省区的教育实践活动,为全党开展教育实践活动作出示范。2013年6月—2014年10月,全党分两批开展以为民务实清廉为主要内容的党的群众路线教育实践活动,广大党员干部认真贯彻"照镜子、正衣冠、洗洗澡、治治病"的总要求,剖析问题、深挖根源,受到一次深刻的思想洗礼和严格的

---

① 习近平:《在纪念马克思诞辰200周年大会上的讲话》,《人民日报》2018年5月5日,第2版。

党性锻炼。2015 年启动的"三严三实"专题教育,聚焦对党忠诚、个人干净、敢于担当,着力解决"不严不实"问题。2015 年 12 月 28—29 日,中央政治局召开专题民主生活会,对照检查践行"三严三实"情况。从 2016 年 2 月开始,"两学一做"学习教育在全体党员中展开。按照基础在学、关键在做的要求,坚持全覆盖、常态化、重创新、求实效,突出问题导向,突出以上率下。2017 年 10 月,党的十九大作出部署,以县处级以上领导干部为重点,在全党开展"不忘初心、牢记使命"主题教育。①2019 年 5 月 31 日,习近平在"不忘初心、牢记使命"主题教育工作会议上强调,开展"不忘初心、牢记使命"主题教育,要牢牢把握守初心、担使命,找差距、抓落实的总要求,牢牢把握深入学习贯彻新时代中国特色社会主义思想、锤炼忠诚干净担当的政治品格、团结带领全国各族人民为实现伟大梦想共同奋斗的根本任务,努力实现理论学习有收获、思想政治受洗礼、干事创业敢担当、为民服务解难题、清正廉洁作表率的具体目标,确保这次主题教育取得扎扎实实的成效。②2020 年 1 月 8 日,习近平在"不忘初心、牢记使命"主题教育总结大会上,从新时代党和国家事业发展的全局和战略高度,充分肯定了"不忘初心、牢记使命"主题教育取得的主要成效,科学概括了新时代开展党内集中教育积累的新经验,主要是聚焦主题、紧扣主线,以上率下、示范带动,有机融合、一体推进,紧盯问题、精准整改,严督实导、内外用力,力戒虚功、务求实效。习近平还提出了不断深化党的自我革命,持续推动全党不忘初心、牢记使命的六个方面要求,即不忘初心、牢记使命,必须作为加强党的建设的永恒课题和全体党员、干部的终身课题常抓不懈;必须用马克思主义中国化最新成果统一思想、统一意志、统一行动;必须以正

---

① 习近平:《决胜全面建成小康社会 夺取新时代中国特色社会主义伟大胜利——在中国共产党第十九次全国代表大会上的报告》,人民出版社 2017 年版,第 63 页。
② 《守初心担使命找差距抓落实 确保主题教育取得扎扎实实的成效》,《人民日报》2019 年 6 月 1 日,第 1 版。

视问题的勇气和刀刃向内的自觉不断推进党的自我革命;必须发扬斗争精神,勇于担当作为;必须完善和发展党内制度,形成长效机制;必须坚持领导机关和领导干部带头。①这些重要讲话,立意高远、思想深邃、内涵丰富,具有很强的政治性、思想性、理论性、指导性。通过开展这一系列党内重大学习教育活动,提高了党员干部政治觉悟,唤起了共产党人的初心,马克思主义在意识形态领域的指导地位更加巩固,全党全国人民团结奋斗的共同思想基础更加巩固。

四、强化党的组织优势

党的力量来自组织。党的全面领导和全部工作都要靠党的坚强组织体系去实现。我们党是按照马克思主义建党原则建立起来的,形成了包括党的中央组织、地方组织、基层组织在内的严密组织体系。这是世界上任何其他政党都不具有的强大优势。党的十八大以来,以习近平同志为核心的党中央,针对一些党组织软弱涣散、组织不纯等问题,科学处理党内组织和组织、组织和个人、同志和同志、集体领导和个人分工负责等重要关系,提出和确立了新时代党的组织路线,大力加强党的组织建设,使党组织更加坚强有力。

提出和贯彻新时代党的组织路线。正确的政治路线要靠正确的组织路线来保证。党的一大党纲规定党的组织建设的原则,六大明确提出"组织路线"的概念,但对于组织路线的内容,一直没有明确。2018 年 7 月 3—4 日,全国组织工作会议召开,鲜明提出了新时代党的组织路线,即全面贯彻习近平新时代中国特色社会主义思想,以组织体系建设为重点,着力培

---

① 习近平:《在"不忘初心、牢记使命"主题教育总结大会上的讲话》,《人民日报》2020 年 1 月 9 日,第 2 版。

养忠诚干净担当的高素质干部,着力集聚爱国奉献的各方面优秀人才,坚持德才兼备、以德为先、任人唯贤,为坚持和加强党的全面领导、坚持和发展中国特色社会主义提供坚强组织保证。习近平在会上强调,贯彻新时代党的组织路线,建设忠诚干净担当的高素质干部队伍是关键,重点是要做好干部培育、选拔、管理、使用工作。①2018 年 11 月 26 日,习近平在十九届中央政治局第 10 次集体学习时强调,必须全面贯彻新时代党的组织路线,严把德才标准,坚持公正用人,拓宽用人视野,激励干部积极性,努力造就一支忠诚干净担当的高素质干部队伍。②提出新时代党的组织路线并明确其具体内容,这在我们党的历史上是第一次,是对马克思主义党建学说的开创性贡献,具有里程碑意义,为新时代党的建设和组织工作指明了前进方向,提供了根本遵循。

提出和落实好干部标准。政治路线确定之后,干部就是决定因素。2013 年 6 月 28 日,习近平在全国组织工作会议上专门对着力培养选拔党和人民需要的好干部作出深刻论述,旗帜鲜明地提出新时期好干部标准:"概括起来说,好干部要做到信念坚定、为民服务、勤政务实、敢于担当、清正廉洁。"并对这五条标准的内涵作了具体阐发。③之后,习近平又进一步提出了"三严三实""忠诚干净担当""四有""四个铁一般""五个过硬"等要求。2018 年 11 月 26 日,习近平在十九届中央政治局第 10 次集体学习时,突出强调严把德才标准,坚持公正用人,拓宽用人视野,激发干部积极性。④新时期好干部标准的提出并不断细化、实化、具体化,不仅为组织选人提供了遵循,也为组织培养人明确了重点,更为干部自身成长指明

---

① 《习近平在全国组织工作会议上强调　切实贯彻落实新时代党的组织路线　全党努力把党建设得更加坚强有力》,《人民日报》2018 年 7 月 5 日,第 1 版。

②④ 《严把标准公正用人拓宽视野激励干部　造就忠诚干净担当的高素质干部队伍》,《人民日报》2018 年 11 月 27 日,第 1 版。

③ 《习近平在全国组织工作会议上强调　建设一支宏大高素质干部队伍　确保党始终成为坚强领导核心》,《人民日报》2013 年 6 月 30 日,第 1 版。

了方向。为把好干部标准落到实处，2014 年初，中央修订颁布了《党政领导干部选拔任用工作条例》，2018 年 3 月—2019 年 3 月，又再次进行修订。这次修订充分体现了习近平对干部工作提出的一系列新理念新思想新论断、党的十九大和党章对干部队伍建设提出的新要求、全国组织工作会议对干部选拔任用工作作出的新部署。各级贯彻落实新规定，着力打造选拔好干部的选人用人机制。2016 年 8 月，中办印发《关于防止干部"带病提拔"的意见》，明确实行党委（党组）书记、纪委书记（纪检组组长）在拟提任人选廉洁自律情况结论性意见上签字制度，防止有"病"干部被重用。2019 年 5 月，中办印发《干部选拔任用工作监督检查和责任追究办法》，对干部选拔任用工作监督检查内容、机制、方式和责任追究等进行了规范和完善，确保背离好干部标准的人和事能够被依规查处。党的十八大以来，好干部标准得到确立，干部选拔任用更加科学，管理监督更加严格，为实现中国梦奠定了坚实的人才基础。

坚持党管干部、党管人才。这是建设优秀干部人才队伍的基本经验。习近平对此极为关注，多次作出重要论述。在 2013 年全国组织工作会议上强调，党要管党，首先是管好干部[①]。2014 年 7 月、8 月，中央政治局审议《深化党的建设制度改革实施方案》时，习近平指出，从严治党、从严管理干部，要下功夫把干部的问责、惩处制度抓好，建立领导干部能上能下的制度机制。2015 年 7 月，中办印发《推进领导干部能上能下若干规定（试行）》。2016 年 3 月，中央印发《关于深化人才发展体制机制改革的意见》，明确提出进一步加强和改进党对人才工作的领导，健全党管人才领导体制和工作格局，创新党管人才方式方法。在党的十九大上，习近平提出，坚持严管和厚爱结合、激励和约束并重，同时还提出实行更加积极、更加开放、

---

① 《习近平在全国组织工作会议上强调 建设一支宏大高素质干部队伍 确保党始终成为坚强领导核心》，《人民日报》2013 年 6 月 30 日，第 1 版。

更加有效的人才政策。①在 2018 年十九届中央政治局第 10 次集体学习时强调,要把从严管理干部贯彻落实到干部队伍建设全过程,同时要用科学办法进行管理,切实管到位、管到点子上,切实保护干部干事创业的积极性。②2018 年 5 月,中办印发《关于进一步激励广大干部新时代新担当新作为的意见》,聚焦干部队伍建设中的"堵点"和"痛点",提出一系列系统配套、务实管用的新思路、硬举措,释放了事业为上、激励干部担当作为的强烈信号。2020 年 1 月下旬,中共中央印发《关于加强党的领导,为打赢疫情防控阻击战提供坚强政治保证的通知》,提出要在疫情防控第一线考察、识别、评价、使用干部,把领导班子和领导干部在疫情防控斗争中的实际表现作为考察其政治素质、宗旨意识、全局观念、驾驭能力、担当精神的重要内容。对表现突出的,要表扬表彰、大胆使用;对不敢担当、作风飘浮、落实不力的,甚至弄虚作假、失职渎职的,要严肃问责。③这几年来,各级党组织充分发挥在选人用人中的领导和把关作用,把党管干部原则、党管人才全面贯穿于干部选拔任用和人才队伍建设全过程和各方面,有效破解了一些地方和单位出现的唯票、唯分、唯 GDP、唯年龄等问题,推动了干部工作和人才工作"正本清源、回归本真"。

加强基层党组织建设。基础不牢,地动山摇。针对一些基层党组织弱化、虚化、边缘化等问题,以习近平同志为核心的党中央作出了一系列加强基层党组织建设的决策部署。2013 年 1 月,习近平主持召开中央政治局会议,对加强新形势下发展党员和党员管理工作进行专题研究。同年 2

---

① 习近平:《决胜全面建成小康社会 夺取新时代中国特色社会主义伟大胜利——在中国共产党第十九次全国代表大会上的报告》,人民出版社 2017 年版,第 64—65 页。

② 《严把标准公正用人拓宽视野激励干部 造就忠诚干净担当的高素质干部队伍》,《人民日报》2018 年 11 月 27 日,第 1 版。

③ 习近平:《在统筹推进新冠肺炎疫情防控和经济社会发展工作部署会议上的讲话》,《人民日报》2020 年 2 月 24 日,第 2 版。

月,中办印发相关文件,对严格发展党员程序、提高发展党员质量等提出明确要求。2014 年 5 月,中办印发《中国共产党发展党员工作细则》,进一步严格发展党员标准和程序,为建设一支规模适度、结构合理、素质优良、纪律严明、作用突出的党员队伍提供了基本依据。2015 年 6 月 30 日,习近平在会见全国优秀县委书记时指出,县委是我们党执政兴国的"一线指挥部",县委书记就是"一线总指挥",要求广大县委书记做政治的明白人、发展的开路人、群众的贴心人、班子的带头人。①在党的十九大上,习近平强调,要以提升组织力为重点,突出政治功能,把基层党组织建设成为宣传党的主张、贯彻党的决定、领导基层治理、团结动员群众、推动改革发展的坚强战斗堡垒。②在 2018 年全国组织工作会议上,习近平指出,党的基层组织是党的肌体的"神经末梢",是党执政大厦的地基。加强党的基层组织建设,关键是从严抓好落实。③近年来,我们党突出抓好农村、城市、国企、机关、高校、非公有制经济组织和社会组织等领域基层党组织建设,一个一个领域研究突破,一个一个方面巩固提升,细化任务,列出清单,专项督查,一抓到底。调整配强 5 000 多名贫困村党组织书记,从县以上机关选派 20.6 万名优秀干部担任软弱涣散村和贫困村党组织第一书记。④全国基层党组织建设持续优化,党员数量稳步增长。截至 2018 年 12 月 31 日,中国共产党党员总数为 9 059.4 万名,有基层组织 461.0 万个。⑤基层群众反映,过去一些党员"不在组织、不起作用、不守规矩",现在普遍"有了党员样子",党

---

①　《做政治的明白人　发展的开路人　群众的贴心人　班子的带头人》,《人民日报》2015 年 7 月 1 日,第 1 版。

②　习近平:《决胜全面建成小康社会　夺取新时代中国特色社会主义伟大胜利——在中国共产党第十九次全国代表大会上的报告》,人民出版社 2017 年版,第 65 页。

③　习近平:《在全国组织工作会议上的讲话》,《党建研究》2018 年第 9 期。

④　盛若蔚、孟祥夫:《在习近平党建思想指引下实干担当——党的十八大以来组织工作述评》,《人民日报》2018 年 7 月 3 日,第 1 版。

⑤　中共中央组织部:《2018 年中国共产党党内统计公报》,《人民日报》2019 年 7 月 1 日,第 4 版。

员队伍形象有了很大改观。

五、增强党的人格力量

习近平指出:"我们党作为马克思主义执政党,不但要有强大的真理力量,而且要有强大的人格力量。真理力量集中体现为我们党的正确理论,人格力量集中体现为我们党的优良作风。"①我们党历来重视自身作风建设,毛泽东认为是"第一个重要的问题"②,并开创了以整风形式进行思想教育纠正党内错误的先河。党的十八大以来,针对群众深恶痛绝、反映强烈的"四风"问题,以习近平同志为核心的党中央以上率下,综合施策,标本兼治,破立并举,不断把作风整治引向深入。

制定和落实中央八项规定。习近平就任总书记之初,面对党风政风存在的突出问题,迅速准确找到一个能击中时弊、立信立威的突破口,这个突破口就是中央八项规定。习近平指出:"党的十八大之后,党中央讨论加强党的建设如何抓时,就想到要解决'老虎吃天不知从哪儿下口'的问题。后来决定就抓八项规定,下口就要真正把那块吃进去、消化掉,不要这吃一嘴那吃一嘴,囫囵吞枣,最后都没有消化。我们抓住作风建设这条主线,一以贯之,步步深入。"③2012 年 12 月 4 日,习近平主持召开中央政治局会议,审议通过了中央政治局关于改进工作作风、密切联系群众的八项规定。会议强调,抓作风建设,首先要从中央政治局做起,要求别人做到的自己先要做到,要求别人不做的自己坚决不做,以良好党

---

① 中共中央宣传部:《习近平新时代中国特色社会主义思想学习纲要》,学习出版社、人民出版社 2019 年版,第 233 页。
② 叶笃初、卢先福:《党的建设辞典》,中共中央党校出版社 2009 年版,第 156 页。
③ 习近平:《在第十八届中央纪律检查委员会第六次全体会议上的讲话》,《人民日报》2016 年 5 月 3 日,第 2 版。

风带动政风民风,真正赢得群众信任和拥护。①近年来,党中央以八项规定"徙木立信",通过一系列有力举措整肃作风。中央政治局常委会会议和中央政治局会议多次对贯彻执行中央八项规定、加强作风建设进行专门研究部署。每年召开的中央全会、中央纪委全会、中央经济工作会议等重要会议,习近平都对作风建设提出明确要求。中央政治局民主生活会多次进行党性分析,开展批评和自我批评,研究加强自身建设和作风建设的措施。党中央部署开展的重大党内学习教育活动,都把贯彻执行中央八项规定精神、解决作风建设方面的问题作为重要内容。中共中央、国务院颁发《党政机关厉行节约反对浪费条例》,对各方面行为加以规范。中央纪委按照八项规定实施细则,把日常检查和集中督查结合起来,抓住元旦、春节、五一、端午、中秋、国庆等时间节点正风肃纪,抓具体、补短板、防反弹。紧盯隐形变异新动向,严肃查处以学习培训、调研考察等为名公款旅游等问题,整治领导干部利用名贵特产类特殊资源谋取私利行为。从八项规定通过那一天算起,到 2017 年 10 月 31 日,全国已累计查处违反八项规定精神问题 193 168 起,处理 262 594 人,给予党政纪处分 145 059 人。②2018 年,中央纪委国家监委公开通报曝光 7 批 50起典型案例;全国共查处相关问题 6.5 万起,处理党员干部 9.2 万人。③2017 年 12 月,国家统计局统计显示,超过八成群众认为中央八项规定实施以来,身边党员干部工作作风有明显改进;近九成群众认为,党员干部工作作风带动社会风气有明显改进。

抓住作风问题的核心和根本。习近平强调:"作风问题,核心是党和人

---

①　《中共中央政治局召开会议》,《人民日报》2012 年 12 月 5 日,第 1 版。

②　《不断巩固深化八项规定的成果》,《光明日报》2017 年 12 月 4 日,第 13 版。

③　赵乐际:《忠实履行党章和宪法赋予的职责　努力实现新时代纪检监察工作高质量发展——在中国共产党第十九届中央纪律检查委员会第三次全体会议上的工作报告》,《人民日报》2019 年 2 月21 日,第 4 版。

民群众的关系问题,根本是始终保持党同人民群众的血肉联系。"①党的十八大以来,以习近平同志为核心的党中央始终把作风建设作为我们党密切联系群众、保持血脉力量的根本保证来看待。2013年1月22日,习近平在十八届中央纪委二次全会上强调,如果不坚决纠正不良风气,任其发展下去,就会像一座无形的墙把我们党和人民群众隔开,我们党就会失去根基、失去血脉、失去力量。②2016年7月1日,习近平在庆祝中国共产党成立95周年大会上指出,党的作风是党的形象,是观察党群干群关系、人心向背的晴雨表。党的作风正,人民的心气顺,党和人民就能同甘共苦。③2016年10月21日,习近平在纪念红军长征胜利80周年大会上指出,老百姓是天,老百姓是地。忘记了人民,脱离了人民,我们就会成为无源之水、无本之木,就会一事无成。④2019年3月1日,习近平在中央党校(国家行政学院)中青年干部培训班开班式上强调,同人民风雨同舟、血脉相通、生死与共,是我们党战胜一切困难和风险的根本保证。⑤2020年1月13日,习近平在十九届中纪委四次全会上指出,我们坚持以正风肃纪反腐凝聚党心军心民心,坚决惩治腐败,纠治不正之风,坚决清除影响党的先进性和纯洁性的消极因素,健全为人民执政、靠人民执政的各项制度,让人民始终成为中国共产党执政和中国特色社会主义事业发展的磅礴力量。⑥近几年

① 习近平:《在党的群众路线教育实践活动总结大会上的讲话》,《人民日报》2014年10月9日,第2版。

② 《更加科学有效地防治腐败 坚定不移把反腐倡廉建设引向深入》,《人民日报》2013年1月23日,第1版。

③ 习近平:《在庆祝中国共产党成立95周年大会上的讲话》,《人民日报》2016年7月2日,第2版。

④ 习近平:《在纪念红军长征胜利80周年大会上的讲话》,《人民日报》2016年10月22日,第2版。

⑤ 《在常学常新中加强理论修养在知行合一中主动担当作为》,《人民日报》2019年3月2日,第1版。

⑥ 《一以贯之全面从严治党强化对权力运行的制约和监督为决胜全面建成小康社会决战脱贫攻坚提供坚强保障》,《人民日报》2020年1月14日,第1版。

来,我们党始终从坚守党的初心使命、保持党同人民群众血肉联系、巩固党的执政基础和群众基础的高度狠抓作风建设,对作风之弊、行为之垢进行大排查、大检修、大扫除,一大批多年积累的矛盾和问题得到有效化解,一大批信访积案得到切实解决,执法监管部门和窗口服务单位门难进、脸难看、事难办等突出问题得到有效整治,随意执法、选择性执法,不给好处不办事、给了好处乱办事的现象大为减少,改作风改到了群众心坎上。

聚焦解决"四风"问题。早在 2012 年 11 月 15 日,习近平率新当选的中央政治局常委同中外记者见面时就尖锐指出,新形势下,我们党面临着许多严峻挑战,党内存在着许多亟待解决的问题。尤其是一些党员干部中发生的贪污腐败、脱离群众、形式主义、官僚主义等问题,必须下大气力解决。①2013 年 3 月 17 日,习近平在第十二届全国人民代表大会第一次会议上强调,坚决反对形式主义、官僚主义,坚决反对享乐主义、奢靡之风②。这是首次将"四风"并列提出。2013 年 7 月,习近平在河北调研指导党的群众路线教育实践活动时,分别对"四风"的实质作了入木三分的剖析。通过一系列雷霆手段纠治之后,"四风"现象有了很大减少,但党中央仍丝毫不松懈。2017 年 12 月 11 日,习近平就新华社一篇《形式主义、官僚主义新表现值得警惕》的文章作出指示,强调各地区各部门都要摆摆表现,找找差距,抓住主要矛盾,特别要针对表态多调门高、行动少落实差等突出问题,拿出过硬措施,扎扎实实地改。③2018 年 1 月 5 日,习近平在学习贯彻党的十九大精神研讨班开班式上发表重要讲话强调,必须做到作风过硬,持之以恒克服形式主义、官僚主义,久久为功祛除享乐主义和奢靡之风。④

① 《习近平谈治国理政》,外文出版社 2014 年版,第 4 页。
② 《十八大以来重要文献选编》(上),中央文献出版社 2014 年版,第 237 页。
③ 《纠正"四风"不能止步　作风建设永远在路上》,《人民日报》2017 年 12 月 12 日,第 1 版。
④ 《以时不我待只争朝夕的精神投入工作　开创新时代中国特色社会主义事业新局面》,《人民日报》2018 年 1 月 6 日,第 1 版。

2019年1月11日,习近平在十九届中央纪委三次全会上强调,要把刹住"四风"作为巩固党心民心的重要途径,对享乐主义、奢靡之风等歪风陋习要露头就打,对"四风"隐形变异新动向要时刻防范。紧盯形式主义、官僚主义新动向新表现,拿出有效管用的整治措施。①为有效解决"四风"问题,中办先后印发了《关于统筹规范督查检查考核工作的通知》《关于解决形式主义突出问题为基层减负的通知》等。可见,以习近平同志为核心的党中央对纠正"四风"倾注了极大心血,付出了超长努力,有力刹住了一些曾被认为不可能刹住的歪风邪气,攻克了一些曾被认为司空见惯的顽瘴痼疾,党风政风为之一新,党心民心空前凝聚,踏实干事蔚成风气。

六、坚决防止"破窗效应"

我们党是用革命理想和铁的纪律组织起来的马克思主义政党,组织严密、纪律严明是党的光荣传统和独特优势。进入新时代,严明纪律受到空前重视,纪律建设被纳入党的建设总体布局。习近平指出:"党要管党、从严治党,靠什么管,凭什么治? 就要靠严明纪律。"②"执行党的纪律不能有任何含糊,不能让党纪党规成为纸老虎、稻草人,造成'破窗效应'。"③近几年来,以习近平同志为核心的党中央,把严明纪律作为全面从严治党的战略抓手和治本之策,严肃整饬纪律,严格纪律规范,严明纪律执行,使全面从严治党有了坚实纪律保证。

既抓定位又抓执行。习近平对纪律建设的重视,首先体现在对它的定位上。2015年10月8日,习近平在十八届中央政治局常委会上指出,我

① 《取得全面从严治党更大战略性成果 巩固发展反腐败斗争压倒性胜利》,《人民日报》2019年1月12日,第1版。
② 《十八大以来重要文献选编》(上),中央文献出版社2014年版,第764页。
③ 《习近平关于严明党的纪律和规矩论述摘编》,中央文献出版社、中国方正出版社2016年版,第79页。

们当前主要的挑战还是党的领导弱化和组织涣散、纪律松弛。同时强调，加强纪律建设是全面从严治党的治本之策①。习近平之所以把"纪律松弛"作为"我们当前主要的挑战"之一，是因为一个时期以来党内发生的种种问题，与管党治党宽松软有着密切关系。而要使管党治党从宽松软走向严紧硬，很大程度上要靠严明纪律。针对纪律松弛这个主要挑战，习近平把加强纪律建设界定为"治本之策"，这四个字空前提升了纪律建设在党的建设全局中的重要地位。在强调纪律建设定位的同时，习近平高度重视纪律的执行。因为只有执行到位了，高定位的"高"才能体现出来，否则，定位再高也会落空。2014 年 1 月 14 日，习近平在十八届中央纪委三次全会上强调，制定纪律就是要执行的。"不以规矩，不能成方圆""木受绳则直，金就砺则利"，讲的就是这个道理。党的规矩，党组织和党员、干部必须遵照执行，不能搞特殊、有例外。各级党组织要敢抓敢管，使纪律真正成为带电的高压线。②2018 年，全国市、县两级共巡察 12.6 万个党组织，发现各类问题 97.5 万个，涉及党员干部违规违纪问题线索 19 万件，推动查处 3.6 万人。③

既抓全面又抓重点。着眼严明纪律，注重全面从严。2014 年 1 月 14 日在十八届中央纪委三次全会上，习近平强调，"党的各项纪律都要严"④，包括政治纪律、组织纪律、廉洁纪律、群众纪律、工作纪律、生活纪律。2015 年 10 月，中央印发了修订后的《中国共产党纪律处分条例》，把党章对纪律的相关要求具体化为六大纪律。在注重全面从严的基础上，突出抓重点。

---

① 《习近平关于严明党的纪律和规矩论述摘编》，中央文献出版社、中国方正出版社 2016 年版，第 9 页。

② 《十八大以来重要文献选编》（上），中央文献出版社 2014 年版，第 770 页。

③ 赵乐际：《忠实履行党章和宪法赋予的职责　努力实现新时代纪检监察工作高质量发展——在中国共产党第十九届中央纪律检查委员会第三次全体会议上的工作报告》，《人民日报》2019 年 2 月 21 日，第 4 版。

④ 《十八大以来重要文献选编》（上），中央文献出版社 2014 年版，第 764 页。

2013 年 1 月 22 日,习近平在十八届中央纪委二次全会上强调,党的纪律是多方面的,但政治纪律是最重要、最根本、最关键的纪律,遵守党的政治纪律是遵守党的全部纪律的重要基础。①2015 年 10 月 8 日,习近平在十八届中央政治局常委会上指出,这次修订的条例将纪律整合为政治纪律、组织纪律、廉洁纪律、群众纪律、工作纪律和生活纪律,其中政治纪律是打头、管总的。实际上你违反哪方面的纪律,最终都会侵蚀党的执政基础,说到底都是破坏党的政治纪律。②2016 年 1 月 12 日,习近平在十八届中央纪委六次全会上强调,必须严明政治纪律,特别是各级领导干部要时刻绷紧政治纪律这根弦。强调政治纪律不是泛泛讲的,而是有现实针对性的。党员、干部不能在重大政治原则问题上,在大是大非问题上同党中央唱反调,搞政治上的自由主义。③此外,还强调要严明党的组织纪律,增强组织纪律性,这也是重点。2015 年 1 月 13 日,习近平在十八届中央纪委五次全会上强调,把严明政治纪律、组织纪律作为重要任务,严肃查处有令不行、有禁不止的行为,在查办违纪案件中重点审查违反政治纪律、组织纪律的问题,坚决维护党的团结统一。④2017 年 10 月,党的十九大强调,重点强化政治纪律和组织纪律,带动廉洁纪律、群众纪律、工作纪律、生活纪律严起来。⑤2018 年 8 月,中央颁布了新修订的《中国共产党纪律处分条例》,这次修订将坚决维护习近平总书记党中央的核心、全党的核心地位,坚决维护

---

① 《更加科学有效地防治腐败 坚定不移把反腐倡廉建设引向深入》,《人民日报》2013 年 1 月 23 日,第 1 版。
② 《习近平关于严明党的纪律和规矩论述摘编》,中央文献出版社、中国方正出版社 2016 年版,第 30 页。
③ 习近平:《在第十八届中央纪律检查委员会第六次全体会议上的讲话》,《人民日报》2016 年 5 月 3 日,第 2 版。
④ 《习近平关于严明党的纪律和规矩论述摘编》,中央文献出版社、中国方正出版社 2016 年版,第 85 页。
⑤ 习近平:《决胜全面建成小康社会 夺取新时代中国特色社会主义伟大胜利——在中国共产党第十九次全国代表大会上的报告》,人民出版社 2017 年版,第 66 页。

党中央权威和集中统一领导作为出发点和落脚点,鲜明突出了政治纪律这个重点。2018 年 1—11 月,各级纪检监察机关共立案审查存在违反政治纪律行为案件 2.5 万件,处分 2.2 万人,其中中管干部 25 人。①

既抓早又抓小。分析这些年来查处的典型腐败案件,都有一个从量变到质变、从小节到大错的过程。如果在刚发现问题时组织就及时拉一把,一些干部也不至于在错误的道路上越滑越远。以习近平同志为核心的党中央把严管与厚爱统一起来,十分注重在严明纪律上抓早抓小。2015 年 6 月 26 日,习近平主持召开中央政治局会议,明确指出,党的性质和宗旨都决定了纪严于法、纪在法前,要把执纪和执法贯通起来,把党的纪律和规矩挺在前面,用纪律和规矩管住大多数,做到有规在先、抓早抓小,使全体党员、干部严格执行党规党纪,模范遵守国家法律法规。②2016 年 1 月 12 日,习近平在十八届中央纪委六次全会上指出,无数案例证明,党员"破法",无不始于"破纪"。只有把纪律挺在前面,坚持纪严于法、纪在法前,才能克服"违纪只是小节、违法才去处理"的不正常状况,用纪律管住全体党员。③2016 年 10 月,党的十八届六中全会审议通过的《中国共产党党内监督条例》规定,党内监督必须把纪律挺在前面,运用监督执纪"四种形态"。具体说,一是经常开展批评和自我批评、约谈函询,让"红红脸、出出汗"成为常态;二是党纪轻处分、组织调整成为违纪处理的大多数;三是党纪重处分、重大职务调整的成为少数;四是严重违纪涉嫌违法立案审查的成为极少数。"四种形态"对党员干部的违纪违规行为,无论是苗头性问题还是轻微违纪乃至重大违纪违法,都提出相应纪律要求,这是把纪律挺在前面的具

① 朱基钗:《全面从严治党启新局——写在十九届中央纪委三次全会召开之际》《人民日报》2019 年 1 月 11 日,第 1 版。

② 《审议〈中国共产党巡视工作条例(修订稿)〉、〈关于推进领导干部能上能下的若干规定(试行)〉》,《人民日报》2015 年 6 月 27 日,第 1 版。

③ 习近平:《在第十八届中央纪律检查委员会第六次全体会议上的讲话》,人民出版社 2016 年版,第 17—18 页。

体化,其核心就是用严明的纪律管住全体党员,助推全面从严治党严到实里、严到细处。近年来,各级党委、纪委坚持惩前毖后、治病救人方针,在用好第一种形态上下功夫,早发现早报告早处置,既抓"早"关口前移,对党员、干部身上存在的问题早发现、早提醒、早处置,防止把小问题拖成大问题,又抓"小"防微杜渐,在收受礼品、滥发奖金、公款旅游、档案造假、个人有关事项报告不实等"小事小节"上及时提醒、警示,避免问题小变中、中变大、一变多、个人问题变成全家问题,推动全党进一步走向风清气正。

七、使制度成为硬约束

"凡将立国,制度必察。"党的十八大以来,以习近平同志为核心的党中央高度重视制度治党、依规治党,针对党内监督、纠正作风偏差、惩治腐败等方面存在的制度缺陷,提出了一系列重要论述,作出了一系列重大部署,领导推动相关法规制度的修改完善,为新形势下党内法规制度建设提供根本遵循、注入强大动力,为提高党的执政能力和领导水平、推进国家治理体系和治理能力现代化提供了有力的制度保障。

把权力关进制度的笼子里。不受约束的权力必然导致腐败,约束权力的最有效的办法是靠完善的制度。党内法规是党内规章制度的高级形态,党内法规建设是党的制度建设的核心环节。党的十八大以来,党中央对加强党的制度建设作出重要部署,制定了一系列重要的规章制度,使党内生活的主要领域基本实现了有章可循、有规可依。2012 年 12 月 4 日,新一届中央领导集体履新不到 20 天,习近平就召开政治局会议,审议通过了八项规定。2013 年 1 月 22 日,习近平在十八届中央纪委二次全会上强调,要加强对权力运行的制约和监督,把权力关进制度的笼子里,形成不敢腐

的惩戒机制、不能腐的防范机制、不易腐的保障机制。①2013 年 11 月,我们
党历史上首次编制的《中央党内法规制定工作五年规划纲要(2013—2017
年)》正式发布,这是加强党的制度建设顶层设计的一项战略工程。2018
年 2 月 9 日,中共中央又印发《中央党内法规制定工作第二个五年规划
(2018—2022 年)》。2014 年 8 月 29 日,习近平主持召开中央政治局会议,
审议通过《深化党的建设制度改革实施方案》。②同年 10 月,习近平在党的
十八届四中全会上强调,完善党内法规制定体制机制,注重党内法规同国
家法律的衔接和协调,构建以党章为根本、若干配套党内法规为支撑的党
内法规制度体系。2015 年 6 月 26 日,习近平在十八届中央政治局第 24 次
集体学习时强调,要系统完备、衔接配套,立治有体、施治有序,把反腐倡廉
法规制度的笼子扎细扎密扎牢,做到前后衔接、左右联动、上下配套、系统
集成。③2016 年 7 月 17 日,中共中央印发《中国共产党问责条例》,这部规
范全党各级党组织、全体党员履职尽责的重要文件,释放出有责必问、问责
必严的强烈信号。2016 年 12 月,习近平就加强党内法规制度建设作出重
要指示强调,认真贯彻落实《中共中央关于加强党内法规制度建设的意
见》,以改革创新精神加快补齐党建方面的法规制度短板,力争到建党 100
周年时形成比较完善的党内法规制度体系。④2018 年 7 月,习近平在全国
组织工作会议上强调,我们既注重解决思想问题、拧紧"总开关",又注重解
决制度问题、上紧制度规矩发条。⑤2019 年 10 月,党的十九届四中全会明

---

① 《十八大以来重要文献选编》(上),中央文献出版社 2014 年版,第 136 页。

② 《中共中央政治局召开会议》,《人民日报》2014 年 8 月 30 日,第 1 版。

③ 《加强反腐倡廉法规制度建设 让法规制度的力量充分释放》,《人民日报》2015 年 6 月 28
日,第 1 版。

④ 《坚持依法治国与制度治党、依规治党统筹推进、一体建设》,《人民日报》2016 年 12 月 26 日,
第 1 版。

⑤ 《切实贯彻落实新时代党的组织路线 全党努力把党建设得更加坚强有力》,《人民日报》
2018 年 7 月 5 日,第 1 版。

确把"坚持和完善党和国家监督体系,强化对权力运行的制约和监督"①纳入全会的重点任务部署。2020 年 1 月 13 日,习近平在十九届中央纪委四次全会上强调,要完善党和国家监督体系,统筹推进纪检监察体制改革。要继续健全制度、完善体系,使监督体系契合党的领导体制,融入国家治理体系,推动制度优势更好转化为治理效能。②这些年,党内法规"立柱架梁"工作按照规划稳步推进,从出台八项规定,到修订《中国共产党巡视工作条例》《中国共产党廉洁自律准则》和《中国共产党纪律处分条例》……单是2018 年,就印发中央党内法规 74 部,努力做到前后衔接、左右联动、上下配套、系统集成,将制度的笼子扎得愈发紧密。

健全党和国家监督体系。党和国家监督体系是规范权力的基本保障,同时也是治国理政的重要平台。通过构建党统一指挥、全面覆盖、权威高效的监督体系进行国家治理,有利于深化党和国家机构改革、完善党和国家自我监督、提升党和国家治理效能。党的十八大以来,以习近平同志为核心的党中央把强化监督提升到前所未有的高度,通过深化党的纪律检查、国家监察体制改革和纪检监察机构改革,形成了纪律监督、监察监督、巡视监督、派驻监督"四个全覆盖"的权力监督格局。2014 年 12 月,中办印发《关于加强中央纪委派驻机构建设的意见》;2015 年 11 月,中办印发《关于全面落实中央纪委向中央一级党和国家机关派驻纪检机构的方案》,实现了对中央一级党和国家机关派驻纪检机构全覆盖。2015 年 1 月 13日,习近平在十八届中央纪委五次全会上强调,反腐倡廉建章立制要着重抓好四个方面的制度建设:一是要着力健全党内监督制度,二是要着力健全选人用人管人制度,三是要着力深化体制机制改革,防止权力滥用,四是

① 《中国共产党第十九届中央委员会第四次全体会议公报》,人民出版社 2019 年版,第 16 页。
② 《一以贯之全面从严治党强化对权力运行的制约和监督为决胜全面建成小康社会决战脱贫攻坚提供坚强保障》,《人民日报》2020 年 1 月 14 日,第 1 版。

要着力完善国有企业监管制度。①2015 年 8 月,中共中央颁发《中国共产党巡视工作条例》,明确规定在各级实行巡视制度,建立专职巡视机构,实现巡视全覆盖、全国一盘棋。2017 年 7 月 1 日,该条例经修订后重新颁发。十八届中共中央共开展 12 轮巡视,巡视 277 个党组织,在党的历史上首次实现一届任期内对地方、部门、企事业单位全覆盖。2017 年 10 月,党的十九大对党的制度建设作出全面部署,特别是提出健全党和国家监督体系,深化国家监察体制改革,将试点工作在全国推开,组建国家、省、市、县监察委员会,同党的纪律检查机关合署办公,实现对所有行使公权力的公职人员监察全覆盖。2018 年 3 月,十三届全国人大一次会议通过宪法修正案和监察法,产生国家监察委员会及其领导人员,标志着中国特色国家监察体制已经形成。成立国家监察委员会,是深化国家监察体制改革的重要举措,是健全党和国家监督体系的创制之举。2018 年 10 月,中办印发《关于深化中央纪委国家监委派驻机构改革的意见》,合并设立、全面派驻纪检监察组,中央纪委国家监委统一分设 46 个派驻纪检监察组,监督中央一级党和国家机关 129 家单位,使派驻纪检监察组职能更优化、监督更有力,完善了党内监督体系。2018 年 2 月底前,31 个省级、340 个市级、2 849 个县级监察委员会全部完成组建。2018 年,全国纪检监察机关共运用监督执纪"四种形态"处理 173.7 万人次,同比增长 32.0%。相比 5 年前,现在纪委监委执纪执法均运用"四种形态",无论是"四种形态"处置总量,还是第四种形态的处置量,都远超改革前的数量,真正体现了制度优势正转化为治理效能。②

狠抓各项制度的执行。全面从严治党,制度建设是治本,制度执行是关键。我们党历来高度重视提高党内法规制度的贯彻执行。党的十八大

---

① 《深化改革巩固成果积极拓展 不断把反腐败斗争引向深入》,《人民日报》2015 年 1 月 14 日,第 1 版。

② 姜洁:《开启党和国家反腐败工作新篇章——深化国家监察体制改革一年扫描》,《人民日报》2019 年 3 月 1 日,第 6 版。

以来,习近平多次强调制度执行的问题。2014 年 5 月 9 日,习近平在参加河南省兰考县委常委班子专题民主生活会时强调,各级党组织都要坚持党要管党、从严治党,认真贯彻执行党章和党内各项制度规定,努力提高党内政治生活的原则性和战斗性。[①]2014 年 6 月 30 日,习近平在十八届中央政治局第 16 次集体学习时强调,要以刚性的制度规定和严格的制度执行,确保改进作风规范化、常态化、长效化,切实防止"四风"问题反弹。[②]2015 年 6 月 26 日,习近平在十八届中央政治局第 24 次集体学习时强调,要加大贯彻执行力度,让铁规发力、让禁令生威,确保各项法规制度落地生根。[③]2016 年 7 月 1 日,习近平在庆祝中国共产党成立 95 周年大会上指出:"只要真管真严、敢管敢严,党风建设就没有什么解决不了的问题。"[④]这一系列新思想新要求,充分体现了我们党全面从严治党的坚定决心,体现了用法治思维和法治方式管党治党、执政治国的科学理念,体现了对党内法规制度建设规律性的深刻认识。党的十八大以来,我们党在制度建设方面取得了显著进展,在制度执行力方面也有大幅增强,从号召各级党组织和广大党员干部认真学习贯彻党章到反复强调用制度管权管事管人,从严格执行八项规定到构建强有力的党风廉政建设责任机制,从深入贯彻《干部任用条例》到集中开展专项整治,从牢记基层党组织政治功能到推进基层服务型党组织建设,从重申党内政治生活政治性原则性严肃性到严明党的政治纪律和政治规矩,党内法规制度执行力不断增强,推动党的建设沿着规范化

---

① 《作风建设要经常抓深入抓持久抓　不断巩固扩大教育实践活动成果》,《人民日报》2014 年 5 月 10 日,第 1 版。

② 《坚持从严治党落实管党治党责任　把作风建设要求融入党的制度建设》,《人民日报》2014 年 7 月 1 日,第 1 版。

③ 《加强反腐倡廉法规制度建设　让法规制度的力量充分释放》,《人民日报》2015 年 6 月 28 日,第 1 版。

④ 习近平:《在庆祝中国共产党成立 95 周年大会上的讲话》,《人民日报》2016 年 7 月 2 日,第 2 版。

科学化轨道运行,以政党建设的现代化引领国家治理现代化。

八、打赢反腐败之战

腐败是社会毒瘤,是我们党面临的最大威胁。反腐败是新时代伟大斗争的重要内容。习近平在十八届中央纪委五次全会上鲜明指出:"不得罪成百上千的腐败分子,就要得罪十三亿人民。这是一笔再明白不过的政治账、人心向背的账!"①党的十八大以来,以习近平同志为核心的党中央以猛药去疴、重典治乱的决心,以刮骨疗毒、壮士断腕的勇气,坚定不移"打虎""拍蝇""猎狐",开展了规模力度空前的反腐败斗争。

坚持无禁区、全覆盖、零容忍。党的十八大后,以习近平同志为核心的党中央审时度势,对反腐败斗争形势作出了"依然严峻复杂"的新判断,并提出了"信任不能代替监督"的重要论断以及反腐败"无禁区、全覆盖、零容忍"的原则和理念。2014年1月14日,习近平在十八届中央纪委三次全会上强调,反腐败高压态势必须继续保持,坚持以零容忍态度惩治腐败。对腐败分子,发现一个就要坚决查处一个。②2015年1月13日,习近平在十八届中央纪委五次全会上强调,坚持无禁区、全覆盖、零容忍,严肃查处腐败分子,着力营造不敢腐、不能腐、不想腐的政治氛围。③2017年1月6日,习近平在十八届中央纪委七次全会上强调,要做到惩治腐败力度决不减弱、零容忍态度决不改变,坚决打赢反腐败这场正义之战。④十八届中共中央共批准立案审查省军级以上党员干部及其他中管干部440人,严肃查

① 《习近平关于全面从严治党论述摘编》,中央文献出版社2016年版,第186页。
② 《强化反腐败体制机制创新和制度保障 深入推进党风廉政建设和反腐败斗争》,《人民日报》2014年1月15日,第1版。
③ 《深化改革巩固成果积极拓展 不断把反腐败斗争引向深入》,《人民日报》2015年1月14日,第1版。
④ 《全面贯彻落实党的十八届六中全会精神 增强全面从严治党系统性创造性实效性》,《人民日报》2017年1月7日,第1版。

处了周永康、薄熙来、郭伯雄、徐才厚、孙政才、令计划等严重违纪违法案件。2015 年 3 月 26 日,中央反腐败协调小组首次启动针对外逃腐败分子的"天网"行动,4 月 22 日,国际刑警组织中国国家中心局集中发布"百名红通人员"通缉令。2014 年—2018 年 9 月,共从 120 多个国家和地区追回外逃人员 4 719 人,追赃 103.72 亿元,"百名红通人员"已有 54 名落网。2017 年 10 月,党的十九大对"夺取反腐败斗争压倒性胜利"作出全面部署,强调要坚持无禁区、全覆盖、零容忍,坚持重遏制、强高压、长震慑,坚持受贿行贿一起查,坚决防止党内形成利益集团。反腐败"无禁区、全覆盖、零容忍"的原则和理念,不仅突出强化了监督,而且旗帜更鲜明、态度更坚决,为新时代的反腐败斗争指明了方向。在强有力的打击下,腐败存量明显减少、腐败增量得到有效遏制。

不断深化标本兼治。治标,主要是强化惩治,"老虎""苍蝇"一起打,目的是"治已病"、减少腐败存量。治本,主要包括制度建设、纪律建设、道德建设、党性修养,目的是"治未病"、遏制腐败增量。作为管党治党的重要方面,党的十八大以来的反腐败斗争,不仅坚持了"标本兼治"的思想和理念,而且有一个突出特点,那就是强化惩治、以标促本,先期重在治标,以治标促进治本。2013 年 1 月 22 日,习近平在十八届中央纪委二次全会上发表重要讲话,强调坚持标本兼治、综合治理、惩防并举、注重预防方针,更加科学有效地防治腐败,坚定不移把党风廉政建设和反腐败斗争引向深入。①2016 年 6 月 28 日,习近平在十八届中央政治局第 33 次集体学习时强调,要激浊扬清,坚持激浊和扬清两手抓,让党内正能量充沛,让歪风邪气无所遁形,铲除腐败这个最致命的"污染源"。②2018 年 1 月 11 日,习近平在十九届中央纪委二次全会上强调,要把扫黑除恶同反腐败结合起来,既抓涉

---

① 《更加科学有效地防治腐败　坚定不移把反腐倡廉建设引向深入》,《人民日报》2013 年 1 月 23 日,第 1 版。

② 《严肃党内政治生活净化党内政治生态　为全面从严治党打下重要政治基础》,《人民日报》2016 年 6 月 30 日,第 1 版。

黑组织,也抓后面的"保护伞"。要加强反腐败综合执法国际协作,强化对腐败犯罪分子的震慑。①2018 年 12 月 13 日,习近平在主持十九届中央政治局第 11 次集体学习时强调,国家监察体制改革有利于加强党对反腐败工作的集中统一领导,有利于实现对公权力监督的全覆盖,有利于坚持标本兼治、巩固扩大反腐败斗争成果。我们要保持战略定力,持续深化改革,强化不敢腐的震慑,扎牢不能腐的笼子,增强不想腐的自觉。②2019 年 1 月 11 日,习近平在十九届中央纪委三次全会上强调,要深化标本兼治,夯实治本基础,一体推进不敢腐、不能腐、不想腐。③2020 年 1 月 13 日,习近平在十九届中央纪委四次全会上发表讲话指出,要深刻把握党风廉政建设规律,强调一体推进不敢腐、不能腐、不想腐,不仅是反腐败斗争的基本方针,也是新时代全面从严治党的重要方略。④在这些思想和理念指导下,从腐败和反腐败两军对垒呈"胶着状态",到 2016 年 1 月"反腐败斗争压倒性态势正在形成",到 2017 年 1 月"压倒性态势已经形成",再到 2018 年 12 月"反腐败斗争取得压倒性胜利",反腐败斗争不断取得新的重大成就。特别是 2018 年出台监察法、修改刑事诉讼法、修订党纪处分条例、将监督执纪工作规则上升为党内法规等,反腐败愈加法治化,我们党探索出一条长期执政条件下解决自身问题、跳出历史周期率的成功道路,构建起一套行之有效的权力监督制度和执纪执法体系。

将反腐败斗争进行到底。腐败是人类社会的痼疾顽症,具有顽固性、反复性的特质。正因如此,反腐败斗争具有长期性、复杂性和艰巨性的特

---

　　① 《全面贯彻落实党的十九大精神　以永远在路上的执着把从严治党引向深入》,《人民日报》2018 年 1 月 12 日,第 1 版。

　　② 《持续深化国家监察体制改革　推进反腐败工作法治化规范化》,《人民日报》2013 年 12 月 15 日,第 1 版。

　　③ 《取得全面从严治党更大战略性成果　巩固发展反腐败斗争压倒性胜利》,《人民日报》2019 年 1 月 12 日,第 1 版。

　　④ 《一以贯之全面从严治党强化对权力运行的制约和监督为决胜全面建成小康社会决战脱贫攻坚提供坚强保障》,《人民日报》2020 年 1 月 14 日,第 1 版。

点。以习近平同志为核心的党中央善于把握古今中外的历史规律,对腐败的特质及反腐败斗争的长期性、复杂性、艰巨性有着深刻认识。早在2012年12月31日,习近平在主持召开中央政治局会议时就强调,要坚决遏制腐败现象蔓延势头,树立长期作战思想。①2013年1月,习近平在十八届中央纪委二次全会上指出,"反腐倡廉必须常抓不懈,拒腐防变必须警钟长鸣,关键就在'常''长'二字,一个是要经常抓,一个是要长期抓","只有警钟长鸣,才能警笛不响","要以踏石留印、抓铁有痕的劲头抓下去,善始善终、善做善成,防止虎头蛇尾"。②2015年1月,在十八届中央纪委五次全会上,习近平作出了深刻阐释:"主要是在实现不敢腐、不能腐、不想腐上还没有取得压倒性胜利,腐败活动减少了但并没有绝迹,反腐败体制机制建立了但还不够完善,思想教育加强了但思想防线还没有筑牢,减少腐败存量、遏制腐败增量、重构政治生态的工作艰巨繁重。"③"当前,反腐败斗争形势依然严峻复杂,巩固压倒性态势、夺取压倒性胜利的决心必须坚如磐石。"④2017年10月18日,在党的十九大上习近平再次宣示了将反腐败斗争进行到底的鲜明态度。2018年8月中旬,习近平在中央军委党的建设会议上强调,反腐败斗争必须坚定不移抓下去,不会变风转向。要以永远在路上的执着和韧劲,坚持严字当头、全面从严、一严到底,深入推进党风廉政建设和反腐败斗争。⑤中央纪委部署安排从2018年到2020年持续开展扶贫领域腐败和作风问题专项治理。2019年1月,习近平在十九届中

---

① 《中共中央政治局召开会议》,《人民日报》2013年1月1日,第1版。

② 《更加科学有效地防治腐败 坚定不移把反腐倡廉建设引向深入》,《人民日报》2013年1月23日,第1版。

③ 《深化改革巩固成果积极拓展 不断把反腐败斗争引向深入》,《人民日报》2015年1月14日,第1版。

④ 习近平:《决胜全面建成小康社会 夺取新时代中国特色社会主义伟大胜利——在中国共产党第十九次全国代表大会上的报告》,人民出版社2017年版,第67页。

⑤ 《全面加强新时代我军党的领导和党的建设工作 为开创强军事业新局面提供坚强政治保证》,《人民日报》2018年8月20日,第1版。

央纪委三次全会上指出,"我们要继续推进全面从严治党,继续推进党风廉政建设和反腐败斗争"。①这些重要论述警示我们,当前党风廉政建设和反腐败斗争形势依然严峻复杂,对这场输不起的战争,决不能放松和懈怠。党的十九大以来,从强化环保问责到深挖涉黑"保护伞",到细查扶贫领域腐败和作风问题,中国反腐败斗争紧锣密鼓展开,"大动作"不断,释放出全面从严治党不停歇、反腐败斗争不松懈的强烈信号。2017 年 10 月—2018 年 11 月,全国共查处群众身边腐败和作风问题 23.87 万件,处理 31.6 万人;"猎狐"斩获不断,新增外逃人数从 2014 年 101 人下降至 2017 年 4 人,骤减 96%;"天网 2018"行动共追回外逃人员 1 335 名,追赃金额 35.41 亿元,同比增长 261.33%。

---

① 《取得全面从严治党更大战略性成果巩固发展反腐败斗争压倒性胜利》,《人民日报》2019 年 1 月 12 日,第 1 版。

第五章　必须长期坚持的指导思想
——习近平新时代中国特色社会主义思想

新时代中国特色社会主义,是实践与理论的有机统一。党的十八大以来,中国共产党人在坚持和发展中国特色社会主义的实践中,提出了习近平新时代中国特色社会主义思想,并在党章中把这一思想确立为党的行动指南。十三届全国人大一次会议通过的宪法修正案,又郑重地把习近平新时代中国特色社会主义思想载入宪法,以国家根本法的形式确立这一思想在国家政治和社会生活中的指导地位。习近平新时代中国特色社会主义思想,是对马克思列宁主义、毛泽东思想、邓小平理论、"三个代表"重要思想、科学发展观的继承和发展,是马克思主义中国化最新成果,是党和人民实践经验和集体智慧的结晶,是中国特色社会主义理论体系的重要组成部分,是全党全国人民为实现中华民族伟大复兴而奋斗的行动指南,必须长期坚持并不断发展。站在新的历史起点上，我们要坚定不移地高举这一思想旗帜，用科学真理之光照亮中国特色社会主义的康庄大道，汇聚起全体中华儿女团结奋斗的磅礴力量。

第一节　植根实践沃土：习近平新时代中国特色社会主义思想的形成发展

时代是思想之母，实践是理论之源。任何科学理论都是在一定的时代条件下，以实践为基础而形成的。马克思指出："物质生活的生产方式制约着整个社会生活、政治生活和精神生活的过程。不是人们的意识决定人们的存在，相反，是人们的社会存在决定人们的意识。"[①]毛泽东指出，"客观现实世界的变化运动永远没有完结，人们在实践中对于真理的认识也就永远没有完结。马克思列宁主义并没有结束真理，而是在实践中不断地开辟认识真理的道路"[②]。党的十八大以来，以习近平同志为核心的党中央带领全国各族人民决胜全面建成小康社会、夺取新时代中国特色社会主义伟大胜利的实践，是习近平新时代中国特色社会主义思想形成和发展的丰厚沃土。

一、伟大时代孕育伟大理论

恩格斯说过，"每一个时代的理论思维，从而我们时代的理论思维，都是一种历史的产物"[③]。马克思主义的诞生及其每一次创新发展，都与时

---

① 《马克思恩格斯选集》第2卷，人民出版社2012年版，第2页。
② 《毛泽东选集》第1卷，人民出版社1991年版，第295—296页。
③ 《马克思恩格斯选集》第4卷，人民出版社1995年版，第284页。

代的深刻变革密切相关。时代推动马克思主义的发展、开辟马克思主义的境界、拓展马克思主义的生长点。习近平新时代中国特色社会主义思想是新时代的成果,是在回应和解答新时代的历史课题过程中形成的。

新时代是习近平新时代中国特色社会主义思想的逻辑起点。党的十九大郑重地向世人宣示,中国特色社会主义进入了新时代,这是一个极具历史分量的重大政治论断,深刻揭示了习近平新时代中国特色社会主义思想创立的时代依据和历史起点。这里所说的新时代,具有五个层面的科学内涵:它是承前启后、继往开来、在新的历史条件下继续夺取中国特色社会主义伟大胜利的时代,是决胜全面建成小康社会、进而全面建设社会主义现代化强国的时代,是全国各族人民团结奋斗、不断创造美好生活、逐步实现全体人民共同富裕的时代,是全体中华儿女勠力同心、奋力实现中华民族伟大复兴中国梦的时代,是我国日益走近世界舞台中央、不断为人类作出更大贡献的时代。这五层涵义,科学指明了新时代党和国家发展的新定位、新目标和新要求。其一,我们正在迈向一个更清晰的奋斗目标。近代以来久经磨难的中华民族迎来了从站起来、富起来到强起来的伟大飞跃,开启了全面建成小康社会、全面建设社会主义现代化国家的新征程,我们比历史上任何时期都更接近、更有信心和能力实现中华民族的伟大复兴。其二,我们正进入一个更复杂的发展阶段。发展环境、发展条件发生了一系列新的变化,任务也随之更新,我国已经从"未发展起来"时期进入"发展起来"时期,社会主义实践正从以建立社会主义基本制度为主要任务的"前半程"走向以坚持和完善中国特色社会主义制度,推进国家治理体系和治理能力现代化为重点的"后半程"。其三,我们面临着新的社会主要矛盾,即人民日益增长的美好生活需要和不平衡不充分的发展之间的矛盾。所有这些,都对党和国家工作提出了全新的要求,推动我们在坚持和发展中国特色社会主义一系列重大问题上,进行新的理论探索,作出新的理论回答,这是新的时代条件对理论创新成果的迫切呼唤。习近平新时代中国特色社会主义思想,正是在这样的历史当口应运而生的。

在科学社会主义发展新态势下顺势而成。自 1848 年《共产党宣言》发表以来,社会主义思想从空想变成科学,科学社会主义从理论到实践、从一国实践到多国发展,开辟了人类历史发展的新纪元。然而随着 20 世纪后期东欧剧变、苏联解体,世界社会主义运动陷入低谷。近 30 年过去,中国共产党以强大的战略定力,牢牢坚持科学社会主义基本原则,坚定不移地走中国特色社会主义道路,经受住了社会主义低潮的考验、西方敌对势力进行"和平演变"和"颜色革命"的考验、资本主义世界经济危机的考验,抵制了西方鼓吹的"普世价值""宪政民主"等错误思潮,不但坚定地高举起社会主义的旗帜,而且把科学社会主义推向了新阶段。当今西方资本主义世界在经济发展、民主政治等各方面呈现出明显颓势和种种乱象,而反观社会主义中国,不仅综合国力、国际影响力持续提升,而且形成了"五位一体""四个全面"统筹推进的发展格局,社会主义的影响力、感召力大大增强,有力打破了所谓"社会主义失败论""历史终结论",回击了"社会主义低潮综合征"。中国特色社会主义的伟大成就,充分证明了社会主义的历史必然性、科学社会主义基本原则的正确性和强大生命力,使世界上正视和相信马克思主义的人日益多了起来,使两种社会制度的较量逐渐发生有利于社会主义的深刻转变,从而为科学社会主义注入了新的原创性成果。对坚持和发展中国特色社会主义的担当和探索,对社会主义重大时代问题的理论思考和经验总结,是贯穿习近平新时代中国特色社会主义思想的一条红线,也是当今时代科学社会主义发展演进的内在要求和必然结果。

在深入分析当代世界大变局及其时代本质中丰富发展。从当今时代的性质看,现在仍然是资本主义社会形态占主导地位的历史时代,世界依然处于从资本主义向社会主义过渡的历史阶段。伴随着资本主义与社会主义两种力量的此消彼长，伴随着各国人民寻求更好社会制度的探索脚步，先进的社会发展道路、方案、制度和思想正在孕育和产生。与此同时，当今世界同马克思所处的时代相比已经发生了巨大而深刻的变化，呈现出大发展、大变革、大调整的态势，面临着一系列重大问题和挑战。这些世界性难题，一方面使西方世界面临尴尬境地，不仅在应对全球化问题上捉襟见肘，而且自身经济政治体制、文化价值观念也陷入了深层危机。另一方面导致国际秩序与国际格局加速调整，各国之间的相互联系和依存日益加深。这些新的时代特征，归根结底，是资本主义生产关系与后工业时代生产力发展的矛盾，以及资本主义制度历史局限性的反映，迫切需要有新的与时代相适应的道路、理论、制度、文化来引领世界建立人类命运共同体，携手应对人类社会面临的共同困境。面对资本主义的力不从心，科学社会主义必须着眼回答和解决人类社会发展面临的重大问题，拿出超越历史局限性的重大理论创造。正是在这样的时代背景和历史进程中，习近平新时代中国特色社会主义思想得以孕育、诞生、丰富和发展。

二、扎根马克思主义理论本源

人类社会的思想发展总是在一代代的赓续中绵延不断。对于同一根脉的思想理论体系而言，新思想的产生既是原典思想的创新和发展，也是原典思想的继承与弘扬。习近平新时代中国特色社会主义思想之所以源远流长、博大精深，首先在于这一思想以马克思列宁主义、毛泽东思想、中国特色社会主义理论体系为理论渊源，同时又是中国特色社会主义理论体系的重要组成部分，既坚持了马克思主义基本原理，又以新版本传承了马克思主义的"理论谱系"。

306

以马克思主义的基本立场、观点、方法为理论基础。党的十八大以来，习近平以马克思主义政治家、思想家、战略家的宏大视野，紧密结合时代发展特征和民族复兴历史进程，坚持运用马克思主义观察和分析问题，指导当代中国实践。习近平深刻指出，马克思主义的基本原理深刻揭示了世界历史发展的普遍规律，其在现时代仍然具有强大的现实解释力和指导力，"新形势下，坚持马克思主义，最重要的是坚持马克思主义基本原理和贯穿其中的立场、观点、方法。这是马克思主义的精髓和灵魂"[1]。进入 21 世纪，世界和中国的变化在广度和深度上前所未有，远远超出了马克思主义经典作家的预期和想象，而中国共产党所面临的国际国内环境也比以前复杂上千百倍。但无论世情、国情和党情怎么千变万化、多么千差万别，马克思主义的世界观与方法论都是指导我们发现问题、分析问题、解决问题的密钥，是推进中国特色社会主义事业的思想灯塔。因此，习近平多次强调要坚持运用辩证唯物主义的世界观和方法论，以提高解决我国改革发展问题的本领。中央政治局先后两次组织集体学习马克思主义哲学。习近平还要求领导干部把马克思主义哲学作为看家本领，他提出的战略思维、历史思维、辩证思维、创新思维、法治思维、底线思维，就是马克思主义哲学思维方法的具体运用。正是由于把马克思主义基本立场、观点以及方法作为理论基础，习近平新时代中国特色社会主义思想才获得了源源不断的源泉活水，显示出强大的生机活力。

从马克思主义的群众史观中传承以人民为中心的根本立场。习近平指出，"人民性是马克思主义最鲜明的品格"[2]。人民群众是历史的真正创造者，是历史前进的根本动力，是社会变革的决定性力量。群众史观是马克思、恩格斯研究和分析人类社会发展历史最基本的指导思想。马克思、

---

① 习近平:《在哲学社会科学工作座谈会上的讲话》，人民出版社 2016 年版，第 13 页。

② 习近平:《在纪念马克思诞辰 200 周年大会上的讲话》，《人民日报》2018 年 5 月 5 日，第 1 版。

恩格斯在《共产党宣言》中说，"共产党人不是同其他工人政党相对立的特殊政党。他们没有任何同整个无产阶级的利益不同的利益"①。所以，马克思主义代表着社会大多数人的利益，人民大众是马克思主义思考问题的根本出发点、立足点，马克思主义的目的就是要解放全人类，通过建立自由人的联合体，实现人的自由而全面的发展。马克思主义充分肯定人的价值，把人当作目的、主体来看待，而不是当作手段和客体来看待。在《关于费尔巴哈提纲》的第一条中，马克思就鲜明指出，"从前的一切唯物主义（包括费尔巴哈的唯物主义）的主要缺点是：对对象、现实、感性，只是从客体的或者直观的形式去理解，而不是把它们当做感性的人的活动，当做实践去理解，不是从主体方面去理解"②，他还说，"全部人类历史的第一个前提无疑是有生命的个人的存在"③。列宁在领导俄国社会主义建设的过程中，多次强调人民主体作用的重要性，强调建设俄国社会主义事业必须要依靠人民群众，"在任何时候任何问题上正确无误地判断群众的情绪，判断他们真正的需要、愿望和想法"④，以避免脱离群众这一最严重最可怕的危险。这种以人民为主体的群众观，是习近平以人民为中心的发展思想的理论来源，也是习近平新时代中国特色社会主义思想的理论基石。发展为了人民、发展依靠人民、发展成果由人民共享的深刻思想，与马克思主义重视、依靠工人阶级和广大人民群众的思想一脉相承、息息相通。

始终坚持与时俱进、自我革新的马克思主义理论特质。习近平在2017年7月26日省部级主要领导干部专题研讨班上指出，"马克思主义是随着时代、实践、科学发展而不断发展的开放的理论体系，它并没有结束真理，而是开辟了通向真理的道路"。这一重要论述，深刻阐明了马克思主

---

① 《共产党宣言》，人民出版社2014年版，第41页。
② 《马克思恩格斯文集》第1卷，人民出版社2009年版，第499页。
③ 《马克思恩格斯选集》第1卷，人民出版社1995年版，第67页。
④ 《列宁选集》第4卷，人民出版社2012年版，第625—626页。

义与时俱进的理论特质。马克思、恩格斯在阐述自己的理论时反复提醒："我们的理论是发展着的理论,而不是必须背得烂熟并机械地加以重复的教条"①,必须依据当时客观现实条件的变化而不断调整。列宁在评判那些认为马克思和恩格斯的学说是不完备的且已经停滞了的错误言论时讲,不应该将"马克思的理论看做某种一成不变的和神圣不可侵犯的东西"②,而应随着历史条件和历史环境的变换而进行补充。党的十八大以来,中国的社会主义事业遇到了许多新情况新问题,马克思主义中一些具体观点已不能充分地指导实践发展,迫切需要理论创新以适应时代变化。以习近平同志为核心的党中央深刻把握这一客观现实,对新时代中国特色社会主义的具体形态以及如何坚持和发展的具体方式,作出了新的科学解答。习近平多次强调,"实践没有止境、理论创新也没有止境",要求"必须在理论上跟上时代"③,既要以坚定的毅力和勇气推进中国特色社会主义取得更多实践成果,又要不断总结经验并使之系统化和理论化。正是坚持了马克思主义这种与时俱进、勇于自我革新的理论特质,习近平新时代中国特色社会主义思想才展现出继承前人而又引领时代的真理光芒。

把中国化马克思主义作为直接根基。习近平新时代中国特色社会主义思想既继承和发展了毛泽东思想,又继承和发展了中国特色社会主义理论体系,把二者作为一脉相承的直接理论源泉。新民主主义革命时期,毛泽东思想的确立实现了马克思主义中国化的第一次历史性飞跃;党的十一届三中全会后逐渐形成的中国特色社会主义理论体系,是马克思主义中国化的第二次历史性飞跃。这两大飞跃产生的理论成果,即毛泽东思想和中国特色社会主义理论体系,是几代中国共产党人和中国人民长期探索社会

---

① 《马克思恩格斯文集》第 10 卷,人民出版社 2009 年版,第 562 页。
② 《列宁选集》第 1 卷,人民出版社 2012 年版,第 271 页。
③ 习近平:《决胜全面建成小康社会　夺取新时代中国特色社会主义伟大胜利——在中国共产党第十九次全国代表大会上的报告》,人民出版社 2017 年版,第 26 页。

主义建设和改革得出的经验总结和理论结晶,其中的毛泽东思想、邓小平理论、"三个代表"重要思想、科学发展观,共同构成了习近平新时代中国特色社会主义思想的直接根基。习近平新时代中国特色社会主义思想本身是中国化马克思主义的重要组成部分,是马克思主义中国化的第三次历史性飞跃,这一思想中所贯穿的鲜明的人民立场、实事求是的理论精髓、共产主义的远大理想、全面从严治党的鲜明态度等,实际上都传承了中国化马克思主义共有的理论品格。

三、汲取历史与文化的养分

思想与历史、文化具有天然的内在联系,割断这个联系,必然陷入历史虚无主义,成为无源之水、无本之木。习近平新时代中国特色社会主义思想正是在深刻把握人类社会发展规律,深刻总结世界社会主义历史经验,深刻洞悉中国历史发展趋势中,紧密结合民族复兴历史进程,从中华民族和全世界深厚的历史和文化中汲取精神滋养,才成长为一棵根深叶茂的思想理论大树。

源自对中华优秀传统文化的汲取和转化。中国化马克思主义的"老祖宗",是马克思主义经典和中华优秀传统文化。中华优秀传统文化,是国家和民族得以生存和发展的最根本要素,是国家和民族的精神命脉。正是深深扎根于这片文化沃土,习近平新时代中国特色社会主义思想的生成才有了雄厚力量。它既继承了马列"老祖宗",又继承了中国自己的"老祖宗",吸吮着中华民族5 000多年漫长奋斗积累的文化养分,传承了中华优秀传统文化的基因,以古鉴今、古为今用,反对简单复古,反对全盘否定;既实现了马克思主义基本原理与中国文化的有机结合,又升华了中华优秀传统文化的当代价值,实现了对中华优秀传统文化的创造性转化和创新性发展;运用中华优秀传统文化资源解决当今中国的现实问题,开辟了传承弘扬中华优秀传统文化、革命文化、社会主义先进文化的新局面。特别是将文化自信与道路自信、理论自信、制度自信相并列,将中国特色社会主义"三位一体"的科学内涵升华为"五位一体"。在治国理政实践中,习近平自觉把中华历史文化精华与中国特色社会主义紧密对接,把中华优秀传统文化当作"根"和"魂",当作焕发强大能量、破解发展难题、推动民族复兴的独特"战略资源",其根本原因就在于中华文化具有自己的优质基因,这些基因赋予了习近平新时代中国特色社会主义思想以鲜明的民族特色和独有的文化魅力。习近平新时代中国特色社会主义思想从中华优秀传统文化中汲取了丰厚的思想养分。习近平在著作、文章、讲话中大量引用和活用中国的古典古语,就是这种传承和发展、吸取和转化的生动体现。

丰富于对世界优秀文明成果的学习和借鉴。自古以来,人类社会的发展,都离不开世界各国各民族各区域文化之间的相互交流、渗透融合和共生演进。大海不拒细流,故能成其大。列宁指出:马克思主义之所以在全球放射出恒久的思想光芒,就在于其"吸收和改造了两千多年来人类思想和文化发展中一切有价值的东西"[①]。在世界多极化、经济全球化、文化多样化和社会信息化的新时代,各种文明的互动空前活跃,不同文化之间的互学互鉴,成为推动社会跃迁和人类进步不可或缺的动力源泉。中国在成为一个全球性大国的过程中,与世界各个区域、各个民族、各个国家在文化上的交流联系变得空前密切。世界上不同文化各有千秋、各有特色,在价值上是平等的,没有优劣、高下之分。我们应该加强文化之间的交流互鉴,"用人类创造的一切优秀思想文化成果武装自己"[②]。习近平新时代中国特色社会主义思想,从萌芽时就善于从人类文明成果中获取智慧。《习近平的七年知青岁月》一书讲到,年轻的习近平可以走 30 里地,去向另一个

---

① 《列宁选集》第 4 卷,人民出版社 2012 年版,第 299 页。
② 习近平:《在纪念孔子诞辰 2565 周年国际学术研讨会暨国际儒学联合会第五届会员大会开幕会上的讲话》,《人民日报》2014 年 9 月 25 日,第 1 版。

知青借一本《浮士德》，看完之后再走 30 里地送回去；在学校时，他在专业之外广泛阅读《国富论》等西方经典著作；在河北正定当领导时，曾带队去美国考察农业。那时，中国才刚刚迈开改革开放的步伐。党的十八大以来，习近平更是反复强调，"我们应该坚持包容精神，推动不同社会制度互容、不同文化文明互鉴、不同发展模式互惠"①，中国将"学习人类创造的一切文明成果，推动世界和中国发展得更好"②。事实上，正是由于注重对世界有益文明成果的吸收借鉴，习近平新时代中国特色社会主义思想才不断从中国与世界的深度互动中成长壮大，成就了其宽广视野和博大气度，增强了这一新思想引领时代发展和世界潮流的理论价值及思想光芒，表现出海纳百川的开放意识和造福世界的实践力量，为世界发展和人类进步提供了"中国智慧""中国方案"。

发端于对社会主义历史发展经验的反思和总结。任何一个思想体系的生成都有其特殊的历史逻辑，这一历史逻辑构成了新型的思想体系与原有的思想体系之间的相承之脉。作为科学社会主义在 21 世纪的最新理论形态，习近平新时代中国特色社会主义思想不仅批判性承鉴了苏东社会主义的历史经验，而且科学总结了中国社会主义事业的实践经验。早在1921 年，列宁就指出俄国社会主义建设中存在着机械运用马克思主义原理，而完全不考虑自身实际情况的严重问题。然而苏联并没有及时有效解决这一问题，反而随着斯大林模式的形成而更加固化，最终埋下了解体的种子。二战后，苏联模式受到各个新生社会主义国家的认同，大部分社会主义国家简单模仿苏联模式，很少考虑自身国情的特殊性，更谈不上将马克思主义的基本原理运用到本国具体的实践之中。这样，"东欧剧变"的历

---

① 习近平：《新起点 新愿景 新动力——在金砖国家领导人第六次会晤上的讲话》，《人民日报》2014 年 7 月 17 日，第 2 版。
② 习近平：《共创中韩合作未来 同襄亚洲振兴繁荣——在韩国国立首尔大学的演讲》，《人民日报》2014 年 7 月 5 日，第 2 版。

史悲剧就不可避免地发生了。中国社会主义的发展同样经历了艰险与曲折。自新中国成立至十一届三中全会这一段时期内,中国共产党人虽然意识到要"以苏为鉴",试图走出一条中国式的社会主义新道路,但由于各种复杂因素的制约,最终未能摆脱苏联社会主义建设模式的影响。特别是由于当时国内外错综复杂的社会历史条件,中国社会主义的探索遭遇了较长时期的曲折。对此,邓小平切中肯綮地指出,虽然社会主义事业遭遇了重大挫折,"但人民经受锻炼,从中吸取教训,将促使社会主义向着更加健康的方向发展"①。党的十一届三中全会后,中国共产党人围绕解答"社会主义向何处去"这个头等课题,在关键时刻作出了对内改革和对外开放的重大战略决策,把握了中国特色社会主义建设正确方向,再次实现了科学社会主义在中国的勃兴。中国特色社会主义理论体系包括习近平新时代中国特色社会主义思想在内,是在吸收世界社会主义500年思想精华和总结科学社会主义100余年实践经验基础上形成的,是总结汲取苏东社会主义的深刻教训、归纳概括中国社会主义建设正反两方面的经验,把科学社会主义基本原则贯穿到新时代实践而形成的科学理论成果。

四、在实践淬火中不断提炼升华

人们常说,"理论是灰色的,而生活之树常青"。其实,植根于实践沃土的理论也可以做到常青常新。马克思主义从来就是在实践中不断与时俱进和向前发展的。而将实践经验及时系统化、科学化,提炼升华成体系完备的理论指导,是中国共产党的独特政治优势。习近平新时代中国特色社会主义思想深深扎根于新时代中国特色社会主义的伟大实践,是党和人民实践经验和集体智慧的结晶。

---

① 《邓小平文选》第3卷,人民出版社1993年版,第383页。

在新时代的伟大社会革命和自我革命中不断丰富拓展。实践是真理的源泉,也是检验真理的唯一标准。新时代中国特色社会主义,是我们党进行的伟大的社会革命的继续。我们党在各个领域展开了深层次、根本性的变革,取得了全方位、开创性的成就,解决了许多悬而未决的难题,办成了许多过去想办而没有办成的大事,有力推动社会主义现代化取得巨大进步。在这一过程中,习近平新时代中国特色社会主义思想生成了一系列新的思想内容,不断得到充实和完善。我们党在进行伟大社会革命的同时,也在进行伟大的自我革命。以习近平同志为核心的党中央带领全党全面加强党的领导和党的建设,正风肃纪反腐,坚决改变管党治党宽松软状况,党内政治生活气象一新,党内政治生态明显好转,党的创造力、凝聚力、战斗力显著增强。习近平新时代中国特色社会主义思想就是在全面从严治党的实践中萌生的,在党的自我净化、自我完善、自我革新、自我提高过程中形成的,是党进行自我革命的必然产物。

在党领导人民的创新创造中不断凝练完善。马克思、恩格斯指出:"历史活动是群众的事业,随着历史活动的深入,必将是群众队伍扩大。"[1]人民群众是历史的创造者,也是历史进步最根本的动力。广大人民群众作为社会实践的主体,从事千百万种实践活动并合目的而又合乎规律性地推动社会历史车轮不断向前。在这一历史进程中,由人民群众从事的社会创造活动所产生的新鲜而丰富的实践经验,值得认真概括、提升和凝练。中国共产党成立 99 年来,党和人民谱写了一曲曲气吞山河的壮丽史诗,其中每一时期的"创造"篇章都深刻蕴含着"创造何以可能"以及"实践如何形成"的现实必然及其历史规律性。历史表明,党领导人民的创造实践越是壮阔雄浑,越是呼唤科学的理论指导,越是催生伟大的理论创新。当代中国之所以能够得到不断的发展,最根本的动力就在于党不断从广大人民群众的

---

[1] 《马克思恩格斯文集》第 1 卷,人民出版社 2009 年版,第 287 页。

实践中汲取丰富营养。当代中国许多重大的思想创新和实践开拓,绝不是少数人的闭门造车,而是在人民实践经验基础上形成的集体智慧。习近平指出:我们要"在人民中寻找发展动力、依靠人民推动发展、使发展造福人民"①。党的十八大以来,正是由于注重尊重人民大众的主体地位、注重发挥人民大众的创新精神、注重提炼人民大众的实践经验,中国才获得了不断发展的源源动力,习近平新时代中国特色社会主义思想这一思想体系才获得了最深层、最丰沃的生成土壤。新时代的中国共产党带领全国各族人民在实践中开创和发展了中国特色社会主义,而这一实践的主体作为理论的"源泉",又为习近平新时代中国特色社会主义思想形成和发展奠定了坚实的基础。

以习近平为主要创立者,集中全党智慧的理论结晶。习近平新时代中国特色社会主义思想是党和人民集体智慧的结晶,习近平以马克思主义政治家、思想家、理论家的深邃政治智慧和独特理论创造,在这一思想的创立中发挥了决定性作用,作出了决定性贡献。领袖思想的形成必有源头。习近平的从政经历遍及党、政、军各个领域,历经村、县、地、市、省、直辖市,直至中央等各级重要岗位,其成长之路也是习近平新时代中国特色社会主义思想的萌发和孕育过程。习近平新时代中国特色社会主义思想,是从习近平几十年艰苦磨砺和从政实践特别是多领域多层级领导岗位历练中积累得来的,释放出浓厚的"地气"和旺盛的活力。7 年知青岁月和长期地方领导实践,为习近平新时代中国特色社会主义思想的孕育和发展提供了活水源头。这一思想中的不少重要思想观点都是在基层和地方萌发、生成和发展的,都可以从习近平长期从政实践中找到"根"和"源",都能够在他的讲话和著述中找到原点和注脚。

7 年知青岁月,是习近平新时代中国特色社会主义思想的厚重底色。

---

① 《习近平谈治国理政》第 2 卷,外文出版社 2017 年版,第 483 页。

7 年间，习近平经受了艰苦环境的考验，通过苦干苦读，赢得了群众信任，磨炼了意志品质，丰富了精神世界和知识底蕴。正是这段经历的洗礼，淬炼和铸就了他坚韧不拔、志存高远、无私无畏、内敛厚重的领袖魅力。在梁家河，"为群众做实事"的信念像种子一样在习近平心里生根发芽，最终长成了"坚持以人民为中心"的参天大树。在梁家河，他真正"懂得了什么叫实际，什么叫实事求是，什么叫群众"，真正感觉到"天下无难事"，增添了毅然决然的无穷底气和历史担当。从这段岁月中，我们可以领略到习近平新时代中国特色社会主义思想的萌芽过程，领悟到大党大国领袖的殷殷初心。

河北正定是习近平施展政治才华、展现历史担当的最初"试验田"。在正定，他敢为人先，提出了不少新观点，实施了不少新举措，留下了实实在在的、人民群众满意的政绩，充分体现了他的为民情怀、改革思维、创新精神、开放意识、务实作风和责任担当。

福建 17 年多的从政实践，是习近平政治能力和治理能力得到全面历练和展示的关键期，也可以说是习近平新时代中国特色社会主义思想的萌发期。在福建这块热土上，他抱着一颗赤子之心，在改革、开放、发展、党建等一系列重大领域，在理论和实践的双重探索中，都取得了丰硕成果。他领导宁德摆脱贫困的努力，主政福州"马上就办、真抓实干"的作风，在全省治理餐桌污染、推进林权改革、建设"生态福建"和"数字福建"，所有这些都镌刻在八闽大地之上，积淀为习近平新时代中国特色社会主义思想大厦的厚实根基。

主政浙江和上海期间是习近平的政治家素质和执政能力得到全面提升的黄金期，也是习近平新时代中国特色社会主义思想生成的重要阶段。在浙江担任省委副书记、省长、省委书记的 5 年，他强调"干在实处，走在前列"，制定并实施作为浙江经济社会发展总纲的"八八战略"，着力建设平安浙江、和谐浙江、法治浙江,建设文化大省,推进党的执政能力建设和先进性建设,把浙江带上了发展快车道,使浙江成为全国可持续发展的试验田和排头兵。《干在实处　走在前列》系统总结了在浙江这个东南沿海经济大省推进新发展的实践与思考,提出了许多具有全局性意义的重要思想,成为习近平新时代中国特色社会主义思想的重要思想源泉。2007 年,他担任上海市委书记,虽然只在上海工作了 7 个月时间,但马不停蹄考察了全市所有 19 个区县,强调牢记党的使命,阐述上海城市精神,推动共建共享改善民生。现在回顾这段历史,习近平在主政上海这样的国际化大都市期间,所进行的全方位思考和实践产生的影响是深入持久的。①

习近平在地方的丰富从政实践、深邃理论思考和不断探索创新,与习近平新时代中国特色社会主义思想之间存在着一以贯之、深化拓展、不断升华的发展脉络和思想逻辑,在实践基础、理论渊源、思想内涵、精神品质、语言风格等方面具有内在的继承性和一致性,体现了党的核心、人民领袖的个人魅力、政治品格与理论品质的高度统一。正是这样的实践积淀和厚积薄发,厚植了习近平治国理政的扎实根基,成就了他非同凡响的领袖风范和博大精深的理论体系。

党的十八大以来,习近平以非凡的政治智慧、顽强的意志品格、强烈的责任担当,团结带领全党全国各族人民进行伟大斗争,推动党和国家事业全面开创新局面,赢得全党全军全国各族人民高度评价和衷心爱戴,成为党中央的核心、全党的核心。在领导全党全国推进党和国家事业的实践中,习近平围绕一系列重大理论和实践问题发表了一系列重要讲话,提出了一系列具有开创性意义的新理念新思想新战略,为习近平新时代中国特色社会主义思想的创立奠定了基础。

习近平系列重要讲话,准确把握时代和实践的新要求及人民群众的新

---

① 人民网:《习近平地方履历:理念与特点》,2013 年 5 月 3 日。

期待,全面深入阐释了党的十八大和十九大精神,深刻回答了新的历史条件下党和国家发展的一系列重大理论和现实问题,丰富和发展了党的科学理论,对于加快全面建成小康社会步伐,夺取新时代中国特色社会主义伟大胜利,对于加强党的自身建设,提高党的创造力凝聚力战斗力,具有重大而深远的指导意义。因此,它一经发表,就受到国内外的广泛关注和高度重视,成为全党学习的重要内容。2013 年 5 月,中办转发了《青海省学习贯彻系列讲话精神的经验和做法》;6 月,中宣部下发了学习宣传讲话的《通知》;9 月,中央召开全国党委秘书长会议交流学习贯彻情况;11 月,中组部在中央党校连续举办 7 期省部级干部研讨班,组织高级干部系统学习习近平总书记系列重要讲话精神。党中央还明确要求对县处级以上领导干部进行集中轮训。这一时期,全国理论界发表了一大批学习宣传习近平总书记系列重要讲话精神的文章,推动学习贯彻习近平总书记系列重要讲话精神不断向广度和深度发展。2014 年 6 月,中宣部、中组部向全党发出关于认真组织学习《习近平总书记系列重要讲话读本》的通知,要求把学习贯彻好习近平总书记系列重要讲话精神,作为一项重大政治任务。至此,学习贯彻好习近平总书记系列重要讲话精神在全党全国广泛深入展开,成为夺取中国特色社会主义新胜利、实现中华民族伟大复兴中国梦的重要理论先导。2016 年 4 月,中宣部在 2014 年印发的学习读本基础上,补充新的内容,编印了《习近平总书记系列重要讲话读本(2016 年版)》,使全党全国学习贯彻习近平总书记系列重要讲话精神有了更加系统全面的教材。2013 年初,中央军委决定,从 2013 年 2 月下旬开始,在国防大学连续举办 3 期军以上领导干部学习习近平总书记系列重要讲话轮训班。2013 年 4 月,原总部机关编印《深入学习贯彻党的十八大精神军队领导干部学习文件选编》,下发全军部队学习;接着又印发了《习近平关于国防和军队建设重要论述选编》。2014 年 8 月,经中央军委批准,《习主席国防和军队建设重要论述读本》印发全军。2016 年 8 月,又印发了《习主席国防和军队建设重要论述读本(2016 年版)》。

2016 年 2 月,党中央决定在全党开展"两学一做"学习教育活动,进一步把学习贯彻习近平总书记系列重要讲话在全国推开,使其成为加强党的思想理论建设的核心内容,成为全党全军的一项重大政治任务。2017 年 10 月 18 日,党的十九大胜利召开,习近平总书记在大会上所作的报告《决胜全面建成小康社会　夺取新时代中国特色社会主义伟大胜利》,对新时代中国特色社会主义思想作了系统阐述,大会关于十九大报告的《决议》,牢固确立了习近平新时代中国特色社会主义思想作为党的指导思想的历史地位。大会还作出把习近平新时代中国特色社会主义思想作为党必须长期坚持的指导思想写入党章的决定。至此,习近平新时代中国特色社会主义思想以其丰富的科学内涵、完备的理论体系、重大理论创新和实践指导意义,成为马克思主义中国化历史上具有重大里程碑意义的最新理论成果。

第二节　完备的理论体系:习近平新时代中国特色社会主义思想的基本内容

理论因其科学而具有穿透力,思想因其丰富而充满生命力。习近平新时代中国特色社会主义思想,是以习近平同志为核心的党中央,坚持以马克思列宁主义、毛泽东思想、中国特色社会主义理论体系为指导,坚持解放思想、实事求是、与时俱进、求真务实,坚持辩证唯物主义和历史唯物主义,紧密结合新的时代条件和实践要求,以全新的视野深化对共产党执政规律、社会主义建设规律、人类社会发展规律的认识,进行艰辛探索后取得的重大理论创新成果。这一思想，紧紧围绕"新时代坚持和发展什么样的中国特色社会主义、怎样坚持和发展中国特色社会主义"这个重大课题，提出了一系列具有开创性意义的新理念新思想新战略，包括新时代坚持和发展中国特色社会主义的总目标、总任务、总体布局、战略布局和发展方向、发展方式、发展动力、战略步骤、外部条件、政治保证等基本问题，涵盖经济建设、政治建设、文化建设、社会建设、生态文明建设和党的建设各个领域，涉及改革发展稳定、内政外交国防、治党治国治军等各个方面，是一个主题鲜明、主线突出、逻辑严密、系统完整、思想创新、内涵丰富的科学理论体系。

一、"主题主线"贯穿全部理论

坚持和发展中国特色社会主义，是习近平新时代中国特色社会主义思想的鲜明主题和主线。中国特色社会主义，是党和人民历经千辛万苦、付出巨大代价取得的根本成就，是历史的结论、人民的选择。

"龙衮九章，但擎一领。"改革开放以来，从邓小平在党的十二大上明确提出"走自己的路、建设有中国特色的社会主义"，到江泽民在党的十五大上明确提出党在社会主义初级阶段的基本纲领，到胡锦涛提出"开创中国特色社会主义事业新局面"，再到习近平在党的十九大明确提出"夺取新时代中国特色社会主义伟大胜利"，推动中国特色社会主义进入新时代，我们党始终把坚持和发展中国特色社会主义作为全部理论和实践探索的主题，作为中国发展进步的根本方向。习近平在主持十八届中央政治局第一次集体学习时强调：贯穿党的十八大报告的一条主线，就是坚持和发展中国特色社会主义，要把学习贯彻党的十八大精神聚焦到、落实到坚持和发展中国特色社会主义上来。这次集体学习旗帜鲜明地向世界宣告：新一届党中央治国理政的根本主题,就是坚持和发展中国特色社会主义。党的十八大以来,我们党高举中国特色社会主义伟大旗帜,走进新时代,续写新篇章。中国特色社会主义犹如一根红线,贯穿于新时代党的全部理论创新和实践发展的历程。把握住这个主题主线,就能完整准确地把握习近平新时代中国特色社会主义思想的主要内容。

回答了"从哪里来"的问题。习近平指出:"中国特色社会主义,是科学社会主义理论逻辑和中国社会发展历史逻辑的辩证统一,是根植于中国大地、反映中国人民意愿、适应中国和时代发展进步要求的科学社会主义"①,"是有 500 年历史的社会主义主张在世界人口最多的国家成功开辟出具有高度现实性和可行性的正确道路"②。这些重要论述,深刻揭示了中国特色社会主义的科学真理性和历史必然性,从根本上回答了中国特色社会主义"从哪里来",以及"什么是中国特色社会主义"这一问题。我们既要从理论逻辑上弄清楚中国特色社会主义是社会主义而不是其他什么主义,是科学社会主义基本原则的创造性坚持和运用,同时又要从历史逻辑上弄清楚中国共产党人选择科学社会主义的历史必然性和价值合理性。科学社会主义的基本原则既是习近平新时代中国特色社会主义思想的灵魂所在,也是建设和发展中国特色社会主义的"根脉",是坚持和发展中国特色社会主义的基本遵循。中国特色社会主义之所以是社会主义,就是因为其坚持了科学社会主义的基本原则,表现为无论怎么改革、怎么开放,我们始终都坚持中国特色社会主义的道路、理论、制度和文化。这些都是新时代体现科学社会主义基本原则的内容。与此同时,中国特色社会主义又根据当代中国实践和时代发展,赋予了科学社会主义鲜明的时代特色,将

① 《习近平谈治国理政》,外文出版社 2014 年版,第 21 页。
② 习近平:《在庆祝中国共产党成立 95 周年大会上的讲话》,《人民日报》2016 年 7 月 2 日,第 2 版。

理论逻辑融入中国社会发展的历史逻辑。从 1978 年开始,我们在推进改革开放和社会主义现代化建设的过程中,坚持把科学社会主义基本原则与中国具体实际相结合,开创了中国特色社会主义,其目的就是解放和发展社会生产力,使中国人民富裕起来。显然,我们选择马克思主义、科学社会主义与中国特色社会主义,是科学社会主义理论逻辑的必然,也是中国社会发展历史逻辑的必然。中国特色社会主义既不丢老祖宗,又别开新局面;不是僵化教条地"照着讲",也不是另起炉灶地"另外讲",更不是改旗易帜地"反着讲",而是继承发展地"结合讲""接着干",是沿着科学社会主义方向继续开拓前进。

回答了"特在哪里"的问题。习近平指出,"中国特色社会主义特就特在其道路、理论体系、制度上,特就特在其实现途径、行动指南、根本保障的内在联系上,特就特在这三者统一于中国特色社会主义伟大实践上"。①这一重要论述,科学回答了中国特色社会主义究竟"特在哪里"的问题。中国特色社会主义不仅是科学社会主义在中国的运用,同时也是科学社会主义的中国创造,是用中国社会发展的历史逻辑证实并丰富科学社会主义的理论逻辑,由此赋予了其鲜明的中国特色。这种中国特色可以概括为实践特色、理论特色、民族特色和时代特色。中国特色社会主义的实践特色,是社会主义道路与中国国情相结合而形成的,中国国情决定了这一实践不同于经典作家的设想。改革开放和社会主义现代化建设的伟大实践,为中国特色社会主义奠定了深厚的实践基础,赋予其鲜明的实践品格。中国特色社会主义的理论特色,集中体现于中国特色社会主义理论体系。它是对科学社会主义基本原则的坚持和发展,又充分凝结着中国经验,是当代中国共产党人在总结历史经验和实践基础上的理论升华。中国特色社会主义的民族特色,既体现中华民族优秀文化传统和中国人民的共同价值追求,也

① 《习近平谈治国理政》,外文出版社 2014 年版,第 9 页。

是社会主义文化精神和价值追求在当代中国的现实反映。中国特色社会主义的时代特色，既生动表明了马克思主义与时俱进的品格，同时也体现了当代中国把握时代主题、顺应时代潮流、走在时代前列的精神风貌。

二、"八个明确"构筑核心要义

习近平新时代中国特色社会主义思想的内涵博大精深，其中最重要最核心的内容，就是党的十九大报告中提出的"八个明确"。这"八个明确"的概括，有气势、有格局、有力度、有深度，提纲挈领、完整准确地呈现了习近平新时代中国特色社会主义思想的框架体系。"八个明确"相互联系、相互支撑，是有机统一的整体。

第一，明确坚持和发展中国特色社会主义的总任务，是实现社会主义现代化和中华民族伟大复兴，在全面建成小康社会的基础上，分两步走在本世纪中叶建成富强民主文明和谐美丽的社会主义现代化强国。

作为习近平新时代中国特色社会主义思想"八个明确"中的首要内容，总任务是管总的，既蕴含着中国特色社会主义这个主题，又彰显了中华民族伟大复兴这个使命，其基本路径就是实现社会主义现代化。实现社会主义现代化是世界历史进程和发展潮流对中华民族伟大复兴提出的时代要求。党的十九大在明确坚持和发展中国特色社会主义的总任务是实现社会主义现代化和中华民族伟大复兴的基础上，进一步明确"在全面建成小康社会的基础上，分两步走在本世纪中叶建成富强民主文明和谐美丽的社会主义现代化强国"，这就使中国特色社会主义总任务内涵更加丰富，实现途径更为具体。我们党把总任务作为"八个明确"的第一条，标志着它在习近平新时代中国特色社会主义思想中具有目标引领作用，凸显了其极为重要的政治意义、理论意义、实践意义。首先是它确立了党在新时代不懈奋斗和全部工作的根本目标指向。"总任务"三个字,表明实现社会主义现代化和中华民族伟大复兴,在当代中国所有领域都是管方向、管全局、管长远的"大目标"。我们的一切实践活动,都要在这个大目标下来认识和筹划,自觉用这个大目标来统一意志、凝聚力量。其次是它确立了新时代中国人民和中华民族理想追求的最大公约数。总任务的本质就是把中国人民对幸福生活的追求、对美好生活的向往作为奋斗目标。人民对幸福美好生活的意愿和追求的最大公约数就是实现社会主义现代化和中华民族伟大复兴。第三是它确立了中华民族从站起来、富起来到强起来的根本标志。党的十九大报告指出,"中国特色社会主义进入新时代,意味着近代以来久经磨难的中华民族迎来了从站起来、富起来到强起来的伟大飞跃"。而实现"强起来"的根本标志,就是实现社会主义现代化和中华民族伟大复兴。

第二,明确新时代我国社会主要矛盾,是人民日益增长的美好生活需要和不平衡不充分的发展之间的矛盾。必须坚持以人民为中心的发展思想,不断促进人的全面发展、全体人民共同富裕。

如果说总任务体现的是目标导向,那么,主要矛盾体现的就是问题导向。这第二个明确,是关系党和国家事业发展全局的重大判断,是我们党制定正确路线方针政策的基本依据,也是理解新时代建设社会主义现代化强国战略部署的关键所在。党的十九大作出中国特色社会主义进入新时代的政治论断,其主要依据之一就是我国社会主要矛盾的变化,这是一个关系全局的历史性变化,具有坚实的现实依据。经过40余年的改革开放,我们党带领全国人民告别贫困、跨越温饱,即将实现全面小康。我国经济总量稳居世界第二,社会生产力水平显著提高。与此同时,随着人民总体物质生活水平的提升,人民对美好生活的向往更加强烈,在民主、法治、公平、正义、安全、环境等方面的要求日益增长。社会生产和社会需求两个方面的深刻变化,使发展不平衡不充分的问题凸显出来。对当代中国社会主要矛盾的新判断,科学把握了当今我国社会发展的新基点,反映了对新时代共产党人的新要求,是我们党坚持实事求是思想路线的正确判断。而要解决当前社会的主要矛盾,就必须坚持以人民为中心的发展思想。这一思想,锁定了新时代推进党和国家根本任务的价值取向,凸显了党执政为民的价值追求,要求党和国家各项事业和一切工作,都必须坚持以人民为中心,把人民对美好生活的向往作为奋斗目标,把促进公平正义、增进人民福祉作为根本出发点和落脚点。

第三,明确中国特色社会主义事业总体布局和战略布局,是"五位一体"和"四个全面",勾画了实现总任务的科学路径。强调要坚定道路自信、理论自信、制度自信、文化自信。

这一个明确,把经济建设、政治建设、文化建设、社会建设、生态文明建设的"五位一体"总体布局,全面建成小康社会、全面深化改革、全面依法治国、全面从严治党的"四个全面"战略布局,以及中国特色社会主义道路自信、理论自信、制度自信、文化自信的"四个自信"统一起来,既上承新时代的总任务和主要矛盾变化这两个管总的内容,又下启后面五个具体的"明确";既阐明了不断夺取中国特色社会主义新胜利、实现中华民族伟大复兴的实践构架和战略抓手——统筹推进"五位一体"、协调推进"四个全面",又凸显了切实做到坚持和发展中国特色社会主义"四个自信",从而明确了解决新矛盾、完成总任务的系统工程。统筹推进"五位一体"总体布局和协调推进"四个全面"战略布局,鲜明体现了我们党立于时代前沿、把握事业全局的宏大思路,深刻反映了我们党通过抓主要矛盾来带动事业发展全局的辩证思维,是整体推进与重点突破相统一的思想方法在推进党和国家事业发展中的科学运用。在此基础上,强调坚定"四个自信",体现了这一"明确"相辅相成、相互促进、相得益彰、统筹联动的内在逻辑。只有统筹推进总体布局和战略布局,才能协同推进人民富裕、国家强盛、中国美丽,不断增强人民群众的获得感、幸福感、安全感,才能为坚定全党全国各族人民"四个自信"打牢实践根基。同时,只有不断坚定"四个自信",才能避免犯战略性、颠覆性错误,才能推动全党全国各族人民把思想统一到习近平新时代中国特色社会主义思想上来,把力量凝聚到新时代中国特色社会主义事业上来,确保"五位一体"总体布局和"四个全面"战略布局落到实处。

第四,明确全面深化改革总目标,是完善和发展中国特色社会主义制度、推进国家治理体系和治理能力现代化。

目标昭示方向,凝聚力量,引领发展。全面深化改革总目标的提出,既明确了全面深化改革的性质和方向,又突出了全面深化改革的工作重点和总抓手,对全面深化改革具有举旗定向、纲举目张的重大意义。党的十八届三中全会以来,习近平在不同场合反复强调这场意义深远的变革所期望达到的"总目标",从制度、改革、现代化三个维度,给出了撬动中国改革发展的战略支点。把制度的完善与发展熔铸为改革的总目标,把社会主义现代化的内涵提升到治理现代化的高度,这样的跨越,不仅是一个充满战略意义的改革擘画,更是当代中国极为重要的顶层设计。理解把握总目标,应从三个方面着眼。首先,要坚定改革的决心和信念。正如习近平反复强调的,改革开放是决定当代中国命运的关键一招,也是决定实现"两个一百年"奋斗目标、实现中华民族伟大复兴的关键一招,实践发展永无止境,解放思想永无止境,改革开放永无止境。其次,要明确改革的目的是完善和发展中国特色社会主义制度。对此,党的十八届三中全会作出的《关于全面深化改革若干重大问题的决定》进行了强调:全面深化改革,必须"坚决破除各方面体制机制弊端,努力开拓中国特色社会主义事业更加广阔的前景"。在此基础上,习近平在党的十九届四中全会上把"坚持和完善中国特色社会主义制度、推进国家治理体系和治理能力现代化"明确为新时代谋划全面深化改革的主轴。①强调通过推进全面深化改革,推动中国特色社会主义制度不断自我完善和发展、永葆生机活力。②其三,要确立国家治理体系和治理能力现代化的新理念。习近平对国家治理体系和治理能力有明确的论述和界定:国家治理体系和治理能力是中国特色社会主义制度及其执行能力的集中体现。③国家治理体系是在党领导下管理国家的制度体系,包括经济、政治、文化、社会、生态文明和党的建设等各领域体制机制、法律法规安排,也就是一整套紧密相连、相互协调的国家制度;国家治理能力则是运用国家制度管理社会各方面事务的能力,包括改革发展稳定、内政外交国防、治党治国治军等各个方面。二者相辅相成,是一个有机整体。

第五,明确全面推进依法治国的总目标,是建设中国特色社会主义法治体系、建设社会主义法治国家。

这一个明确,既阐明了全面推进依法治国的性质和方向,又突出了全面推进依法治国的工作重点和总抓手,是习近平新时代中国特色社会主义思想"法治篇"的集中反映,为新时代全面推进依法治国提供了理论指导和实践遵循。应该看到,全面依法治国是国家治理的一场深刻革命,是中国特色社会主义的本质要求和重要保障。习近平强调:"要推动我国经济社会持续健康发展,不断开拓中国特色社会主义事业更加广阔的发展前景,就必须全面推进社会主义法治国家建设,从法治上为解决这些问题提供制度化方案。"④这是深刻总结我国社会主义法治建设成功经验和深刻教训

---

① 《〈中共中央关于坚持和完善中国特色社会主义制度、推进国家治理体系和治理能力现代化若干重大问题的决定〉辅导读本》,人民出版社 2019 年版,第 52 页。

② 同上书,第 46 页。

③ 同上书,第 2 页。

④ 《〈中共中央关于全面推进依法治国若干重大问题的决定〉辅导读本》,人民出版社 2014 年版,第 42 页。

作出的重大抉择,是全面建成小康社会、加快推进社会主义现代化的重要保证,也是着眼于实现中华民族伟大复兴的中国梦、实现党和国家长治久安的长远考虑。党的十八大以来,以习近平同志为核心的党中央从党和国家工作全局出发,作出全面依法治国重大战略部署,开辟了全面依法治国的理论和实践新境界。党的十九大将全面依法治国上升到坚持和发展中国特色社会主义的战略层面,为新时代建设社会主义法治国家提供了科学指导。全面依法治国,必须把党的领导贯彻到依法治国全过程,坚定不移走中国特色社会主义法治道路,坚持和完善中国特色社会主义法治体系,建设社会主义法治国家,发展中国特色社会主义法治理论,坚持依法治国、依法执政、依法行政共同推进,坚持法治国家、法治政府、法治社会一体建设,坚持依法治国和以德治国相结合,依法治国和依规治党有机统一,深化司法体制改革,提高全民法治素养和道德素质。党的十九届四中全会《决定》进一步强调指出,"全面推进科学立法、严格执法、公正司法、全民守法,推进法治中国建设"①。

第六,明确党在新时代的强军目标,是建设一支听党指挥、能打胜仗、作风优良的人民军队,把人民军队建设成为世界一流军队。

这一个明确,指明了中国特色强军之路的前进方向,科学回答了新时代为什么要强军、强军目标是什么、怎样走中国特色强军之路这个重大课题。强军目标科学总结我们党建军治军的成功经验,深刻洞察国际战略形势和国家安全环境的发展变化,明确了加强军队建设的聚焦点和着力点,是对人民军队发展方向的战略定位和对军队建设全局的顶层谋划,拎起了国防和军队建设的总纲,为新时代推进国防和军队建设、改革和发展提供了根本引领。贯彻落实强军目标,首先要深刻把握"新时代"这个国防和军

---

① 《〈中共中央关于坚持和完善中国特色社会主义制度、推进国家治理体系和治理能力现代化若干重大问题的决定〉辅导读本》,人民出版社 2019 年版,第 14 页。

队建设新的历史方位。正如习近平强调的,"中国特色社会主义进入了新时代,国防和军队建设也进入了新时代"①。这一重大论断,为我们准确把握人民军队的新起点、新使命、新征程,正确制定具有全局性、战略性、前瞻性的行动纲领,提供了时代坐标和科学依据。其次要深刻把握强军目标的核心内涵。军队要像军队的样子。强军目标明确了军队的样子就是听党指挥、能打胜仗、作风优良。这三条,决定着军队发展方向,也决定着军队生死存亡。其中,听党指挥是灵魂,决定军队建设政治方向;能打胜仗是核心,反映军队的根本职能和军队建设的根本指向;作风优良是保证,关系军队的性质、宗旨、本色。其三要深刻把握"建设世界一流军队"的战略部署。2017 年 10 月 18 日,习近平向全世界庄严宣告,中国将在本世纪中叶建成一支"世界一流军队",并对国防和军队建设适应强国需要作出新的战略安排。建设世界一流军队既是战略部署、战略目标,也是建设标准和参照坐标,是强军的动员令。落实这一战略部署,必须以先进军事理论引领强军实践,以先进组织形态解放和发展战斗力,以高素质人才方阵托举强军事业,以先进武器装备体系提供强大物质技术支撑。

第七,明确中国特色大国外交的根本要求,是推动构建新型国际关系,推动构建人类命运共同体。

这一个明确,指明了新时代中国特色大国外交的努力方向和崇高目标。习近平在继承马克思主义关于共同体思想的基础上,吸收中华优秀传统文化中的和谐思想、大同思想、变革创新精神等精华元素,结合错综复杂的世界演进大势及我国和世界各国的交往实践,创造性提出了人类命运共同体思想,它是习近平新时代中国特色社会主义思想的重要组成部分。从内容体系上看,人类命运共同体思想涵盖了政治、经济、安全、文明和生态

---

① 王士彬、安普忠:《为实现党在新时代的强军目标,把人民军队全面建成世界一流军队而奋斗》,《解放军报》2017 年 10 月 27 日,第 1 版。

等多个方面,具体可归纳为"五个坚持",即坚持对话协商,建设一个持久和平的世界;坚持共建共享,建设一个普遍安全的世界;坚持合作共赢,建设一个共同繁荣的世界;坚持交流互鉴,建设一个开放包容的世界;坚持绿色低碳,建设一个清洁美丽的世界。这"五个坚持",与中国特色社会主义事业"五位一体"总体布局是高度对应的,是新时代走好中国特色社会主义道路的重要环节。推动构建人类命运共同体,也是着眼于解决当前和未来人类所面临的共同问题而提出的,体现了中国愿意与世界分享中国发展成果的大智慧、大责任、大担当,意义重大而深远,已成为中国治国理政的重要内容,成为中国共产党向世界作出的庄严承诺,获得了世界各国人民的一致认同和由衷支持。

第八,明确中国特色社会主义最本质的特征和中国特色社会主义制度的最大优势,是中国共产党领导。强调党是最高政治领导力量,提出新时代党的建设总要求,突出政治建设在党的建设中的重要地位。

这一个明确,集中概括了习近平关于"中国共产党的领导和新时代党的建设"的基本思想,为新时代全面加强党的领导和党的建设提供了科学遵循。习近平指出,"中国最大的国情就是中国共产党的领导。什么是中国特色?这就是中国特色。中国共产党领导的制度是我们自己的,不是从哪里克隆来的,也不是亦步亦趋效仿别人的"[①]。中国特色社会主义是伟大事业,加强和完善党的领导,全面推进党的建设新的伟大工程,是这一伟大事业取得胜利的关键所在。党的十八大以来,习近平创新发展马克思主义党建学说,深刻阐述党的领导的本质内涵和重要地位,坚定不移加强和改善党的领导,推进全面从严治党、依规治党,党的建设开创新局面,党风政风呈现新气象,党的全面领导得到进一步加强。在这一实践中,习近平

---

① 闻言:《坚持党的领导 坚定不移走中国特色社会主义政治发展道路——学习〈习近平关于社会主义政治建设论述摘编〉》,《人民日报》2017年8月29日,第5版。

就坚持和完善党的领导,推进全面从严治党向纵深发展提出了一系列重要观点,形成了习近平党建思想。按照习近平党建思想,坚持党的领导,就要落实好党的十九大报告中提出的新时代党的建设总要求。这一总要求,明确了新时代党的建设的基本原则、指导方针、主线、总体布局和建设目标,进一步丰富和发展了党的建设指导思想,为在新的时代条件下推进党的建设新的伟大工程擘画了宏伟蓝图和"路线图""施工图"。

三、"十四个坚持"擘画方略蓝图

伟大理论之所以伟大,就在于不仅告诉人们"是什么",而且指导人们"怎么办"。党的十九大在提出"八个明确"的基础上,明确提出"十四个坚持"这一新时代坚持和发展中国特色社会主义的基本方略,这是对习近平新时代中国特色社会主义思想精神实质和丰富内涵的实践展开,准确体现了以习近平同志为核心的党中央在实现民族复兴的新征程中对领导力量的坚定、对前进方向的把握、对发展布局的规划以及对方针举措的决策,是新时代坚持和发展中国特色社会主义的行动纲领。

新时代中国特色社会主义基本方略是一个逻辑严密的有机整体,涵盖了坚持党的领导、以人民为中心、全面深化改革、新发展理念、人民当家作主、依法治国、社会主义核心价值体系建设、改善民生、生态保护、总体国家安全观、党对军队的绝对领导、一国两制与祖国统一、构建人类命运共同体和加强党的自身建设等领域。这些内容既相互联系又自成一体,体现了从坚持党的领导和全面从严治党到"五位一体"总体布局、"四个全面"战略布局、国防和军队建设、国家安全、"一国两制"和祖国统一、对外战略相叠加的逻辑线索;体现了改革发展稳定、内政外交国防、治党治国治军的逻辑线索;体现了坚持党的领导、人民当家作主、依法治国有机统一的逻辑线索;

体现了党在新时代肩负的"四个伟大"历史使命的逻辑线索。①基本方略进一步丰富和发展了中国特色社会主义的理论内涵,明确了新时代如何建设中国特色社会主义的新思想、新认识、新原则,标志着我们党对我国经济、政治、文化、社会、生态发展全局有了更深入的认识和把握。其主要内容,可以从五个方面来归纳:

一是在政治原则上,**基本方略体现了坚持党对一切工作的领导、坚持党对军队绝对领导和坚持全面从严治党的极端重要性。**基本方略第一条就提出坚持党对一切工作的领导,第十一条将坚持党对人民军队的绝对领导作为国防和军队建设部分的标题,最末第十四条用坚持全面从严治党收尾,充分彰显了中国共产党是我们毫不动摇维护和拥护的领导核心,中国共产党的领导是中国特色社会主义最本质的特征,是中国特色社会主义制度的最大优势。从本质上看,这是从党的最高领导地位决不能动摇、党的领导保证力量决不能弱化、党的自身建设决不能放松这三个层面,对坚持党的领导这一政治原则和政治方向作出的强调和要求,表明了党的领导、党的建设,对于新时代中国特色社会主义有着至关重要的作用。

二是在核心理念上,**基本方略阐明了坚持以人民为中心、坚持人民当家作主和坚持在发展中保障和改善民生的统一性。**基本方略第二条"坚持以人民为中心"、第五条"坚持人民当家作主"和第八条"坚持在发展中保障和改善民生",分别从政治立场、依靠力量和发展目的等三个方面,诠释了中国共产党实现人民对美好生活的向往这一奋斗目标和立党为公、执政为民的执政理念。三者统一于我们党不忘初心、践行宗旨的人民性,共同回答了中国特色社会主义新时代"为了谁、依靠谁、我是谁"的根本立场问题。中国共产党根基在人民、力量在人民,基本方略牢牢把握住以人民为中心这个根本立场,紧紧围绕以人民为中心谋篇布局,扎扎实实解决人民群众

---

① 《党的十九大报告辅导读本》,人民出版社 2017 年版,第 162 页。

最关心最直接最现实的利益问题,是坚持党性和人民性相统一原则的突出表现。

三是在全局谋划上,基本方略提出了涵盖"五位一体"总体布局和"四个全面"战略布局的实践要求。在经济建设方面,提出坚持新发展理念推动高质量发展;在政治建设方面,提出坚持党对一切工作的领导、坚持人民当家作主和坚持全面依法治国有机统一;在文化建设方面,提出坚持社会主义核心价值体系、树立文化自信;在社会建设方面,提出坚持在发展中保障和改善民生;在生态文明建设方面,提出坚持人与自然和谐共生。这些方略进一步明确了在中国特色社会主义新时代统筹推进"五位一体"总体布局的具体路径。在此基础上,基本方略用第三条"坚持全面深化改革"、第六条"坚持全面依法治国"和第十四条"坚持全面从严治党"完整涵盖了"四个全面"战略布局中除全面建成小康社会这个战略目标之外的三大战略举措,抓住了"五位一体"的关键环节和重点领域,明晰了改革发展的主攻方向,与"五位一体"总体布局一起,共同支撑起中国特色社会主义的发展全局。总体布局和战略布局涵盖的这一系列方略举措,构成了内涵丰富、相互促进的有机统一体,合力推动中国特色社会主义事业向前发展。

四是在国家安全上,基本方略强调了坚持总体国家安全观和实现党在新时代的强军目标的重要作用。基本方略从我国发展的历史方位出发,在第十条强调"坚持总体国家安全观",为在全面建设社会主义现代化强国的新征程中开创国家安全工作新局面和坚持走中国特色国家安全道路提供了科学指南。依据总体国家安全观,走中国特色国家安全道路,必须增强维护国家安全的能力,必须充分发挥军事力量的战略保障作用,坚决捍卫国家主权、安全和发展利益。因此,基本方略在第十一条强调"坚持党对人民军队的绝对领导",并指出"建设一支听党指挥、能打胜仗、作风优良的人民军队,是实现'两个一百年'奋斗目标、实现中华民族伟大复兴的战略支撑"。这是着眼国防和军队建设发展全局和新的历史条件,科学总结我们党建军治军经验得出的结论,鲜明昭示了党在新时代强军兴军的方向。我们要实现中华民族伟大复兴,必须坚持富国和强军相统一,努力建设巩固国防和强大军队。

五是在对外战略上,基本方略宣示了坚持推动构建人类命运共同体的大国姿态。当今时代,中国同世界的关系发生历史性变化,中国的前途命运日益紧密地同世界的前途命运联系在一起。中国与世界的联系从来没有像今天这样紧密,相互影响从来没有像今天这样直接。随着中国经济实力和综合国力增强,既给各国发展带来机遇,也给世界格局带来深刻影响。新时代坚持和发展中国特色社会主义应当如何统筹国内国际关系,让中国梦与世界梦同频共振?基本方略用第十三条"坚持推动构建人类命运共同体"作出了积极回应和坚定回答。构建人类命运共同体,是以习近平同志为核心的党中央关于国际战略思想和外交政策的精髓,也是我们党站在中华民族迎来"强起来"的新的历史起点上,为解决人类发展问题贡献的"中国理论",既是中国共产党顺应时代发展潮流的必然选择,更是中国对人类和平发展事业作出的郑重承诺和庄严宣示。

四、具体理论指导夯实政策根基

就习近平新时代中国特色社会主义思想的科学内涵而言,除了"八个明确"的基本思想理论和"十四个坚持"的基本方略两个层面的内容外,还包括另一个层面的内容,即关于各方面工作的理论分析和政策指导。党的十九大报告指出,党的十八大以来,我们对新时代坚持和发展什么样的中国特色社会主义、怎样坚持和发展中国特色社会主义这一重大时代课题的探索和回答,不仅"包括新时代坚持和发展中国特色社会主义的总目标、总任务、总体布局、战略布局和发展方向、发展方式、发展动力、战略步骤、外部条件、政治保证等基本问题",而且还包括"根据新的实践对经济、政治、法治、科技、文化、教育、民生、民族、宗教、社会、生态文明、国家安全、国防和军队、'一国两制'和祖国统一、统一战线、外交、党的建设等各方面作出理论分析和政策指导"。①

党的十八大以来,习近平提出的一系列新理念新思想新战略,既回答了新时代坚持和发展中国特色社会主义的一系列基本问题,为解决党和国家发展中的重大理论和实践问题提供了科学指导,又回答了我国各领域各方面的具体问题。这些回答既包括理论分析,又包括政策指导。例如,在中央文献研究室编辑出版的习近平系列论述摘编中,就包括习近平关于"社会主义经济建设""社会主义政治建设""社会主义文化建设""社会主义社会建设""社会主义生态文明建设""全面建成小康社会""全面深化改革""全面依法治国""全面从严治党",以及"严明党的纪律和规矩""党风廉政建设和反腐败斗争""党的群众路线教育实践活动""科技创新""青少年和共青团工作"等众多方面的论述摘编,中央军委深化国防和军队改革领导小组还组织编印了《习近平关于深化国防和军队改革重要论述摘编》。这些专题论述摘编从根本上说就是各方面工作的"理论分析和政策指导"。再如,党的十九大报告的后面9个部分,即关于新时代经济建设、政治建设、文化建设、社会建设、生态文明建设、国防和军队建设、祖国统一、外交工作和党的建设的理论阐述和系统部署,都属于这一层次的内容。它们同样属于习近平新时代中国特色社会主义思想的范畴,是习近平新时代中国特色社会主义思想的科学体系中不可分割的组成部分。

此外,还需要指出的是,在习近平新时代中国特色社会主义思想的主

---

① 习近平:《决胜全面建成小康社会　夺取新时代中国特色社会主义伟大胜利——在中国共产党第十九次全国代表大会上的报告》,人民出版社 2017 年版,第 18 页。

要内涵、基本方略、理论分析和政策指导中,均蕴含一系列重大创新观点,它们支撑着习近平新时代中国特色社会主义思想的理论大厦。这些创新观点主要包括:关于在新时代坚持和创新马克思主义、毛泽东思想和中国特色社会主义理论体系,推动马克思主义中国化、时代化和大众化,创造当代中国马克思主义和 21 世纪马克思主义的重要观点;关于高举中国特色社会主义伟大旗帜,坚持和发展中国特色社会主义是改革开放以来我们党全部理论和实践的鲜明主题的重要观点;关于中国特色社会主义进入新时代,开启社会主义现代化强国建设新征程的重要观点;关于中国共产党的初心、使命是激励中国共产党人不断前进的根本动力的重要观点;关于坚持和完善中国特色社会主义制度,推进国家治理体系和治理能力现代化的重要观点;关于稳中求进工作总基调是治国理政的重要原则,务必长期坚持的重要观点;关于适应经济发展新常态,推动经济发展质量变革、效率变革、动力变革,深化供给侧结构改革,由高速增长阶段向高质量发展阶段转变,建设现代化经济体系的重要观点;关于必须高度重视实体经济,把制造业和创新驱动搞好,掌握和运用好关键技术,实施国家大数据发展战略,不能走单一发展、脱实向虚的路子的重要观点;关于伟大斗争、伟大工程、伟大事业、伟大梦想的重大意义及其内在逻辑关系的重要观点;关于将党的政治建设摆在首位,加强新时代党的领导和党的建设,确保党始终成为中国特色社会主义事业坚强领导核心的重要观点;等等。对这些重要观点,我们都要深入学习领会、全面准确把握。

第三节　科学的行动指南:习近平新时代中国特色社会主义思想的指导意义

科学理论的价值在于回答时代之问,指导改造世界的实践。理论能不能成为一个国家和政党的行动指南,关键在于它是否经得起实践、历史和人民的检验。党的十九大确立了习近平新时代中国特色社会主义思想的指导地位,是因为它在实践中提炼升华而成,经过了实践的严格检验,并在指导社会实践、推动社会发展中发挥出巨大威力。党的十八大以来,以习近平同志为核心的党中央带领党和人民取得的新的历史性成就,使我们比历史上任何时期都更接近、更有信心和能力实现中华民族伟大复兴的中国梦。在实现"两个一百年"目标的奋斗征程中,我们必须毫不动摇地坚持习近平新时代中国特色社会主义思想的根本指导地位,充分发挥其巨大指导作用,在其引领下不断夺取新时代中国特色社会主义事业的新胜利。

一、统领一切工作的"定盘星"

党的十八大以来,在习近平新时代中国特色社会主义思想的科学指引下,我们党和国家的事业取得了全方位的、开创性的成就,发生了深层次的、根本性的变革,推动中国特色社会主义进入了新时代。这正是党的十九大确认习近平新时代中国特色社会主义思想"是全党全国人民为实现中华民族伟大复兴而奋斗的行动指南"的根本原因。"行动指南"这四个字,立意非常高远,寓意极其深刻,从根本上揭示了习近平新时代中国特色社会主义思想在新时代坚持和发展中国特色社会主义、实现"两个一百年"奋斗目标和中华民族伟大复兴中国梦伟大实践中的指导功能,表明习近平新时代中国特色社会主义思想在当代中国所有领域中都是管方向、管全局、管长远的,是统领一切工作的"主心骨""定盘星"。

确认习近平新时代中国特色社会主义思想"必须长期坚持并不断发展",也就是确认习近平新时代中国特色社会主义思想是我们党必须长期坚持的指导思想,即确认习近平新时代中国特色社会主义思想作为党的指导思想的重要地位。正是基于习近平新时代中国特色社会主义思想的科学属性、历史地位和实践基础、指导作用，党的十九大郑重强调习近平新时代中国特色社会主义思想"必须长期坚持并不断发展"，同时要求全党深刻领会其精神实质和丰富内涵，在各项工作中全面准确贯彻落实①。大会一致同意，在党章中把习近平新时代中国特色社会主义思想同马克思列宁主义、毛泽东思想、邓小平理论、"三个代表"重要思想、科学发展观一道确立为党的行动指南，从而实现了党的指导思想的又一次与时俱进。这一思想，着眼的是新时代坚持和发展中国特色社会主义，聚焦的是实现"两个一百年"奋斗目标和中华民族伟大复兴的中国梦，规划的是全面建成小康社会、全面建设社会主义现代化国家。这是符合党心民意的重大决策，是推动当代中国马克思主义创新发展的客观需要，是巩固全党团结奋斗的共同思想基础、增强全党理论自信和战略定力的内在要求，是用发展着的马克思主义指导新的实践、坚持发展新时代中国特色社会主义的必然选择，对在新的历史起点上进行伟大斗争、建设伟大工程、推进伟大事业、实现伟大梦想，具有重大现实意义和深远历史意义。

二、诠释时代课题的理论之钥

思想创新源于实践问题的驱动，坚持以问题为导向，是习近平新时代中国特色社会主义思想诞生的动因。在改革开放进程中，每个阶段都有每个阶段的问题，以习近平同志为核心的党中央治国理政实践，紧紧围绕重大时代课题而展开，逐步形成了一系列新理念新思想新战略，从而结出了习近平新时代中国特色社会主义思想的硕果。习近平指出，"改革开放以

---

① 习近平:《决胜全面建成小康社会　夺取新时代中国特色社会主义伟大胜利——在中国共产党第十九次全国代表大会上的报告》，人民出版社2017年版，第20页。

来,我们坚持理论创新,正确回答了什么是社会主义、怎样建设社会主义,建设什么样的党、怎样建设党,实现什么样的发展、怎样发展等重大课题,不断根据新的实践推出新的理论,为我们制定各项方针政策、推进各项工作提供了科学指导"。①这段论述揭示了党的理论创新与问题聚焦的内在关系,从中可以看出,党的指导思想每一次创新发展,都紧扣"时代之问",回答时代课题。

党的十八大后,站在新的历史高度、聚焦新的时代课题,是以习近平同志为核心的党中央治国理政创新实践的历史起点和鲜明特色。习近平曾两次谈到这个问题。一次是 2012 年 11 月 17 日,他在中央政治局第一次集体学习时指出,"党的十八大提出的基本要求,进一步回答了在新的历史征程上怎样才能夺取中国特色社会主义新胜利的基本问题",并就此作了详细论述。另一次是 2013 年 1 月 3 日,他在贯彻党的十八大精神研讨班上指出,"一个国家实行什么样的主义,关键要看这个主义能否解决这个国家面临的历史性课题"。②两次讲话中提到的"基本问题""历史性课题",表明了党的理论新的聚焦点。习近平围绕这些问题进行深入思考,作出了一系列重要论述。"这些重要论述进一步解释了中国特色社会主义源自哪里、特在何处,具有什么样的本质属性、坚持什么样的发展要求,为我们坚持和发展中国特色社会主义注入新的内涵、提供了基本遵循。"③同时,这些论述提炼概括了中国特色社会主义重大时代课题,并使其具有了坚实的理论前提和思想基础。

习近平新时代中国特色社会主义思想科学回答了"新时代坚持和发展什么样的中国特色社会主义,怎样坚持和发展中国特色社会主义"的时代

---

① 习近平:《在哲学社会科学工作座谈会上的讲话》,人民出版社 2016 年版,第 21 页。
② 《习近平谈治国理政》,外文出版社 2014 年版,第 101 页。
③ 同上书,第 67 页。

课题,指引中国特色社会主义进入新时代。虽然"什么是社会主义,怎样建设社会主义"和"坚持和发展什么样的中国特色社会主义,怎样坚持和发展中国特色社会主义"这两大主题,都以"中国特色社会主义"为主轴和关键,但二者提出的时代背景有着很大不同。20世纪70年代末,邓小平之所以提出"什么是社会主义,怎样建设社会主义"的命题,是为了总结中外社会主义建设经验教训,特别是新中国成立后30年社会主义建设成败得失,主要是基于对传统社会主义深刻反思,进而开辟出一条有别于传统社会主义的新道路,即中国特色社会主义,重点在于突出"中国特色",强调与传统社会主义的差异。而习近平提出"建设和发展什么样的中国特色社会主义",则是在中国特色社会主义进入新时代,在总结改革开放以来中国特色社会主义实践经验教训的基础上,针对那些关于中国特色社会主义的错误认识,明确指出:"中国特色社会主义是社会主义,而不是其他什么主义,科学社会主义基本原则不能丢,丢了就不是社会主义。"①突出强调中国特色社会主义的科学社会主义本质属性,是对"什么是社会主义"进行再反思的结果,体现了习近平新时代中国特色社会主义思想的本质特点,具有十分鲜明的时代性和针对性。

党的十九大指出,"十八大以来,国内外形势变化和我国各项事业发展都给我们提出了一个重大时代课题,这就是必须从理论和实践结合上系统回答新时代坚持和发展什么样的中国特色社会主义、怎样坚持和发展中国特色社会主义"。②这是继党中央思考和回答什么是社会主义、怎样建设社会主义,建设什么样的党、怎样建设党,实现什么样的发展、怎样发展等课题之后的第四个根本问题,标志着中国特色社会主义进入新时代后形成的问题新聚焦。这个新的时代课题,并不是"什么是社会主义、怎样坚持社会

---

① 《习近平谈治国理政》,外文出版社2014年版,第22页。
② 《中国共产党第十九次全国代表大会文件汇编》,人民出版社2017年版,第14—15页。

主义"的简单重复,而是从新时代中国特色社会主义建设的新格局新态势出发,对面临的新的时代课题作出的新的揭示和概括。必须指出,什么是社会主义、怎样建设社会主义,建设什么样的党、怎样建设党,实现什么样的发展、怎样发展等重大课题,虽然分别代表中国特色社会主义发展进程中的阶段性问题,并构成党的指导思想三次与时俱进的主题性标志,但它们之间并不是相互割裂的。从邓小平理论、"三个代表"重要思想、科学发展观的内容体系看,思考社会主义、党的建设和推进发展始终贯穿其中,聚焦的是党的指导思想与时俱进,而作出新时代坚持和发展什么样的中国特色社会主义、怎样坚持和发展中国特色社会主义这个提炼概括,既是对此前三个问题的继承,又具有体现时代跨越的创造意义。

之所以说新时代坚持和发展什么样的中国特色社会主义、怎样坚持和发展中国特色社会主义的重大课题具有创造意义,是因为它的提炼概括建立在党的十八大以来党中央治国理政创新实践的基础上,是中国特色社会主义伟大事业发展新问题归总而形成的"总问题"。习近平新时代中国特色社会主义思想的确立,与新时代坚持和发展什么样的中国特色社会主义、怎样坚持和发展中国特色社会主义重大课题的提炼概括紧密相联。以习近平同志为核心的党中央在几年极不平凡的发展进程中形成的治国理政新理念新思想新战略,融国家、政党、社会的建设于一体,以全局性、整体性、战略性、前瞻性、顶层性的思维,谋划部署中国特色社会主义伟大事业,显示了坚持和发展什么样的中国特色社会主义、怎样坚持和发展中国特色社会主义重大时代课题的历史厚重和现实导向。这个重大时代课题包含了国家如何治理、政党如何管治、社会如何发展、民族如何进步、理论如何创新、实践如何推进、胜利如何夺取、目标如何实现等极其丰富的思想,是审视当代中国问题的大视野、引领中国发展的总关切,对于党凝聚和团结人民砥砺奋进,共同为实现中国梦而不懈奋斗具有极其重大的意义。

三、激发实践伟力的强大武器

科学理论的价值既体现在回答时代课题,更体现在指导实践进程、推动实践发展。习近平新时代中国特色社会主义思想,不仅具有鲜明的理论品格,而且具有重大的实践意义。它以其深刻的实践性,引领党和国家事业全面开创新局面,展现出强大的真理伟力和实践威力,成为指引为人民谋幸福、为民族谋复兴的思想旗帜,成为凝聚中国人民勠力同心、奋勇前进的精神支柱。

能否破解现实难题,推动社会进步,是理论正确与否、成效如何的"试金石"。将理论与实践相结合的前提条件就在于问题意识,这是习近平新时代中国特色社会主义思想之所以能扎根中国大地、解决实践课题的关键。习近平指出:"中国共产党人干革命、搞建设、抓改革,从来都是为了解决中国的现实问题。可以说,改革是由问题倒逼而产生,又在不断解决问题中而深化。"①他还强调:"要有强烈的问题意识,以重大问题为导向,抓住关键问题进一步研究思考,着力推动解决我国发展面临的一系列突出矛盾和问题。"②这就要求我们,必须从新时代中国特色社会主义实践中面对的新问题新挑战出发,敢于直面问题、回应问题和解决问题。

在发现和判断问题中寻找解决方法。新时代中国特色社会主义实践中出现的各种问题,其性质、地位和作用都各不相同,需要我们找到解决每个问题的科学方法。一把钥匙开一把锁,在解决中国现实问题时,要避免简单化、一刀切。习近平提出,要"运用矛盾相辅相成的特性,在解决矛盾的过程中推动事物发展"③。所谓"相辅相成",就是把握矛盾的普遍性和

①② 《习近平谈治国理政》,外文出版社 2014 年版,第 74 页。
③ 《习近平关于协调推进"四个全面"战略布局论述摘编》,中央文献出版社 2015 年版,第 87 页。

特殊性的结合、重点论与两点论的统一。中国的国情十分复杂,又域经济社会发展很不平衡,不能用一把尺子来度量一切,必须在发现和判断审视问题中,不断寻觅新方法、解决新问题。

在处理和总结问题中反思、预见。树立问题意识,就是既当"黄昏中起飞的猫头鹰",也当"黎明报晓的雄鸡",把"事后诸葛亮"与"事前诸葛亮"有机统一起来。既需要对问题表现的深刻反思,也需要对问题走向的预见性洞察。习近平指出,面对人民群众的新期待,我们必须坚定改革信心,以更大的政治勇气和智慧、更有力的对策来全面推进改革。①如何来全面深化改革? 其前提与先导又是什么? 这就需要在问题出现中反思、在问题解决中预见。凡事预则立,不预则废,反思和预见是一个发现规律、构建长效机制的过程,是保障事业稳健发展的前提。

在解决和剖析问题中创新、提升。创新就是在实践中发现新问题,并找到新的解决路径。习近平指出:"问题是创新的起点,也是创新的动力源。只有聆听时代的声音,回应时代的呼唤,认真研究解决重大而紧迫的问题,才能真正把握住历史脉络、找到发展规律,推动理论创新。"②通过40多年的改革开放,中国特色社会主义事业在各个领域都取得了丰硕成果,但是面临的问题也很突出,发展起来后的问题一点也不比发展前少,这就要求我们必继续深化改革,加大创新力度,努力破解发展中的各种难题。

四、画出人民心中最大的同心圆

思想统一才有行动一致。我们这么大一个国家、这么大一个政党、这么多的人口,怎样才能把全党全国各族人民团结起来、凝聚起来? 最根本

---

① 《习近平谈治国理政》,外文出版社 2014 年版,第86—87 页。
② 《习近平在哲学社会科学工作座谈会上的讲话》,人民出版社 2016 年版,第14 页。

的要靠理论指引、靠思想感召。习近平新时代中国特色社会主义思想,是经过实践检验,证明能有效指导我国经济社会发展的科学理论,是保持全党思想统一的根本保证,是凝聚中国人民团结奋进的思想基础,是广大人民群众的"主心骨"。

武装全党。自延安整风起,坚持用马克思主义中国化的理论成果统一全党思想,就是我们党的一条重要经验。实践证明,理论武装搞得扎不扎实、能不能做到全党思想高度统一,是关乎革命事业成败的头等大事。尤其是像我们这样一个拥有 9 000 多万党员的大党,又身处深化改革开放的时代环境,党的思想理论武装更不能有丝毫的放松和马虎。习近平新时代中国特色社会主义思想反映当代中国发展进程,引领当代中国发展实践,是新时代中国的"真经",是用来武装全党的科学理论。这一思想不是写在党章里的条文,不是挂在嘴上的说辞,必须坚持真学、真懂、真信、真用。只有把学理论当作实事,把思想武装当作要事,才能真正做到内化于心、外化于行。

团结人民。近代以来,各种政党和政治组织都曾活跃于中国政治舞台,人民凭什么选择中国共产党作为领导力量? 又凭什么拥戴中国共产党作为执政党? 就是因为我们党的性质宗旨、价值追求、奋斗目标以及路线方针政策,始终以人民利益为取向。人民判断一个政党主要是从两个层面:一是看它理论上怎么说,二是看它实践中怎么做。即所谓听其言,观其行。思想理论是人民观察我们党的直接窗口,人们首先是通过党的理论来理解、判识和认知她是一个什么样的党、执政是要图什么、手握权力想干什么。理论先进性是政党先进性的重要体现,中国共产党如果不从理论上赢得人民认同,就会失掉代表人民利益的资格。同时,人民创造历史的实践需要理论遵循。广大人民群众有着理论指导的渴求和需要,希望自己的行动不陷入盲目性。习近平新时代中国特色社会主义思想正是团结人民、引领人民的强大思想武器,它所提出的一系列思想观点,不仅彰显了中国共产党的理论先进性,而且满足了人民对科学理论的现实需要,对于团结全国各族人民共同奋斗具有不可或缺的功能价值。

凝聚社会。社会是由各种关系组合起来的共同体,它既需要保持个体的自主发展,又需要形成集体的内聚力。一个政党要把社会组织起来实现有序运转,必须确立大众认同的核心价值。近代中国软弱的重要原因之一就是人心涣散,形不成全社会一致认同的价值观。中国共产党超强的组织力,也恰恰集中表现在她最大限度地实现了社会观念整合,这是她能够在各种政治力量博弈中胜出、成为中国人民主心骨的关键所在。改革开放以来,中国社会发生了重大变化,各种不确定和难以预测的因素明显增多。面对这样的形势,如果缺乏科学理论和核心价值观的凝聚,就会有社会撕裂的危险,就会导致各行其是的结果。习近平新时代中国特色社会主义思想倡导社会主义核心价值观,通过大力弘扬中华优秀传统文化、革命文化和社会主义先进文化,为社会树立起正确的价值取向。社会主义核心价值观把涉及国家、社会、公民三个层面的价值要求融为一体,深刻回答了我们要建设什么样的国家、建设什么样的社会、培育什么样的公民的重大问题,为社会提供了中国精神、中国价值、中国力量的指引,成为凝聚社会各方的强大思想力量。

第四节　马克思主义中国化的最新成果:习近平新时代中国特色社会主义思想的历史地位

习近平新时代中国特色社会主义思想,既坚持了科学社会主义基本原则,又具有鲜明的时代特征和中国特色;既继承了前人的思想成果,又开拓了马克思主义新境界,是深深扎根于中国大地、符合中国实际的当代中国马克思主义、21世纪马克思主义,在中国共产党发展史上、中华人民共和国发展史上、马克思主义理论发展史上,都具有里程碑式的划时代意义和极其重要的地位。

一、当代中国的马克思主义

马克思主义是中国共产党领导人民进行革命、建设和改革的根本指导思想,但指导中国共产党的从来不是抽象的教条和本本,不是对马克思主义机械地照搬照抄,而是与中国实际相结合的中国化马克思主义,特别是贯穿于其中的根本立场观点方法。我们党99年的历史就是一部马克思主义中国化的历史。马克思主义中国化的本质要求就是始终立于时代潮头,把马克思主义与中国具体实际相结合。每一个时代都有属于那个时代的中国化马克思主义。习近平新时代中国特色社会主义思想,就是当代中国的马克思主义。

习近平新时代中国特色社会主义思想,既是对马克思列宁主义、毛泽东思想、中国特色社会主义理论体系的继承和发展,同时又内在于中国特色社会主义理论体系,实现了马克思主义同新时代中国实际相结合的历史性飞跃。一方面,正如习近平指出:"背离或放弃马克思主义,我们党就会失去灵魂、迷失方向。在坚持马克思主义指导地位这一根本问题上,我们必须坚定不移,任何时候任何情况下都不能有丝毫动摇。"①马克思列宁主义、毛泽东思想、邓小平理论、"三个代表"重要思想和科学发展观所包含的一以贯之的"脉",是习近平新时代中国特色社会主义思想的理论基础,其

---

① 习近平:《在庆祝中国共产党成立95周年大会上的讲话》,《人民日报》2016年7月2日,第2版。

中包括马克思主义活的灵魂和理论精髓。另一方面,习近平新时代中国特色社会主义思想"以更加宽阔的眼界审视马克思主义在当代发展的现实和实践需要,坚持问题导向,坚持以我们正在做的事为中心,聆听时代声音,更加深入地推动马克思主义同当代中国发展的具体实际相结合"①。它以发展着的中国特色社会主义实践为基础,以当代世界格局和时代特征为背景,不断总结实践经验,推进理论创新,深入思考并科学回答了党和国家发展面临的一系列重大战略问题,拓展了新视野,作出了新概括,形成了中国化马克思主义的最新理论成果,使马克思主义在当代中国放射出更加灿烂的真理光芒。

习近平新时代中国特色社会主义思想,既是中国特色社会主义理论体系的重要组成部分,又是中国特色社会主义理论体系的丰富和发展。改革开放前,我国社会主义理论存在着照抄照搬马克思主义本本、照抄照搬苏联经验的印记。在经历了严重挫折之后,党的十一届三中全会推动我们党回到正确的思想路线上来,坚持一切从实际出发,理论联系实际,实事求是,在实践中检验真理和发展真理,着力回答面临的重大时代课题,形成和发展了中国特色社会主义理论体系。这一理论体系是改革开放以来党和人民全部实践的理论概括,是马克思主义中国化第二次历史性飞跃的理论成果,体现了党的几代中央领导集体的接力探索和理论创新。中国特色社会主义理论体系是完备的理论体系,也是开放的理论体系,需要随着实践的深化、时代的演进不断创新发展,这样才能反映实践诉求、彰显时代精神。习近平指出:"坚持和发展中国特色社会主义是一篇大文章,邓小平同志为它确定了基本思路和基本原则,以江泽民同志为核心的党的第三代领导集体、以胡锦涛同志为总书记的党中央在这篇大文章上都写下了精彩的

---

①　习近平:《在庆祝中国共产党成立 95 周年大会上的讲话》,《人民日报》2016 年 7 月 2 日,第 2 版。

篇章。现在,我们这一代共产党人的任务,就是继续把这篇大文章写下去。"①党的十八大以来,以习近平同志为核心的党中央,一方面坚持继承和发展包括邓小平理论、"三个代表"重要思想、科学发展观在内的中国特色社会主义理论体系,继续牢牢抓住坚持和发展中国特色社会主义这个主题进行深入理论探索;另一方面,坚持科学把握中国特色社会主义进入新时代的历史方位和主要矛盾,从实践和理论的结合上回答新时代坚持和发展什么样的中国特色社会主义、怎样坚持和发展中国特色社会主义这个重大课题,阐述了新时代中国共产党的历史使命,开启了决胜全面建成小康社会、全面建设社会主义现代化国家新征程,对推进新时代中国特色社会主义伟大事业和党的建设新的伟大工程作出全面部署,创造性地阐述了党的基本理论、基本路线和基本方略,形成了一个主题鲜明、逻辑严密、系统完整的科学理论体系,进一步丰富和发展了中国特色社会主义理论体系,是中国特色社会主义理论体系的最新成果。

习近平新时代中国特色社会主义思想既坚持了中国特色社会主义道路,又拓展了中国特色社会主义道路。中国特色社会主义道路是通向社会主义现代化强国的必由之路,新时代不仅要坚持、更要发展这条道路。走中国特色社会主义道路,就是在中国共产党领导下,立足基本国情,以经济建设为中心,坚持四项基本原则,坚持改革开放,解放和发展社会生产力,建设社会主义市场经济、社会主义民主政治、社会主义先进文化、社会主义和谐社会、社会主义生态文明,促进人的全面发展,逐步实现全体人民共同富裕,建设富强民主文明和谐美丽的社会主义现代化国家。首先,坚持中国共产党的领导是前提。中国共产党是夺取中国特色社会主义新胜利的组织保证和关键所在。实现伟大梦想,必须深入推进党的建设新的伟大工

---

① 《毫不动摇坚持和发展中国特色社会主义　在实践中不断有所发现有所创造有所前进》,《人民日报》2013年1月6日,第1版。

348

程,使党始终成为坚强领导核心和人民的主心骨。其次,立足基本国情是基点。中国经过 40 多年的改革开放,经济虽然取得了快速发展,但并没有改变仍然处于社会主义初级阶段的基本国情,党的一切重大战略部署都要牢牢立足于这一国情。再次,经济建设是中心。用经济建设解放和发展社会生产力,为实现中华民族伟大复兴提供雄厚的物质基础。第四,四项基本原则是根本。用四项基本原则确保中国特色社会主义道路的正确方向。第五,改革开放是方法。改革开放"是我们党的一次伟大觉醒","是中国人民和中华民族发展史上一次伟大革命","是党和人民大踏步赶上时代的重要法宝","是坚持和发展中国特色社会主义的必由之路","是决定当代中国命运的关键一招,也是决定实现'两个一百年'奋斗目标、实现中华民族伟大复兴的关键一招"。[①]习近平始终把改革开放摆在突破新的历史隘口的重要地位,作出全面深化改革的决定,为进一步推进改革开放吹响了集结号。第六,实现全体人民共同富裕、建设社会主义现代化强国是目标。最终达到共同富裕,是社会主义社会的本质规定,也是中国共产党人力求实现的伟大目标。党的十八大以来,习近平根据中国发展现状,明确提出实现"两个一百年"奋斗目标。在党的十九大上又根据国际国内形势发展变化,进一步作出分两个阶段实现社会主义现代化的战略安排,并把全面建成富强民主文明和谐美丽的社会主义现代化强国作为本世纪中叶要实现的目标。综上可见,习近平新时代中国特色社会主义思想不仅强调坚持党的"一个中心、两个基本点"的基本路线,而且还根据时代发展完善了新时代中国特色社会主义事业的总体布局和战略步骤。这一思想所蕴含的一系列重要观点、方略和举措,既坚持了中国特色社会主义道路,又拓展了中国特色社会主义道路。

---

① 习近平:《在庆祝改革开放 40 周年大会上的讲话》,《人民日报》2018 年 12 月 19 日,第 2 版。

二、21世纪的马克思主义

党的十八大以来,中国特色社会主义进入新时代,中国开始实现由大向强的发展。中国综合国力进入世界前列,国际地位实现了前所未有的提升,党和国家的面貌发生了前所未有的变化,中华民族以崭新姿态屹立于世界东方。习近平指出:"要跟上时代前进步伐,就不能身体已进入21世纪,而脑袋还停留在过去。"①这句话本来讲的是如何处理国际关系,但用在马克思主义中国化上同样一语中的。正是立足于对21世纪时代特征的深刻洞察和当代中国发展方位的科学判断,以习近平同志为主要代表的中国共产党人不丢"老祖宗",注重说"新话",在坚持马克思主义的基础上,不断发展和创新马克思主义,在"两个一百年"的历史交汇期,形成了具有历史飞跃性质的重大理论创新成果——习近平新时代中国特色社会主义思想。

党的十九大强调,中国特色社会主义进入新时代,意味着近代以来久经磨难的中华民族迎来了从站起来、富起来到强起来的伟大飞跃。②"从站起来、富起来到强起来",是习近平在回顾近代以来中国发展历史的基础上作出的历史判断,是透过历史规律的"长焦镜头"进行战略考量得出的科学结论。每一次历史的飞跃,都伴随着我们党的理论的飞跃。每一次党的理论的历史性飞跃,都要回答带根本性、标志性的重大时代课题。习近平新时代中国特色社会主义思想,以宏阔的战略眼光勾勒出21世纪中国和21世纪社会主义的前途命运,以科学的理论逻辑回答了新时代马克思主义者面对的时代课题与实践挑战,以全新的视野深化了对共产党执政规律、社

---

① 《习近平谈治国理政》,人民出版社2014年版,第273页。

② 习近平:《决胜全面建成小康社会 夺取新时代中国特色社会主义伟大胜利——在中国共产党第十九次全国代表大会上的报告》,人民出版社2017年版,第10页。

会主义建设规律、人类社会发展规律的认识,点亮了强国复兴的"思想灯塔",成为新时代具有开创意义的鸿篇巨作,成为马克思主义中极具创新特色、时代价值、指导意义的重大成果,为发展 21 世纪马克思主义作出了中国的原创性贡献。

首先,这一理论进一步深化了对共产党执政规律的认识。共产党执政同任何政党执政一样,都具有内在的规律性,必须回答如何巩固和执掌好政权,如何避免失去政权这个最基本的问题。马克思主义对共产党执政规律的认识有一个逐渐深化的过程,马克思、恩格斯提出了一些基本设想和重要原则;列宁提出共产党执政学说并在苏联付诸实践;我们党从 20 世纪 20 年代在中国局部执政起,就开始对执政问题进行思考的探索;新中国成立后,党的三代领导核心初步形成了具有中国特色的共产党执政理论。习近平新时代中国特色社会主义思想,全面系统地回答了新时代共产党执政的一系列重大问题,包括:在党的执政地位上,强调要坚持党对一切工作的领导;在党的执政方式上,强调要坚持党的领导、人民当家作主和依法治国的有机统一;在党的执政基础和执政任务上,强调要坚持以人民为中心,立党为公,执政为民,把人民对美好生活的向往作为奋斗目标;在党的执政能力上,强调要加强党的长期执政能力建设的先进性、纯洁性建设,不断提高党的执政能力和领导水平;等等。这些重要思想,把我们党对共产党执政规律的认识推向了一个前所未有的新高度。

其次,这一理论进一步深化了对社会主义建设规律的认识。党的十八大以来,中国特色社会主义事业之所以打开了新局面,一个重要原因就是我们深化了对社会主义建设规律的认识。党在经济建设、政治建设、文化建设、社会建设、生态文明建设方面,提出一系列新理念新思想新战略,推出一系列新举措,都反映了这种认识的高度和深度。习近平对新时代的丰富内涵和重大意义进行了深刻揭示,集中回答了新时代的中国要举什么旗、走什么路,完成什么样的历史任务、进行什么样的战略安排,坚持什么样的发展思路、达到什么样的发展目的,以什么样的精神状态、实现什么样的宏伟目标,处于什么样的国际地位、对人类社会作出什么样的贡献等一系列重大问题,集中揭示了新时代中国特色社会主义建设发展的科学规律。

再次,这一理论进一步深化了对人类社会发展规律的认识。习近平提出了人与自然的生命共同体的新概念,"人与自然是生命共同体,人类必须尊重自然、顺应自然、保护自然"①。只有认识和遵循自然发展的规律,才能有效避免在开发利用自然上走弯路,这是人类无法抗拒的规律。构建人类命运共同体,实际上也是基于人类社会发展的高度提出来的。习近平还深入分析世界科技发展的大趋势,作出新一轮科技革命初见端倪的重要论断,推动我国成为新科技革命的重要参与者、引领者、贡献者。所有这些,都深刻反映了对人类社会发展规律的最新认识和把握。

总之,习近平新时代中国特色社会主义思想,凝结了党的十八大以来我们党治国理政的实践经验,贯通了新中国成立以来特别是改革开放以来我们党的全部理论和实践,升华了我们党对共产党执政规律、社会主义建设规律、人类社会发展规律的认识,把马克思主义中国化时代化推进到新时代,谱写了 21 世纪马克思主义的新篇章。

第五节　博大精深的中国智慧:习近平新时代中国特色社会主义思想的世界影响

大国之所以成其为大国,在于其国际影响力之大,在于其为国际社会

---

① 习近平:《决胜全面建成小康社会　夺取新时代中国特色社会主义伟大胜利——在中国共产党第十九次全国代表大会上的报告》,人民出版社 2017 年版,第 50 页。

所作出的贡献和履行的大国责任,也在于其向世界提供的具有普遍价值的思想理论。习近平新时代中国特色社会主义思想,既是中国的,也是世界的。这一思想明确提出要推动构建人类命运共同体,强调中国要以世界和平与发展为己任,积极构建当代世界政治、经济新秩序及新型国际关系,因而在当今世界产生了广泛而深远的影响,成为中国引领世界潮流和人类文明进步方向的鲜明旗帜。

一、推动解决人类面临的现实问题

冷战结束后,特别是进入 21 世纪以来,和平与发展仍然是时代主题,但世界面临的不稳定性、不确定性日益突出,人类所面临的威胁与挑战更加多元,各国相互联系和依存日益加深,一国的发展与安全同世界的发展与安全的联系更加紧密。在这样的大背景下,各国必须以新思想新理念来应对共同挑战,解决人类面临的现实问题。

习近平指出:"世界这么大,问题这么多,国际社会期待听到中国声音,看到中国方案,中国不能缺席。"[1]面对当今世界存在的种种难题,如果每个国家都勇于承担责任,愿意把自己的成果分享给大家,这个世界就会安定,天下就会太平。中国人民的梦想同世界各国人民的梦想息息相通,实现中国梦离不开和平的国际环境和稳定的国际秩序。正是基于这一思考,党的十九大明确表示,"中国人民愿同各国人民一道,推动人类命运共同体建设,共同创造人类的美好未来"。[2]习近平新时代中国特色社会主义思想在价值取向层面上,提出全人类共同价值;在奋斗目标层面上,提出中国梦

---

① 《国家主席习近平发表 2016 年新年贺词》,《人民日报》2016 年 1 月 1 日,第 1 版。
② 习近平:《决胜全面建成小康社会　夺取新时代中国特色社会主义伟大胜利——在中国共产党第十九次全国代表大会上的报告》,人民出版社 2017 年版,第 60 页。

是奉献世界的梦;在思想理论层面上,提出构建人类命运共同体;在思路方法层面上,提出了秉持公正合理、互商互谅、同舟共济、互利共赢的思路和方法;在重大举措层面上,提出并推进"一带一路"建设;等等,从而为解决人类面临的问题发出了中国声音,提供了中国方案,体现出大国领袖的人类情怀、国际胸怀和历史担当。

习近平新时代中国特色社会主义思想立足于当代世界的变革与变化,对人类社会发展的一系列重大课题作出了科学回答。

提出了在世界多极化背景下实现和平与发展的中国方案。习近平新时代中国特色社会主义思想依据中华优秀传统文化中的求同存异、和而不同、和生万物、协和万邦等思想,提出构建人类命运共同体,为实现国与国之间和睦相处、和谐共生、和平共处、和平发展提供了思想文化资源。2015年9月,习近平在第七十届联合国大会上指出:"和平、发展、公平、正义、民主、自由,是全人类的共同价值,也是联合国的崇高目标。目标远未达成,我们仍需努力。当今世界,各国相互依存、休戚与共。我们要继承和弘扬联合国宪章的宗旨和原则,构建以合作共赢为核心的新型国际关系,打造人类命运共同体。"①可见,习近平是站在人类文明的高度来诠释全人类共同价值的,其前提是尊重各国文化的多样性。当今世界存在着不同国家利益、不同宗教信仰、不同意识形态、不同社会制度的分歧甚至对立,人类命运共同体思想承认世界的差异性和多样性,在此基础上追求世界的统一性,体现的是"和而不同"的价值追求和殊途同归的理性判断。这就要求各个国家和地区之间通过和平方式、包容方式建立和累积信任,反对霸权主义和强权政治。正如习近平指出的,"世上没有绝对安全的世外桃源,一国的安全不能建立在别国的动荡之上,他国的威胁也可能成为本国的挑战。

---

① 《习近平谈治国理政》第2卷,外文出版社2017年版,第522页。

邻居出了问题,不能光想着扎好自家篱笆,而应该去帮一把"①。他还指出,"要秉持和平、主权、普惠、共治原则,把深海、极地、外空、互联网等领域打造成各方合作的新疆域,而不是相互博弈的竞技场。要坚持多边主义,多边主义是维护和平的有效路径"②。这些重要论述,传递了中国致力推进世界持久安全与和平的真诚意愿和价值理念,也为国际和平事业发展提供了清晰的路径规划。

提出了构建公平正义的国际新秩序的中国方案。国际秩序是指国际体系中的行为体依据国际规范采取非暴力方式处理冲突的状态,由主导价值观、制度安排和国际规范等三个要素构成。它既保持着相对稳定,也处于不断变革之中。旧的国际秩序是以西方为中心的不平等、不公正的秩序,奉行实力决定一切的法则。当今时代,国际秩序正面临着前所未有的大调整大变革挑战,我国是现有国际秩序的主要创建者之一,在对待国际秩序改革的问题上向来秉持务实、进取的态度。这是因为,现有的国际秩序虽然比既往国际秩序有历史进步,但从本质上看,它仍然是旧秩序的延续和发展,仍然存在贫富、强弱、大小的重大差异,存在着诸多不平等不公正。党的十九大报告指出,未来我国将"维护国际公平正义","加大对发展中国家特别是最不发达国家援助力度,促进缩小南北发展差距。中国支持多边贸易体制,促进自由贸易区建设,推动建设开放型世界经济"。③党的十九届四中全会《决定》明确,要"积极参与全球治理体系改革和建设","推动构建更加公正合理的国际治理体系"④。这表明,中国将顺应时代发展

---

①② 习近平:《共同构建人类命运共同体——在联合国日内瓦总部的演讲》,《人民日报》2017年1月20日,第2版。

③ 习近平:《决胜全面建成小康社会 夺取新时代中国特色社会主义伟大胜利——在中国共产党第十九次全国代表大会上的报告》,人民出版社2017年版,第60页。

④ 《〈中共中央关于坚持和完善中国特色社会主义制度、推进国家治理体系和治理能力现代化若干重大问题的决定〉辅导读本》,人民出版社2019年版,第42页。

要求和各国人民期望,在未来国际秩序变革中扮演更加积极公正的角色。构建国际新秩序,最重要的就是要继承包括《联合国宪章》宗旨在内的国际关系公认准则,不走零和博弈、赢者通吃的歧路、老路,而是追求公正合理的国际秩序。要注重国家平等思维,把具有多样性的各个国家都看作拥有主权平等、机会平等、规则平等的主体,彼此平等对话,尊重各国自主选择的社会制度和发展道路,尊重彼此核心利益和重大关切。要坚持利益共享,建设利益共同体,实现各国利益上的共享共惠。要坚定不移发展开放型世界经济,在开放中分享机会和利益、实现互利共赢。只有这样,才能为实现持久和平、摆脱安全困境、共享发展成果、打破文化隔阂创造条件,推动国际秩序走向对话而不是对抗、结伴而不是结盟的公正合理方向。

党的十八大以来,我们党和国家按照习近平新时代中国特色社会主义思想,致力于将全球治理的中国方案付诸行动,先后成功举办了一系列重要国际会议,取得了大量具有开创性、引领性、机制性的成果。倡议和开辟了国际合作新模式,为全球治理提供了新平台、新理念、新动力,对构建国际新秩序起到了积极的推动作用,得到了越来越多国家和国际组织的积极支持和参与。与此形成鲜明对比的是,西方倡导的"普世价值""西方模式"等却在不少国家遇挫,连某些西方发达国家自己也背弃了先前作出的承诺,悍然将本国利益置于全人类共同利益之上。可以预见,随着时间的推移,习近平新时代中国特色社会主义思想将会在国际社会产生愈益积极而广泛的世界影响。

二、为世界提供思想的公共产品

习近平新时代中国特色社会主义思想,其世界意义既包括经验层面,也包括思维层面,还包括道路制度层面,既是世界观也是方法论,为当今世界提供了一种带根本性和长远意义的思想公共产品。

描绘了建设美好世界的未来蓝图。党的十八大以来，习近平多次在国际国内重要场合深刻阐述对当今世界现状和前景的看法，从国家到地区再到世界，从政治、经济到安全，从文化到生态文明，全方位、宽领域、多层次充实和丰富人类命运共同体思想的深刻内涵。特别是在党的十九大上呼吁各国人民同心协力，构建一个持久和平、普遍安全、共同繁荣、开放包容、清洁美丽的世界。这些重要思想，植根于源远流长的中华文明和波澜壮阔的中国外交实践，契合各国求和平、谋发展、促合作、要进步的真诚愿望和崇高追求，体现了全人类的共同愿望和美好向往。它强调要建立平等对待、互商互谅的伙伴关系，营造公道正义、共建共享的安全格局，谋求开放创新、包容互惠的发展前景，促进和而不同、兼收并蓄的文明交流，构筑尊崇自然、绿色发展的生态体系，因而描绘了解决当今世界各种问题的可能性与光明前景，令人鼓舞和充满信心。

凸显了人类思想史上的中国话语。将习近平新时代中国特色社会主义思想置于人类思想史的长河，与国际社会影响广泛的理论话语进行比较，不难发现，它直接或间接回应了"历史终结论""文明冲突论"和"西方中心论"，是对这些理论的突破和超越，为人类进步思想的积淀增添了新内容。习近平在省部级主要领导干部学习贯彻十八届三中全会精神全面深化改革专题研讨班上指出："我国的实践向世界说明了一个道理：治理一个国家，推动一个国家实现现代化，并不只有西方制度模式这一条道，各国完全可以走出自己的道路来。可以说，我们用事实宣告了'历史终结论'的破产，宣告了各国最终都要以西方制度模式为归宿的单线式历史观的破产。"①这是直接针对"历史终结论"的批评。中国特色社会主义的成功及

---

① 《完善和发展中国特色社会主义制度　推进国家治理体系和治理能力现代化》，《人民日报》2014年2月18日，第1版。

展现的世界社会主义前景,习近平新时代中国特色社会主义思想所表达的道路自信、理论自信、制度自信、文化自信,是对"历史终结论"的深刻回应。习近平在联合国教科文组织总部的演讲中指出,"文明因交流而多彩,文明因互鉴而丰富。文明交流互鉴,是推动人类文明进步和世界和平发展的重要动力","只要秉持包容精神,就不存在什么'文明冲突',就可以实现文明和谐"。①这是对"文明冲突论"的直接回应,并向世界宣告了中国历来倡导的世界各种文明相互包容、兼收并蓄的文化精神和新型文明观。此外,针对"西方中心论",以及企图将西方模式作为具有普遍意义的发展道路向世界推广,甚至强制他国接受的行为,习近平明确指出:"我们不仅要防止落入'中等收入陷阱',也要防止落入'西化分化陷阱'。"②强调:"我们不'输入'外国模式,也不'输出'中国模式,不会要求别国'复制'中国的做法。"③这鲜明表达了与"西方中心论"截然不同的对外交往态度和"和而不同"的外交理念,引起了国际社会的强烈共鸣。

三、激发世界社会主义发展新动能

回顾世界社会主义发展史可以看出,科学社会主义作为关于社会主义的本质、性质、特征和发展规律的科学理论,始终引领着人类文明的前进方向,解答着人类发展的现实问题,同时也在人类社会的矛盾运动中实现自身发展的历史性飞跃。20 世纪 80 年代末 90 年代初,在苏联解体、东欧剧变,世界社会主义进入低谷的情况下,中国顶住了巨大压力和挑战,成功坚

---

① 习近平:《在联合国教科文组织总部的演讲》,《人民日报》2014 年 3 月 28 日,第 3 版。
② 《完善和发展中国特色社会主义制度　推进国家治理体系和治理能力现代化》,《人民日报》2014 年 2 月 18 日,第 1 版。
③ 习近平:《携手建设更加美好的世界——在中国共产党与世界政党高层对话会上的主旨讲话》,《人民日报》2017 年 12 月 2 日,第 2 版。

持和发展了社会主义,特别是在新时代引领和塑造着 21 世纪社会主义。党的十九大指出,中国特色社会主义进入新时代,"意味着科学社会主义在二十一世纪的中国焕发出强大生机活力,在世界上高高举起了中国特色社会主义伟大旗帜","在世界社会主义发展史上"具有重大意义。①中国共产党肩负着推动世界社会主义发展的历史重任,中国要为人类作出更大贡献,首先要为世界社会主义发展作出新贡献。中国特色社会主义代表着世界社会主义的未来,习近平新时代中国特色社会主义思想极大丰富了科学社会主义理论宝库,为振兴和发展世界社会主义事业注入了新的动能,提供了一系列带根本性的思想启迪。

把发展作为解决社会主义国家面临问题的总钥匙。我们党执政兴国的第一要务是发展,唯有发展才能摆脱落后,步入富裕与文明之境,为解决国内各种问题、参与全球治理奠定基础。党的十八大以来,以习近平同志为核心的党中央在治国理政过程中,坚持把发展作为解决一切问题的总钥匙,在坚持以经济建设为中心的同时,统筹推进"五位一体"总体布局,取得了长足发展和进步。中国经济的发展,为国内问题的解决、国际作用的发挥奠定了重要基础。习近平在联合国日内瓦总部演讲时指出:"发展是第一要务,适用于各国。"②社会主义国家只有通过发展,才有可能解决国内面临的各种问题,进而取得参与全球治理的资格。中国以发展作为解决一切问题的基础和关键这一成功经验和科学理念,对于世界社会主义事业具有普遍意义。

坚持以人民为中心的发展立场。发展为了谁、依靠谁,是世界社会主义事业首先必须明确的问题。习近平新时代中国特色社会主义思想既强

---

① 习近平:《决胜全面建成小康社会　夺取新时代中国特色社会主义伟大胜利——在中国共产党第十九次全国代表大会上的报告》,人民出版社 2017 年版,第 10、12 页。
② 《习近平谈治国理政》第 2 卷,外文出版社 2017 年版,第 542 页。

调发展以人民利益为取向、以增进人民福祉为旨归,又强调人民是发展的主体,发展必须依靠人民。习近平在庆祝中国共产党成立 95 周年大会上的讲话中指出:"全党同志要把人民放在心中最高位置,坚持全心全意为人民服务的根本宗旨,实现好、维护好、发展好最广大人民根本利益,把人民拥护不拥护、赞成不赞成、高兴不高兴、答应不答应作为衡量一切工作得失的根本标准,使我们党始终拥有不竭的力量源泉。"①最高位置、根本宗旨、根本利益、根本标准,这一组合表达,彰显了"坚持以人民为中心"是科学社会主义的核心价值取向,是新时代坚持和发展中国特色社会主义的基本方略。习近平新时代中国特色社会主义思想中所体现的以人民为中心的发展取向,对于世界社会主义发展具有重要的指导和借鉴价值。社会主义国家只有将人民置于中心地位,以人民为主体,为人民谋幸福,才能充分展示社会主义制度的优越性,从根本上赢得人民的拥护、支持和认同,巩固共产党的执政地位,实现执政目标。

坚持把改革作为发展内生动力。社会主义发展的动力来自何方? 这是当今世界社会主义发展过程中无法回避的问题,也是苏东社会主义失败的深刻教训。我们党的实践证明,通过全面深化改革消除体制机制障碍,化解社会矛盾,实现国家治理体系与治理能力现代化,是中国特色社会主义发展的动力所在。习近平指出,改革开放是当代中国最鲜明的特色,"要破解发展面临的各种难题,化解来自各方面的风险和挑战,更好发挥中国特色社会主义制度优势,推动经济社会持续健康发展,除了深化改革开放,别无他途"。②因此,党的十八大以来,我们党把全面深化改革作为治国理政的重点,对全面深化改革进行了总体设计和布局,明确了全面深化改革的领域和任务,提出了全面深化改革的策略和方法。特别是在改革过程

---

① 《习近平谈治国理政》第 2 卷,外文出版社 2017 年版,第 40 页。
② 《十八大以来重要文献选编》(上),中央文献出版社 2014 年版,第 508 页。

中,用社会主义与市场经济的有机结合"解决了世界上其他社会主义国家长期没有解决的一个重大问题"①。习近平新时代中国特色社会主义思想中的改革思想,对于其他社会主义国家来说,具有重要的参考价值。

始终保持社会主义的发展定力。 在社会主义与资本主义两制并存的背景下,社会主义国家如何保持定力、排除干扰,坚定不移地走有本国特色的发展道路?习近平新时代中国特色社会主义思想给出了鲜明的答案。习近平多次强调,在坚持和发展中国特色社会主义的过程中,要始终坚定道路自信、理论自信、制度自信、文化自信。这"四个自信",既是一种积极、健康的心理状态,也是保持社会主义国家发展定力的心理基础。对于社会主义与资本主义关系的处理,习近平一方面强调必须"不断学习他人的好东西,把他人的好东西化成我们自己的东西"②;另一方面又申明推进国家治理体系和治理能力现代化,绝不是西方化、资本主义化,"我国国家治理体系需要改进和完善,但怎么改、怎么完善,我们要有主张、有定力"。③始终坚定"四个自信",在借鉴人类优秀文明成果的同时保持自身发展的独立性,这是中国特色社会主义的成功经验,对于其他社会主义国家同样可资借鉴。

---

① 《十八大以来重要文献选编》(上),中央文献出版社2014年版,第551页。
② 《习近平谈治国理政》,外文出版社2014年版,第106页。
③ 同上书,第105页。

第六章　长风破浪会有时
——书写新时代中国特色社会主义的新篇章

　　2012 年 11 月 29 日，习近平在参观《复兴之路》展览时指出，中华民族的明天，可以说是"长风破浪会有时"。这一生动的概括，把中华民族接续奋斗的光明前景，生动地呈现在世人面前。回顾历史，我们可以清楚地得出一个结论：只有社会主义才能救中国，只有坚持和发展中国特色社会主义才能实现中华民族伟大复兴。观察现在，我们比历史上任何时期都更接近中华民族伟大复兴的目标，比历史上任何时期都更有信心、有能力实现这个中国梦。展望未来，无论遇到什么复杂局面、经受什么风险考验，我们都必须毫不动摇地坚持和发展中国特色社会主义，不断深化对中国特色社会主义的探索，让这一党和人民长期奋斗、创造、积累的根本成就续写新篇、大放异彩。2020 年 5 月，习近平在山西考察时强调，要确保完成决战决胜脱贫攻坚任务，全面建成小康社会，乘势而上，书写新时代中国特色社会主义的新篇章。这为我们在新起点上开拓中国特色社会主义更加美好的前景指明了前进方向。

第一节 不畏浮云遮望眼:科学把握民族复兴 关键时期的风险与挑战

经过长期努力,中国特色社会主义进入了新时代,中华民族伟大复兴迎来璀璨的未来,也面临着更加复杂严峻的风险挑战。历史的发展紧要处往往只有几步,搞好了就上去了,搞不好就可能出问题甚至出大问题。习近平指出,"中华民族历史上经历过很多磨难,但从来没有被压垮过,而是愈挫愈勇,不断在磨难中成长、从磨难中奋起"①,"未来必定会面临这样那样的风险挑战,甚至会遇到难以想象的惊涛骇浪"②,强调"如果发生重大风险又扛不住,国家安全就可能面临重大威胁,全面建成小康社会进程就可能被迫中断"。③在这样一个紧要的历史关口,我们必须始终保持如履薄冰的谨慎、见叶知秋的敏锐、居安思危的忧患,始终保持"乱花渐欲迷人眼"的战略警醒、"乱云飞渡仍从容"的战略定力,对民族复兴关键时期各种可能风险和挑战做到心中有数、对症下药,确保民族复兴的进程不被打断,使国家持续向上向强的"时"与"势"得以巩固拓展,顺利实现"关键一跃"。

一、船到中流浪更急

2017 年 10 月 25 日,第十九届中共中央政治局常委同中外记者见面

---

① 习近平:《在统筹推进新冠肺炎疫情防控和经济社会发展工作部署会议上的讲话》,《人民日报》2020 年 2 月 24 日,第 2 版。

② 习近平:《在庆祝改革开放 40 周年大会上的讲话》,《人民日报》2018 年 12 月 19 日,第 2 版。

③ 《习近平谈治国理政》第 2 卷,外文出版社 2017 年版,第 81 页。

时,习近平指出:"中共十九大到二十大的 5 年,正处在实现'两个一百年'奋斗目标的历史交汇期,第一个百年目标要实现,第二个百年奋斗目标要开篇。这其中有一些重要的时间节点,是我们工作的坐标。"①这些重要时间节点包括:2018 年改革开放 40 周年,2019 年中华人民共和国成立 70 周年,2020 年全面建成小康社会之年,2021 年中国共产党成立 100 周年。这些都是中华民族实现伟大复兴进程的历史枢纽,也是中华民族复兴巨轮驶到江河中流、可能面临惊涛骇浪的关键时刻,有着极为丰富的深刻内涵。

从社会主义国家的兴衰成败看,我国当前正处在能否持续走向强盛的关键节点。从十月革命到苏联解体的 70 多年里,美国等西方国家对社会主义国家采取的颠覆手段可谓无所不用其极:大力输出西方价值观,进行意识形态渗透,培植"第五纵队",鼓动进行所谓"民主改革";诱导搞军备竞赛、大打金融货币战,挑拨离间社会主义国家内部各民族之间关系,等等。苏联这个超级大国之所以在瞬间轰然倒塌,固然有许多国内因素,但美国等西方国家长期的全面围堵打击,是不可忽视的外部原因。美国中央情报局前雇员彼得·施瓦茨曾写到,谈论苏联崩溃而不知道美国秘密战略的作用,就像调查一件突然神秘死亡案子而不考虑谋杀、死亡事件是否存在着特殊反常和预谋一样。前车之覆,后车之鉴。在中华人民共和国成立 70 周年之际,我们更要谨慎走好社会主义国家生存发展的关键几步,更要高度警惕苏联亡党亡国的悲剧在神州大地重演。

从发展中国家由贫弱走向强盛的历史轨迹看,我国当前正处在为山九仞、丝毫不可懈怠的关键节点。在党的十九大上,习近平引用了"行百里者半九十"的谚语。在庆祝改革开放 40 周年大会上,他又深刻指出:"我们现在所处的,是一个船到中流浪更急、人到半山路更陡的时候,是一个愈进愈

---

① 《新时代要有新气象更要有新作为　中国人民生活一定会一年更比一年好》,《人民日报》2017 年 10 月 26 日,第 1 版。

难、愈进愈险而又不进则退、非进不可的时候。"①这些重要论述告诉我们，在摆脱贫困、迈上高质量发展之路时，对发展中国家来说，风险往往会在中途出现。在实现中华民族伟大复兴的征程上，我们进行的是一场漫长的接力跑，要一棒接着一棒跑下去，特别是在快要到达终点、接近民族复兴实现之时，尤其不能懈怠，更不能掉棒。

从世界大国崛起的历史规律看，我国当前正处在由大向强发展的关键节点。 随着 15 世纪地理大发现和新航路的开辟，各大陆国家之间的联系日益紧密，人类历史进入真正意义上的世界史。1500 年以来，荷兰、英国和美国先后登顶世界第一强国，法国、德国、日本、苏联等国也不止一次地向世界首强发起冲击。其间群雄逐鹿，此起彼伏，风诡云谲，步步惊心，呈现出一幅幅大国兴衰交替的历史画卷。在世界新兴国家由大而强的过程中，大都经历了一个关键性阶段。在这期间，相关国家面临的风险和挑战较前明显增大，能否有效应对风险和挑战，事关国家和民族的兴衰成败。对正在经历由大向强关键一跃的中国而言，亦是如此。

古今中外的历史警示我们：能否在历史关键节点判断准、利用好战略机遇，将对一个民族的前途命运产生全局性、长远性、决定性影响。机遇是历史的产物，但历史并不会慷慨地把机遇恩赐给谁。事实表明，机遇从来都潜藏在顺潮谋势聚势、妥善应对危机中，从来没有"一帆风顺""天上掉馅饼"的所谓机遇。机遇往往与风险同时并存，看不到、看不全、看不透风险就是最大的风险。在 2018 年底召开的中央经济工作会议上，习近平强调指出，我国发展仍处于并将长期处于重要战略机遇期。②这个重要战略机遇期，是逆水行舟、滚石上山的机遇，得来不易，具有不同以往的新内涵。我们只有把当前面临的世情、国情、党情搞清楚，科学预见形势发展走势和

---

① 习近平：《在庆祝改革开放 40 周年大会上的讲话》，《人民日报》2018 年 12 月 19 日，第 2 版。
② 《中央经济工作会议在北京举行》，《人民日报》2018 年 12 月 22 日，第 1 版。

隐藏其中的风险挑战,做到未雨绸缪,才能在百年未有之大变局中化危为机,"任凭风浪起,稳坐钓鱼船"。

世界面临的不稳定不确定不可预测性更加突出。当前,世界多极化、经济全球化、社会信息化、文化多样化深入发展,全球治理体系和国际秩序变革加速推进,和平、发展、合作、共赢从来没有像今天这样成为不可阻挡的历史潮流。作为一个走近世界舞台中央的大国,我国与外部世界的关系日益密切,互动日益频繁,相互影响日益广泛和深入,世界不确定性因素对我国影响也日益明显。当前世界经济增长动能不足,贫富分化更加严重,地区热点问题此起彼伏,冷战思维、强权政治、单边主义、贸易保护主义等阴霾不散,地区动荡、恐怖活动、气候变化、难民潮等非传统威胁层出不穷,经济金融和发展鸿沟问题十分突出,世界范围内安全挑战更加复杂严峻。正如习近平指出的:"任何一个国家的安全短板都会导致外部风险大量涌入,形成安全风险洼地;任何一个国家的安全问题积累到一定程度又会外溢成为区域性甚至全球性安全问题。"①全球发展深层次矛盾凸显,多边贸易体制受到冲击,世界经济整体发展环境面临诸多风险和不确定性。特别是 2020 年春新冠肺炎疫情全球大流行,不仅严重危害世界公共卫生安全,而且将对世界经济产业链条、地缘战略格局、国际政治秩序、全球治理体系等带来巨大的不确定性影响。

国内风险隐患明显增多。新时代是决胜全面建成小康社会、进而全面建设社会主义现代化强国的时代,全体中华儿女勠力同心、奋力实现中华民族伟大复兴的中国梦,啃下了不少硬骨头,闯过了不少急流险滩。党的十九大作出新时代中国特色社会主义发展的战略安排,从基本实现社会主义现代化到全面建成社会主义现代化强国,这是中华民族未来几十年的奋斗目标和发展大趋势。同时,我们也要清醒看到,前进道路并不平坦,形势

---

① 习近平:《论坚持推动构建人类命运共同体》,中央文献出版社 2018 年版,第 484 页。

依然严峻复杂。如果应对不好,或者发生系统性风险、犯颠覆性错误,就会延误甚至中断中国特色社会主义伟大事业的进程。重大风险潜藏于政治、意识形态、经济、科技、社会、外部环境、党的建设等各个领域。比如,就经济领域来说,我国正处在增长速度换挡期、结构调整阵痛期、前期刺激政策消化期"三期叠加"的阶段,经济风险集聚释放与经济增速下降、经济再平衡和高杠杆等各种矛盾交织和"碰头";外部环境更趋复杂严峻,中美经贸摩擦影响逐步显现;内需增长放缓,发展新动能仍然不足,经济下行压力加大;结构调整阵痛凸显,关键核心技术"卡脖子"问题突出,产业链具有明显脆弱性;企业亏损面积扩大,民营企业和小微企业经营困难加重;长期积累的金融风险不断暴露,并可能跨市场跨区域传染;经济社会矛盾交织,风险事件易发多发,市场预期不时波动。

我国进入社会矛盾多发期。改革开放以来,我国经济发展的"蛋糕"不断做大,但民生领域存在诸多短板问题,脱贫攻坚任务十分艰巨,城乡差距依然较大,社会热点难点集中出现,社会公共服务供给还不能完全满足人民群众的需要。加之全面深化改革仍在路上,国家治理体系和治理能力现代化尚未完全实现,政府职能容易出现错位、越位和缺位,防范化解风险仍然面临着十分严峻的挑战。习近平指出:"物质丰富了,但发展极不平衡,贫富悬殊很大,社会不公平,两极分化了,能得人心吗?"①我国劳动人口众多,又面临经济下行压力,如果就业问题处理不好,就会造成严重社会问题。失业的人口多了,社会稳定就面临很大危险。

反腐败斗争形势依然严峻复杂。党的十八大以来,全面从严治党成效显著,改变了管党治党宽松软状况,消除了党和国家内部存在的严重隐患,党内政治生活气象更新,党的创造力、凝聚力、战斗力显著增强。但随着党的执政环境的深刻变化,影响党的先进性、弱化党的纯洁性的因素长期存

---

① 《习近平关于社会主义社会建设论述摘编》,中央文献出版社2017年版,第32页。

在,"四大考验""四种危险"带来严峻挑战,党内思想不纯、政治不纯、组织不纯、作风不纯的问题尚没有得到根本解决。习近平在省部级主要领导干部坚持底线思维着力防范重大风险专题研讨班上的讲话中严肃指出:"清除了党内存在的严重隐患,成效是显著的,但这并不意味着我们就可以高枕无忧了。党面临的长期执政考验、改革开放考验、市场经济考验、外部环境考验具有长期性和复杂性,党面临的精神懈怠危险、能力不足危险、脱离群众危险、消极腐败危险具有尖锐性和严峻性,这是根据实际情况作出的大判断。"①一些腐败分子仍然不收敛不收手,置中央的三令五申于不顾,顶风违纪违法。执政党的建设直接关系人心所向,如果管党不力、治党不严,人民群众反映强烈的突出矛盾和问题得不到及时解决,我们党就会失信于民,党执政的基础就会动摇和瓦解,就会面临致命的危险。如果党不能保持先进性纯洁性,炼就金刚不坏之身,那就很难担当起新时代历史使命,成为推进伟大事业、实现伟大梦想的领导核心。

二、坚持以底线思维防范化解风险挑战

底线思维是习近平新时代中国特色社会主义思想蕴含的科学思维方法。习近平多次强调指出:"凡事从坏处准备,努力争取最好的结果,这样才能有备无患、遇事不慌,牢牢把握主动权。"②坚持底线思维,就是要把握事物发展的"度",守住"下限"的临界点,促进事物朝着优化的价值目标努力;就要坚持用"两点论"看问题,看到机遇和挑战并存,有利和不利同在,充分做好应对最坏情况的准备;就是要增强忧患意识,居安思危,敢于担当,善于化险为夷。

---

① 《提高防控能力着力防范化解重大风险　保持经济持续健康发展社会大局稳定》,《人民日报》2019 年 1 月 22 日,第 1 版。

② 《习近平总书记系列重要讲话读本(2016 年版)》,学习出版社、人民出版社 2016 年版,第 288 页。

"从最坏处准备、向最好处努力",这是我们党在革命、建设、改革中一条极其重要的经验和方法论原则。1945 年毛泽东在党的七大上作结论报告,讲到"准备吃亏"时一口气列了 17 条困难。邓小平在 20 世纪 80 年代中期就提出:"我们要把工作的基点放在出现较大的风险上,准备好对策。这样,即使出现了大的风险,天也不会塌下来。"①党的十八大以来,习近平在多次重要会议上专门强调要增强忧患意识、防范风险挑战。在十八届中央政治局第 40 次集体学习时,强调维护金融安全,要坚持底线思维,坚持问题导向;在主持召开国家安全工作座谈会时,强调要坚持底线思维,把维护国家安全的战略主动权牢牢掌握在自己手中;在庆祝建军 90 周年大会上,强调必须强化忧患意识,坚持底线思维,全部心思向打仗聚焦,各项工作向打仗用劲;在中央外事工作会议上,强调对外工作要坚持底线思维和风险意识……党的十九大报告中,防范化解重大风险被摆在打好三大攻坚战的首位;在 2018 年初省部级主要领导干部学习贯彻党的十九大精神研讨班开班式上,习近平深入阐述增强忧患意识、防范风险挑战要一以贯之等重大问题。在新中国成立 70 周年这个重要年份,习近平又以防范化解重大风险作为 2019 年省部级主要领导干部专题研讨班的主题,就防范化解政治、意识形态、经济、科技、社会、外部环境、党的建设等领域重大风险作出深刻分析、提出明确要求,强调要坚持底线思维,增强忧患意识,提高防控能力,着力防范化解重大风险,保持经济持续健康发展和社会大局稳定。在 2020 年 2 月召开的统筹推进疫情防控和经济社会发展工作部署工作会议上,习近平强调,"必须增强谨慎之心,对风险因素要有底线思维,对解决问题要一抓到底,一时一刻不放松,一丝一毫不马虎,直至取得最后胜利"。②这

---

① 《邓小平文选》第 3 卷,人民出版社 1993 年版,第 267 页。
② 习近平:《在统筹推进新冠肺炎疫情防控和经济社会发展工作部署会议上的讲话》,《人民日报》2020 年 2 月 24 日,第 2 版。

充分体现了以习近平同志为核心的党中央一以贯之的忧患意识,以及始终坚持底线思维的原则理念。

古人说:"事者,生于虑,成于务,失于傲。"世界百年未有之大变局,必然蕴含百年未有之不确定因素。综合分析新的历史方位中我国发展面临的各种风险挑战,既有外部的也有内部的,既有长期的也有短期的,既有一般的也有重大的。以底线思维防范化解这些风险挑战,要求我们面对波谲云诡的国际形势、复杂敏感的周边环境、艰巨繁重的改革发展稳定任务,既要积极防范"黑天鹅"事件,也要高度警惕"灰犀牛"事件;既要有防范风险的先手,也要有应对和化解风险挑战的高招;既要打好防范和抵御风险的有准备之战,也要打好化险为夷、转危为机的战略主动战。主要体现在两个方面:一是要防得住,"图之于未萌,虑之于未有",尽可能不让风险发生;二是要准备好,"谋定而后动",对于不可控的风险做好化解的准备,把损失减少到最低。

防范"黑天鹅"事件。17世纪之前的欧洲人认为天鹅都是白色的,在澳大利亚发现的黑天鹅为这个认识误区画上了句号。现在,"黑天鹅"常被用来比喻小概率但影响巨大的事件。"黑天鹅"事件作为难以预测且不寻常的事件,通常会引起连锁负面效应甚至带来颠覆性灾难。从唯物辩证法的视角看,"黑天鹅"事件是事物发展过程中由非本质联系引起的不确定现象或偶然现象。它告诉我们,有些风险如自然灾害、国际风险等,往往超出人们的事先预料。"黑天鹅"事件虽然难以预测,但提高警惕加强防范,就能从容应对。因此,必须切实增强忧患意识和风险意识,常观大势、常思大局,科学预见形势发展走势和潜藏的风险挑战;必须加强理论修养,深入学习马克思主义基本理论,学懂弄通做实习近平新时代中国特色社会主义思想,掌握贯穿其中的科学世界观和方法论,善于从纷繁复杂的矛盾中把握规律、洞察秋毫。

防范"灰犀牛"事件。灰犀牛生长于非洲草原,体型笨重、反应迟缓,你能看见它在远处,但如果对它毫不在意,一旦它向你狂奔而来,径直的路线、爆发性的攻击定会让你猝不及防。因此,"灰犀牛"事件作为大概率且影响巨大的潜在危机,并非随机突发的,而是起初并未引起人们重视,逐渐积累而成。防范"灰犀牛"事件,关键在于防患于未然。中国古人早已懂得这个道理,老子说:"其安易持,其未兆易谋。其脆易泮,其微易散。为之于未有,治之于未乱。"①意思是,局面安稳时容易持守,事件没有征兆时容易谋划。事物脆弱时容易破开,事物微细时容易散失。必须在事情没有发生以前就早做准备,在风险没有产生以前就处理妥当。唯物辩证法认为,任何事物的发展都是一个从量变到质变的过程,量变积累到一定程度,才会引发质变。安全科学理论中的海恩法则认为,每一起严重事故的背后,必然有 29 次轻微事故和 300 起未遂先兆以及 1 000 起事故隐患。为此,我们要努力提高科学分析研判能力,善于透过复杂现象把握本质,从征兆和苗头中发现蕴含的重大风险,从习以为常的小事件中分析预测,抓住要害、找准原因、果断决策,予以有效处理,防止犯战略性、颠覆性错误,防止小风险向重大风险演化。

防范"蝴蝶效应"。"蝴蝶效应"是美国气象学家洛伦兹 1963 年提出来的。其大意是:一只南美洲亚马孙河流域热带雨林中的蝴蝶,偶尔扇动几下翅膀,可能在两周后引起美国得克萨斯州一场龙卷风。"蝴蝶效应"作为混沌学理论中的一个概念,是指对初始条件敏感性的一种依赖现象:输入端微小的差别会迅速放大到输出端。在一个复杂的敏感系统,原本在简单系统下完全可以忽略不计的微小扰动,有可能被逐级放大,导致系统性质发生根本改变。"蝴蝶效应"在经济社会生活中比比皆是。特别是在互联网时代,一些谣言传闻往往会演变成社会的风暴,一个小风险有可能引发重大风险。而且各种风险通常不是孤立出现,很可能相互交织并形成一个

---

① 南怀瑾:《老子他说》初续合集(下),东方出版社 2014 年版,第 648 页。

风险综合体。这就要求各级党委和政府对可能发生的风险,要增强责任感和自觉性,把职责范围内的风险监视住、防控好。尤其是要加强对各种风险源的全面调查研判,提高动态监测、实时预警能力,对可能发生的风险及其原因要心中有数,出手及时有力,确保发现在早、防范在先、处置在小,力争把风险化解在源头,不让小风险演化为大风险,不让个别风险演化为综合风险,不让局部风险演化为区域性或系统性风险,不让经济风险演化为社会政治风险,不让国际风险演化为国内风险。

习近平在庆祝改革开放40周年大会上指出:"历史发展有其规律,但人在其中不是完全消极被动的。只要把握住历史发展大势,抓住历史变革时机,奋发有为,锐意进取,人类社会就能更好前进。"[1]同样,运用底线思维防范化解现实中无处不在、无时不有、复杂多样的风险,也要着眼大局、把握大势,分清主次、区别对待,既看到不利的一面,又看到有利的一面,做到有备无患、化危为机,始终掌握主动权。毛泽东说过:"万千的学问家和实行家,不懂得这种方法,结果如堕烟海,找不到中心,也就找不到解决矛盾的方法。"[2]习近平指出:"在任何工作中,我们既要讲两点论,又要讲重点论,没有主次,不加区别,眉毛胡子一把抓,是做不好工作的。"[3]从这样的方法论出发,防范化解重大风险,既要全面防范各领域各方面的风险,又要认真梳理各种具体风险点和表现形态、产生原因,进而聚焦重点,抓住"牛鼻子",做到综合考虑、权衡利弊、分类施策,"审大小而图之,酌缓急而布之,连上下而通之,衡内外而施之"。当前,特别要着重聚焦重大国家战略和国家大事实施中现实和潜在的风险,聚焦政治安全、政府债务和金融等方面的风险,科学制定防控和化解方案,决不能在根本性问题上出现颠

① 习近平:《在庆祝改革开放40周年大会上的讲话》,《人民日报》2018年12月19日,第2版。
② 《毛泽东选集》第1卷,人民出版社1991年版,第322页。
③ 《习近平谈治国理政》第2卷,外文出版社2017年版,第23页。

覆性错误,确保不出现重大风险或在出现重大风险时扛得住、过得去。要以重大风险的化解带动各类风险的解决,进而保障重点工作的推进和整体工作的开展。

三、永葆充沛顽强的斗争精神

人类社会是在矛盾运动中前进的,有矛盾就会有斗争。马克思主义产生和发展、社会主义国家诞生和发展的历程充满着斗争的艰辛。中国革命、建设和改革事业每前进一步,也都是在斗争中实现的。中国共产党是一个善于进行斗争、善于赢得斗争的党。始终保持斗争精神,增强斗争本领,是中国共产党人在革命、建设、改革中不断取得胜利的重要法宝。

每一个时代,由于时代特征、历史任务不同,国际国内环境不同,斗争的内容和形式也必然不同。1962年1月30日,毛泽东明确提出,"我们必须准备进行同过去时代的斗争形式有着许多不同特点的伟大的斗争"[1]。50年后的2012年11月8日,党的十八大提出一个重要论断:"发展中国特色社会主义是一项长期的艰巨的历史任务,必须准备进行具有许多新的历史特点的伟大斗争。"[2]在党的十九大报告中,习近平进一步指出:"我们党要团结带领人民有效应对重大挑战、抵御重大风险、克服重大阻力、解决重大矛盾,必须进行具有许多新的历史特点的伟大斗争,任何贪图享受、消极懈怠、回避矛盾的思想和行为都是错误的。"[3]2019年1月21日,在省部级主要领导干部坚持底线思维着力防范化解重大风险专题研讨班上,他再次

---

① 《毛泽东文集》第8卷,人民出版社1999年版,第302页。
② 《党的十八大报告辅导读本》,人民出版社2012年版,第14页。
③ 习近平:《决胜全面建成小康社会　夺取新时代中国特色社会主义伟大胜利——在中国共产党第十九次全国代表大会上的报告》,人民出版社2017年版,第15页。

强调,防范化解重大风险,需要有充沛顽强的斗争精神。2019年9月3日,在中央党校(国家行政学院)中青年干部培训班开班式上,习近平发表重要讲话指出,广大干部特别是年轻干部要经受严格的思想淬炼、政治历练、实践锻炼,发扬斗争精神,增强斗争本领。①把这些重要论述联系起来,结合党中央这几年治国理政的实践来理解,我们对斗争精神的深刻涵义有了新的认识。

越是艰苦卓绝的伟大斗争,越需要充沛顽强的斗争精神。当前,我们面临着难得的历史机遇,也面临着一系列重大风险考验。要胜利实现党确定的目标任务,必须发扬斗争精神,增强斗争本领。我们在工作中遇到的斗争是多方面的,而且越来越复杂。改革发展稳定、内政外交国防、治党治国治军,都需要发扬斗争精神、提高斗争本领。全面从严治党、坚持马克思主义在意识形态领域的指导地位、全面深化改革、推进供给侧结构性改革、推动高质量发展、消除金融领域隐患、保障和改善民生、打赢脱贫攻坚战、治理生态环境、应对重大自然灾害、全面依法治国、处理群体性事件、打击黑恶势力、维护国家安全等等,也都要敢于斗争、善于斗争。而且,各种斗争并不是短期的而是长期的,至少要伴随实现第二个百年奋斗目标的全过程。

要牢牢把握正确的斗争方向。习近平强调,共产党人的斗争是有方向、有立场、有原则的,大方向就是坚持中国共产党领导和我国社会主义制度不动摇。凡是危害中国共产党领导和我国社会主义制度的各种风险挑战,凡是危害我国主权、安全、发展利益的各种风险挑战,凡是危害我国核心利益和重大原则的各种风险挑战,凡是危害我国人民根本利益的各种风险挑战,凡是危害我国实现"两个一百年"奋斗目标、实现中华民族伟大复

---

① 习近平:《发扬斗争精神增强斗争本领　为实现"两个一百年"奋斗目标而顽强奋斗》,《人民日报》2019年9月4日,第1版。

兴的各种风险挑战,只要来了,我们就必须进行坚决斗争,而且必须取得斗争胜利。

要不断淬砺敢于斗争的血性胆气。革命先驱李大钊说过:"历史的道路,不全是坦平的,有时走到艰难险阻的境界。这是全靠雄健的精神才能够冲过去的。"①毛泽东也讲:"我们要承认困难,分析困难,向困难作斗争。世界上没有直路,要准备走曲折的路,不要贪便宜。不能设想,哪一天早上,一切反动派会统统自己跪在地下。"②斗争精神是主观能动性的一种表现形式。无数事实说明,狭路相逢勇者胜,在重大风险面前,主动迎战才有生路,敢于斗争才可能成功。尤其是当严峻形势和斗争任务摆在面前时,骨头要硬,敢于出击,敢战能胜。对于党员干部特别是领导干部来说,敢于斗争就要勇于担当。毛泽东指出,"什么叫工作,工作就是斗争。那些地方有困难、有问题,需要我们去解决。我们是为着解决困难去工作、去斗争的"③。领导干部不论在哪个岗位、担任什么职务,都要勇于担当、攻坚克难,既当指挥员又当战斗员,培养和保持顽强的斗争精神、坚韧的斗争意志、高超的斗争本领。要以对党忠诚、为党分忧、为党尽职、为民造福的政治担当,以守土有责、守土负责、守土尽责的责任担当,面对大是大非敢于亮剑,面对矛盾敢于迎难而上,面对危机敢于挺身而出,面对失误敢于承担责任,面对歪风邪气敢于坚决斗争,永葆斗争精神,以"踏平坎坷成大道,斗罢艰险又出发"的顽强意志,应对好每一场风险挑战。

既要敢于斗争,又要善于斗争。斗争是一门艺术,必须注重策略方法。总体上,就是要坚持增强忧患意识和保持战略定力相统一、坚持战略判断和战术决断相统一、坚持斗争过程和斗争实效相统一。要抓主要

---

① 中共中央组织部党员教育中心编:《信仰:先驱的声音》,人民出版社 2013 年版,第 4 页。
② 《毛泽东选集》第 4 卷,人民出版社 1991 年版,第 1163 页。
③ 同上书,第 1161 页。

矛盾、抓矛盾的主要方面,坚持有理有利有节,合理选择斗争方式、把握斗争火候,在原则问题上寸步不让,在策略问题上灵活机动。要根据形势需要,把握时、度、效,及时调整斗争策略。要团结一切可以团结的力量,调动一切积极因素,在斗争中争取团结,在斗争中谋求合作,在斗争中争取共赢。

领导干部要在实践中增强斗争本领。进行伟大斗争不仅需要宽肩膀,也需要铁肩膀;不仅需要政治过硬,也需要本领高强。领导干部既要有"明知山有虎,偏向虎山行"的斗争勇气,又要练就斗争的十八般武艺。斗争精神也好,斗争本领也好,都不是与生俱来的,而是在斗争实践中形成的。领导干部要经受严格的思想淬炼、政治历练、实践锻炼,在复杂严峻的斗争中经风雨、见世面、壮筋骨,真正锻造成为烈火真金。为此,必须加强理论武装,深入学习马克思主义基本理论,深入学习习近平新时代中国特色社会主义思想,掌握马克思主义立场观点方法,夯实敢于斗争、善于斗争的思想根基。要坚持在重大斗争中磨砺,越是困难大、矛盾多的地方,越是形势严峻、情况复杂的时候,越能练胆魄、磨意志、长才干。领导干部特别是年轻干部要深入实践、深入基层,到重大斗争中去真刀真枪地干,通过学中干、干中学,练就真本领,做到谋勇兼备、善斗善胜。

第二节　任尔东西南北风:坚定中国特色 社会主义"四个自信"

习近平在十八届中央政治局第一次集体学习时指出:"中国特色社会主义是改革开放新时期开创的,也是建立在我们党长期奋斗基础上的,是由我们党的几代中央领导集体团结带领全党全国人民历经千辛万苦、付出各种代价、努力探索取得的"①，"是中国共产党和中国人民团结的旗帜、奋进的旗帜、胜利的旗帜"②。今天，立足新的历史方位，实现新时代党的历史使命，就要高举中国特色社会主义这面伟大旗帜，更加自觉地增强道路自信、理论自信、制度自信、文化自信，为全面建成小康社会、夺取新时代中国特色社会主义伟大胜利、实现中华民族伟大复兴的中国梦不懈奋斗。

一、坚定不移走"必由之路"

道路反映历史，决定现实，也通向未来。新中国成立 70 年特别是改革开放 40 多年来，我们党把马克思主义基本原理同中国具体实际和时代特征相结合，在艰辛探索中成功开辟出中国特色社会主义道路。这条道路，经受了各种风险挑战的冲击和考验，是实现社会主义现代化、创造人民美好生活的必由之路，是实现中华民族伟大复兴的必由之路。几十年来，党领导全国各族人民坚定走在这条道路上，沉着应对国际国内不断出现的新形势、新情况、新问题，抓住机遇，加快发展，有效化解各种风险挑战，取得了一个又一个胜利。当代中国的历史性变革和历史性成就无可争辩地证明，中国特色社会主义道路走得通、走得对、走得好，只有这条道路而没有别的道路，能够引领中国进步、实现人民幸福。"道路问题是关系党的事业兴衰成败第一位的问题，道路就是党的生命。"③"我们走中国特色社会主义道路，具有无比广阔的时代舞台，具有无比深厚的历史底蕴，具有无比强大的前进定力。"④无论是与自己过往的历史作比较，

① 《习近平谈治国理政》，外文出版社 2014 年版，第 7 页。
② 同上书，第 8 页。
③ 习近平：《关于坚持和发展中国特色社会主义的几个问题》，《求是》2019 年第 7 期。
④ 习近平：《决胜全面建成小康社会　夺取新时代中国特色社会主义伟大胜利——在中国共产党第十九次全国代表大会上的报告》，人民出版社 2017 年版，第 70 页。

还是在世界范围内比较中国和西方、中国和其他发展中国家,我们都应该有足够的道路自信。踏上新的征程,面对党和国家事业发展的新要求,最关键的是坚定不移走这条道路,与时俱进拓展这条道路,推动这条道路越走越宽广。

坚定不移走中国特色社会主义道路,必须坚持中国共产党的领导。党的十九大报告指出,"历史已经并将继续证明,没有中国共产党的领导,民族复兴必然是空想"①。"坚持中国共产党这一坚强领导核心,是中华民族的命运所系。"②中国共产党的领导不仅是中国特色社会主义最本质的特征和中国特色社会主义制度的最大优势,也是中国道路之魂,从根本上决定了中国道路的正确方向。离开中国共产党的领导,中国人民不可能成功开创出一条发展、繁荣和复兴中国的正确道路,也不可能沿着这条道路阔步前行。中国革命、建设和改革的历史已经充分证明了这一点。新时代,我们走在实现国家富强、民族复兴、人民幸福的康庄大道上,向着"两个一百年"奋斗目标、实现中华民族伟大复兴的中国梦奋勇前进,一刻也不能离开中国共产党的正确领导。

坚定不移走中国特色社会主义道路,必须保持清醒头脑,既不走封闭僵化的老路,也不走改旗易帜的邪路。一个国家具体走什么道路,是由这个国家的历史文化、经济发展水平等因素综合决定的。"'鞋子合不合脚,自己穿了才知道'。一个国家的发展道路合不合适,只有这个国家的人民最有发言权。正像我们不能要求所有花朵都变成紫罗兰这一种花,我们也不能要求有不同文化传统、历史遭遇、现实国情的国家都采用同一种发展

---

① 习近平:《决胜全面建成小康社会　夺取新时代中国特色社会主义伟大胜利——在中国共产党第十九次全国代表大会上的报告》,人民出版社2017年版,第16页。
② 习近平:《在庆祝全国人民代表大会成立60周年大会上的讲话》,人民出版社2014年版,第6页。

模式。否则,这个世界太单调了。"①过去,我们照抄过本本,也模仿过别人,有过迷茫,也有过挫折,一次次碰壁、一次次觉醒、一次次实践、一次次突破,最终走出了一条中国特色社会主义成功之路。习近平指出:"在中华民族积贫积弱、任人宰割的时期,各种主义和思潮都进行过尝试,资本主义道路没有走通,改良主义、自由主义、社会达尔文主义、无政府主义、实用主义、民粹主义、工团主义等也都'你方唱罢我登场',但都没能解决中国的前途和命运问题。是马克思列宁主义、毛泽东思想引导中国人民走出了漫漫长夜、建立了新中国,是中国特色社会主义使中国快速发展起来了。"②找到一条好路不容易,走好这条道路更不容易。现在,有些人议论这个道路、那个道路,有的想拉回到老路上去,有的想引到邪路上去;有的是思想误区,有的则是别有用心。"近些年来,国内外有些舆论提出中国现在搞的究竟还是不是社会主义的疑问,有人说是'资本社会主义',还有人干脆说是'国家资本主义'、'新官僚资本主义'。这些都是完全错误的。"③"中国特色社会主义这条道路,我们看准了、认定了,必须坚定不移走下去。"④走封闭僵化的老路,中国没有希望和前途;走改旗易帜的邪路,只会导致亡党乱国的灾难性后果。我们必须始终保持清醒头脑,增强政治定力,坚定走中国特色社会主义道路的自信,决不能在根本性问题上出现颠覆性错误。

坚定不移走中国特色社会主义道路,必须与时俱进,紧跟时代潮流。当今世界是一个正在发生深刻复杂变化的世界,是一个日新月异的世界。面对大发展大变革大调整的世界局势,我们既要坚持从我国实际出发,更要密切关注国际形势发展变化,全面客观地看待外部世界,深刻认识世界多极化、经济全球化、科技革命加速推进等发展趋势及其对我国发展的重

---

① 《习近平谈"一带一路"》,中央文献出版社 2018 年版,第 33 页。
②③ 习近平:《关于坚持和发展中国特色社会主义的几个问题》,《求是》2019 年第 7 期。
④ 《习近平总书记系列重要讲话读本(2016 年版)》,学习出版社、人民出版社 2016 年版,第 30 页。

大影响,从战略高度深入研究我国发展面临的机遇和挑战,进一步加强战略思维,增强战略定力,树立世界眼光,把握世界大势,更好地统筹国内国际两个大局,更好地把国内发展与对外开放统一起来,把中国发展与世界发展联系起来,把中国人民利益同各国人民共同利益结合起来,对内坚持科学发展、可持续发展、包容性发展、高质量发展,对外坚持和平发展、开放发展、合作发展、共赢发展。

坚定不移走中国特色社会主义道路,必须始终坚持党的思想路线。一切从实际出发,理论联系实际,实事求是,在实践中检验真理和发展真理,是我们党的思想路线。它是马克思主义中国化理论成果的精髓和灵魂,是党带领人民推动中国革命、建设、改革事业不断取得胜利的重要法宝。习近平指出:"当代中国的伟大社会变革,不是简单延续我国历史文化的母版,不是简单套用马克思主义经典作家设想的模板,不是其他国家社会主义实践的再版,也不是国外现代化发展的翻版。"①中国特色社会主义道路是创新的产物,勇于变革、锐意创新,是不断拓展这条道路的内在动力。我们要发挥主动性和创造性,清醒认识世情、国情、党情的变和不变,强化逢山开路、遇河搭桥的奋斗精神,积极进取,大胆探索,不断有所发现、有所创造、有所前进,使中国特色社会主义道路越走越宽广。

二、高擎科学理论的伟大旗帜

中国特色社会主义作为新时期以来我们党的历史创造,体现在理论上,就是形成了中国特色社会主义理论体系。这一理论体系,写出了科学社会主义的新版本,凝结了几代中国共产党人团结带领人民不断探索实践的智慧和心血,是改革开放以来党推进马克思主义中国化所取得的理论最

---

① 习近平:《在纪念马克思诞辰200周年大会上的讲话》,《人民日报》2018年5月5日,第2版。

新成果,是我们党最可宝贵的政治和精神财富,是全党全国各族人民团结奋斗的共同思想基础。这一理论体系,扎根于改革开放和社会主义现代化建设的伟大实践之中,符合全体中国人民根本利益,顺应当今世界和中国发展潮流,具有鲜明的科学性和真理性、人民性和实践性、开放性和时代性。这一理论体系,明确了中国特色社会主义的一系列重大问题,贯通马克思主义哲学、政治经济学、科学社会主义等各个领域,覆盖经济、政治、文化、社会、生态文明、国防、外交、统一战线、祖国统一、党的建设等方方面面。习近平新时代中国特色社会主义思想,是中国特色社会主义理论体系的最新成果。在当代中国,坚持习近平新时代中国特色社会主义思想,就是真正坚持中国特色社会主义理论体系,就是真正坚持马克思主义。

理论就是旗帜,理论就是方向。实践雄辩地证明,中国特色社会主义理论体系是指导党和人民实现中华民族伟大复兴的正确理论,是立于时代前沿、与时俱进的科学理论。改革开放以来,我们国家之所以能够在短短的 40 多年快速发展起来,其根本原因,就是我们党在接力推进中国特色社会主义伟大实践中,既不断丰富完善中国特色社会主义理论体系,又运用这一理论体系指导和推动新的实践。新时代,全面建成小康社会,实现社会主义现代化,实现中华民族伟大复兴,必须坚持用习近平新时代中国特色社会主义思想武装头脑、指导实践、推动工作,始终保持对科学理论的由衷认同和坚定自信,进一步坚定对中国特色社会主义的真心信仰。

坚定理论自信,必须掌握理论的精髓要义。习近平指出:"马克思主义是我们立党立国的根本指导思想,背离或者放弃马克思主义,我们党就会失去灵魂,迷失方向。"①中国特色社会主义理论体系是马克思主义中国化的理论成果,是马克思主义基本原理同中国社会现实相结合的产物,继承

---

① 习近平:《在庆祝中国共产党成立 95 周年大会上的讲话》,《人民日报》2016 年 7 月 2 日,第 2 版。

和体现了马克思主义理论的精髓。在马克思主义整个理论体系中,马克思主义哲学是马克思主义的灵魂所在,是马克思主义的世界观和方法论。掌握了马克思主义哲学,就抓住了理解中国特色社会主义理论体系的"牛鼻子",就能从根本上增强我们对这一科学理论和方法论的深度自信。著名学者王国维论述治学有三种境界:一是"昨夜西风凋碧树,独上高楼,望尽天涯路";二是"衣带渐宽终不悔,为伊消得人憔悴";三是"众里寻他千百度,蓦然回首,那人却在,灯火阑珊处"。学习领会中国特色社会主义理论体系的精髓要义也要有这三种境界,不断增进对马克思主义立场、观点、方法和科学社会主义基本原则的信仰,确保我们的自信是社会主义的理论自信,而不是其他什么主义的理论自信。

坚定理论自信,必须大力推进理论创新。回顾改革开放 40 多年的历程可以发现:改革开放实践中的每一次突破、社会主义现代化事业上的每一次进步,都是以思想和理论上的创新和发展为先导,"解放思想和改革开放相互激荡、观念创新和实践探索相互促进,充分显示了思想引领的强大力量"①。中国特色社会主义理论与中国现代化的实际紧密相连,在实践的过程中开创理论、升华理论、建立自信。辩证唯物主义认为,世界处在永恒的运动、变化、发展之中,物质存在具有复杂的多样性和丰富多彩的运动形式。理论要保持活力而不被时代遗弃,就必须不断进行理论创新。创新是理论的生命之源,中国特色社会主义理论体系的生命力,源于与具体实践相结合的理论创新。创新和发展中国特色社会主义理论体系的过程,就是不断总结经验的过程,是理论指导和推动改革发展的过程。中国特色社会主义理论体系,既展现了当代中国马克思主义的勃勃生机,又为我们继续进行理论创新打开了广阔空间。习近平指出:"推进理论创新,必须坚持

---

① 习近平:《开放共创繁荣 创新引领未来——在博鳌亚洲论坛 2018 年年会开幕式上的主旨演讲》,人民出版社 2018 年版,第 4 页。

马克思主义基本原理不动摇。这是发展马克思主义的基础和出发点,否则就会迷失方向走上歧途。同时,必须随着实践发展不断丰富发展马克思主义,不断赋予马克思主义新的生命活力,以更好地把马克思主义坚持下去。""我们要自觉坚持以改革开放和社会主义现代化建设的实际问题、以正在做的事情为中心,时刻关注社会发展的客观要求和人民群众的实践创造,根据新鲜经验不断推进理论创新。这是党的指导思想和基本理论与时俱进的不竭源泉。"①中国特色社会主义理论体系的创新就本质讲,就是从我国改革开放和现代化建设遇到的实际问题出发,以我们正在从事的伟大事业为中心,在发展和解决重大问题过程中提出和形成新理论,并根据实践的检验及时加以调整和完善,不断深化对中国特色社会主义规律性的认识,不断把党带领人民创造的成功经验上升为理论,让当代中国马克思主义放射出更加灿烂的真理光芒。

坚定理论自信,必须用理论指导实践。中国特色社会主义理论自信是在实践中形成的,是在破除了对马克思主义教条式理解的基础上得来的,也是在抵制各种企图脱离社会主义倾向的斗争中坚定的。理论的价值在于指导实践,坚定理论自信的内在要求,就是要坚持中国特色社会主义理论体系在各个实践领域的指导地位不动摇。中国特色社会主义理论体系不是教条,不是标签,而是行动的指南。要大力弘扬理论联系实际的马克思主义学风,紧密结合改革开放和现代化建设的实际,紧密结合个人思想和工作实际,学习运用中国特色社会主义理论体系,努力掌握贯穿其中的马克思主义立场、观点、方法,做到虔诚而执着、至信而深厚。要在理论指导下自觉加强主观世界和客观世界的改造,提高运用科学理论解决实际问题的能力。要把中国特色社会主义理论体系,贯彻到我国改革开放和现代

---

① 习近平:《中国共产党90年来指导思想和基本理论的与时俱进及历史启示》,《学习时报》2011年6月27日,第1版。

化建设的各方面,贯穿于经济社会发展的全过程,不断开创中国特色社会主义事业新局面。

三、发挥特色鲜明的制度优势

中国特色社会主义不仅是一种理论和实践,也是一种制度。新中国成立 70 年以来,中国共产党经过不懈探索、创造和积累,形成了一整套科学完备的中国特色社会主义制度。2013 年 1 月,习近平在新进中央委员、候补委员学习贯彻党的十八大精神研讨班上的讲话中,系统回顾和梳理了中国特色社会主义制度的历史渊源和发展历程,强调中国特色社会主义制度是科学社会主义理论逻辑和中国社会发展历史逻辑的有机统一,是历史的结论和人民的选择。这一制度体现在经济、政治、文化、社会、生态文明各个方面。党的十八大对这一制度作了精辟概括:"中国特色社会主义制度,就是人民代表大会制度的根本政治制度,中国共产党领导的多党合作和政治协商制度、民族区域自治制度以及基层群众自治制度等基本政治制度,中国特色社会主义法律体系,公有制为主体、多种所有制经济共同发展的基本经济制度,以及建立在这些制度基础上的经济体制、政治体制、文化体制、社会体制等各项具体制度。"①习近平指出:"中国特色社会主义制度,坚持把根本政治制度、基本政治制度同基本经济制度以及各方面体制机制等具体制度有机结合起来,坚持把国家层面民主制度同基层民主制度有机结合起来,坚持把党的领导、人民当家作主、依法治国有机结合起来,符合我国国情,体现了中国特色社会主义的特点和优势,是中国发展进步的根本制度保障。"②党的十九届四中全会《决定》指出,中国特色社会主义制度

---

① 《中国共产党第十八次全国代表大会文件汇编》,人民出版社 2011 年版,第 109 页。
② 《十八大以来重要文献选编》(上),中央文献出版社 2014 年版,第 75 页。

和国家治理体系是具有强大生命力和巨大优越性的制度和治理体系，是能够持续推动拥有近 14 亿人口大国进步和发展、确保拥有 5 000 多年文明史的中华民族实现"两个一百年"奋斗目标进而实现伟大复兴的制度和治理体系。①"中国特色社会主义政治制度是中国共产党和中国人民的伟大创造。我们完全有信心、有能力把我国社会主义民主政治的优势和特点充分发挥出来，为人类政治文明进步作出充满中国智慧的贡献!"②开创新时代中国特色社会主义事业新局面，必须进一步增强制度自觉、坚定制度自信，在实践中不断完善和发展中国特色社会主义制度，更好地发挥特色鲜明的制度优势。

坚定制度自信，必须准确理解中国特色社会主义制度的内涵和实质。这是坚定制度自信的前提。中国特色社会主义制度是根本制度、基本制度和具体制度的有机统一体，它包括人民代表大会制度的根本政治制度，中国共产党领导的多党合作和政治协商制度、民族区域自治制度以及基层群众自治制度等基本政治制度，中国特色社会主义法律体系，公有制为主体、多种所有制经济共同发展的基本经济制度，以及建立在这些制度基础上的经济体制、政治体制、文化体制、社会体制等各项具体制度。我们必须准确理解和把握中国特色社会主义制度的内涵和实质，自觉划清社会主义公有制为主体、多种所有制经济共同发展的基本经济制度同私有化和单一公有制的界限，划清中国特色社会主义民主同西方资本主义民主的界限，毫不动摇地坚持中国特色社会主义制度，绝不照搬西方制度模式。

坚定制度自信，必须深刻认识中国特色社会主义制度的特色和优势。这是坚定制度自信的关键。制度自信来自认识制度体系的内生性演化。

---

① 《〈中共中央关于坚持和完善中国特色社会主义制度、推进国家治理体系和治理能力现代化若干重大问题的决定〉辅导读本》，人民出版社 2019 年版，第 3 页。

② 习近平:《决胜全面建成小康社会　夺取新时代中国特色社会主义伟大胜利——在中国共产党第十九次全国代表大会上的报告》，人民出版社 2017 年版，第 40 页。

习近平指出:"坚定中国特色社会主义制度自信,首先要坚定对中国特色社会主义政治制度的自信,增强走中国特色社会主义政治发展道路的信心和决心。"①"中国特色社会主义政治制度过去和现在一直生长在中国的社会土壤之中,未来要继续茁壮成长,也必须深深扎根于中国的文化土壤。"②"中国特色"表明中国特色社会主义政治和经济制度是"自产"的,有专家指出,"不论发展高低,一个国家作为上层建筑的各种制度安排都是内生的"。中国特色社会主义制度的"内生性",决定了它在今后不可能走改旗易帜之路,在经济和政治制度的系列改革中,不可能走"西化"的道路。如果说我国社会主义制度建立之初还带有苏联模式的印记、借助苏联经验的话,那么在改革开放之后,社会主义就有了鲜明的中国特色,符合中国的基本国情,能够适应中国政治、经济和社会的发展。无论是经济制度还是政治制度,都是中国共产党结合我国的基本国情所创造出来的,能够发挥出最佳的运行效率和社会功能。中国特色社会主义制度的巨大优势,体现在符合历史发展规律,体现在顺应当代中国发展进步要求,体现在推动社会主义制度变革完善。集中表现为:有利于保持党和国家活力、调动广大人民群众和社会各方面的积极性、主动性、创造性,有利于解放和发展生产力、推动经济社会全面发展,有利于维护和促进公平正义、实现全体人民共同富裕,有利于集中力量办大事、有效应对前进道路上的各种风险挑战,有利于维护民族团结、社会稳定、国家统一。③党的十九大指出,党的领导是中国特色社会主义制度的最大优势。中国特色社会主义制度不断发展完善以及对其独特优势的不断深化,为坚定中国特色社会主义制度自信提供了坚实基础。中国共产党深入把握共产党执政规律、社会主义建设规律、人类

---

① 《十八大以来重要文献选编》(中),中央文献出版社 2016 年版,第 62 页。
② 习近平:《在庆祝全国人民代表大会成立 60 周年大会上的讲话》,人民出版社 2014 年版,第 16 页。
③ 《十七大以来重要文献选编》(下),中央文献出版社 2013 年版,第 437 页。

社会发展规律,使自己的领导始终遵循客观规律、反映人民意愿、推动实践发展,这是中国特色社会主义制度具有旺盛生命力和巨大优势的根本所在。党的十九届四中全会《决定》对中国特色社会主义制度和国家治理体系所具有的显著优势进行了系统的总体概括。回首改革开放以来走过的路,无论是战胜特大洪涝灾害,还是抗击"非典""新冠肺炎"、抗震救灾;无论是应对亚洲金融危机、国际金融危机,还是应对当前错综复杂的国际形势,在中国共产党的领导下,中国特色社会主义制度充分展现出自身的优越性。如果没有这一制度,中国不可能经受住那么多风风雨雨甚至惊涛骇浪,中国特色社会主义也不可能在国际社会得到那么多的认同和赞誉。

坚定制度自信,必须大力推进中国特色社会主义制度的创新和发展。这是坚定制度自信的内在要求。制度自信不是制度迷信、不是制度盲目崇拜,而是把中国特色社会主义制度看作一个开放的、发展的历程,看作这一制度充分借鉴世界文明成果,并根据时代要求不断创新和完善的过程。坚定制度自信,并不意味着"孤芳自赏"、自满自足,相反,制度自信更体现在对制度的创新和完善上,体现在对人类美好社会制度的不懈探索和追求上。邓小平指出:"我们的制度将一天天完善起来,它将吸收我们可以从世界各国吸收的进步因素,成为世界上最好的制度。"①习近平指出:"中国特色社会主义制度是特色鲜明、富有效率的,但还不是尽善尽美、成熟定型的。中国特色社会主义事业不断发展,中国特色社会主义制度也需要不断完善。"②"摆在我们面前的一项重大历史任务,就是推动中国特色社会主义制度更加成熟更加定型,为党和国家事业发展、为人民幸福安康、为社会和谐稳定、为国家长治久安提供一整套更完备、更稳定、更管用的制度体系。"③

---

① 《邓小平文选》第 2 卷,人民出版社 1994 年版,第 337 页。
② 《习近平谈治国理政》,外文出版社 2014 年版,第 10 页。
③ 《习近平总书记系列重要讲话读本(2016 年版)》,学习出版社、人民出版社 2016 年版,第 74 页。

中国特色社会主义制度自信,意味着对中国特色社会主义制度的科学认识、自觉坚持和积极完善。"坚定制度自信,不是要故步自封,而是要不断革除体制机制弊端,让我们的制度成熟而持久"①,"把坚定制度自信和不断改革创新统一起来,在坚持根本政治制度、基本政治制度的基础上,不断推进制度体系完善和发展"②,"离开不断改革,制度自信也不可能彻底、不可能久远"。③因此,中国特色社会主义制度自信,一方面体现为政治定力,一方面也体现为改革创新。制度创新和发展绝不是动摇社会主义制度的根基,而是在深刻认识中国特色社会主义制度确立的理论、历史和现实依据的基础上,在坚持中国特色社会主义根本政治制度、基本政治制度、法律体系和基本经济制度的前提下,积极推进制度创新和制度建设。只有更加自觉地把改革创新精神贯穿于治国理政各个环节,积极稳妥而又不失时机地推进重要领域和关键环节改革,不断推进国家治理体系和治理能力现代化,坚决破除一切不合时宜的思想观念和体制机制弊端,突破利益固化的藩篱,吸收人类文明有益成果,才能逐步构建系统完备、科学规范、运行有效的制度体系,使各方面制度更加成熟、更加定型,为夺取新时代中国特色社会主义伟大胜利提供更加有效的制度保障。

四、坚守中华民族的精神标识

文化是一个国家、一个民族的灵魂。文化兴国运兴,文化强民族强。没有高度的文化自信,没有文化的繁荣兴盛,就没有中华民族伟大复兴。习近平一再强调:"理论自觉、文化自信,是一个民族进步的力量;价值先

---

① 《习近平关于全面深化改革论述摘编》,中央文献出版社 2014 年版,第 22 页。
② 《习近平谈治国理政》第 2 卷,外文出版社 2017 年版,第 289 页。
③ 《习近平谈治国理政》,外文出版社 2014 年版,第 106 页。

进、思想解放,是一个社会活力的来源。国家之魂,文以化之,文以铸之。"①坚定中国特色社会主义文化自信既是建设社会主义文化强国的必然要求,也是实现"两个一百年"奋斗目标和中华民族伟大复兴中国梦的必然选择。相比道路自信、理论自信、制度自信来说,文化自信有着更加突出的基础地位。文化自信是更基础、更广泛、更深厚的自信,是一个国家、一个民族发展中更基本、更深沉、更持久的力量。坚定文化自信,是事关国运兴衰、事关文化安全、事关民族独立性的重大问题。党的十九大将中国特色社会主义文化同中国特色社会主义道路、理论、制度一道,作为中国特色社会主义的重要组成部分,强调要全面增强"四个自信",这反映了我们党对文化地位和作用认识的极大深化,充分体现了我们党高度的文化自觉和文化担当。

坚定中国特色社会主义道路自信、理论自信、制度自信,最根本的是坚定中国特色社会主义文化自信。中国特色社会主义文化,源于中华民族5 000 多年文明历史所孕育的中华民族优秀传统文化,熔铸于党领导人民在革命、建设、改革中创造的革命文化和社会主义先进文化,它积淀着中华民族最深层的精神追求,代表着中华民族独特的精神标识。站在新的历史方位上,更要坚定中国特色社会主义文化自信,从而为新时代坚持和发展中国特色社会主义、实现中华民族伟大复兴的中国梦注入更为强大的精神动力。

坚定文化自信,就要不断促进中华优秀传统文化创造性转化、创新性发展。文化自信也是历史自信的重要表现,一个国家和民族在历史发展的不同时期创造的精神文化,尤其是其中的精华部分,构成了一个民族特有的精神家园。"中华文化独一无二的理念、智慧、气度、神韵,增添了中国人民和中华民族内心深处的自信和自豪。"②中华民族饱经沧桑,之所以能够

---

① 习近平:《在纪念马克思诞辰 200 周年大会上的讲话》,人民出版社 2018 年版,第 19 页。
② 《关于实施中华民族优秀传统文化传承发展工程的意见》,《人民日报》2017 年 1 月 26 日,第 6 版。

始终保持着强大的生命力,原因就在于我们拥有经久不息的文化历史传统。"保持和发展本民族文化的优良传统,积极吸取世界其他民族的优秀文化成果,实现文化的与时俱进,是关系党和国家前途与命运的重大问题"①。这是习近平站在新的历史发展的高度,对中华民族自身历史以及中华民族传统文化的新概括、新定位。2016 年 5 月,习近平在哲学社会科学工作座谈会上的讲话中进一步指出:"中华民族有着深厚文化传统,形成了富有特色的思想体系,体现了中国人几千年来积累的知识智慧和理性思辨。这是我国的独特优势。中国文明延续着我们国家和民族的精神血脉,既需要薪火相传、代代守护,也需要与时俱进、推陈出新。要加强对中华优秀传统文化的挖掘和阐发,使中华民族最基本的文化基因与当代文化相适应、与现代社会相协调,把跨越时空、超越国界、富有永恒魅力、具有当代价值的文化精神弘扬起来。要推动中华文明创造性转化、创新性发展,激活其生命力,让中华文明同各国人民创造的多彩文明一道,为人类提供正确精神指引。"②这些重要论断,深刻指明了中华优秀传统文化的历史地位及时代价值,揭示了中国特色社会主义文化发展道路的根魂所在和发展方向,也向世人表明了中国共产党高度重视历史文化传统的鲜明立场和坚定态度,为我们正确看待传统文化,正确对待传统与现实,正确对待中华文明与其他文明间的关系指明了方向。为此,我们要注重以科学的态度对待传统文化,坚持古为今用、推陈出新,有鉴别地加以对待,有扬弃地加以继承和弘扬,取其精华、弃其糟粕,用中华民族创造的一切精神财富来以文化人、以文育人。注重从新时代的特点和要求出发,对传统文化进行创造性转化、创新性发展,对那些至今仍有借鉴价值的内涵和陈

---

① 习近平:《干在实处 走在前列——推进浙江新发展的思考与实践》,中共中央党校出版社 2006 年版,第 290 页。

② 习近平:《在哲学社会科学工作座谈会上的讲话》,人民出版社 2016 年版,第 17 页。

旧的表现形式加以改造,对中华优秀传统文化的内涵加以补充、拓展、完善,赋予其新的时代内涵和表达形式,增强传统文化意蕴的现代气息,使之更好地服务于社会主义现代化建设事业和民族复兴。注重秉承中国传统文化"善于学习他人"的优良传统,在当今全球化背景下,充分汲取世界各民族文化的优秀资源,在不断借鉴、吸收其他文明成果中丰富和发展,使中国文化以崭新的面貌参与到全球化进程中来,发挥其应有的功能作用。

坚定文化自信,就要继承和发扬好革命文化。革命文化孕育于中国共产党人为中国人民谋幸福、为中华民族谋复兴的初心使命,形成于党领导人民革命、建设、改革、发展的伟大实践之中,蕴含着深厚的革命精神和鲜明的时代品格,体现了中国共产党人丰富的精神内涵和高尚的精神追求,是我们党近百年奋斗历程中所创造和积淀的巨大精神财富,无论过去、现在还是将来,革命文化都是我们党保持先进性和纯洁性的思想武器,是我们党保持进取心和战斗力的精神源泉,更是我们党保持信心和魄力的根魂所在。坚定中国特色社会主义文化自信,离不开革命文化这块坚强基石,必须把革命文化传承好发扬好。习近平强调:"不忘本来才能开辟未来,善于继承才能更好创新"①,"共和国是红色的,不能淡化这个颜色"②,"要把理想信念的火种、红色传统的基因一代代传下去,让革命事业薪火相传、血脉永续"。③当前,传承和发扬革命文化理所当然、刻不容缓。但"传承和发扬"不能光喊口号,也不能光使蛮力,更要讲文化选择、文化创新和文化渗透,不能让革命文化只做传统的载体和历史

---

① 《习近平总书记系列重要讲话读本(2016年版)》,学习出版社、人民出版社2016年版,第202页。

② 《习近平总书记看望文艺界社科界委员的微镜头:"共和国是红色的"》,《人民日报》2019年3月5日,第1版。

③ 《在古田会议光芒照耀下继续前进——习近平主席出席全军政治工作会议侧记》,《人民日报》2014年11月3日,第2版。

的反映,更要让它成为培育当代社会主义先进文化的酵母,为当下社会实践提供精神养分。为此,一方面要根据时代的发展变化,对革命文化的具体内容及开发利用形式、传播手段、载体进行创新,创造出反映时代特征、符合时代要求、具有时代魅力的文化产品、文化形式、文化品牌,增强革命文化的吸引力、感染力和震撼力;另一方面要将实践进程中不断涌现出来的新人新事及新的时代精神融入红色文化系统,实现革命文化精神内涵的不断拓展。

坚定文化自信,就要大力发展社会主义先进文化。坚持什么样的文化方向,开辟什么样的文化道路,是一个政党的生命之源。党的十八届三中全会强调:"建设社会主义文化强国,增强国家文化软实力,必须坚持社会主义先进文化前进方向。"①以马克思主义为指导、以社会主义先进文化为前进方向,这是中国特色社会主义文化最基本的特征,也是坚定中国特色社会主义文化自信的本质要求。当前,坚定文化自信,首先要正确对待人们思想观念发生的深刻变化。改革开放以来,我国经济社会快速发展,社会范围内思想观念也发生了显著变化,人们的思想观念更加多元多样多变。我们要把握时代脉搏、聆听时代声音,坚持与时代同步伐、以人民为中心,对现实社会中人们思想观念的变化作出积极回应,更好地凝心聚力。其次,要坚定马克思主义的指导地位不动摇。党的十九大报告指出:"意识形态决定文化前进方向和发展道路。"②以马克思主义为指导思想,是中国特色社会主义意识形态的核心和灵魂,决定着中国特色社会主义文化发展的性质、前进的方向。站在新的历史起点上,我们一定要毫不动摇地坚持马克思主义的指导地位,充分发挥马克思主义在先进文化建设过程中的引

---

① 《中国共产党第十八届中央委员会第三次全体会议公报》,人民出版社2013年版,第13页。
② 习近平:《决胜全面建成小康社会　夺取新时代中国特色社会主义伟大胜利——在中国共产党第十九次全国代表大会上的报告》,人民出版社2017年版,第41页。

领作用,牢牢掌握好马克思主义在意识形态领域的话语权,用马克思主义统揽全局、引领方向、指引未来、提振自信。再次,要强化党对文化工作的领导。党章规定:中国共产党是中国特色社会主义事业的领导核心,党始终代表中国先进生产力的发展要求,始终代表中国先进文化的前进方向,始终代表中国最广大人民的根本利益。在革命、建设、改革各个历史时期,我们的文化建设之所以能不断取得新成果、新进展,发挥了重大作用,与党在中国特色社会主义文化发展过程中的领导核心地位密不可分,党的文化政策为不同时期的文化建设确立了基本遵循。脱离了党的领导,偏离了党的文化政策,文化建设就会失去方向、走入迷途。在实现中华民族伟大复兴的关键历史阶段,坚持社会主义先进文化的前进方向,走好中国特色社会主义文化发展道路,必须进一步强化党对文化工作的领导。

第三节　走向自由王国:深入探索中国特色社会主义建设规律

　　共产党人把共产主义作为最高理想,就是为了实现人的彻底解放和自由全面发展。共产主义是真正自由王国的开始。自由不仅同社会主义高度相容,而且唯有社会主义能给人以更多的自由。新中国成立以来特别是改革开放以来,我们党科学总结历史经验,对中国特色社会主义认识更丰富、更清晰,特点规律的把握更深刻、更娴熟,在通往自由王国的道路上实现了新的飞跃。

　　在庆祝改革开放 40 周年大会上,习近平提出了"九个必须坚持",即必须坚持党对一切工作的领导,不断加强和改善党的领导;必须坚持以人民为中心,不断实现人民对美好生活的向往;必须坚持马克思主义指导地位,不断推进实践基础上的理论创新;必须坚持走中国特色社会主义道路,不断坚持和发展中国特色社会主义;必须坚持完善和发展中国特色社会主义制度,不断发挥和增强我国制度优势;必须坚持以发展为第一要务,不断增强我国综合国力;必须坚持扩大开放,不断推动共建人类命运共同体;必须坚持全面从严治党,不断提高党的创造力、凝聚力、战斗力;必须坚持辩证唯物主义和历史唯物主义世界观和方法论,正确处理改革发展稳定关系。这是改革开放40年积累的宝贵经验,是党和人民弥足珍贵的精神财富,对新时代坚持和发展中国特色社会主义有着极为重要的指导意义,必须倍加珍惜、长期坚持,在实践中不断丰富和发展。深入理解这"九个必须坚持",需要重点把握其中的一些规律性认识。

一、始终牢牢把握中国的基本国情

把握国情是事业成功的基础。把握我国的基本国情,关键就是要搞清楚国家和社会的根本性质及其所处的发展阶段。马克思主义认为,人类社会是一个不断发展的历史过程,是"包含着一连串互相衔接的阶段的发展过程"①。马克思、恩格斯在创立科学社会主义时,曾经预测过取代资本主义的未来社会将经历"过渡时期",共产主义"第一阶段""高级阶段"。列宁把共产主义"第一阶段"称作社会主义社会,认为社会主义社会也将经历若干阶段,并提出了"初级形式的社会主义"等概念。新中国成立后,我们党在社会主义建设的探索发展过程中,提出了社会主义社会可分为不发达的社会主义和比较发达的社会主义不同阶段的思想,这些有益探索为我们提供了宝贵的经验和启示。但在具体实践中,在对社会主义发展阶段的认识

---

① 《马克思恩格斯选集》第4卷,人民出版社2012年版,第586页。

上,对基本国情的判断上也曾出现过失误,产生了急于从社会主义向共产主义过渡的不切实际的观点,在实践中摔过跟头,吃过大亏。历史经验告诉我们,认清基本国情是一个极其重要的问题。正确认识我国社会现在所处的历史阶段,是建设中国特色社会主义的首要问题。如果判断失误,不论是超越阶段,还是落后于现实,都会给社会主义事业发展带来严重危害。

改革开放以来,我们党不断深化对中国基本国情的认识,逐步形成了我国仍处于并将长期处于社会主义初级阶段的科学论断。1981 年,党的十一届六中全会第一次明确提出了"我们的社会主义制度还是处于初级的阶段"①的论断。1982 年,党的十二大报告强调,"我国的社会主义社会现在还处在初级发展阶段"②。1987 年党的十三大召开前夕,邓小平指出:"中国社会主义处在一个什么阶段,就是处在初级阶段,是初级阶段的社会主义。社会主义本身是共产主义的初级阶段,而我们又处在社会主义的初级阶段,就是不发达的阶段。一切都要从这个实际出发,根据这个实际来制订规划。"③1987 年,党的十三大报告系统论述了初级阶段的主要含义、基本特征、主要矛盾,提出了党的基本路线,标志着社会主义初级阶段理论的形成。1992 年,党的十四大报告强调我国社会主义初级阶段是一个至少上百年的很长的历史阶段,制定一切方针政策都必须以这个基本国情为依据,任何时期都不能离开这个实际、超越这个阶段,把社会主义初级阶段理论作为建设有中国特色社会主义理论的主要内容。1997 年,党的十五大报告通过对社会主义初级阶段主要特征、发展进程、主要矛盾、根本任务、基本制度、基本纲领的系统论述,全面拓展了社会主义初级阶段理论。2002 年,党的十六大报告再次强调,"必须看到,我国正处于并将长期处于

① 《十一届三中全会以来重要文献选读》上册,人民出版社 1987 年版,第 344 页。
② 《十二大以来重要文献选编》(上),人民出版社 1986 年版,第 26 页。
③ 《邓小平文选》第 3 卷,人民出版社 1993 年版,第 252 页。

社会主义初级阶段,现在达到的小康还是低水平的、不全面的、发展很不平衡的小康"①,提出了全面建设小康社会的目标。2007 年党的十七大和 2012 年党的十八大报告强调,我国仍处于并将长期处于社会主义初级阶段的基本国情没有变。2017 年,党的十九大报告强调:"我国社会主要矛盾的变化,没有改变我们对我国社会主义所处历史阶段的判断,我国仍处于并将长期处于社会主义初级阶段的基本国情没有变,我国是世界最大发展中国家的国际地位没有变。"②当前我国发展的阶段性特征,是社会主义初级阶段基本国情在新时代的具体表现。所有这些,都表明我们党对社会主义初级阶段的认识在不断深化。

党关于社会主义初级阶段的科学判断,是建设中国特色社会主义的理论前提,是中国特色社会主义道路的总依据,也是中国特色社会主义理论体系的逻辑起点。社会主义初级阶段理论是中国特色社会主义理论体系的重要组成部分,它包含两个内容:一是我国已经是社会主义,必须毫不动摇坚持而不能离开社会主义,企图否定和抛弃我国社会主义制度和道路,主张"补资本主义的课"、走资本主义之路,都是错误的观点,是历史的倒退;二是当前我国还处在初级阶段,即不发达阶段。这个阶段,既不同于社会主义经济基础尚未奠定的过渡时期,又不同于已经实现社会主义现代化的阶段,我们考虑一切问题、制定路线政策,都必须立足这个实际而不能超越这个初级阶段。社会主义初级阶段理论既是对中国国情的清醒认识,为制定社会主义初级阶段的正确路线、方针、政策奠定了前提、依据和出发点,构成中国特色社会主义理论体系的基石和重要内容,又是对社会主义发展阶段问题的系统科学的回答。我们党明确提出社会主义初级阶段理

---

① 《江泽民文选》第 3 卷,人民出版社 2006 年版,第 542 页。
② 习近平:《决胜全面建成小康社会 夺取新时代中国特色社会主义伟大胜利——在中国共产党第十九次全国代表大会上的报告》,人民出版社 2017 年版,第 12 页。

论,丰富和发展了马克思主义关于社会阶段发展的理论,创造忹地发展了中国化的马克思主义。

当前,我国改革开放进入了新的发展阶段,各方面情况与改革开放之初相比有了很大变化,但这并不影响我国仍处于社会主义初级阶段的总判断。2018 年我国经济总量虽超过 13 万亿美元,但人均国内生产总值只相当于世界平均水平的 80％左右,到全面建成小康社会之时,人均水平也仅接近世界平均水平,在创新能力、产业层次、公共服务方面与发达国家仍有相当大的差距。我们必须清醒认识到,尽管具体国情条件发生了很大变化,但社会主义初级阶段的基本特征和根本任务没有变。实现建成富强民主文明和谐美丽的社会主义现代化强国目标,还有很长的路要走,必须长期艰苦奋斗。在任何时候任何情况下,我们都要牢牢把握这个最大国情,推进任何方面的改革发展,都要牢牢立足这个最大实际。不仅在经济建设中要始终立足初级阶段,而且在政治建设、文化建设、社会建设、生态文明建设中也要始终牢记初级阶段;不仅在经济总量低时要立足初级阶段,而且在经济总量提高后仍然要牢记初级阶段;不仅在谋划长远发展时要立足初级阶段,而且在日常工作中也要牢记初级阶段。

我们强调社会主义初级阶段的长期性,并不是说社会主义初级阶段是一成不变的。随着社会生产力水平提高及其带来的生产关系、上层建筑的深刻变革,社会主义初级阶段在发展上不断有新进展、在层次上不断有新提升、在实践上不断有新内涵。当下社会主义初级阶段的基础、水平及其呈现的阶段性特点,与改革开放之初已经有了很大不同,同提出全面建设小康社会奋斗目标的本世纪之初也有诸多区别。世异则事异,事异则备变。我们要根据社会主义初级阶段发展变化的特点和要求,采取与时俱进的因应之策,推动发展实现从低水平到高水平、从量变到质变的跃升,最终越过初级阶段,进入社会主义的更高发展阶段。

二、注重科学分析我国社会主要矛盾的发展变化

抓住主要矛盾带动全面工作,是唯物辩证法的要求,也是我们党在革命建设改革各个阶段一贯倡导和坚持的方法论。毛泽东指出:"对于矛盾的各种不平衡情况的研究,对于主要的矛盾和非主要的矛盾、主要的矛盾方面和非主要的矛盾方面的研究,成为革命政党正确决定其政治上和军事上的战略战术方针的重要方法之一,是一切共产党人都应当注意的。"①这既是一个朴素的哲学道理,更是总结党的历史得出的深刻结论,具体运用到指导党和国家事业发展上,就是必须准确分析和把握我国社会主要矛盾的发展变化。

新民主主义革命时期,我们党正确分析半殖民地半封建中国的社会矛盾,科学揭示了帝国主义与中华民族、封建主义与人民大众的这一主要矛盾及其不同时期的具体表现,制定了新民主主义革命总路线和一系列方针政策,取得了新民主主义革命的胜利。新中国成立后特别是我国社会主义基本制度确立后,党的八大明确指出:"国内的主要矛盾,已经是人民对于建立先进的工业国的要求同落后的农业国之间的矛盾,已经是人民对于经济文化迅速发展的需要同当前经济文化不能满足人民需求的状况之间的矛盾。这一矛盾的实质,在我国社会主义制度已经建立的情况下,也就是先进的社会主义制度同落后的社会生产力之间的矛盾。"②这个提法是符合当时我国实际的。后来由于种种原因,这一正确论断没有坚持下来,甚至错误提出"以阶级斗争为纲",把阶级斗争重新认定为我国社会主要矛盾,以致酿成"文化大革命"这样全局性的严重失误,党和国家为此付出沉

---

① 《毛泽东选集》第 1 卷,人民出版社 1991 年版,第 326—327 页。
② 《中国共产党历史》第 2 卷(上),中共党史出版社 2011 年版,第 396 页。

痛代价。党的十一届三中全会以后,我们党经过拨乱反正,对社会主要矛盾的论断重新回到正确轨道上来。1981年,党的十一届六中全会通过的《关于建国以来党的若干历史问题的决议》对新时期我国社会的主要矛盾作了如此表述:"在社会主义改造基本完成以后,我国所要解决的主要矛盾。是人民日益增长的物质文化需要同落后社会生产之间的矛盾。"①改革开放之后,正是根据这一主要矛盾,党制定和坚持了正确的路线方针政策,才使我国社会主义现代化建设取得巨大成就。历史充分说明,党和国家事业能不能顺利发展,同能否随着社会历史条件的变化准确认识和把握社会主要矛盾,能否在这个基础上制定正确的政治路线和政治策略,紧密联系在一起。坚持从我国实际情况出发,在诸多社会矛盾和矛盾全局中敏锐抓住主要矛盾,并自觉围绕主要矛盾部署党和国家工作全局,是我们党自觉运用马克思主义解决中国革命建设改革问题的一条成功经验。

从党的八大算起,关于我国社会主要矛盾的提法至今已经60多年了。中国特色社会主义进入新时代,我们面临的国内外环境、面对的矛盾和问题发生了深刻变化,发展阶段和发展任务、工作对象和工作条件发生了深刻变化,对我们党长期执政能力和领导水平的要求也发生了深刻变化。这些变化反映在我国社会主要矛盾问题上,就是社会需求和社会生产两个方面的情况都发生了变化。经过改革开放40多年的发展,我国社会生产力有了历史性飞跃,在很多领域已经达到世界先进水平,不仅生产了丰富多彩的商品、基本满足了人民物质文化需要,而且产品大量出口、"中国制造"享誉世界。这说明,我国社会生产今非昔比,"落后的社会生产"的表述已经不符合实际。同时,人民生活在总体达到小康后,对美好生活的向往更加强烈,已不再仅局限于一般的"物质文化需要",而是有着更高、更广泛的要求,并呈现多样化、多方面、多层次需求的特点。人民盼望有更好的教

① 《关于建国以来党的若干历史问题的决议》,中共党史出版社2010年版,第113页。

育、更稳定的工作、更满意的收入、更可靠的社会保障、更高水平的医疗服务、更舒适的居住条件、更优美的环境、更丰富的精神文化生活,对民主、法治、公平、正义、安全方面的要求也日益增长。与之相比较,我国发展不平衡不充分的问题更加凸显出来。部分中低端产品过剩和中高端产品供给不足并存,公共服务有不少"短板",城乡区域发展差距和居民收入分配差距仍然较大,生活环境问题突出,等等。经济社会发展情况的根本性变化,使我国社会主要矛盾的原有提法已经不能对其进行准确反映,迫切需要作出新的概括和表述。正是基于这样的考虑,党的十九大报告郑重作出"中国特色社会主义进入新时代,我国社会主要矛盾已经转化为人民日益增长的美好生活需要和不平衡不充分的发展之间的矛盾"①的重大政治判断。

发展是一个动态过程,不平衡不充分是永远存在的,平衡永远是相对的,但当发展到了一定阶段后不平衡不充分成为社会主要矛盾的主要方面时,就必须下功夫去认识它、解决它,否则就会制约全局发展。我国社会主要矛盾发生深刻变化,从"物质文化需要"到"美好生活需要",从解决"落后的社会生产"问题到解决"不平衡不充分的发展"问题,既有重大变化又保持了连续性,正确反映了我国发展的阶段性要求,体现了党和国家事业发展战略重点的变化。必须认识到,我国社会主要矛盾变化的新表述,指明了解决当代中国发展问题的根本着力点,为推动党和国家事业发展提供了科学准确的认识前提。只有牢牢把握我国社会发展的阶段性特征,牢牢把握人民群众对美好生活的向往,才能针对我国社会主要矛盾的变化提出新思路、新战略、新举措。我们要结合当前任务和长远目标,坚持辩证唯物主义和历史唯物主义的方法论,在继续推动发展的基础上,着力解决好发展

---

① 习近平:《决胜全面建成小康社会 夺取新时代中国特色社会主义伟大胜利——在中国共产党第十九次全国代表大会上的报告》,人民出版社2017年版,第11页。

不平衡不充分问题。要按照中国特色社会主义事业"五位一体"总体布局和"四个全面"战略布局,正确处理发展中的重大关系,重点促进城乡区域协调发展,促进经济社会协调发展,促进新型工业化、信息化、城镇化、农业现代化同步发展,在提高国家硬实力的同时注重提升国家软实力,不断增强发展的平衡性。要坚持以经济建设为中心,进一步解放和发展生产力,解放和增强社会活力,努力提高发展的水平、质量和效益,不断增强发展的充分性,更好地满足人民在经济、政治、文化、社会、生态等方面日益增长的需要,更好地推动人的全面发展、社会全面进步。

三、全面贯彻党的基本理论基本路线基本方略

我们党在近百年特别是改革开放以来 40 多年的奋斗历程□,始终坚持以马克思主义为指导,形成并不断丰富发展了党的基本理论、基本路线、基本方略。这是党和人民极为宝贵的精神财富,是新时代坚持和发展中国特色社会主义的根本遵循,对党和国家事业发展具有长远指导作用。习近平在党的十九大报告中指出:"全党同志必须全面贯彻党的基本理论、基本路线、基本方略,更好引领党和人民事业发展。"①这一重要论述,深刻阐述了坚持党的基本理论、基本路线、基本方略的重要性,进一步明确了我们党治国理政的大政方针,把党对共产党执政规律、社会主义建设规律和人类社会发展规律的认识提升到新高度,为决胜全面建成小康社会、夺取新时代中国特色社会主义伟大胜利提供了根本遵循。

对一个执政党来说,党的理论是思想基础和行动指针,是凝聚党心、赢得民心、引领社会前进的伟大旗帜。中国共产党历来高度重视理论建设和

---

① 习近平:《决胜全面建成小康社会 夺取新时代中国特色社会主义伟大胜利——在中国共产党第十九次全国代表大会上的报告》,人民出版社 2017 年版,第 26 页。

理论指导,从马克思主义在中国的广泛传播和运用到推进马克思主义中国化,形成毛泽东思想;从开创改革开放和社会主义现代化建设新时期到创立包括邓小平理论、"三个代表"重要思想、科学发展观在内的中国特色社会主义理论体系,实现了指导思想上的一次又一次与时俱进。如今,在中国特色社会主义进入新时代的关键时刻,党的十九大就新时代坚持和发展中国特色社会主义的一系列重大理论和实践问题阐明了大政方针,并将习近平新时代中国特色社会主义思想确立为我们党必须长期坚持的指导思想。在当前,学习掌握党的基本理论的首要任务,就是深入学习贯彻习近平新时代中国特色社会主义思想。我们要自觉用习近平新时代中国特色社会主义思想武装头脑、指导实践、推动工作。在新时代的征程上,全党要来一次大学习,着力在学懂弄通做实上下功夫,真正把思想和行动统一到习近平新时代中国特色社会主义思想上来,不断提高全党马克思主义理论水平,不断增强中国特色社会主义道路自信、理论自信、制度自信、文化自信。

成功的实践离不开正确路线的指引。能否制定和贯彻一条正确的基本路线,直接关系事业的兴衰成败。改革开放以来,在正确认识基本国情的基础上,我们党形成了社会主义初级阶段的基本路线。党的十三大首次系统阐述了这条基本路线。随着经济社会的发展,基本路线的内容不断丰富和发展。在党的基本路线中,以经济建设为中心是兴国之要,是我们党和国家兴旺发达、长治久安的根本要求;四项基本原则是立国之本,是我们党和国家生存发展的政治基石;改革开放是强国之路,是我们党和国家发展进步的活力源泉。

党的基本路线是兴国、立国、强国的重大法宝,是党和国家的生命线、人民的幸福线,坚持党的基本路线是我们事业能够经受风险考验、顺利实现中国梦最可靠的保证。它体现了社会主义本质的要求,反映了中国特色社会主义发展的根本规律,代表了我国各族人民的根本利益与愿望,是建设中国特色社会主义理论和实践的总纲。改革开放 40 多年来,无论是面对东欧剧变、苏联解体和国内政治风波,还是面对重大自然灾害的严峻考验、经济领域的剧烈冲击、西化分化的各种图谋,无论是面对否定改革开放的论调,还是面对否定社会主义方向、鼓吹照搬西方模式的思潮,我们在走什么样的路、朝什么方向前进这个根本问题上,始终保持清醒的头脑,毫不动摇地坚持党的基本路线,既以四项基本原则保证改革开放的正确方向,又通过改革开放赋予四项基本原则新的时代内涵,使中国特色社会主义在当今世界和当代中国的深刻变化中牢牢站住了、站稳了,成为充满生机活力的社会主义。历史和现实都告诉我们:只有坚持党的基本路线不动摇,才能代表中国最广大人民的根本利益,真正得到人民的信任和拥护;只有按照党的基本路线坚定不移地干下去,才能确保中国特色社会主义的航船始终沿着正确方向前进,把我国建成社会主义现代化强国。习近平在庆祝改革开放 40 周年大会上强调:"我们要坚持党的基本路线,把以经济建设为中心同坚持四项基本原则、坚持改革开放这两个基本点统一于新时代中国特色社会主义伟大实践,长期坚持,决不动摇。"①我们要按照这一要求,牢牢坚持党的基本路线,在着力推动经济高质量发展的同时,更好地解决我国社会出现的各种问题,更好地实现各项事业全面发展,更好地发展中国特色社会主义事业,更好地推动人的全面发展、社会全面进步。

一个马克思主义政党,既要有作为党的指导思想的行动指南,又要有体现党的指导思想的行动纲领。这两者既同等重要、缺一不可,又相互贯通、相辅相成,既是携手共进的,又是与时俱进的。我们党在各个历史时期,属于党的行动纲领层面的总路线或基本路线、基本纲领或行动纲领,都是同党在各个历史时期的行动指南相伴而生的。新民主主义革命总路线、总政策及三大纲领同新民主主义革命理论相伴而生;新中国

---

① 习近平:《在庆祝改革开放 40 周年大会上的讲话》,《人民日报》2018 年 12 月 19 习,第 2 版。

成立后,党的过渡时期总路线同党的过渡时期理论相伴而生;改革开放和社会主义现代化建设历史新时期,党的基本路线、基本纲领,也同党在新时期的基本理论相伴而生。党的十九大深刻阐明了习近平新时代中国特色社会主义思想和基本方略,强调指出:作为习近平新时代中国特色社会主义思想精神实质和丰富内涵的"14个坚持",构成新时代坚持和发展中国特色社会主义的基本方略。其中,习近平新时代中国特色社会主义思想,是指导思想层面的表述,在行动纲领层面称之为中国特色社会主义基本方略。这是对我们党在新时代行动指南与行动纲领相互关系的精辟概括。

提出新时代坚持和发展中国特色社会主义的基本方略,是党的十九大的一个重要贡献。改革开放以来,我们党相继提出了基本理论、基本路线、基本纲领、基本经验、基本要求,构成了中国特色社会主义的"五个基本"。其中基本理论和基本路线是管长远的。相对而言,不同时期形成的基本纲领、基本经验、基本要求,有些内容已经随着实践和理论发展而发展了。这次提出的新时代坚持和发展中国特色社会主义的基本方略,不仅涵盖了此前提出的党的基本纲领、基本经验、基本要求的内容,更是对党的治国理政重大方针和原则的最新概括,是实现"两个一百年"奋斗目标的"路线图"和"方法论",是落实习近平新时代中国特色社会主义思想的实践要求,与"八个明确"相得益彰,共同构成习近平新时代中国特色社会主义思想的重要组成部分。正因为这样,党的十九大报告把"五个基本"简化整合为基本理论、基本路线、基本方略,这既体现了我们党对中国特色社会主义毫不动摇坚持和与时俱进发展的有机统一,也体现了既往与开来、承前与启后的有机统一,不仅符合我们党与时俱进的理论品格,而且符合以习近平同志为核心的党中央提出的"在理论上不断拓展新视野、作出新概括"①的要求。

---

① 《永远在路上:全面从严治党关键词》,人民出版社2017年版,第3页。

同时也表明,党的十六大报告指出的"我们要突破前人,后人也必然会突破我们,这是社会前进的必然规律",是实实在在地体现在党的几代中央领导集体接力推进中国特色社会主义伟大事业中的。按照党的十九大报告和十九大修订的党章,在新时代,坚持和发展这些基本方略,对全面贯彻落实习近平新时代中国特色社会主义思想,确保我们党始终成为中国特色社会主义事业坚强领导核心,确保我们党走在时代前列,确保承载着中国人民伟大梦想的中国特色社会主义航船始终破浪前进、驶向光辉彼岸,确保更好实现人民对美好生活的向往,具有决定性作用。我们要结合实际工作,全面贯彻落实好党的基本方略,决胜全面建成小康社会、夺取新时代中国特色社会主义伟大胜利。

第四节　中国未来更美好:新时代中国特色社会主义必将焕发出更强大的生机活力

习近平在党的十九大报告中指出,"中国特色社会主义进入新时代,意味着近代以来久经磨难的中华民族迎来了从站起来、富起来到强起来的伟大飞跃,迎来了实现中华民族伟大复兴的光明前景;意味着科学社会主义在二十一世纪的中国焕发出强大生机活力,在世界上高高举起了中国特色社会主义伟大旗帜;意味着中国特色社会主义道路、理论、制度、文化不断发展,拓展了发展中国家走向现代化的途径,给世界上那些既希望加快发展又希望保持自身独立性的国家和民族提供了全新选择,为解决人类问题贡献了中国智慧和中国方案"①。这"三个意味着",从中华民族复兴的历

---

① 习近平:《决胜全面建成小康社会　夺取新时代中国特色社会主义伟大胜利——在中国共产党第十九次全国代表大会上的报告》,人民出版社 2017 年版,第 10 页。

史维度、社会主义发展的制度维度、人类现代化的实践维度,以宽广视野深刻阐明了新时代坚持和发展中国特色社会主义的世界历史意义,对于我们深刻认识中国作为古老文明大国、社会主义国家、发展中国家这三重基本特性,进一步坚定"四个自信"、沿着正确方向继续推进新时代中国特色社会主义提供了科学思想引领。我们坚信,随着新时代中国特色社会主义的进一步发展,中国必将对世界和平发展和人类文明进步作出新的更大贡献。

一、开创大国和平发展之路

古老的文明大国追求民族复兴和现代化,是近代以来世界各国追求发展进步的历史大趋势。实现民族复兴和追求现代化的道路本来是多样化和可以选择的,然而,由于西方资本主义是近代以来社会化大生产的第一种社会形式,欧美是全球首先拥有发达生产力的区域,资本主义现代化是率先进入现代化的唯一模式,"现代化就是西方化"一度被一些人奉为"金科玉律"。西方理论认为,后发展的新兴大国在从传统社会向现代化社会转变、实现民族复兴的过程中,注定要走西方发达国家以往所经历的道路,进行侵略扩张,与西方大国争夺世界霸权。然而,在中国共产党领导下,经过新中国成立 70 年、改革开放 40 多年来的不懈奋斗,久经磨难的中华民族迎来了从站起来、富起来到强起来的伟大飞跃,迎来了古老的东方大国实现伟大复兴的光明前景,开创了一条大国坚持和平发展实现现代化的新路。中国遵循联合国宪章的宗旨与和平共处五项原则,奉行和平、发展、合作、共赢的理念,坚持走和平发展道路,摒弃"国强必霸"的大国发展逻辑,谴责穷兵黩武的霸权之道,探索形成了适应时代要求和自己国情的发展模式,当今中国正在从贫穷落后大国成为走向世界舞台中心强国,成为推动世界和平与发展的最重要力量,从而开辟了世界大国实现民族复兴和国家现代化的新路径。中国的发展历程,生动表明了大国崛起并非只有靠战争起家、掠夺致富、垄断霸权这一条路,以文明的姿态崛起应是优先选项。中华民族复兴正在改变西方大国长期占据世界主导地位和垄断国际话语权的格局,打破以西方社会的价值标准和发展模式主宰世界的错误认知,颠覆那种习惯以西方历史和思维为圭臬来猜度其他国家的狭隘认知,意味着人类有望迎来一个消除霸权、共同繁荣的人类命运共同体新时代,意味着西方中心论和所谓"普世价值"的破产。

历史已经雄辩地证明:大国以和平方式进行发展,同样能够实现民族复兴,走上世界舞台中心。中国的和平发展道路,为世界各国尤其是大国发展提供了新模式,开启了新道路。随着中国的不断发展,中国开创的大国发展道路的优势必将进一步显现,中华民族必将为人类文明进步作出新的更大贡献。

二、破解社会主义国家建设和改革的历史难题

20 世纪 80 年代末 90 年代初,社会主义国家建设和改革普遍遇到历史难题,东欧剧变、苏联解体后,世界社会主义运动陷入低潮。1988 年,美国前总统尼克松在其《1999 不战而胜》一书中预言,到 20 世纪末的 1999 年,资本主义对社会主义将"不战而胜"。1989 年,日裔美国学者福山,在苏东剧变后提出了著名的"历史终结论"。一时之间,西方世界"社会主义失败论""历史终结论"甚嚣尘上,一些西方学者甚至认为"社会主义的产生和灭亡,是 20 世纪留给人类的两大遗产"。一个"世纪之问"严峻地摆在中国和世界面前:社会主义制度到底有没有优越性和生命力? 中国作为社会主义国家,责任空前重大,举世为之瞩目。在这一背景下,邓小平在南方谈话中斩钉截铁地指出:"我坚信,世界上赞成马克思主义的人会多起来的,

因为马克思主义是科学。"①"一些国家出现严重曲折,社会主义好像被削弱了,但人民经受锻炼,从中吸收教训,将促使社会主义向着更加健康的方向发展。因此,不要惊慌失措,不要认为马克思主义就消失了,没用了,失败了。哪有这回事!"②"只要中国社会主义不倒,社会主义在世界将始终站得住。"③而今,邓小平当年的预言已经为历史所证实。中国"既不走封闭僵化的老路,也不走改旗易帜的邪路,保持政治定力,坚持实干兴邦,始终坚持和发展中国特色社会主义"④。中国特色社会主义经受住了世界社会主义处于低谷的考验,展现出无比强大的生命力,为人类通往真理之路和追寻理想社会树立起了新的航标。

中国特色社会主义伟大成就,用事实终结了"历史终结论"。历史证明,中国不仅没有像苏联、东欧社会主义国家那样崩溃,反而通过不断推进改革开放,加快市场化改革,打破了西方资本主义联盟的制裁围堵,最终成为经济全球化的主要驱动者。中国特色社会主义的伟大成就,用事实回答了一切关于社会主义的悲观论调,展现了马克思主义的真理力量。特别是党的十八大以来,以习近平同志为核心的党中央带领全党全国各族人民以全面建成小康社会、建设富强民主文明和谐美丽的社会主义现代化强国的伟大实践及其历史性成就,把中国特色社会主义事业推进到新时代,这意味着科学社会主义在 21 世纪的中国焕发出强大生机活力,在世界上高高举起了中国特色社会主义伟大旗帜,开创了世界社会主义事业的新境界。

习近平指出:"我们走中国特色社会主义道路,具有无比广阔的时代舞台,具有无比深厚的历史底蕴,具有无比强大的前进定力。"⑤"尽管我们所

---

① 《邓小平文选》第 3 卷,人民出版社 1993 年版,第 382 页。

② 同上书,第 383 页。

③ 同上书,第 346 页。

④ 习近平:《决胜全面建成小康社会 夺取新时代中国特色社会主义伟大胜利——在中国共产党第十九次全国代表大会上的报告》,人民出版社 2017 年版,第 17 页。

⑤ 同上书,第 70 页。

处的时代同马克思所处的时代相比发生了巨大而深刻的变化,但从世界社会主义 500 年的大视野来看,我们依然处在马克思主义所指明的历史时代。这是我们对马克思主义保持坚定信心、对社会主义保持必胜信念的科学依据。"①中国特色社会主义道路开拓了社会主义发展的新境界,使世界资本主义与世界社会主义力量对比在 21 世纪发生新变化、呈现新格局。

中国特色社会主义道路的开辟和发展,具有世界历史意义。事实证明,社会主义是一条充满生机活力、具有光明前途的人类社会发展道路,人类历史不可能"终结"于资本主义,也决不会"终结"于资本主义。社会主义是人类的必由之路、国家的富强之路、人民的幸福之路,具有巨大优越性和顽强生命力。只要顺应时代和实践发展要求,满足人民对美好生活的向往,借鉴人类文明发展有益成果,在坚持和发展中不断拓展完善,社会主义制度一定能最终战胜资本主义,为人类追求更加美好的生活创造出无限光明的前景。

三、开辟发展中国家走向现代化的新途径

走向现代化是人类社会发展的大趋势。每个国家和民族都有权选择适合自己的现代化道路和发展模式。在走向现代化的道路上,西方在工业革命、科技革命上率先发力,最先完成了现代化任务,最先享受到现代化成果,并在探索走向现代化道路上形成自己的发展模式。这种发展模式充分利用其他国家尚未发展起来的先机,以西方国家经济科技领先的优势,以强大实力为后盾,通过建立殖民体系大肆掠夺他国财富,从而走上快速崛起之路。

世界上没有放之四海而皆准的发展模式,也没有一成不变的发展道

---

① 《习近平谈治国理政》第 2 卷,外文出版社 2017 年版,第 66 页。

路。尽快摆脱贫困、实现现代化,同时保持自己的独立性,不变为西方国家的附庸,是当今时代发展中国家在现代化道路上普遍遇到的难题。面对全球范围内发展模式的大比拼,一些发展中国家在历史阴影和现实困惑中"病急乱投医",形成对西方发展模式的路径依赖,不仅没能走上现代化之路,反而陷入"现代化困境"难以自拔。"冷战结束后,不少发展中国家被迫采纳了西方模式,结果党争纷起、社会动荡、人民流离失所,至今都难以稳定下来。"[1]

在中国特色社会主义的道路上探索国家现代化之路,中国取得了历史性进步,并逐步形成了适应时代要求和自己国情的发展模式。习近平在纪念邓小平同志诞辰 110 周年座谈会上的讲话中指出:"中国特色社会主义是适合中国国情、符合中国特点、顺应时代发展要求的理论和实践,所以才取得成功,并将继续取得成功。邓小平说:'特别是像我们这样第三世界的发展中国家,没有民族自尊心,不珍惜自己民族的独立,国家是立不起来的。'我们的国权,我们的国格,我们的民族自尊心,我们的民族独立,关键是道路、理论、制度的独立。"[2]党从社会主义初级阶段的国情、发展中国家的实际出发,制定出符合中国发展实际的现代化目标,即努力实现国家富强、民族振兴、人民幸福,以目标为导向引领现代化进程。中国在实现民族复兴和国家现代化过程中,坚持从国情出发选择现代化道路,走自己的路,不依附霸权主义,独立自主地依靠自身的内生发展实现现代化,成功地解决了这个问题。改革开放 40 多年来,中国把社会主义制度与市场经济有机结合起来,不断解放和发展生产力,通过制定实施"三步走"战略和全面建成小康社会,协调推进"五位一体"总体布局、统筹"四个全面"战略布局、

---

① 习近平:《关于坚持和发展中国特色社会主义的几个问题》,《求是》2019 年第 7 期。
② 习近平:《在纪念邓小平同志诞辰 110 周年座谈会上的讲话》,人民出版社 2014 年版,第 22 页。

贯彻新发展理念推进国家改革发展,激发形成了强大的发展潜力和竞争力,最终形成了依靠自身的内涵式发展、积极融入全球化和与其他国家合作共赢为基本特征的发展模式。

中国的发展模式,回答了在经济文化落后的发展中国家,要实现什么样的发展和如何实现现代化这个重大问题,向世界展示了不同于西方的现代化,为广大发展中国家提供了实现现代化的成功经验。中国不仅改变了自己的历史命运,也向世界展示了人类社会现代化的另一条成功之路,为广大发展中国家在保持独立性的同时,摆脱在世界体系中的边缘地位提供了有益借鉴。

事实雄辩地证明:发展中国家走适合本国国情的道路,确实可以加快科技和生产力的发展,加快增强综合国力,加快改善人民生活,最终达到共同富裕,避免资本主义的两极分化和其他种种弊端。中国为发展中国家摆脱贫穷落后树立了鲜活的榜样,"拓展了发展中国家走向现代化的途径,给世界上那些既希望加快发展又希望保持自身独立性的国家和民族提供了全新选择,为解决人类问题贡献了中国智慧和中国方案"[1]。

历史是一条奔腾不息的长河,在波澜壮阔的前行中,会出现逆流和漩涡,也会遇到障碍和曲折,但它前进的趋势却是任何力量都无法阻挡的。2012 年 11 月 29 日,习近平在参观《复兴之路》展览时郑重向世界宣示:"我们这一代共产党人一定要承前启后、继往开来,把我们的党建设好,团结全体中华儿女把我们国家建设好,把我们民族发展好,继续朝着中华民族伟大复兴的目标奋勇前进。"[2]2019 年 8 月,习近平对"记者再走长征路"

---

[1]　习近平:《决胜全面建成小康社会　夺取新时代中国特色社会主义伟大胜利——在中国共产党第十九次全国代表大会上的报告》,人民出版社 2017 年版,第 10 页。
[2]　《习近平谈治国理政》,外文出版社 2014 年版,第 36 页。

主题采访活动作出重要指示强调,要深刻认识红色政权来之不易、新中国来之不易、中国特色社会主义来之不易,牢记党的初心和使命,牢记党的性质和宗旨,坚定理想信念,坚定不移贯彻党的理论和路线方针政策,不断跨越前进道路上新的"娄山关""腊子口",在实现中华民族伟大复兴的历史进程中走好新时代的长征路。①回首历史,展望未来,我们充满无比的定力,也充满必胜的信心。在以习近平同志为核心的党中央坚强领导下,在全国各族人民的团结奋斗和不懈奋斗中,中国特色社会主义道路必定越走越宽广,新时代中国特色社会主义必将不断取得新的更大胜利!

---

① 《牢记党的初心和使命　牢记党的性质和宗旨　走好新时代的长征路》,《人民日报》2019 年 8 月 19 日,第 1 版。

主要参考文献

1.《马克思恩格斯文集》第 1—10 卷，人民出版社 2009 年版。

2.《列宁选集》第 1—4 卷，人民出版社 1982 年版。

3.《毛泽东选集》第 1—4 卷，人民出版社 1991 年版。

4.《毛泽东文集》第 1—8 卷，人民出版社 1993—1999 年版。

5.《建国以来毛泽东文稿》第 1—13 册，中央文献出版社 1987—1998 年版。

6.《毛泽东年谱》(修订本)(上、中、下)，中央文献出版社 2013 年版。

7.《毛泽东传》第 1—6 册，中央文献出版社 2013 年版。

8.《邓小平文选》第 1—3 卷，人民出版社 1994 年版。

9.《邓小平年谱(1975—1997)》(上、下)，中央文献出版社 2004 年版。

10.《邓小平传》(上、下)，中央文献出版社 2014 年版。

11.《江泽民文选》第 1—3 卷，人民出版社 2006 年版。

12.《胡锦涛文选》第 1—3 卷，人民出版社 2016 年版。

13.《习近平谈治国理政》，外文出版社 2014 年版。

14.《习近平谈治国理政》第 2 卷，外文出版社 2017 年版。

15.《习近平关于实现中华民族伟大复兴的中国梦论述摘编》，中央文献出版社 2013 年版。

16.《习近平关于全面深化改革论述摘编》，中央文献出版社 2014

年版。

17.《习近平关于党风廉政建设和反腐败斗争论述摘编》,中央文献出版社、中国方正出版社 2015 年版。

18.《习近平关于全面依法治国论述摘编》,中央文献出版社 2015 年版。

19.《习近平关于协调推进"四个全面"战略布局论述摘编》,中央文献出版社 2015 年版。

20.《习近平关于全面建成小康社会论述摘编》,中央文献出版社 2016 年版。

21.《习近平关于严明党的纪律和规矩论述摘编》,中央文献出版社 2016 年版。

22.《习近平关于科技创新论述摘编》,中央文献出版社 2016 年版。

23.《习近平关于全面从严治党论述摘编》,中央文献出版社 2016 年版。

24.《习近平关于社会主义经济建设论述摘编》,中央文献出版社 2017 年版。

25.《习近平关于社会主义政治建设论述摘编》,中央文献出版社 2017 年版。

26.《习近平关于社会主义生态文明建设论述摘编》,中央文献出版社 2017 年版。

27.《习近平关于青少年和共青团工作论述摘编》,中央文献出版社 2017 年版。

28.《习近平关于社会主义社会建设论述摘编》,中央文献出版社 2017 年版。

29.《习近平关于社会主义文化建设论述摘编》,中央文献出版社 2017

年版。

30.《习近平扶贫论述摘编》,中央文献出版社 2018 年版。

31.《习近平关于总体国家安全观论述摘编》,中央文献出版社 2018 年版。

32.《习近平关于"三农"工作论述摘编》,中央文献出版社 2019 年版。

33.《习近平关于"不忘初心、牢记使命"重要论述选编》,中央文献出版社、党建读物出版社 2019 年版。

34.《习近平关于中国特色大国外交论述摘编》,中央文献出版社 2020 年版。

35.《摆脱贫困》,福建人民出版社 1992 年版。

36.《干在实处　走在前列》,中共中央党校出版社 2006 年版。

37.《之江新语》,浙江人民出版社 2007 年版。

38.《习近平党校十九讲》,中共中央党校出版社 2014 年版。

39.《知之深　爱之切》,河北人民出版社 2015 年版。

40.《习近平总书记重要讲话文章选编》,中央文献出版社 2016 年版。

41.《做焦裕禄式的县委书记》,中央文献出版社 2015 年版。

42.《习近平新时代中国特色社会主义思想学习纲要》,学习出版社、人民出版社 2019 年版。

43.《习近平强军思想学习纲要》,解放军出版社 2019 年版。

44.《习近平新时代中国特色社会主义思想三十讲》,学习出版社 2018 年版。

45.《三中全会以来重要文献选编》(上、下),人民出版社 1982 年版。

46.《十三大以来重要文献选编》(上、中、下),人民出版社 1991—1993 年版。

47.《十四大以来重要文献选编》(上、中、下),人民出版社 1996—1999

年版。

48.《十五大以来重要文献选编》（上、中、下），人民出版社 2000—2003 年版。

49.《十六大以来重要文献选编》（上、中、下），中央文献出版社 2005—2008 年版。

50.《十七大以来重要文献选编》（上、中、下），中央文献出版社 2009—2013 年版。

51.《十八大以来重要文献选编》（上、中、下），中央文献出版社 2014—2018 年版。

52.《十九大以来重要文献选编》（上），中央文献出版社 2019 年版。

53.《〈中共中央关于坚持和完善中国特色社会主义制度、推进国家治理体系和治理能力现代化若干重大问题的决定〉辅导读本》，人民出版社 2019 年版。

54.《中国共产党历史》（第一、二卷），中共党史出版社 2011 年版。

55.《世界社会主义五百年》，党建读物出版社、学习出版社 2014 年版。

56.《新中国发展面对面》，学习出版社、人民出版社 2019 年版。

57.《改革开放 40 周年大事记》，中央党史和文献研究院编，2018 年版。

58.《治国理政新实践——习近平总书记重要活动通讯选》（一）、（二），新华出版社 2019 年版。

59.《习近平用典》，人民日报出版社 2015 年版。

60.《人民日报》《解放军报》2012 年 10 月 1 日—2020 年 3 月 7 日。

61.《求是》《红旗文摘》2012—2019 年各期。

后 记

本书是中国人民解放军国防大学吴杰明政委主持的中宣部"中国特色社会主义理论体系研究中心重大项目"《思想建党与制度治党关系研究》的子课题——《新时代中国特色社会主义研究》的阶段性成果,也是我们在新中国成立 70 周年之际撰写的一部理论学习读物。这项课题是由国防大学习近平新时代中国特色社会主义思想研究中心组织完成的。主编吴杰明提出了写作思路、拟定了写作提纲,亲自撰写书稿并对全书内容作了统改。参加课题研究和书稿写作的有赵周贤、范晓春、刘光明、王强、徐志栋、胡杨、吕宏、王佳鑫。赵周贤协助主编做了大量组织协调和审稿工作。

本书在写作和出版过程中,得到了国防大学国家安全学院、政治学院,军事科学院军队政治工作研究院,空军指挥学院有关专家的大力支持,他们对书稿进行了认真审读并提出修改意见。上海人民出版社齐书深副总编辑和黄玉婷编辑对全书进行了精心指导和编辑,付出了辛勤劳动,在此一并表示衷心感谢。

由于时间仓促和作者水平的限制,书中肯定有不少纰漏和不足,恳请广大读者批评指正,以便我们进一步深化研究。

作 者

2020 年 3 月 10 日

图书在版编目(CIP)数据

继往开来成大道:新时代中国特色社会主义的起源
、形成和发展/吴杰明主编.—上海:上海人民出版
社,2020
ISBN 978‐7‐208‐16274‐7

Ⅰ.①继… Ⅱ.①吴… Ⅲ.①习近平新时代中国特色
社会主义思想‐研究 Ⅳ.①D610

中国版本图书馆 CIP 数据核字(2020)第 016351 号

特约编辑　齐书深
责任编辑　黄玉婷
装帧设计　范昊如　夏　雪　等

继往开来成大道
——新时代中国特色社会主义的起源、形成和发展
吴杰明　主编

出　　版　上海人民出版社
　　　　　　(200001　上海福建中路 193 号)
发　　行　上海人民出版社发行中心
印　　刷　常熟市新骅印刷有限公司
开　　本　720×1000　1/16
印　　张　27
插　　页　3
字　　数　330,000
版　　次　2020 年 7 月第 1 版
印　　次　2020 年 7 月第 1 次印刷
ISBN 978‐7‐208‐16274‐7/D·3547
定　　价　86.00 元